111 Gründe, den SV Darmstadt 98 zu lieben

Matthias Kneifl

111 GRÜNDE, DEN SV DARMSTADT 98 ZU LIEBEN

Eine Liebeserklärung an den großartigsten Fußballverein der Welt

Aktualisierte und erweiterte Neuausgabe mit elf Bonusgründen

WIR SIND DER ZWÖLFTE MANN, FUSSBALL IST UNSERE LIEBE!

INHALT

Für B, G & F!

Die Sonne scheint!

Vorwort zur erweiterten Neuausgabe

Selten traf diese erste Zeile des Liedes *Tor! Lilien vor!* die Gemütslage im und um den SV Darmstadt 98 so sehr wie im Mai 2015. Die Lilien waren gerade nach 33 Jahren wieder in die Bundesliga eingezogen. In diese Euphorie hinein fiel der Abschluss meiner Arbeit an der Erstauflage des Buchs, das Sie gerade in Händen halten. Der Architekt des Erfolgs, der ein Jahr später den sensationellen Bundesliga-Klassenerhalt folgen ließ, war Dirk Schuster. Im Winter 2017 kehrte der zwischenzeitlich nach Augsburg abgewanderte Trainer ans Böllenfalltor zurück, und hielt die 98er in einem wahren Herzschlagfinale in der 2. Liga. Kaum hatte ich die aktualisierte und erweiterte Neuausgabe dieses Buchs fertiggestellt, da vermeldete der Klub im Februar 2019 die Entlassung Schusters.

Sind die Lilien also doch nur ein ganz normaler Verein, bei dem die üblichen Mechanismen greifen wie andernorts auch? Ja, und nein. Wenn die Saisonziele gefährdet sind, dann sitzt auch hier irgendwann der Trainer am kürzeren Hebel. Und trotzdem haftet den sich allmählich professionalisierenden 98ern immer noch die Aura des lange Zeit abgehängten Traditionsklubs an. Eines Klubs, der zwar bis 1993 zum Zweitligainventar zählte, der aber just dann außen vor war, als es darum ging, an den großen Fleisch- oder besser gesagt Geldtöpfen zu partizipieren. 18 Jahre Dritt- und Viertklassigkeit, lassen sich auch nach fünf Jahren Erst- und Zweitligafußball nicht einfach so abschütteln. Und dennoch hat der SV Darmstadt 98 deutschlandweit wieder einen besonderen Klang im fußballinteressierten Teil der Bevölkerung. Das zeigen meine 11 neuen Bonusgründe, die diese Neuausgabe erweitern und abrunden.

Die DNA der Lilien ist geprägt von zahlreichen Niederschlägen. Sie waren eher die Regel als die Ausnahme. Finanzielle Schieflagen inklusive. Das wird dieses Buch zeigen. Ein Lilien-Fan definiert sich trotz der wundersamen Bundesligaspielzeiten immer noch eher als Leidensgenosse denn als Erfolgsfan. Dazu mag der nicht immer sonderlich attraktive Spielstil beitragen. Und deshalb ist es umso schöner, dass der SVD während seines Höhenflugs unter Dirk Schuster die sich bietenden Chancen endlich einmal beherzt ergriffen hat. Eine Eigenschaft, die lange Zeit nicht zu seinen Primärtugenden zählte. Den Bundesligaeinzug verfolgten allen voran die Fans ungläubig, die zuvor mit 2.000 bis 3.000 anderen Unentwegten ans Böllenfalltor zogen, als die Gegner noch TSV Großbardorf oder Eintracht Wald-Michelbach hießen.

Was macht die Lilien nun aber so besonders oder gar liebenswürdig, wie der Buchtitel nahelegt? Das habe ich nicht nur mich und andere Fans gefragt, sondern auch ehemalige Spieler, Trainer und Vereinsfunktionäre. Der hoch geschätzte Expräsident Hans Kessler antwortete: »Gar nichts! Das ist ein rein subjektives Empfinden.« Er hat recht. Jeder wird einen etwas anderen Beweggrund nennen, warum ihm so viel am SV Darmstadt 98 liegt. Deshalb mag mancher Leser in diesem Buch Gründe vermissen, die ihm ganz besonders wichtig erscheinen. Doch genau das macht einen Traditionsverein aus, dass er ein Übermaß an Facetten, Spielen und Spielern hervorgebracht hat, um ihm zu verfallen. 111 davon sind hier versammelt, ergänzt durch die erwähnten neuen Bonusgründe. Sie alle stellen einen Parforceritt durch die Klubgeschichte dar.

Dabei wird klar, dass beim SVD Arbeit vor großer Kunst steht. Sowohl in den Vereinsgremien als auch auf dem Spielfeld. Daran könnte das immer schon vergleichsweise geringe Festgeldkonto eine Mitschuld tragen. Große Sprünge waren nicht drin. Die ersten Bundesligaaufsteiger 1978 gingen neben dem Ligaalltag ihren geregelten Berufen nach oder studierten. Die Bundesligaaufsteiger aus dem Jahr 2015 bestanden zu einem beträchtlichen Teil aus Spielern, die in der 3. Liga ans Bölle gekommen waren. Dass ihre Mission nicht im direkten Abstieg mündete, zählt zu den größten Überraschungen der vergangenen Jahre. 2019 sind die Lilien nach wie vor bestrebt, den unvermittelten Aufschwung zu konservieren, um längst überfällige Schritte in die Wege zu leiten. Das Stadion am Böllenfalltor nimmt eine neue Gestalt an, der Klub ist dabei, sich rundherum zu professionalisieren. Als Selbstverständlichkeit wird dies nach wie vor nicht verstanden. Klub und Fans wissen schließlich, wo sie herkommen. Auch wenn dank TV-Einnahmen der finanzielle Spielraum größer geworden ist.

2008 konnten die Lilien hingegen kaum noch etwas finanzieren. Die Insolvenz klopfte nicht an die Tür, sie trat sie fast ein. Damals entstand ein Schulterschluss zwischen den Darmstädtern, den Fans und dem Verein, der dem sportlichen Erfolg der nachfolgenden Jahre den Weg bereitete. Dass der SVD ohne großen Masterplan einfach so die Bundesliga enterte, begeisterte nicht nur den eigenen Anhang.

Die nun vorliegende erweiterte Neuausgabe des Buchs besteht aus einigen überarbeiteten Kapiteln und elf Bonusgründen, die die beiden Erstligaspielzeiten und die sich daran anschließende turbulente Zweitligaspielzeit in den Blick nehmen. Die neuen Kapitel sollen allen Wegbegleitern der 98ern ein wenig helfen, ihr Kopfkino anzuwerfen. In zwei Kapiteln berichten der langjährige SVD-Spieler Jerôme Gondorf und der Darmstädter Ironman Patrick Lange von ihrer ganz eigenen Beziehung zu den Lilien.

Die Daumen sind gedrückt, dass die 98er auch dann noch zu Deutschlands besten 36 Teams zählen, wenn Sie das Buch in den Händen halten. Dass das neue Bölle auch zukünftig noch den Charme des alten bewahrt. Dass die Lilien auch weiterhin der bodenständige Verein bleiben, der – unabhängig von der Ligazugehörigkeit – seinen Fans einmal die Woche eine emotionale Heimat bietet.

Ich will nicht vergessen, all jenen einen großen Dank auszusprechen, die am Entstehen dieses Buchs mitgewirkt haben. All jene, die ihre Erinnerungen an mich herangetragen haben, all jene, die für Interviews bereitstanden, und all jene, die mit wertvollen Tipps Pate standen oder Türen öffneten. Das allergrößte DANKESCHÖN geht allerdings an meine kleine Familie, die mich aufgrund meiner Leidenschaft für die Lilien immer mal wieder als vollwertiges Familienmitglied entbehren muss.

Matthias Kneifl

KAPITEL 1

EI GUDE WIE

Eine Stadt und ihr Klub

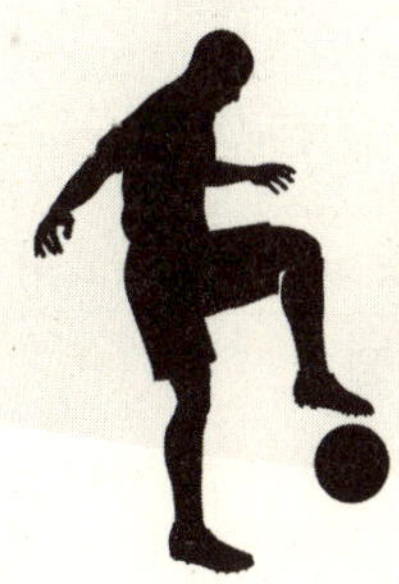

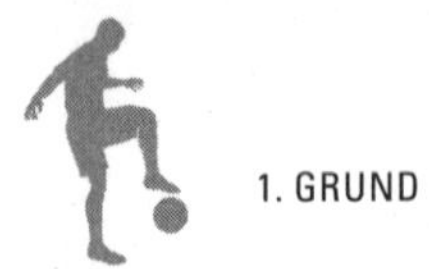

1. GRUND

Weil im SV 98 ein wenig Olympia steckt

Wie so viele Vereine entstand der SV Darmstadt 1898 aus einer Fusion anderer Vereine. Im Falle des SVD schlossen sich am 11. November 1919 der Darmstädter Sportclub 05 und ein am 22. Mai 1898 als Fußballklub Olympia 1898 aus der Taufe gehobener älterer Verein zusammen.[1] Als Geburtshelfer der »Olympioniken« tat sich die Familie Ensgraber hervor. Neben Familienoberhaupt Professor Karl Ensgraber zählten dessen fünf Söhne Bernhard, Ernst, Fritz, Karl und Wilhelm zu den Gründungsmitgliedern. Geburtsort war der Schlossgartenplatz im Zentrum Darmstadts. Neben den Ensgrabers waren fast alle Mitglieder der ersten Stunde Gymnasiasten und frönten der »Fußlümmelei«, wie der noch junge Sport seinerzeit im vom Turnen geprägten Kaiserreich gerne verunglimpft wurde.[2]

Wie der Name Olympia nahelegt, mischten bald auch andere Sportarten im Vereinsleben mit. Insbesondere die Leichtathleten spielten zunächst eine führende Rolle und überflügelten die Fußballer bald, was die Erfolge anbetraf. Auch (Feld-)Handballer und Tischtennisspieler setzten nach der Fusion der Vereine zum SV 98 Akzente, wobei so manch Aktiver sportartenübergreifend wirkte. 1921 bezogen die Fußballer ein eigenes Stadion am Böllenfalltor, in dem auch die Leichtathleten ihre Wettkämpfe absolvieren konnten. Die Kicker tummelten sich in der Folge bis zum Zweiten Weltkrieg überwiegend auf regionaler Ebene, auch geschuldet der kleinteiligen Gliederung der Fußballbezirke. Bezirksligen stellten oftmals die höchsten Spielklassen dar, von denen aus die jeweiligen Meister sich bis zum Finale der Deutschen Meisterschaft durchspielen mussten. In diese Sphären konnten die Lilien aber nie auch nur im Entferntesten vordringen.[3] Der Stern der Fußballer sollte erst 1950 kurz erstrahlen und ab den 1970ern richtig aufgehen.

Dem Aufstieg der Fußballer mussten die Leichtathleten Tribut zollen. Dem Ausbau des Stadions am Böllenfalltor fielen in den 1970ern die Trainingsanlagen der Springer und Werfer zum Opfer, sodass an einen ambitionierten Leistungssport nicht mehr zu denken war.[4] Der sinkende Stellenwert des Feldhandballs führte zur kompletten Aufgabe dieser Sportart bei den Lilien, und selbst die Hallenhandballer sucht man heute vergebens.[5] Dafür können Sportbegeisterte bei den 98ern heute neben Fußball, Tischtennis und Seniorensport auch Basketball, Futsal und Judo ausüben. Daneben gibt es die Fan- und Förderabteilung, die Wanderabteilung sowie die Headis-Abteilung.[6] Dabei handelt es sich um eine Sportart, die erst noch dabei ist, sich über lokale Inseln hinaus zu organisieren. Headis ist eine Art Kopfballtischtennis, das mit einem kleineren, fußballähnlichen Ball gespielt wird. Die Lilien sind nach dem 1. FC Kaiserslautern der zweite Profifußballklub, der über eine Headis-Abteilung verfügt.[7]

Was einst am Schlossgartenplatz als Fußballklub Olympia begann, lässt sich heute beim SV 98 mit einem olympischen Spruch umschreiben: Dabei sein ist alles. Das belegt der explosionsartige Anstieg der Mitgliederzahl im Umfeld des Bundesligaaufstiegs 2015. Binnen eines Monats stieg sie von 1.900 auf über 5.500.[8]

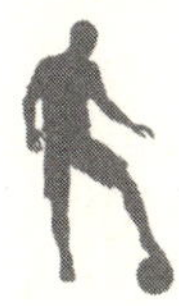

2. GRUND

Weil unsere Fußballer zunächst den anderen Sportarten den Vortritt ließen

Obwohl mit Olympia Darmstadt einer der beiden SVD-Vorgängerklubs im Jahr 1898 ausdrücklich als Fußballklub gegründet worden war, setzten in ihm die Leichtathleten die ersten sportlichen Ausrufezeichen. Sie wurden 1910 offiziell als Abteilung in den FK aufgenommen und heimsten schnell Erfolge im süddeutschen

Raum und auf nationaler Ebene ein.[9] Noch vor dem Ersten Weltkrieg belegten die Darmstädter »Olympioniken« bei den Deutschen Meisterschaften in der 3x1.000-Meter-Staffel den 2. Rang. Joseph Schröck, einer der drei Staffelläufer, errang von 1912 bis 1914 den deutschen Vizemeistertitel über 800 Meter.[10] Aufgrund seiner Öffnung für andere Sportarten war es nur konsequent, dass sich der FK laut der vereinseigenen 100-Jahres-Chronik im Frühjahr 1919 zunächst in Rasensportverein umbenannte, bevor er Ende 1919 mit dem Darmstädter SC 05 zum SV Darmstadt 98 fusionierte.[11]

Auch bei den 98ern sorgten die Leichtathleten für Furore, und einer von ihnen sollte es tatsächlich zu den Olympischen Sommerspielen schaffen. Hermann Engelhard belegte für die Lilien von 1925 bis 1927 bei den Deutschen Meisterschaften jeweils Platz 2 über die 800 Meter. 1928 errang er dann endlich den Meistertitel, allerdings im Trikot von Teutonia 99 Berlin.[12] Im gleichen Jahr gewann er bei den Spielen in Amsterdam Bronze über 800 Meter und Silber in der 4x400-Meter-Staffel.[13] 1935 verewigte sich der 98er Heinrich »Heiner« Haag in den Geschichtsbüchern, als er zunächst den deutschen Meistertitel über 10.000 Meter errang.[14] Im gleichen Jahr knackte er den nationalen Rekord über dieselbe Distanz.[15] In den 1950er-Jahren knüpfte Herbert Pfeffer im Dreisprung mit Starts im Nationaltrikot an die glorreichen Zeiten an. 1977 ließen dann die Leichtathleten der 98er letztmals aufhorchen, als die Vereinsstaffel über 4 x 800 Meter den deutschen Meistertitel einfuhr.[16]

Neben den Leichtathleten machten vor allem die Feldhandballer und die Tischtennisspieler der Lilien noch vor den Fußballern von sich reden. Die Feldhandballer gewannen in den 1920er Jahren mehrmals die Süddeutsche Meisterschaft.[17] 1931 folgte unter der Obhut der Deutschen Sportbehörde für Leichtathletik der Deutsche Vizemeistertitel.[18] 1949 ließen sie mit der Hessenmeisterschaft aufhorchen. 1958 erreichten sie Selbiges im Hallenhandball. Bei der anschließenden Deutschen Meisterschaft sprang ein 6. Platz heraus.[19]

Die Tischtennisherren der 98er belegten 1933 bei den ersten Deutschen Mannschaftsmeisterschaften überhaupt gleich den 2. Platz.[20] Nach dem Zweiten Weltkrieg setzten nicht nur die Fußballer allmählich überregionale Ausrufezeichen. Auch die Tischtennisdamen spielten sich national in den Vordergrund. 1979/80 stiegen sie in die Bundesliga auf und taten es damit den Fußballern nach, die ein Jahr zuvor erstklassig waren. Genauso wie bei den Fußballern blieb es bei den Tischtennisdamen allerdings bei einem einjährigen Intermezzo. Seither spielten sie – ähnlich wie die Fußballer – oftmals zweitklassig.[21] Zuletzt 2012.[22] Die Lilien konnten und können also wahrlich mehr als nur Fußball.

3. GRUND

Weil die Lilie im Wappen prangt

Für Gästefans mag es immer wieder amüsant klingen, wenn die Darmstädter Anhänger ihr Team mit einem Anfeuerungsruf aus dem Bereich der Botanik nach vorne treiben. Sobald sich eine viel versprechende Standardsituation ergibt oder ein Schuss fast den Weg ins Tor gefunden hätte, schmettern die Fans im ganzen Stadion reflexartig »Lilie, Lilie, Lilie« auf den Platz. Das klingt zwar aus vielen Tausend Kehlen beeindruckend, im Grunde genommen ist aber wohl nichts harmloser, als einen Verein landläufig nach einer Pflanze zu benennen. Ich musste als Student jedenfalls bei meinem ersten Stadionbesuch am Böllenfalltor schmunzeln, als der Anfeuerungsruf über den Platz hallte. Das Schmunzeln von damals ist längst einer engen Verbundenheit zur weißen Lilie auf blauem Grund gewichen, sodass sie heute stolz auf der Heckscheibe meines Autos prangt.

Tatsächlich sind Pflanzen beziehungsweise Blumen im deutschen Profifußball massiv unterrepräsentiert. Die danach benannten Klubs stechen folglich ins Auge oder bleiben im Ohr. Da gibt es neben den Darmstädter Lilien noch die Kleeblätter aus Fürth und die Zirbelnuss im Wappen des FC Augsburg. Erzgebirge Aue wird landläufig die Veilchen genannt, was weniger dem Vereinswappen, als den Vereinsfarben zu verdanken ist, die Lila und Weiß sind. Wie im Augsburger Fall leitet sich das Vereinswappen des SV Darmstadt 98 aus dem Stadtwappen ab.[23] Unterhalb eines roten Löwen auf gelbem Feld ist dort eine weiße Lilie auf blauem Untergrund abgebildet. Auch die Vereinsfarben Weiß und Blau sind den Stadtfarben entlehnt.

Befeuert durch den sensationellen Erfolg der letzten Jahre, taucht die unaufdringliche Lilie des SV 98 wieder verstärkt im Stadtbild auf. Das ebenso schlichte wie zeitlose Wappen grüßt zudem von vielen Autos, und auf der Anreise zu Auswärtsfahrten entlarven sie selbst Fahrzeuge ohne Darmstädter Kennzeichen als Teil der 98er-Karawane. Natürlich ist die Lilie rund um den Verein omnipräsent: Von der Vereinsgaststätte (Lilienschänke) über die Stadionzeitung (*Lilienkurier*) und einer Ultràgruppe (Ultrà de Lis) bis hin zu unzähligen Liedern (z.B. *Tor! Lilien vor*, *Blau-weiße Lilien auf grünem Feld*, *Lilienfieber*) geht nichts ohne das edle Gewächs. Und natürlich darf auch im Allerheiligsten des Stadions, in der Heimkabine, die Lilie nicht fehlen. Wie ein Bildband von 2014 zeigt, prangte damals über den Plätzen der Spieler eine kleine blaue Lilie.[24]

Die Lilie ist im Übrigen ein Sinnbild für Reinheit oder auch Reichtum und Wohlstand. Dass der südhessische Verein über Letzteres verfügt, lässt sich nun wirklich nicht behaupten. Immerhin dürften die Klubverantwortlichen Anfang 2019 ein reines Gewissen haben, was die Klubfinanzen anbetrifft. Das liegt nicht nur am Bundesligaaufstieg, sondern auch an den richtigen Lehren, die aus der Vergangenheit gezogen wurden. 2008 musste der Verein einen Insolvenzantrag stellen, nachdem das Finanzamt 1,1 Millionen Euro an Lohnsteuer und Sozialversicherungsbeiträgen nachforderte.[25] In einem Kraftakt gelang es dem Verein und seinem Umfeld mitsamt den Fans, die Insolvenz abzuwenden. In dieser Hinsicht ähnelten sie alle eher dem Löwen als der Lilie im Darmstädter Stadtwappen.

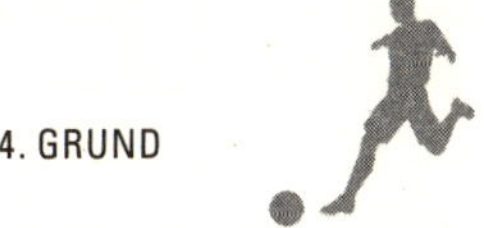

4. GRUND

Weil Darmstadt ein grundanständiger Name ist

Zugegeben, Darmstadt ist nicht gerade der vorteilhafteste Name für eine Stadt, und es kommt schon mal vor, dass man einen blöden Spruch erntet, sobald von Darmstadt die Rede ist. Pforzheim mag es nicht besser gehen, dem Darmstädter Stadtteil Wixhausen erst recht nicht. Doch wie kam es eigentlich zum Namen Darmstadt? Eine nicht ganz ernst gemeinte Geschichte besagt, dass Darmstadt früher Armstadt hieß und das benachbarte Groß-Umstadt einstmals Dumstadt beziehungsweise Dummstadt. Da die einen weder als »arm«, noch die anderen als »dumm« gelten wollten, hätten die Armstädter das »D« übernommen, womit sie fortan in Darmstadt lebten. Nun ja.

Nähert man sich der Herkunft des Namens auf seriöse Weise, dann wird schnell klar, dass weder die obige Geschichte noch das Verdauungsorgan dabei eine Rolle gespielt haben. Unstrittig ist die erste urkundliche Erwähnung des Namens »Darmundestat« im späten 11. Jahrhundert.[26] Wofür dieser Begriff steht, dafür gibt es unterschiedliche Interpretationen. Die derzeit schlüssigste Erklärung besagt, dass der Name auf die »Wohnstätte des Darmund« zurückzuführen sei, bei dem es sich vermutlich um »einen bewaffneten kaiserlichen Forstbeamten« handelte.[27] In späteren Urkunden wandelte sich die Schreibweise der Siedlung von »Darmundestat« über »Darmenstat« (im Jahr 1211), »Darmistat« (1234) zu »Darmbstat« (1330).[28]

Eine andere Interpretation des beurkundeten Namens »Darmundestat« lautet, dass dieser nicht von einer Person herzuleiten sei.

Er würde vielmehr bedeuten, dass eine Siedlung durch einen Holzverschlag oder ein Tor (abgeleitet von »darre«) geschützt wurde, beziehungsweise an einem befestigten Durchgang gelegen haben mag.[29] Das Darmstädter Stadtlexikon lehnt diese Theorie allerdings ab.[30] Genauso wie eine weitere Erklärung, die den Ansatz verfolgt, den Namen der Stadt vom Begriff Darmbach abzuleiten. Entweder als »Wildbach (Dam – unda – stat) oder als Moorbach (Darm – unda – stat)«.[31]

Ob der Name nun von einer Person, einer Konstruktion oder einer Lage herzuleiten ist, er hat zweifellos einen bemerkenswerten Weg zurückgelegt. Im Jahr 2003 fand Darmstadt jedenfalls seinen Eingang in das chemische Periodensystem. Das Element 110 heißt seither Darmstadtium. Hintergrund: Es wurde erstmals in der Darmstädter Beschleunigeranlage der Gesellschaft für Schwerionenforschung (GSI) nachgewiesen, als eine Verschmelzung der Nickel- und Bleikerne gelang. Wer kann schon von sich behaupten, einem chemischen Element seinen Namen verliehen zu haben? Eine weitere Stadt in Deutschland jedenfalls nicht. Die südhessische Wissenschaftsstadt ist die einzige.[32]

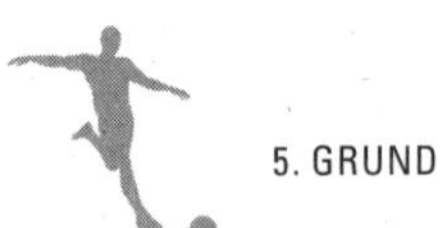

5. GRUND

Weil der SV 98 der TSG 1899 mehr voraus hat als lediglich 406 Tage

Im Lebenslauf des SV Darmstadt 98 ist unter Gründungsdatum der 22. Mai 1898 verzeichnet. Der Bundesligist TSG Hoffenheim beruft sich auf den 1. Juli 1899 als Geburtsdatum. Vom Alter her geben sich beide Klubs also nichts. Und dennoch haben die Lilien aus Darmstadt dem Kraichgau-Klub weit mehr voraus als die 406 Tage, die zwischen ihren Gründungsdaten liegen. Denn: Die 98er vereinen in ihren über 120 Jahren eine Menge Fußballtradition.

Oha. Rollen da etwa die ersten Leser schon mit den Augen? Tappe ich da nicht gerade in die Falle aller Fußballromantiker? Die Debatte um Traditionsvereine wird seit geraumer Zeit in Fußball-Deutschland ebenso kontrovers wie leidenschaftlich geführt. Die »guten« Traditionsvereine sehen sich immer mehr aus dem Wettbewerb gedrängt durch »seelenlose« Emporkömmlinge, die von Konzernen oder Mäzenen gepusht werden. Die Anhänger und Sympathisanten der Traditionsvereine sagen, Tradition sei schützenswert und moralisch per se den Klubs überlegen, die neureich daherkommen. Andere sagen, von Tradition ließe sich nichts kaufen, und der sportliche Wettbewerb sei nun einmal darauf angelegt, dass sich die stärkeren Teams durchsetzen, wie auch immer deren Finanzkraft zustande käme.

Nun, was ist aber eigentlich ein Traditionsverein, und was macht ihn aus? Da hilft ein Blick in den guten alten Duden. Dort steht: Tradition ist »etwas, was im Hinblick auf Verhaltensweisen, Ideen, Kultur o.Ä. in der Geschichte, von Generation zu Generation [innerhalb einer bestimmten Gruppe] entwickelt und weitergegeben wurde [und weiterhin Bestand hat]«.[33] Als Traditionsverein darf demzufolge ein Klub gelten, der über reichlich Geschichte, also ein gewisses Alter verfügt. Der zudem über Generationen hinweg für Teile der Gesellschaft relevant war. Dessen Höhen und Tiefen sich im »kollektiven Gedächtnis« – um einen Begriff aus der Geschichtswissenschaft ins Spiel zu bringen – seiner Anhänger verankert haben.

Der gemeinsame Erfahrungsschatz der Lilien-Fans, die von Fangeneration zu Fangeneration überliefert – also tradiert – wurde, reicht sehr weit zurück. Schon 1921 spielten die Lilien in einem Stadion am Böllenfalltor. Just zu einem Zeitpunkt, als die Hoffenheimer Turner begannen, Fußballer zu integrieren.[34] 1950/51 spielten die 98er in der Oberliga Süd erstklassig. In den 1970ern und 1980ern waren sie kurzzeitig Bundesligist. Bis Mitte der 1990er-Jahre galten sie als ein Urgestein der 2. Bundesliga. In einem Jahrzehnt, in dem der Siegeszug eines Brausekonzerns aus Österreich begann, der seit Kurzem seine »Liebe« für den Fußball in Leipzig entdeckt hat.

In all diesen Jahrzehnten haben die Lilien eine veritable Anhängerschaft hinter sich gebracht. Und nicht nur diese verbindet Erinnerungen mit den 98ern, sondern auch Fans anderer Vereine, mit denen sich der SVD regelmäßig duelliert hat. Auch in deren »kollektivem Gedächtnis« sind die Lilien präsent. Nachfragen können gerne an Fans des 1. FC Nürnberg, von Waldhof Mannheim, von Kickers Offenbach, von Hessen Kassel, von Fortuna Köln oder von Arminia Bielefeld gerichtet werden. Der SV Darmstadt 98 hatte sich also im fußballbegeisterten Teil Deutschlands längst einen Namen gemacht. Vielleicht keinen glorreichen, aber immerhin.

Gewiss, die Anhänger der TSG aus Hoffenheim werden auch einmal ein »kollektives Gedächtnis« ihr Eigen nennen. Bis weit in die 1990er mussten sie sich aber mit Anekdoten aus den Kreis-, Bezirks- und Landesligen des Kraichgaus begnügen. Ein Merkmal, das mit Sicherheit nicht für das Attribut eines in der nationalen Debatte wahrgenommenen Traditionsvereins taugt. Ihm fehlt schlichtweg die überregionale Relevanz, und den Hoffenheimern fehlte – zumindest damals – eine nennenswerte Anhängerschaft.

Nach ihrem Zweitligaabstieg 1993 teilte Darmstadt 98 im Übrigen das Schicksal vieler Traditionsvereine: Ein sportlicher Niedergang, der von einer wirtschaftlichen Schieflage begleitet oder durch diese eingeleitet wurde. Denn auch das sind Traditionsvereine. Sie lassen sich zwangsläufig von ihrer Vergangenheit oder ihren zahlreichen und erwartungsvollen Fans treiben. Die Gefahr, ungesund zu wirtschaften, lauert in einem solchen Umfeld an jeder Ecke. Um einem Traditionsverein anzuhängen, muss man also schon eine ganze Menge Leidensfähigkeit mitbringen. Während Fans von potenten Emporkömmlingen im Verdacht stehen, Erfolgsfans zu sein.

Umso schöner ist es dann, wenn ein alteingesessener Klub wie Darmstadt 98 wieder die Kurve kriegt. Und zwar aus gänzlich eigener Kraft. Grundvoraussetzungen hierfür waren der heilsame

Schock der Beinahe-Insolvenz, personelle Kontinuitäten auf dem Trainer- und Präsidentenstuhl sowie das unerlässliche Glück zur rechten Zeit. So feierten die 98er aus der Sackgasse 4. Liga eine fast schon märchenhafte Rückkehr in die 1. Bundesliga … nach 33 Jahren. Das gelang nicht vielen Traditionsvereinen, es ohne potenten Förderer oder Mäzen zurück aus der sportlichen Bedeutungslosigkeit geschafft zu haben. Erfolgstrainer Dirk Schuster hatte vollkommen recht, wenn er sagte: »Wir haben den Menschen etwas zurückgegeben, was einmal zu ihrem Leben gehörte. Man ist wieder stolz auf den Darmstädter Fußball!«[35]

Auch als Erst- oder Zweitligist wissen die Darmstädter Anhänger, dass es genauso schnell wieder nach unten gehen kann. Dennoch oder trotzdem sind die Lilien für ihre Fans eine Herzensangelegenheit. Ihr Herz schlägt für einen Verein, der aufgrund seiner wechselvollen und turbulenten Historie reichlich vernarbt daherkommt. Und genau deshalb haben die Lilien dem Konkurrenten aus dem benachbarten Kraichgau mehr voraus als lediglich das Gründungsdatum.

6. GRUND

Weil sich die Lilien mit Jubiläen etwas schwertun

Jubiläen sind ja generell ein Grund zum Feiern. Darmstadt 98 hat in den letzten Jahrzehnten jedoch eine etwas eigenwillige Vorstellung davon entwickelt, wie Feste zu feiern sind. Seit ihrem 85. Geburtstag ist bei den Lilien alle fünf Jahre der Wurm drin. Dabei begann das Ganze in den 1970ern noch so vielversprechend.

75. Vereinsjubiläum (1973):

Die Lilien qualifizieren sich als Süddeutscher Meister für die Aufstiegsrunde zur 1. Bundesliga. Erstmals klopfen die Lilien mit

Vehemenz an die Tür zum Oberhaus. In der Aufstiegsrunde landen sie hinter Rot-Weiss Essen auf Platz 2 und verpassen damit den Sprung in die Bundesliga knapp.

80. Vereinsjubiläum (1978):

Der SVD vollzieht den Aufstieg in die 1. Bundesliga als Meister der zwischenzeitlich gegründeten 2. Bundesliga Süd. Die Feierabendfußballer überraschen und verzücken mit dem Aufstieg die Fans. Darmstadt rückt in den Fokus der nationalen Fußball-Berichterstattung.

85. Vereinsjubiläum (1983):

Die Feierlichkeiten fallen aus, den großen Kater gibt es auch so. Der geplante Wiederaufstieg in die 1. Bundesliga kommt nach einer durchwachsenen Saison nicht zustande. Stattdessen kommt heraus, dass der Verein nahezu zahlungsunfähig ist. Den Klub plagen Schulden von über acht Millionen Mark.[36]

90. Vereinsjubiläum (1988):

Die Lilien spielen erneut um den Aufstieg in die 1. Bundesliga. Der 3. Platz in der 2. Bundesliga berechtigt zur Relegation gegen den 16. der 1. Bundesliga. Nach Hin- und Rückspiel sollte eigentlich der Sieger gekürt sein. Die Lilien und Waldhof Mannheim benötigen allerdings ein Entscheidungsspiel, das der SVD dramatisch im Elfmeterschießen verliert. Zudem muss er sein Stadion an die Stadt Darmstadt verkaufen, um die wirtschaftliche Schieflage in den Griff zu bekommen.[37]

95. Vereinsjubiläum (1993):

Was sich schon über Jahre abgezeichnet hatte, wird Realität. Die Rückkehr in die Bundesliga ist außer Reichweite geraten. Stattdessen nehmen die 98er den Fahrstuhl nach unten. Als Tabellenletzter der 2. Bundesliga verabschieden sich die Lilien für lange Zeit vom Profifußball.

100. Vereinsjubiläum (1998):

Wer dachte, schlimmer könne es nicht kommen, der hatte nicht mit den Ereignissen vom Mai 1998 gerechnet. Schicksal spielen die Kicker aus Weismain, die am vorletzten Spieltag am Böllenfalltor mit 2:0 siegen. Am letzten Spieltag ziehen drei Konkurrenten an den spielfreien Lilien vorbei.[38] Fast auf den Tag genau 100 Jahre nach der Vereinsgründung steigt der SV Darmstadt 98 aus der Regionalliga Süd ab.

105. Vereinsjubiläum (2003):

Die Blau-Weißen bleiben sich treu und steigen erneut im Fünfjahresrhythmus ab. Erneut geht es in die viertklassige Oberliga Hessen. Eigentlich wollten die Lilien oben angreifen, doch ein starker Saisonauftakt mündet nach einer verkorksten Regionalliga-Saison im Abstieg.

110. Vereinsjubiläum (2008):

Der Sport spielt in diesem Jahr die Nebenrolle. Ausnahmsweise sind die 98er bereits nach vier Jahren – also 2007 – in die Oberliga Hessen abgestiegen. 2008 feiern sie zwar – wie gewohnt – nach einem Jahr den Aufstieg, sie bleiben allerdings nach einer Ligareform in der 4. Liga, die sich dann Regionalliga Süd nennt. Viel schwerer wiegt die Einleitung eines Insolvenzverfahrens im März 2008. Die Lilien kämpfen um ihre Existenz.

115. Vereinsjubiläum (2013):

Was soll man sagen? Es grüßt das Murmeltier! Darmstadt steigt mal wieder ab. Diesmal aus der 3. Liga. Profifußball ade. Vermeintlich. Die Tristesse schlägt Anfang Juni 2013 in Erleichterung um. Der SVD profitiert vom Lizenzentzug der Kickers aus Offenbach! Auch 2018 bietet reichlich Abstiegskampf. Dank einer starken Aufholjagd bleibt der SVD auf dem letzten Drücker in der 2.Liga.

7. GRUND

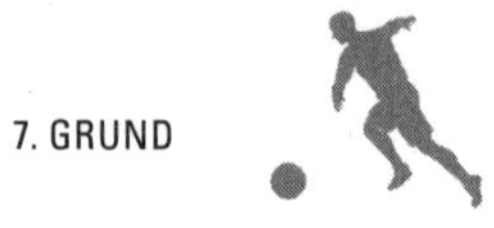

Weil wir eine stolze Titelsammlung besitzen

Welcher Fan wünscht sich nicht, dass sein Klub um Trophäen mitspielt und diese dann auch noch gewinnt? So gesehen werden die Anhänger des SV Darmstadt 98 fast schon verwöhnt. Ja! Wirklich! Stolze 23 Titel wies die Klub-Homepage im Sommer 2015 für die Lilien aus.[39] Insofern müsste der Briefkopf der 98er Vergleichen mit deutschen Topteams standhalten. Sollte es der deutschen Fußball-Öffentlichkeit etwa entgangen sein, dass da in Südhessen ein wahrer Titelgigant zu Hause ist? Nun ja. Vielleicht. Obwohl? Nein, eher nicht.

Die Krux an den 23 Titeln ist, dass sie kaum landesweite Bedeutung hatten. Es sei denn, man reduziert den Begriff auf das Bundesland Hessen. Dann sieht die Sache schon ganz anders aus. Siebenmal errangen die Lilien seit 1950 die Meisterschaft in der höchsten Spielklasse des Hessischen Fußballverbandes. Genauso oft durften sie den Hessenpokal mit nach Hause nehmen. Doch irgendwie haftet diesen Titeln ein kleiner Makel an. Schließlich wurden die Meisterschaften und Pokalerfolge nie gegen die große Eintracht aus der benachbarten Bankenstadt errungen, die vorwiegend erstklassig spielte. Und selbst gegen den Lieblingsrivalen aus dem östlichen Vorort Frankfurts kam es bestenfalls im Hessenpokal zum direkten Kräftemessen. Zeitgleich spielten beide nie in der Hessenliga. Wahrscheinlich wollten sich die Lilien deshalb nie lange auf rein hessischer Ebene aufhalten. Die Titel 1962, 1964, 1971, 1999, 2004 und 2008 sind Beleg der postwendenden Rückkehr in die höchste süddeutsche Spielklasse.

Die sieben Siege im Hessenpokal, die überwiegend in den 2000ern gefeiert wurden, hatten immerhin den angenehmen Effekt, sich ins Bewusstsein einer breiteren Öffentlichkeit zu spielen. Sie ebneten den Weg zum DFB-Pokal, der Zweit- und Bundesligisten per se offen steht. So standen den Lilien und ihren Fans immer wieder prickelnde DFB-Pokalfights ins zumeist volle Haus. Alle 98er hätten trotzdem nichts dagegen, wenn sie so schnell keinen Titel mehr auf hessischer Ebene erringen. Wäre eine Teilnahme am Hessenpokal doch gleichbedeutend mit einem Abstieg in die 3. Liga, eine hessische Meisterschaft mit dem Absturz in die 5. Liga.

Glorreicher als die hessischen Erfolge waren da schon die vier Süddeutschen Meistertitel von 1973, 1978, 1981 und 2011. Auch wenn sie nicht gegen Teams vom Kaliber der Bayern aus München, des VfB aus Stuttgart oder der Eintracht aus Frankfurt errungen wurden, denn die spielten in der Bundesliga. Die Süddeutschen Meisterschaften führten immerhin dazu, dass die Lilien ans Tor zum Oberhaus klopften (1973) oder es tatsächlich durchschritten (1978 und 1981). 2011 bedeutete der Titel dann »nur« noch das Eintrittsticket zur 3. Liga.

Fehlen also noch fünf Erfolge in der Titelsammlung der 98er. Fünf überaus glorreiche Titel, wie man geneigt ist zu sagen. Zwischen 1998 und 2002 mutierten die Lilien zum Serien- und zugleich Rekordsieger des sagenumwobenen Possmann-Hessen-Cup! Der mittlerweile eingestellte Wettbewerb wurde in der Sommerpause als Vorbereitungsturnier unter höherklassigen Amateurteams ausgespielt. Namensgeber des Cups war der gleichnamige Frankfurter Apfelweinproduzent, dessen herzergreifende Werbebotschaft viele Jahre durch das Böllenfalltor hallte: »Possmann, das Beste was ein Apfel werden kann«. Ein Klub, der Rekordsieger eines Cups ist, dessen Sponsor ein solches Selbstverständnis an den Tag legt, der kann eigentlich nur zu den ganz Großen zählen.

8. GRUND

Weil die Lilien zu den 1.000-Punkte-Klubs zählen

Der SV Darmstadt 98 ist deutschlandweit eine große Nummer. Eine vierstellige, um genau zu sein. Mehr als 1.000 Punkte stehen in der Ewigen Tabelle der 2. Bundesliga für die Südhessen zu Buche.[40] Die Lilien prägten die ersten beiden Jahrzehnte des 1974 gegründeten Bundesliga-Unterhauses maßgeblich. Wer damals über Fortuna Köln, den VfL Osnabrück, die Stuttgarter Kickers, Alemannia Aachen und Wattenscheid 09 sprach, der kam auch an Darmstadt 98 nicht vorbei. Zwischen 1974 und 1993 war der SVD nur in zwei Spielzeiten nicht in Liga 2 vertreten. »Schuld« waren zwei einjährige Ausflüge in die Bundesliga. Die Darmstädter zählten mithin lange Zeit zum Inventar der 2. Bundesliga. Bis 1993 hatten sie in 650 Zweitligapartien 974 Punkte gesammelt, bevor sie für 21 Jahre erst mal weg vom Fenster waren.

Der Anlauf zum Überspringen der 1.000 Punkte geriet also deutlich länger, als es sich Mitte der 1990er alle Lilien-Fans ausgemalt hatten. Dafür legten die Darmstädter nach ihrer Rückkehr 2014 einen Schlussspurt hin, den so niemand dem Underdog zugetraut hatte. In nur 16 Spielen hatten sie die restlichen 26 Punkte eingefahren, die zum Knacken der 1.000-Punkte-Schallmauer vonnöten waren. Im Duell gegen die Spielvereinigung Greuther Fürth – ein anderes Urgestein der 2. Liga – errangen die Lilien am 6. Dezember 2014 den 1.000sten Zweiligapunkt, als erst 13. Verein.[41]

Zum ersten Mal hatten sie in der neu gegründeten 2. Liga am 10. August 1974 Zählbares zustande gebracht. Am 2. Spieltag der Premierensaison schickten sie die Stuttgarter Kickers mit einer 2:0-Niederlage nach Hause.[42] Eine Woche zuvor war den Darmstädtern die Ehre zuteil geworden, im Saarbrücker Ludwigspark das erste Zweitligaspiel überhaupt zu bestreiten.[43] Gegen ebenjenen 1. FC Saarbrücken, den sie im Dezember 2014 in der Ewigen

Zweitligatabelle überholten. Die 1:0-Niederlage in Saarbrücken sollte kein schlechtes Omen sein. In der Folge entpuppten sich die Darmstädter als eines der stärkeren Teams in der südlichen Variante der anfangs noch zweigeteilten 2. Bundesliga.

Mit der Zusammenlegung der Nord- und der Südstaffel zu einer eingleisigen Liga taten sich die Lilien ab 1982 zunehmend schwerer, in der Spitzengruppe mitzumischen. Lediglich 1987 und 1988 standen sie vor einer Rückkehr in die 1. Bundesliga, ohne jedoch den dritten Erstligaaufstieg perfekt machen zu können. Vom dramatisch verlorenen Relegationsduell gegen den SV Waldhof Mannheim im Juni 1988 sollten sich die 98er nicht erholen. In den folgenden Jahren rutschten sie in der Tabelle immer weiter nach hinten. 1990 bis 1992 beendeten sie die jeweiligen Spielzeiten gerade so oberhalb der Abstiegszone. 1991 nur aufgrund des Lizenzentzuges für Rot-Weiss Essen.[44] Doch 1993 war dann auch das letzte Quäntchen Glück aufgebraucht, und die Südhessen traten als Tabellenletzter die Reise in die drittklassige Regionalliga Süd an. Den Rausschmeißer spielte am letzten Zweitligaspieltag ein Kultklub der 2. Bundesliga: Der SV Meppen siegte am Böllenfalltor mit 2:0. Miterleben wollten diesen Abgesang kaum mehr als 1.000 Zuschauer.[45] Die Zweitligarückkehr gegen den SV Sandhausen lockte im August 2014 dann 13.400 Zuschauer ins Bölle.[46] Das Umfeld war wieder geil auf Zweitligafußball in Darmstadt.

9. GRUND 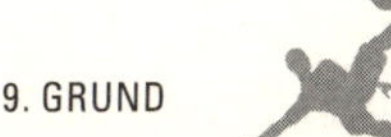

Weil wir kein Maskottchen haben

Was treibt sich heutzutage nicht alles in den Stadien der deutschen Profivereine herum? Bienen, Füchse, Wölfe, Löwen, Bären, Fohlen, Zebras, Wildschweine und sogar Krokodile. Natürlich in Überlebensgröße und in Plüsch. Mittlerweile verfügt die Mehrzahl der

Klubs über Maskottchen. Sie winken ins Publikum, jubeln bei Toren – sofern das bei Schuhgröße 60plus, großer Leibesfülle und riesigem Kopf überhaupt möglich ist – und klatschen die Spieler ab. Es sei denn, sie sind Originale wie der Kölner Geißbock Hennes oder Frankfurts Adler Attila.

Die Erkenntnis, sich ein Maskottchen zulegen zu müssen, ereilte das Gros der Klubs in den 1990er- und 2000er-Jahren. Zwar gab es bereits vereinzelte Vorläufer, wie Kaiserslauterns zunächst gezeichneter Teufel »Betzi« aus dem Jahr 1979.[47] Doch mit dem VfB-Krokodil Fritzle schien 1992 ein wahrer Maskottchen-Hype einzusetzen. Im gleichen Jahr erblickte ein gewisser Bazi das Licht der Welt. Dem etwas unförmig geratenen Lausbub des FC Bayern war allerdings keine große Karriere beschieden, zehn Jahre später löste ihn der wesentlich knuffigere Berni in Teddybärenoptik ab. Es folgten in den 1990ern das Freiburger Füchsle, der Wolfsburger Wölfi, das Gladbacher Fohlen Jünter, der Berliner Braunbär Herthinho und mit dem Schalker Knappen Erwin sogar ein Maskottchen, das so etwas wie menschliche Züge trägt. Dortmunds Biene Emma, Leverkusens Brian the Lion, HSV-Dino Hermann, Bochums Maus Bobby Bolzer, Karlsruhes Wildschwein Willi Wildpark, Bielefelds Stier Lohmann, Duisburgs Zebra Ennatz sowie Hoffenheims Elch Hoffi gesellen sich mittlerweile ebenfalls dazu.[48] Dass RB Leipzig einen grinsenden Bullen sein Eigen nennt, liegt auf der Hand. Die Liste könnte noch beliebig fortgeführt werden. Das Ziel ist klar, die Maskottchen sollen die junge Anhängerschaft ansprechen und tauchen nicht von ungefähr in Schulen, Kindergärten oder bei Geburtstagen auf. Kleine Kuscheltiere und weitere Merchandisingprodukte rund um den Talisman bringen zudem noch ein wenig Kleingeld in die Klubkassen.

Diesem Treiben verschließen sich bislang nur wenige Vereine. Unter anderem der SV Darmstadt 98. Das nennt man wohl die Gnade des rechtzeitigen Misserfolgs. Denn in den Niederungen der 3. und 4. Liga krähte in den letzten 20 Jahren kein Hahn nach einem Maskottchen. Und was sollten die Blau-Weißen auch ins Feld führen? Eine Lilie ist nun mal eher stark verwurzelt als quietschlebendig. Dann vielleicht lieber das weltberühmte Urpferdchen aus der nahen Grube Messel? Lieber nicht, denn es sähe gerade im Vergleich mit Gladbachs Fohlen verdammt alt aus. Wie wäre es also mit Anleihen in der Stadt? Etwa dem Datterich, einem Darmstädter Original aus dem gleichnamigen Schauspiel von Ernst Elias Niebergall aus dem 19. Jahrhundert? Das wäre für einen Talisman neben dem Fußballplatz aber wohl zu viel hohe Kultur. Als Wiedergänger von Schalkes Erwin käme der Darmstädter Heiner infrage. So werden die Einwohner der Wissenschaftsstadt landläufig genannt, und nach ihm ist das große Stadtfest im Sommer benannt. Bliebe noch das Darmstadtium. Als im Periodensystem vermerktes chemisches Element ist es aber leider überaus klein und zudem noch verdammt instabil, da es in Sekundenbruchteilen zerfällt. Am besten zum Verein würde derzeit tatsächlich noch der »Underdog« passen. Aber den gibt es schon: bei Rot-Weiß Oberhausen.[49]

So recht will also nichts passen, und bevor wir dann ein 08/15-Bärchen aus dem Hut zaubern, dann lieber doch gar kein Maskottchen. Denn den Fan in der Kurve interessiert der Plüsch gewordene Albtraum ohnehin am allerwenigsten. Das haben auch die Verantwortlichen des 1. FC Nürnberg gemerkt, die ihren Ritter Fränkie wieder eingestampft haben.[50] Werder Bremen hat sogar schon zwei Versuche mit Maskottchen für beendet erklärt. Sowohl dem Original-Heidschnuckenbock Pico als auch der Plüsch-Möve Werdi war keine lange Anwesenheit im Werder-Universum vergönnt.[51] Der SVD tut also gut daran, von solchen Marketing-Abenteuern die Finger zu lassen.

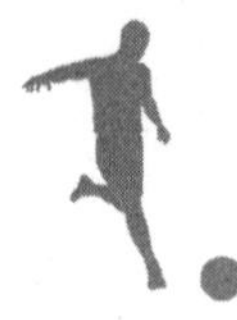

10. GRUND

Weil die Lilien in einer der populärsten Familienserien mitwirkten

Die Kultserien *Ich heirate eine Familie*, *Die Schwarzwaldklinik* und *Diese Drombuschs* bescherten dem *ZDF* in den 1980er- und 1990er-Jahren traumhafte Einschaltquoten. Die Handlung der *Drombuschs* mit Witta Pohl und Günter Strack spielte in und um Darmstadt. Es war deshalb nur konsequent, dass die Lilien – als das sportliche Aushängeschild der Stadt – in einer Folge der *Drombuschs* eine maßgebliche Rolle spielten. Genau genommen standen die Fans im Mittelpunkt. Blöd nur, dass Seriensohn Chris Drombusch Polizist war und die Rolle der Fans deshalb nicht allzu rühmlich ausfallen konnte.

Der Makel lautete Folge 29, die das ZDF am Abend des 05. Januar 1992 ausstrahlte. Über 14,5 Millionen Zuschauer schalteten ein, um mitzuerleben, wie die Fernsehfamilie ihren Alltag bewältigte.[52] Im Laufe der Handlung ist Chris Drombusch bei einem Heimspiel der Lilien im Einsatz. Ans Bölle reist der 1. FC Saarbrücken, mutmaßlich mit 150 Rowdys im Schlepptau. Da auf Darmstädter Seite 200 Rocker erwartet werden – wie sie Günter Strack als Onkel Ludwig nennt –, sieht Chris dem Einsatz mit gemischten Gefühlen entgegen. Umso mehr, als die Polizei lediglich 100 Mann aufbieten kann.

Und die Fans schlagen tatsächlich über die Stränge, wobei sämtliche Stereotype aus der Schublade gekramt werden, die man sich ausdenken kann. Schon beim Einlass siebt die Polizei reichlich Schlag- und Stichwaffen aus. Um es auch dem letzten Begriffsstutzigen klarzumachen, weht im Stadion eine Zaunfahne, auf der »Darmstadt-Hooligans« steht. Während des Spiels wird dann noch ein Kassenwärter niedergeschlagen und ausgeraubt. Nach dem Spiel kommt es rund ums Stadion zu »Ausschreitungen«, in deren Folge Chris von einem Metallgeschoss aus einer Zwille an der Schläfe getroffen und lebensgefährlich verletzt wird.

Während sich der Spannungsbogen langsam aufbaut, werden Originalszenen aus einem Darmstadt-Spiel eingeblendet. Deutlich zu erkennen sind Saarbrücker Spieler in ungewohnten gelben Trikots und Saarbrücker Fans im Gästeblock. Einem Spielplakat an einem Kassenhäuschen ist zu entnehmen, dass das Spiel am 23. September 1990 stattgefunden haben soll. Tatsächlich trugen die 98er und die Saarbrücker an diesem Tag eine Zweitligapartie am Böllenfalltor aus. Doch die Partie ging entgegen lamentierenden Lilien-Fans bei den *Drombuschs* nicht 1:1 aus, sondern endete 1:0 für die Hausherren. Beim Einmarsch der beiden Teams ist im Film Guangming Gu gut zu erkennen. In einer Spielszene wird er steil geschickt. In der besagten Partie war der Chinese allerdings gar nicht für die Lilien im Einsatz.[53] Vielmehr dürfte es sich um Ausschnitte aus der Partie vom 13. Mai 1990 handeln. Hier war Gu mit dabei, selbst wenn die Begegnung 0:0 und nicht wie im Film 1:1 endete.[54] Wie auch immer, die Lilien hatten über knapp zehn Minuten ihren Auftritt in einer der populärsten Familienserien der damaligen Zeit. Welcher Klub kann das schon von sich behaupten?

Die Fans werden dabei gleichwohl entweder als singende und fahnenschwingende Anhänger gezeigt oder eben als gewaltbereite und semi-kriminelle. Der Film zeigt damit, welches Image die Stadionbesucher damals in weiten Teilen der Gesellschaft hatten: grölend und tendenziell unzurechnungsfähig. Es waren halt noch die Zeiten, in denen überwiegend Männer in die Betonschüsseln gingen, die noch nicht einmal übermäßig gut besucht waren. Das Zeitalter des TV-affinen Hochglanzfußballs, der in familienfreundlichen Arenen mit VIP-Logen gespielt wird, war noch Zukunftsmusik. Wobei: Am Bölle hätte man noch bis ins Jahr 2018 bedenkenlos ein Remake der damaligen *Drombusch*-Folge drehen können. Aus der Zeit gefallene Stehränge, Zäune und Wellenbrecher gab es auf der riesigen Gegengerade noch zuhauf.

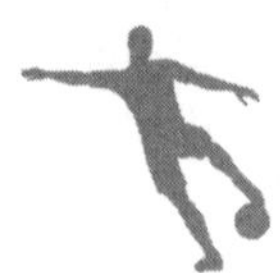

11. GRUND

Weil Bruno Labbadia und Bernhard Trares den Liliensong einsangen

Wie es sich für einen alteingesessenen und überregional bekannten Fußballverein gehört, haben im Laufe der Zeit mehrere Musiker und Bands den SV Darmstadt 98 in ihren Liedern abgefeiert. Darüber wird in diesem Buch noch im Kapitel über die Fans zu reden sein. Ein Lied, das allen Lilien-Anhängern leicht von den Lippen geht ist *Tor! Lilien vor* von Alberto Colucci. Noch heute wird es bei den Heimspielen eingespielt und oft genug von den Fans im Spielverlauf selbst angestimmt. »Die Sonne scheint. Die Menge tobt und wartet auf ein Lilien-Tor. Olé, olé, ola.«[55] Zugegeben, das Lied ist mittlerweile etwas in die Jahre gekommen, und das Trompetensolo am Anfang atmet doch sehr den Geist der 1980er-Jahre, in denen das Lied geschrieben wurde. Aber der Text überfordert keinen, und die Melodie ist und bleibt eingängig. Was will man im Stadion also mehr? Zudem hat das Lied dazu beigetragen, dass alle, die es gut mit den Lilien meinen, automatisch an ihren Verein denken, sobald jemand feststellt, dass »die Sonne scheint«.

Die Geschichte hinter dem Lied ist aber fast noch besser als seine Stadiontauglichkeit. Colucci kam in den 1970er-Jahren aus Italien nach Deutschland und startete hier eine Karriere als Musiker und Komponist, später auch als singender Gastronom.[56] Zwischen 1974 und 1994 war es Usus, dass die deutsche Nationalmannschaft vor jeder Weltmeisterschaft einen Song einspielte. Für die Endrunde 1986 in Mexiko reichte Colucci, mittlerweile in der Nähe von Darmstadt zu Hause, einen Song beim DFB ein, den er *Go, Go, Go – to Mexico* nannte. Das beschwingte Lied wusste laut Colucci zu überzeugen: »Wir kamen bei der Endauswahl des DFB unter die ersten Drei und dann kamen leider ›unsere Granaten‹: Udo Jürgens, Tony Marshall und Jack White. Die haben uns kurz vorm Ziel abgeräumt.«[57] Der potenzielle WM-Song verschwand erst einmal in der Schublade. Wenig später sollte das Lied allerdings eine neue Chance erhalten, wenngleich in abgewandelter Form.

Der gebürtige Italiener war mit dem seinerzeit beim SV 98 kickenden Bruno Labbadia bekannt und präsentierte ihm eine auf die Lilien umgemünzte Version des ursprünglichen WM-Songs. Der Stürmer war angeblich beeindruckt. So sehr sogar, dass er der Bitte Coluccis nachkam, beim damaligen Zweitligisten auf die Suche nach ein paar Mitspielern zu gehen, die bei der Aufnahme als Background-Chor mitwirken mochten. Tatsächlich erklärten sich neben Labbadia noch Bernhard Trares (später unter anderem bei 1860 München und Werder Bremen unter Vertrag) sowie Lilien-Dauerbrenner Rafael Sanchez bereit, vor das Mikrofon zu treten. Da die drei bei den Aufnahmen aber nicht stimmgewaltig genug rüberkamen, legte der Tonmeister die Stimmen mehrmals übereinander und fertig war ein vielstimmiger Spielerchor. Die Aufnahme gefiel dem damaligen Lilien-Vizepräsidenten Karlheinz Salm, und so fand das Lied seinen Weg ans Böllenfalltor und von dort auf die Ränge.[58] Ein Lied, bei dem mit Labbadia und Trares zwei Spieler miträllerten, die es später auf zusammen über 500 Bundesligaspiele bringen sollten.

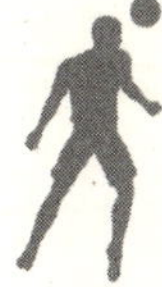

12. GRUND

Weil die Lilien immer schönere Tore schießen

Tore sind das Salz in der Suppe eines jeden Fußballspiels. Ganz egal ob reingewürgt, reingehämmert oder mit Finesse vollendet, Hauptsache der Ball ist im Netz. Dennoch ist es natürlich ein Highlight, wenn ein Ball besonders sehenswert im gegnerischen Tor landet. Einem Ritterschlag gleich kommt die Nominierung für das »Tor des Monats« in der *Sportschau*, das seit März 1971 allmonatlich gewählt wird.[59]

Bis dato ist die Statistik des SV Darmstadt 98 in dieser Wertung ausbaufähig. Lediglich ein einziges Mal hat ein Lilienspieler bislang die Plakette für das »Tor des Monats« entgegennehmen dürfen. Am 11. November 1978 traf Uwe Hahn per formvollendetem Distanzschuss in der Begegnung gegen Bayern München zum 1:1-Endstand. Der Ball senkte sich dabei in einer Art Bogenlampe unhaltbar über Bayern-Keeper Sepp Maier hinweg ins Tor. Den Zuschauern der *Sportschau* hat der Torerfolg so sehr gefallen, dass sie ihn zum schönsten Treffer im November 1978 wählten. Ein Schmankerl sollte dann die Ehrung für den Offensivspieler der 98er bereithalten. Die ARD verlegte die Medaillenübergabe ins Quartier der Nationalmannschaft, die sich auf ein Länderspiel gegen die Niederlande vorbereitete. So überreichte Bundestrainer Jupp Derwall dem Lilienakteur im Kreise der Nationalspieler die Anerkennung. Auf Einladung der Nationalelf nahm Hahn nach der Ehrung sogar noch das Abendessen mit den Nationalspielern ein.[60] Damit ist er bis heute der einzige Spieler des SV Darmstadt 98, der während seiner Lilien-Zeit zur Nationalmannschaft fuhr. Wenngleich ohne zuvor vom Nationaltrainer nominiert worden zu sein.

Ein einziges »Tor des Monats« in all den Jahren wirkt schon recht mager. Doch die Profis aus Darmstadt gerieten mit ihren Treffern zuletzt immer häufiger in den Fokus: Machte die *Sportschau*-Redaktion in den 1980ern mit Guido Stetter (21.08.1981 gegen Bayer Leverkusen) und in den 1990ern mit Stephan Täuber (06.03.1992 gegen den Halleschen FC) auf Nachfrage nur zwei Lilienspieler ausfindig, die den Weg in die Endauswahl zum Torschützen des Monats fanden, so wurden sie seit 2005 schon fast inflationär häufig nominiert. Zunächst im März 2005 der Argentinier Matías Cenci, der im Regionalligaspiel gegen die TuS aus Koblenz per Fallrückzieher traf, aber in der Abstimmung gegen einen Geniestreich von Lukas Podolski unterlag.[61] Im Juli 2007 stand ein Seitfallzieher von Fabio Eidelwein zur Auswahl, den er im Testspiel bei Waldhof

Mannheim erzielt hatte. Im Mai 2011 fand Flügelspieler Sven Sökler Eingang in den Kreis der fünf Nominierten, als er im Spiel gegen den FC Memmingen den Ball gefühlvoll in den Winkel schlenzte. Die Nominierung des Treffers war das Tüpfelchen auf dem i, besiegelte der Sieg gegen Memmingen doch zugleich den Aufstieg in die 3. Liga. Dort machte im Januar 2012 Danny Latza auf sich aufmerksam. Seine skurrile Bogenlampe gegen den SV Sandhausen war ebenfalls unter den Top-5-Toren zu finden.

Im Jahr des Zweitligaaufstiegs 2014 haben es dann zwei Darmstädter Profis in jeweils eine Monatswertung geschafft. Da war zum einen Jerôme Gondorfs Hammer vom 19. Mai im Relegationskrimi gegen Bielefeld. Sein 3:1 gab nicht nur allen Arminen-Fans eine konkrete Ahnung, dass das Spiel für sie kein gutes Ende nehmen würde, es war auch für alle neutralen Fans schön anzuschauen. Vorausgegangen war »Toni« Sailers vehementes Nachsetzen, bevor Gondorf nicht lange fackelte und aus über 25 Metern einen beständig ansteigenden Schuss in die Maschen wuchtete. Streng genommen war jeder der vier Lilien-Treffer an diesem Abend ein Goldstück. Dominik Stroh-Engels 1:0 von der Strafraumkante, das neben dem Pfosten einschlug, Hanno Behrens' Hackentor nach einer Ecke, und erst recht natürlich Elton da Costa mit seinem Treffer in der Nachspielzeit, den er außerhalb des Strafraums auf Hüfthöhe abfeuern musste. Schlussendlich unterlag Gondorfs Treffer in der Gunst der Zuschauer einem Fallrückzieher des Bayern-Spielers Claudio Pizarro. Nicht von ungefähr liegt der Klub mit den meisten Fans in der Statistik der Mannschaften meilenweit vorne, die am häufigsten das »Tor des Monats« erzielt haben.[62]

Der nächste und außerordentlich sehenswerte Streich eines 98ers folgte im September 2014. Marcel Heller erzielte es am 27. September beim Auswärtsspiel an der Alten Försterei. Sein 1:0 gegen Union Berlin erzielte er per Direktabnahme aus spitzem Winkel ins lange Eck. Pech für ihn, dass sein Tor zusammen mit Moritz Stoppelkamp nominiert wurde. Der Spieler des SC Paderborn 07 schrieb sich in die Geschichtsbücher ein, als er gegen Hannover 96 aus über 80 Metern ins zugegebenermaßen leere Tor der Niedersachsen traf.[63]

2015 war Heller wieder dabei: erst sein Solo im August gegen Hannover, dann sein Schlenzer gegen Mainz im Oktober. Im Dezember 2017 »flankte« sich dann Hamit Altintop in die Auswahl. Es scheint so, als ob der SVD immer schönere Tore schießt.

13. GRUND 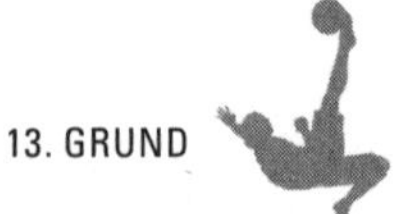

Weil der erste Einsatz des Freistoß-Sprays in Deutschland auf unser Konto ging

Mitte Oktober 2014 wartete der DFB mit einer Neuerung im deutschen Profifußball auf. Was in Südamerikas Profiligen schon seit Jahren üblich war, bei der Weltmeisterschaft 2014 in Brasilien überzeugt hatte und auch in den anderen großen europäischen Verbänden bereits praktiziert wurde, sollte nun auch in der Bundesliga Einzug halten: das Verwenden eines Freistoß-Sprays durch die Schiedsrichter.[64]

Durch den Einsatz des weißen Sprays, das sich nach kurzer Zeit von selbst wieder auflöst, markiert der Schiedsrichter bei Standardsituationen in Strafraumnähe zum einen die Position des Balles, zum anderen die Entfernung der Mauer. Legt anschließend der Schütze den Ball woandershin, oder missachtet ein Spieler in der Mauer die weiße Linie, dann wird er vom Unparteiischen mit einer Gelben Karte verwarnt.[65]

Nun wollte es der Spielplan, dass Darmstadt 98 das Wochenende, an dem das Spray erstmals zum Einsatz kommen sollte, mit einer Partie in Bochum eröffnete. Es ging lediglich noch darum, ob in dieser Partie oder in der parallel angepfiffenen Begegnung zwischen dem 1. FC Heidenheim und dem 1. FC Kaiserslautern das Freistoß-Spray zuerst zum Einsatz kommen würde.

Was folgte, beschrieb der *kicker* im Nachhinein so: »Bochum, Rewirpower-Stadion, die siebte Minute läuft, der Darmstädter Aytaç Sulu bringt etwa 20 Meter vor dem eigenen Tor in halblinker Position den Bochumer Michael Gregoritsch zu Fall, Schiedsrichter Robert Hartmann pfeift, zeigt dem Übeltäter die Gelbe Karte, entscheidet auf Freistoß und nutzt das Freistoßspray. Bundesliga-Geschichte ist geschrieben.«[66] Der DFB vermerkte auf seiner Homepage hernach, dass der Schiedsrichter für den Einsatz des Sprays »von den Zuschauern spontan Szenen-Applaus« bekam.[67] Und tatsächlich war der Applaus deutlich vernehmbar zu hören, wie der Live-Mitschnitt von *sport1.fm* belegt.[68] Im Anschluss kam keine Spielbesprechung ohne die Erwähnung des erstmals eingesetzten Freistoß-Sprays aus.

Lilien-Kapitän und Innenverteidiger Aytaç Sulu war es also »vergönnt«, am frühen Abend des 17. Oktober 2014 Bundesliga-Geschichte zu schreiben. Mit einem Foul, das nicht sonderlich spektakulär und schon gar nicht den Gegner verletzend war. Der Vollständigkeit halber seien noch die anderen Spieler erwähnt, die beim erstmaligen Einsatz des Freistoß-Sprays involviert waren. Die Darmstädter Jerôme Gondorf, Romain Brégerie, Dominik Stroh-Engel, Leon Balogun und Hanno Behrens bezogen hinter der von Robert Hartmann gezogenen Linie Position und blockten den von Bochums Yusuke Tasaka abgefeuerten Schuss, den er von der vom Schiedsrichter markierten Stelle abgegeben hatte.[69]

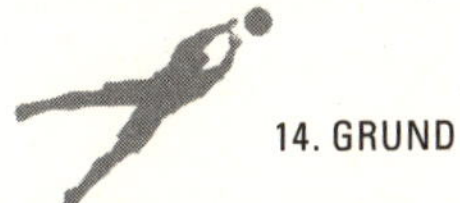

14. GRUND

Weil hinter unserer Südkurve eine Weltklasse-Tennisspielerin geformt wurde

Wer zu den Spielen ans Böllenfalltor geht und ein Ticket für die Südtribüne oder die Gegengerade hat, der wird hinter der Anzeigetafel die benachbarten Sportanlagen bemerken. Auf einem Hockeyfeld und mehreren Tennisplätzen absolvieren während der Partien der 98er oft genug Sportler ihre Trainingseinheiten. Eine davon war Andrea Petković, die beim Tennis- und Eisclub Darmstadt das Tennisspiel erlernte.[70] So wurde quasi nur eine extrem überrissene Vorhand von den Stehplätzen entfernt eine spätere Weltklassespielerin geformt.

Nun ist es allerdings so, dass Andrea Petković völlig unverständlicherweise bekennender Fan von Eintracht Frankfurt ist.[71] Dennoch ist der aus dem benachbarten Griesheim stammenden Tennisspielerin das Wohlergehen der Lilien alles andere als egal. Als sie Anfang 2012 eine Rückenverletzung mehrere Wochen außer Gefecht setzte, nutzte sie ihre längere Anwesenheit in der Heimat, um mit einem Fanbus der Lilien zum Auswärtsspiel nach Offenbach zu fahren.[72] Spätestens seit dem Zweitligaaufstieg wurde sie in Interviews regelmäßig auf den Aufschwung des SVD angesprochen. Dabei trat ihre Sympathie für die Lilien ganz offen zutage. Schließlich ging sie schon als Kind ans Bölle und wusste dabei ihre örtlichen Kenntnisse auszunutzen. In einem Fernsehinterview bekannte sie: »Der Tennisplatz auf dem ich aufgewachsen bin, ist direkt neben dem Stadion. Und ganz hinten (…) ist so ein kleines Loch, wo wir immer durchgeklettert sind und uns alle Spiele angeguckt haben.«[73] Im gleichen Interview äußerte sie sich im Frühjahr 2015 bereits zu einem möglichen Erstligaeinzug der Lilien: »Die spielen echt guten Fußball und das wäre für uns total absurd, wenn Darmstadt in der 1. Bundesliga wäre.« Damit zeigte sie sich genauso überrascht von den überzeugenden Leistungen der blau-weißen Kicker, wie ein Großteil der Fans.

Schon den Relegationskrimi zwischen Darmstadt und Bielefeld ließ sie sich im Mai 2014 nicht entgehen. Via Twitter kommentierte sie die Partie von Straßburg aus, wohin sie die Profitour gerade verschlagen hatte. Als die Lilien das 1:0 erzielten und sich daran machten, die 1:3-Hypothek aus dem Hinspiel wettzumachen, twitterte sie: »Two more to go!«[74] Damit reagierte sie auf den Bielefelder Musiker und Arminia-Fan Casper, der kurz zuvor getwittert hatte: »Die sollen sich da mal zusammenreissen verdammt nochmal!« Jerôme Gondorfs Treffer zum 3:1 quittierte sie mit einem euphorischen »ISCH FLIPP KOMPLETT AUS!!!«[75] Fast zeitgleich setzte Casper nur noch ein ungläubiges »leck. mich. am. arsch.« ins Twitter-Universum ab.[76] Als die Lilien schließlich den Last-minute-Treffer erzielten, tippte Casper ein wütendes »FUCK« in die Tasten.[77] »Petko« schrieb hingegen entfesselt: »Was war das?!!!! Altaaaaaa«.[78] Sie beließ es nicht bei dem Tweet, wie sie später in einem inzwischen gelöschten Internetbeitrag des *Hessischen Rundfunks* erzählte: »Ich habe vor Freude das ganze Hotel aus dem Bett geschrien.«[79] Noch am nächsten Tag war sie vom Spiel ganz mitgenommen: »So. Es ist 16:31 Uhr nachmittags und ich fürchte immer noch aus dem Traum zu erwachen, der da wäre: SV Darmstadt 98 2. LIGA! EY!«[80]

Als die Lilien im Mai 2015 in die 1. Bundesliga einzogen, twitterte sie wenige Minuten nach dem Vollzug: »1. BUNDESLIGA VERSTEHSTE #niemandhatdieabsichtaufzusteigen LILIE«.[81] Im November 2015 schaute sie dann persönlich am Bölle vorbei, um eine Wettschuld zu begleichen. Beim Heimspiel gegen den 1. FC Köln fungierte sie als Grillmeisterin und reichte den Fans unter großem Blitzlichtgewitter Würstchen. Der Sportverein neben ihrem alten Tennisplatz scheint der Sportlerin also trotz ihres Bekenntnisses zur Eintracht ans Herz gewachsen zu sein. Passt ja auch gut zusammen: »Petko« und die Lilien. Zwei, die vom Böllenfalltor auszogen, um es mit den Großen aufzunehmen.

KAPITEL 2

UNSER GUD STUBB

Das Böllenfalltor

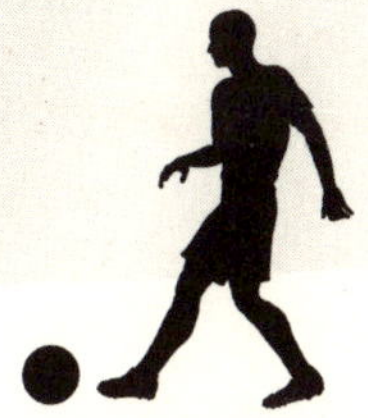

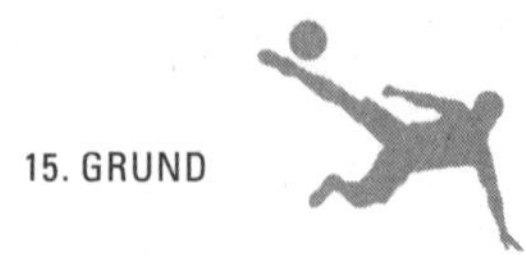

15. GRUND

Weil es am Bölle nicht knallt

Wenn ein Fußballstadion am Böllenfalltor liegt, dann darf mit einiger Wahrscheinlichkeit davon ausgegangen werden, dass der Name selbst den Fans im Ohr bleibt, die ansonsten mit Darmstadt 98 nichts am Hut haben. Doch was soll denn dieser Name bitte schön bedeuten? Böllen – Fall – Tor. Beim letzten Begriff ließe sich ja noch ein Bezug zum Fußball herstellen. Aber Böllen? Oder sind etwa Böller gemeint? Mitnichten!

Der Name Böllenfalltor hat einen historischen und geografischen Bezug. »Böllen« sind nichts anderes als Pappeln, und diese Bäume standen viele Jahre neben dem Stadion. Inzwischen gibt es sie – für die der Verein 1920 die Patenschaft übernommen hatte – allerdings nicht mehr. Der Zahn der Zeit hatte ihnen den Garaus gemacht.[82] Ein »Falltor« wiederum ist ein selbstständig zufallendes Gatter, wie es heute noch bei Wildgehegen in Gebrauch ist. »Das ›Böllenfalltor‹ war somit ein Zugangstor zu einem bestimmten Waldgebiet, dem sogenannten ›Bessunger Hegwald‹ und befand sich nur wenige hundert Meter südlich vom Stadion«, wie im Bildband über das Stadion von Reinaldo Coddou H. nachzulesen ist.[83]

Seit 1921 heißen die 98er ihre Gegner am Bölle willkommen und machen es damit zu einer der traditionsreicheren Spielstätten im deutschen Profifußball. Doch ausgerechnet als die Lilien 1950 erstmals in die höchste Spielklasse – die damalige Oberliga Süd – einzogen, war die Situation etwas verfahren. Die US-amerikanischen Soldaten nutzten das Stadion als Baseballplatz. Zudem verfügte es mit weniger als 5.000 Zuschauern über eine geringe Zuschauerkapazität. Langwierige Umbaumaßnahmen waren vonnöten. Die süddeutschen Spitzenteams wurden derweil im benachbarten Hochschulstadion empfangen.[84]

Als das Böllenfalltor im Sommer 1952 neu eröffnet wurde, waren die Lilien schon wieder zweitklassig. In den 1960ern und 1970ern näherte sich das Stadion seinen heutigen Dimensionen an und fasste 1978 nach dem Bundesligaaufstieg 30.000 Zuschauer.[85] »Seit 1981 hat es keine große bauliche Veränderung (...) mehr gegeben, wenn, dann nur in Details.«[86] Mehr war auch gar nicht notwendig, schließlich gab es zwischen 1993 bis 2014 lediglich Dritt- und Viertligafußball zu bestaunen. Dafür genügte der überschaubare Komfort allemal. Schon zuvor hatte der Verein 1988 das Stadion aufgrund einer massiven finanziellen Schieflage an die Stadt Darmstadt veräußert.[87] Nach dem Zweitligaaufstieg 2014 waren nur noch 16.500 Zuschauer am Bölle zugelassen.[88] Eine Aufstockung der Zuschauerkapazität erfolgte nach dem Bundesligaaufstieg 2015 auf 17.400.[89] Seit 2014 trägt das Stadion erstmals einen Namenszusatz: »Merck-Stadion am Böllenfalltor«. Die Namensrechte hat sich der weltbekannte Darmstädter Chemie- und Pharmakonzern gesichert.[90] Herzlich willkommen also im Vermarktungszeitalter. Seither kamen hinter den Toren zwei Stahlrohrtribünen hinzu und die Lilien übernahmen das Böllenfalltor in Erbpacht von der Stadt.[91] Der Startschuss für einen fundamentalen Umbau: Das Bölle soll zu einer reinen Fußballarena werden.

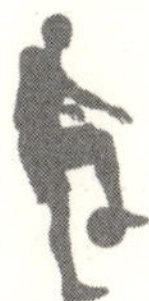

16. GRUND

Weil das Bölle zur Stadt gehört

Fußball ist *der* Zuschauersport in Deutschland. Schon seit Jahren rennen die Fans den Bundesligisten zuverlässig die Bude ein. Ein Besucherrekord jagt den nächsten. Seit der Spielzeit 2008/09 liegt der Schnitt in der 1. Bundesliga konstant bei deutlich über 40.000 Zuschauern pro Partie.[92] Im selben Zeitraum besuchten nur in einer Spielzeit durchschnittlich weniger als 15.000 Zuschauer die

Begegnungen der 2. Bundesliga.[93] Unter diesen Gesichtspunkten ist es für die Vereine unerlässlich, ihre Stadien an die gestiegenen Erfordernisse anzupassen. Einige Bundesligaklubs kamen zu dem Entschluss, dass es schlauer wäre, ihr altes Wohnzimmer hinter sich zu lassen und stattdessen eine komplett neue Heimat zu beziehen. Seit 2004 haben Borussia Mönchengladbach, Bayern München, der SC Paderborn 07, die TSG Hoffenheim, der FC Augsburg und der 1. FSV Mainz 05 ihre angestammten Spielstätten verlassen und sind auf die grüne Wiese gezogen. Auch den SC Freiburg zieht es weg vom alten Standort.[94] Die Vorteile: ein modernes Stadion, das allen Auflagen gerecht wird und über eine deutlich verkehrsgünstigere Lage verfügt, genügend Parkmöglichkeiten inklusive. Der FC Ingolstadt hat ebenfalls diesen Weg beschritten und weiter draußen ein maßgeschneidertes Umfeld gefunden. Damit haben sich die genannten Klubs aber zugleich mehr oder weniger deutlich von der Stadt abgenabelt, die sie im Namen tragen. Die Umgebungen der neuen Arenen erinnern dabei wahlweise an Autobahnzubringer, Gewerbegebiete oder ein Festivalgelände im Grünen.

Da bleiben sich der SV 98 und die Stadt Darmstadt als langjähriger Eigentümer des Stadions doch lieber treu. Die Lilien residieren bis auf Weiteres am Bölle, wo sie seit bald 100 Jahren zu Hause sind. Das in die Jahre gekommene Fossil soll nach einigem Hin und Her in den nächsten Jahren durch einen Umbau an derselben Stelle in neuem Glanz erstrahlen. In den Blick genommene alternative Standorte schieden aufgrund vielfältiger Gründe aus. [95] Selbst wenn sich die Ausplanung des Umbaus in die Länge zog, so wird die Heimstätte des SVD weiterhin da sein, wo sie hingehört: in der Stadt und nicht in irgendeinem gut anzubindenden Gewerbegebiet.

Die Fans können weiterhin zu Fuß, mit dem Rad oder der Straßenbahn zum Heimspiel kommen. Obwohl das Stadion in Darmstadt eher eine Randlage einnimmt, die Zuschauer erfahren beim Hinweg jedes Mal von Neuem, wen oder was sie eigentlich meinen, wenn sie ein beherztes »Darmstadt!« ausrufen. Denn die Besucher passieren von drei Seiten kommend Wohngebiete. Die Anwohner sehen die Heimspiele der Lilien naturgemäß kritischer. Die benachbarten Straßen werden regelmäßig zugeparkt, auch Wildpinkler sorgen für Ärger.

Die Wohnhäuser rund ums idyllische Böllenfalltor reichen jedenfalls bis an den überschaubaren Parkplatz vor dem Stadion. Hinter der Südkurve liegen Hockey- und Tennisplätze. Die Nordkurve mit der altehrwürdigen Dugena-Uhr grenzt an das nicht minder traditionsreiche Hochschulstadion mit seinem Hochschulbad und der einladenden Liegewiese, an die sich ein kleines Waldstück in Richtung Lichtwiese anschließt. Dort befindet sich ein Campus der Technischen Universität, und von dort nähern sich die gegnerischen Fans ihrem Block.

Nach dem Spiel benötigt der Lilien-Fan zur angeregten Nachbesprechung mit der Straßenbahn keine zehn Minuten, um die Kneipenszene in der Innenstadt anzusteuern. Oder er schlendert zu Fuß rüber in die Kneipen Bessungens. Die Wege sind also kurz in Darmstadt, erst recht zu den Lilien.

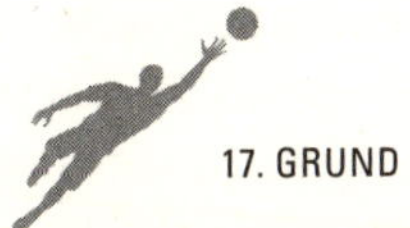

17. GRUND

Weil das Böllenfalltor für Peter Schmidt Heimat ist

Es ist ein sonniger Nachmittag im Juni 2015. Peter Schmidt und ich sitzen im Böllenfalltor auf den Stufen des Stadions. Nachdem ich über eine Stunde mit dem langjährigen Mitglied des Darmstädter Magistrats geredet habe, blicken wir hinunter auf den Rasen. Ich frage ihn, was das Stadion für ihn bedeutet. »Das Böllenfalltor ist meine Heimat«, sagt der 77-Jährige. Bei vielen mag das reichlich pathetisch klingen, ihm glaubt man es.

Peter Schmidt kommt 1938 in Darmstadt auf die Welt. Sein Vater fällt im Krieg. Nach der Bombennacht vom 11. September 1944 werden er, seine Mutter und seine Schwester ins Erzgebirge evakuiert, kehren aber noch vor Kriegsende zurück. Sie kommen in einer Baracke unter, die nur einen Steinwurf von der heutigen Südtribüne entfernt liegt. Von da an wird das Böllenfalltor eine beständige Rolle im Leben von Peter Schmidt spielen. Als die US-Amerikaner 1946 das Bölle für ihr Baseballspiel beschlagnahmen, wird Klein-Peter zum Maskottchen der *Hornets*, wie die Darmstädter GIs ihr Team nennen. Seine Rolle verschafft ihm Privilegien. »Ich konnte Essensreste aus den Kasernen mit nach Hause nehmen, ebenso die abgespielten Bälle«, berichtet er. Als seine Mutter erkennt, dass diese unter dem Leder aus fest aufgewickelter Wolle bestehen, strickt sie fast alle Kleidungsstücke der Familie daraus.

ABC-Schütze Peter geht derweil liebend gerne zum Fußball. »Die Amerikaner hatten den 98ern nach dem Krieg als erstem Darmstädter Verein die Erlaubnis erteilt, sich zu reorganisieren, weil sie sich im Dritten Reich nicht haben gleichschalten lassen«, weiß Peter Schmidt. Da die Amerikaner am Bölle sind, muss der SVD anderswo spielen. Er weicht ins angrenzende Hochschulstadion aus oder an die Radrennbahn in der Heidelberger Straße. »Ich erinnere mich noch, wie wir als kleine Jungs zu den Derbys nach Arheilgen gelaufen sind. Das waren immer heiße Spiele, bis die Lilien 1950 in die Oberliga Süd aufstiegen. Da stand die Stadt kopf. Die Bayern kamen, Waldhof, die Eintracht, der Club. Der VfR Mannheim, ein Jahr zuvor noch Deutscher Meister, verlor am ersten Spieltag vor 18.000 Zuschauern mit 5:4«, erzählt der agile Pensionär in schneller Abfolge.

Peter Schmidt verbringt seine Freizeit oft bei den Lilien. 1950 wird er Mitglied. Zunächst spielt er Fußball, dann Tischtennis. Eine Abteilung, die er später lange leiten wird. »Für uns Kinder, die ihre Väter im Krieg verloren hatten, war der Klub eine Ersatzfamilie. Unsere Trainer waren Ersatzväter. Die Vereinsgaststätte ›Zum Jung‹ war das Zentrum des Vereinslebens«, blickt er zurück. Beim »Jung« wird Peter Schmidt 1961 vom damaligen Vorstandsmitglied Adam Keck angesprochen. Die Fußballer haben Vladimir Schal, einen jugoslawischen B-Nationalspieler, an der Angel. Keck will den potenziellen Neuzugang noch einmal testen und ein paar Elfmeter schießen lassen. Also bittet er den verdutzten Peter Schmidt ins Tor. »Es war schon dunkel, weshalb wir oben ein paar Autos hingestellt haben, um mit den Scheinwerfern den Platz auszuleuchten. Und dann hat er mir die Bälle nur so um die Ohren geschossen«, muss Peter Schmidt schmunzeln. »Schal war drei Jahre unser überragender Spielmacher. Er beherrschte schon den Trick, den Ball mit der Hacke über den Kopf zu spielen und daraus noch Tore zu erzielen. Später bekam der Schal in den Pausen der Heimspiele Blumen in die Kabine gebracht. Im Verein glaubten sie, es wären Präsente, um ihn abzuwerben. Ich habe aber erfahren, dass er sie sich immer selbst bestellte«, lacht der ehemalige Lehrer.

1963 steht durch die Einführung der Bundesliga eine Neuordnung der Ligen an. Der SVD verpasst die Qualifikation für die neue zweitklassige Regionalliga Süd um einen Punkt. Peter Schmidt und ein Freund trauern auf besondere Weise: »Wir stiegen nachts ins Bölle ein und strichen ein Tor komplett schwarz an. An die Latte hängten wir Trauerkränze, die wir vom nahen Friedhof mitgebracht hatten.« Eine Aktion, die es bis in die Zeitung schaffte. Ein Jahrzehnt später bricht hingegen die Euphorie aus. »Den Lilien hatte es bei den Trainern lange an Kontinuität gefehlt, bis 1971 Udo Klug kam und eine Mannschaft um Walter Bechtold, Hansi Lindemann und Rudi Koch aufbaute.« Besonders das 7:0 gegen Nürnberg ist Peter Schmidt noch lebhaft in Erinnerung. »Ein sommerlicher Tag, ein Tor schöner als das andere. Da stand ein Team auf dem Platz, keine Individuen. Das war der Grundstein für den späteren Erstligaaufstieg.«

Erst das 2015er-Team der Lilien erinnert den ehemaligen Vereinsjugendleiter der 98er an die Mannschaft aus den goldenen Siebzigern: »Momentan herrscht eine ganz andere Kontinuität als in den letzten Jahrzehnten. Dirk Schuster versteht es wie damals Udo Klug, die Spieler zu einer schlagkräftigen Einheit zu formen. Hinzu kommen charismatische Spieler, wie es Jan Zimmermann war oder

Aytaç Sulu ist. Typen wie der Hanno Behrens – der leider gegangen ist – und der Marco Sailer tun dem Verein und seinen Fans unheimlich gut. Sie kommen nach den Spielen raus und sind an den Fans interessiert. Sie bieten Identifikationspotenzial.«

Dass in seinem Bölle, wo er einstmals seinen Polterabend und seine erste Hochzeit gefeiert hat, wieder Erstligafußball gespielt werden sollte, kann er im Juni 2015 kaum glauben: »Für mich als Fan ist das vergleichbar mit der Wiedervereinigung. Die hielt man noch ein Jahr zuvor für utopisch. Genauso wie zuletzt den Aufschwung der Lilien. Das ist schon verrückt.« Peter Schmidt wird aber auch dann mit dem Fahrrad die Nieder-Ramstädter Straße entlang zum Bölle radeln, wenn es mit den Lilien wieder bergab gehen sollte. Denn wer verlässt schon freiwillig seine Heimat?

18. GRUND

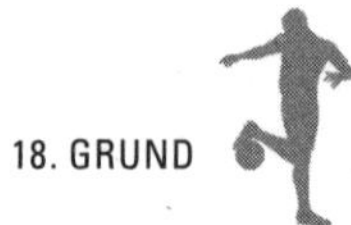

Weil Stehen am Bölle Trumpf ist und auch bleiben soll

In Darmstadt stehen die Fans zu ihrem Verein und zwar im wahrsten Sinn des Wortes. Seit jeher verfolgen die meisten Besucher die Spiele am Böllenfalltor im Stehen. Selbst *Zeit online* überschrieb im Sommer 2014 eine Bilderstrecke anlässlich der Zweitligarückkehr der 98er halb verzückt, halb erstaunt: »Wo beim Fußball noch gestanden wird.«[96]

Wie für die damalige Zeit üblich, verfügte das erste, 1921 errichtete Stadion am Böllenfalltor mehrheitlich über Stehplätze. Daran änderte auch der Umbau nach dem Zweiten Weltkrieg nichts. Mit 2.000 Sitzplätzen hatten noch nicht einmal zehn Prozent der Zuschauer die Gelegenheit, den Begegnungen im Sitzen beizuwohnen.[97] Mitte der 1970er-Jahre verdoppelten die 98er durch den Umbau der Haupttribüne die Anzahl der Sitzplätze. Wenig später musste der SVD nach dem Bundesligaaufstieg 1978 die Zuschauerkapazität auf 30.000 Zuschauer erhöhen. Dies erreichte der Verein durch die Aufstockung der Gegengeraden, sodass fortan 26.000 Zuschauer stehen konnten, während die Haupttribüne saß.

In den Folgejahren nagte der Zahn der Zeit mächtig am Stadion, was zu einer abnehmenden Zuschauerkapazität führte. Im Frühjahr 2015 standen 3.900 Sitzplätzen »nur« noch 12.600 Stehplätze gegenüber.[98] Da ein Teil der Haupttribüne jedoch fest in der Hand der aktiven Fanszene war, wohnten bestenfalls 3.000 Fans den Partien im Sitzen bei. Auch bei der Bundesligarückkehr der Lilien im Jahr 2015 war Stehen Trumpf. Die Stehplatztribünen boten den jüngsten Zuschauern weiterhin ein einzigartiges »Biotop«. Der schmale Grünstreifen zwischen Umzäunung und Stehplatzstufen wurde von den jüngsten Besuchern immer mal wieder zum eigenen Spielfeld umfunktioniert. Die seitliche Böschung der Gegengerade wiederum eignete sich hervorragend zum Herunterpurzeln, wie der Bildband von Reinaldo Coddou H. belegt.[99]

Doch dieses Idyll endete mit der Errichtung der Hintertortribünen Ende 2016 und dem Abriss der Gegengerade zwei Jahre später. Inzwischen wird auf der Nordtribüne gesessen, was nach dem Umzug der Ultràs auf die Südtribüne auch für die komplette Haupttribüne gilt. Die Süd bleibt derweil fest in der Hand der Stehplatzkultur. Um den Anteil der Sitz- und Stehplätze auf der neuen Gegengerade wurde durchaus gerungen. Die über Jahre bei Wind und Wetter stehenden Gegengeradenbesucher wollten nach dem Umbau nicht plötzlich Sitzplätze einnehmen müssen. Die aktiven Fans riefen ein Fanbündnis ins Leben, um zumindest die Hälfte aller Plätze im umgebauten Bölle den Stehplätzen vorzubehalten.[100]

Rückenwind erhielt es von der Stadtverordnetenversammlung, da die Stadt in der heißen Phase der Umbauplanungen noch Eigentümer des Stadions war. Im Februar 2015 brachte die Fraktion *UFF-BASSE* einen Antrag ein, demnach das neue Stadion mindestens 10.000 Stehplätze haben solle. Der Antrag im Wortlaut: »Die einzigartige Fankultur in guten und in weniger guten Zeiten ist auch verwurzelt in den vielen Stehplatzbesuchern, welche bei den Heimspielen eine unvergleichliche Stadionatmosphäre schaffen. Neben Fans, die aus Prinzip und/oder Tradition beim Fußball ›stehen‹ wollen, sind es z.B. Studenten und einkommensschwächere Besucher, die hier relativ günstig mit Einzel- und vor allem auch mit Dauerkarten dabei sind. Gerade diese Mischung prägt den Charakter der Lilienfamilie. In der Forderung nach Erhalt der heutigen Stehplatzzahl liegt neben dem atmosphärischen somit auch ein wesentlicher sozialer Aspekt, der die Struktur der Fangemeinde mitbestimmt.«[101] Dem Antrag stimmten die Stadtverordneten mit großer Mehrheit zu, was die stehplatzbewussten Darmstädter Fans erfreute.[102] Auf der neuen Gegengeraden werden nun inklusive Gästebereich rund 5.800 Zuschauer stehen können, während knapp 3.000 sitzen. Damit soll die Anzahl der stehenden Fans mit über 9.500 die der sitzenden weiterhin übertreffen. Auch 100 Jahre nach dem ersten Stadionbau wird am Bölle also mehrheitlich gestanden.

19. GRUND 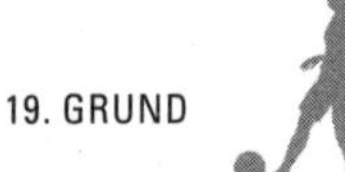

Weil das Bölle mehrere Epizentren kennt

24. November 2018: Zweitligaheimspiel am Böllenfalltor gegen den 1. FC Köln. Gerade hat der Block1898 auf der Südtribüne *Eines Tages, ging ich ans Bölle* zur eingängigen Melodie von *Bella Ciao* auf den Platz geschmettert, da ergreift der A-Block am gegenüberliegenden Ende der Haupttribüne das Wort und singt ein vielstimmiges *SV Darmstadt allez.* Wenig später initiiert die Gegengerade einen stimmgewaltigen Support und zelebriert mit den anderen Tribünen zusammen einen Wechselgesang, bei dem ein langgezogenes *ESS VAU DEE* über den Platz hin und her wogt. Das Bölle, wie es leibt und lebt: ein Fußballstadion mit drei stimmungsvollen Epizentren.

So war es nicht immer am Böllenfalltor. Die drei Stimmungszentren haben sich erst in den zurückliegenden Jahren herausgebildet. Da ist zum einen der Block1898, der sich als klassischer Fanblock versteht, der viele jüngere Fans in seinen Reihen weiß und der sich – koordiniert von ein bis zwei Capos – dem 90-minütigen Support verschrieben hat. Hier sind überwiegend die Anhänger anzutreffen, die sich zur Ultrà-Kultur bekennen und die in Abstimmung mit dem Verein ihren Block selbst regulieren. Fahnen sind omnipräsent und eigene Ansichten werden ebenfalls gerne hochgehalten. Zahlreiche Choreografien werden hier ersonnen und dabei immer häufiger auch andere Fanblöcke mit einbezogen.

Der A-Block steht hingegen in der Tradition der englischen Fankultur. So mancher Fan geht schon seit den ersten Bundesligazeiten Ende der 1970er-Jahre ins Stadion an der Nieder-Ramstädter Straße. Hier steht die stimmgewaltige Anfeuerung des eigenen Teams im Zentrum des Stadionbesuchs, wobei eher der spielbezogene Support geschätzt wird. Auf Fahnen und anderes schmückendes Beiwerk wird hier verzichtet. Dennoch herrschte auch zu Zeiten, als der Block1898 noch auf der Haupttribüne untergekommen war, keine Rivalität zwischen den beiden prägenden Fangruppen und -kulturen.

Die Gegengerade war und wird auch im neuen Gewand ein buntes Sammelbecken für Rentner, Studenten, Punks und Familien sein, sprich für den normalen Fan, der aber nichtsdestotrotz gerne in die Anfeuerungsrufe einstimmt oder sie auch selber initiiert. Diese Ansammlung von drei verschiedenen sangesfreudigen Fanbereichen in einem Stadion ist in Deutschland reichlich ungewöhnlich. Egal ob Block1898, A-Block oder Gegengerade, sie alle bringen sich aus eigenem Antrieb und lautstark mit ihren Gesängen ins Spielgeschehen ein und unterstützen damit ihre Mannschaft tatkräftig. Das mag manchmal etwas unkoordiniert wirken, ist dafür aber umso authentischer und kennzeichnend für das besondere Flair am Böllenfalltor. In Darmstadt hat sich eine bunte Fanszene herausgebildet, und die singt beim Fußballschauen oft genug aus vollstem Herzen, um ihrem Team in Blau und Weiß stimmgewaltig den Rücken zu stärken.

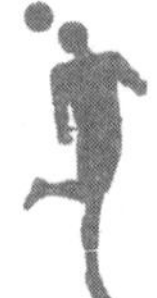

20. GRUND

Weil Reinaldo unser Wohnzimmer mit einem grandiosen Bildband würdigte

Reinaldo Coddou H. zählt zu den profiliertesten Fußballfotografen in Deutschland. Seine Bilder von Fußballstadien sind mittlerweile nicht nur Lesern der *11Freunde* ein Begriff, des populären deutschen Fußballmagazins, das er mit aus der Taufe gehoben hat. Als sich im Frühjahr 2014 abzeichnete, dass die Tage des alten Stadions am Böllenfalltor allmählich gezählt sein würden, kamen Mitglieder der Fan- und Förderabteilung auf die Idee, das Bölle in einem Bildband festhalten zu lassen. Was den Fotografen anbetraf, so führte kein Weg an Coddou vorbei. Doch würde der renommierte Fotograf einwilligen? Er tat es! Ohne zu zögern! Unentgeltlich![103] Ihn fasziniere schlichtweg die Tatsache, das Bölle noch vor dem geplanten Umbau zu fotografieren und damit zu dokumentieren. Zudem outete er sich als Fußballtraditionalist und damit als jemand, der per se den Lilien etwas abgewinnen könne.[104]

In insgesamt drei Fotosessions hielt er das Bölle so fest, wie es selbst langjährige Dauerkarteninhaber noch nie zu Gesicht bekommen haben. Ihm wurde nirgendwo der Zutritt verwehrt, und so konnte er sich nach Herzenslust austoben: Gästekabine, Presseraum, Schiedsrichterumkleide, Schuhraum, Spielertunnel, Sprecherkabine, Marathontor und selbst das Dach der Haupttribüne standen ihm offen.[105] Dabei fotografierte er in den Katakomben ein beleuchtetes Terrarium hinter einem Kickertisch. Der abgelichtete Massagebereich sieht wiederum aus, als wäre er von vorgestern … bestenfalls.[106] Während des Heimspiels gegen Halle genoss der Fotograf erneut Narrenfreiheit und schoss ebenso faszinierende wie emotionale Bilder aus dem Eingangsbereich, aus dem Innenraum, inmitten der Fans und aus dem Spielertunnel.[107] Neben Coddou waren die Verleger nach der Durchsicht der ersten Bilder so angetan, dass sie die geplante Seitenzahl umgehend auf 224 nach oben korrigierten. Die Unterstützung der Fan- und Förderabteilung wussten die Verleger besonders zu schätzen, wie sie bei einem Vor-Ort-Besuch zugaben: »Dass von Fan-Seite so ein Projekt gestemmt und sich mit so viel Herzblut eingesetzt wird, haben wir so noch nicht erlebt.«[108]

Wer dann das fertige Produkt in Händen hält, dem verschlägt es schon beim Anblick des Titelbildes den Atem.[109] Es ist aus einer erhöhten Perspektive aufgenommen. In einiger Entfernung ragen die vier Flutlichtmasten in einen strahlend blauen Himmel, der von allerschönsten weißen Schäfchenwolken durchzogen ist. Das Bölle umgibt ein saftiges Grün, und am Horizont grüßt die Skyline Frankfurts. Das Bild wurde aus dem obersten Stockwerk eines Hochhauses geschossen, dessen Bewohner ihren Balkon gerne für die Fotoaufnahmen zur Verfügung stellten.[110]

Die *Frankfurter Allgemeine Sonntagszeitung* war hernach in einer der zahlreichen Buchrezensionen überwältigt: »Letzte Bilder einer untergehenden Welt. Ein Traum.«[111] Coddou selbst kam in mehreren Interviews zu Wort, und selbst dann klang immer noch ein wenig Unglauben und Faszination aus seiner Stimme. »So etwas hatte ich hier in Deutschland schon ewig nicht mehr gesehen. (…) Ja, das Stadion in Darmstadt hat ›Soul‹. (…) Sehr besonders sind definitiv die Flutlichtmasten. Dieser erleuchtete Himmel in der Dämmerung, das ist typisch ›Bölle‹. Das ist Darmstadt 98 für mich!«[112]

Dass ausgerechnet dieses Darmstadt 98 Coddous' Verein, die Arminia aus Bielefeld, wenige Wochen nach den Aufnahmen im direkten Duell in die 3. Liga schickte, ist der Treppenwitz hinter der ganzen Geschichte. Allen Lilien-Fans und auch den Darmstädtern hat der Fotograf jedoch ein unschätzbares Werk vermacht. Deshalb an dieser Stelle: Herzlichen Dank, Reinaldo!

21. GRUND 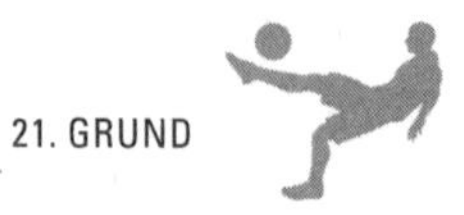

Weil die Dugena-Uhr ihrer Zeit voraus war und bleiben soll

Wer kennt sie nicht, die Trikots der Bundesligisten aus den 1970er- und 1980er-Jahren und noch viel mehr die darauf platzierten Sponsoren? Die Bayern mit Magirus-Deutz und später Commodore. Der HSV mit Campari und BP. Der VfB mit Frottesana und Dinkelacker. Die Gladbacher mit Erdgas. Der BVB mit Uhu. Die Eintracht aus Frankfurt mit Remington und Minolta. Der 1.FC Köln mit Doppel Dusch. Der Werbeträger, den Darmstadt 98 in seinen beiden Erstligaspielzeiten 1978/79 und 1981/82 auf der Brust trug, war ein *local hero* und zugleich überaus bekannt. Es handelte sich um Dugena, die Uhrenmarke, die damals viele Bundesbürger am Handgelenk trugen.

Die Deutsche Uhrmacher-Genossenschaft Alpina, oder eben Dugena, hatte ihren Sitz ursprünglich in Eisenach und übersiedelte in den 1920er-Jahren nach Berlin. Nach dem Zweiten Weltkrieg stand der nächste Umzug an. Da der Firmensitz im sowjetischen Sektor lag, waren die Vertriebswege in die Westzonen, aus der die spätere Bundesrepublik hervorgehen sollte, blockiert. So bildete ab 1948 Darmstadt das neue Zuhause der hochwertigen Uhrenmarke. 1973 war Dugena in der Bundesrepublik in 2.000 Uhren-Fachgeschäften vertreten.[113]

Ende des gleichen Jahrzehnts ging das Unternehmen eine verstärkte Werbepartnerschaft mit den Lilien ein. So fand das Unternehmen nicht nur als Schriftzug auf den Trikots der Spieler Platz, sondern auch in Form einer großen Stadionuhr, die über dem Marathontor thronte. Das runde Ziffernblatt war dabei in ein Dreieck integriert, ganz so, wie es dem Dugena-Logo entsprach. Unterhalb der Uhr war der Schriftzug DUGENA angebracht und die dreizeilige, elektronische Anzeigentafel. Auf ihr fand die Begegnung

Platz, der Spielstand und der letzte Torschütze. Bilder der Vereinschronik zum 100-jährigen Bestehen zeigen, dass das Marathontor als Verbindungselement zum benachbarten Hochschulstadion Anfang der 1950er-Jahre noch gänzlich jungfräulich da gestanden hatte. Wenig später zierte es bereits eine große Uhr, bevor schließlich die Dugena-Uhr mitsamt der Anzeigentafel Einzug hielt.[114]

So antiquiert das Ensemble der Stadionuhr mit der dreigeteilten Anzeigentafel heute erscheinen mag, es war damals absolut auf der Höhe der Zeit. Manches Mal war es seiner Zeit sogar deutlich voraus. Schon zu Bundesligazeiten soll auf der Anzeigentafel das @ als Testzeichen zu sehen gewesen sein, das aus dem digitalen Zeitalter nicht mehr wegzudenken ist.[115]

Auch im Jahr 2015 ist die Dugena-Uhr immer noch präsent. Zwar sind der DUGENA-Schriftzug und die Anzeigentafel verschwunden, die Uhr steht aber weiterhin unerschütterlich über dem Marathontor. Geht es nach dem Willen der Lilien-Fans, dann wird sich auch im umgebauten Böllenfalltor ihren Platz finden. Die Anhänger machten sich jedenfalls stark dafür, die Dugena-Uhr in das neue Stadion zu integrieren.[116] Das würde die fortwährende Präsenz der Dugena-Uhr bedeuten. Das namensgebende Unternehmen hat sich unterdessen schon längst aus Darmstadt verabschiedet.

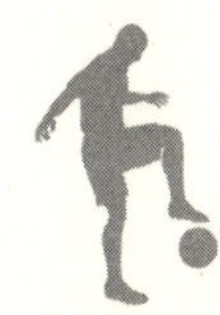

22. GRUND

Weil Beckmann, Scholl und Bartels ans Böllenfalltor kamen und staunten

Am 25. September 2013 flimmerten seit Jahren einmal wieder Livebilder aus dem Böllenfalltor in die guten Stuben der Republik. Die ARD hatte die Zweitrundenbegegnung im DFB-Pokal zwischen den Lilien und dem FC Schalke 04 als die Partie auserkoren, die live zu übertragen war. Diese Tatsache elektrisierte

Verein wie Fans gleichermaßen ... und offenbar auch Reinhold Beckmann, der zusammen mit seinem Sidekick Mehmet Scholl für die Vor-, Halbzeit- und Nachberichterstattung zuständig war. Die komplette Übertragung war noch lange Zeit auf YouTube anzusehen.[117]

Einmal mit den Begebenheiten vor Ort konfrontiert, staunten Beckmann, Scholl und auch Kommentator Tom Bartels nicht schlecht und fühlten sich offenkundig um Jahrzehnte zurückversetzt. Das Oldschool-Stadion hatte es dem auch als Talkmaster fungierenden Beckmann deutlich vernehmbar angetan. Im Vergleich dazu ging Scholl spürbar reservierter an die Sache ran. Beckmann beginnt die Übertragung zunächst aus dem Off: »Es gibt gewisse Fußballstadien, die muss man einfach mal besucht haben. Das Böllenfalltor in Darmstadt gehört zwingend dazu. (...) Ein gutes, altes, ehrwürdiges Stadion.« Dann an Scholl gerichtet: »Sag mal: Böllenfalltor, das ist eigentlich eine Kultstätte des Fußballs. Hast du jemals hier gespielt?« Scholl: »Ich muss gestehen, ich bin das allererste Mal hier und, äh, überrascht. Es ist relativ antik auch.« Beckmann wirft freudig ein: »Charme der 70er-Jahre.« Scholl zunächst gestreng, dann versöhnlich: »Ich glaube, der DFB würde erst einschreiten, wenn sie in die 2. Liga aufsteigen würden. Aber es ist, es hat Nostalgie. Hat was ganz Schönes hier.« Dann wieder Beckmann, der eine Kamerafahrt durch die Schalker Kabine kommentiert: »Das ist 'ne besondere Atmosphäre. Wir schauen mal in die Kabine hinein, der Schalker. Die Heimkabine ist renoviert. Die Gästekabine hat den 70er-Jahre-Charme.« Was dem Zuschauer gezeigt wird, kennt jeder Amateurkicker aus eigener Erfahrung: Er sieht geweißelte Backsteinwände, Holzbänke, schlichte Kleiderhaken, ein Waschbecken mit einem Spiegel in der Ecke und in der Mitte Tische. Fertig.

Nachdem Beckmann seine Euphorie gezügelt und Scholl sich von seinem Schock erholt hat, übernimmt vor dem Anpfiff Kommentator Tom Bartels das Wort. Auch er kommt schnell auf das so außergewöhnliche Stadion der Lilien zu sprechen, denn die

Kamera zeigt die Mannschaften im Spielertunnel: »Wir sind zu Gast an diesem charmanten Stadion. Böllenfalltor.« Die Zuschauer sehen unterdessen offene Kabelstränge, unverkleidete Stahlträger, der Tunnel ist eingefasst von engmaschigen Gittern. »Schauen Sie selbst in den Kabinengang. Ein Terrarium befindet sich noch im Innenraum. Das haben sie alles in der Kürze der Zeit im Vorlauf gar nicht zeigen können. Da sind die Spieler eben vorbeigelaufen. Es ist Pokalzeit, da kommen auch wir mal wieder in diese herrlichen Arenen, in denen durchaus auch schon Bundesliga gespielt worden ist. Ende der 70er-, Anfang der 80er-Jahre. Das muss gerade für die Schalker sich anfühlen wie ein Ausflug in vergangene Zeiten. Wer Champions League gewohnt ist, muss sich hier und heute erst mal bewähren in Darmstadt.«

Im Laufe der Übertragung kommt Bartels dann immer wieder auf den »Charme« der Spielstätte oder das »altehrwürdige Stadion« zu sprechen. Etwa, als die Kamera den Spielstand auf der Anzeigetafel einblendet: »So, da haben wir auch hier in diesem alt-ehrwürdigen Stadion die Anzeigentafel. Die Videoleinwand. Die gibt's seit 2001. Hochmodern damals.« Dass der Verein die Anzeigetafel 2001 gebraucht gekauft hatte, war ihm wohl nicht bekannt. Dabei hätte es doch so vortrefflich zur Nostalgie um das aus der Zeit gefallene Böllenfalltor gepasst. Die Fans der Lilien hatten die deutschlandweite Aufmerksamkeit rund um das Pokalspiel zur Primetime damals jedenfalls sehr genossen.

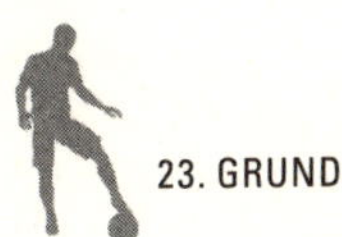

23. GRUND

Weil es bei unseren Heimspielen ordentlich »roart«!

Alle Fans, die sich an Spieltagen verspätet dem Böllenfalltor nähern und sich ohnehin schon ärgern, dass sie den Anpfiff verpasst haben, beschleunigen unweigerlich ihren Schritt, wenn sie das Raunen der

Zuschauer vernehmen. Sollte dann noch ein Tor für die Lilien fallen, breitet sich der Torschrei wie eine Welle über das angrenzende Wohngebiet aus und prasselt auf die Nachzügler hernieder. Über viele Jahre hinweg begleitet vom Trommeln der Zuschauer gegen das Wellblech an der Rückseite der Haupttribüne.

Das Stadion am Böllenfalltor hat nicht nur seinen ganz speziellen Charme, es hat auch seinen ganz eigenen Sound. Der »Roar« der Darmstädter Fans im heimischen Stadion zeichnet sich durch ein langgezogenes »Lilie, Lilie, Lilie« aus. Es wird immer dann auf den Platz geschmettert, sobald ein Schuss oder Kopfball der 98er beinahe den Weg ins Tor gefunden hat. Vor Eckbällen oder anderen Erfolg versprechenden Standards kommt es ebenfalls tausendfach zum Tragen. In dem Ausruf entlädt sich die Anspannung der Fans, der das ungeduldige Warten oder die Vorfreude auf den nächsten Treffer der Blau-Weißen auf das Spielfeld transportiert.

Daneben verstehen es die Darmstädter Fans bestens, ihre Jungs durch Wechselgesänge anzupeitschen. Das langgezogene »ESS – VAU – DEE« erwidern die Anhänger auf beiden Geraden nur zu bereitwillig. Wenn die Fans auf der Haupt- und Südtribüne zum Schlachtruf anheben, übernimmt die Gegengerade gerne die Funktion eines Echos. So hallt der Support von mehreren Seiten abwechselnd über die Köpfe der Spieler hinweg und sorgt für eine elektrisierende Atmosphäre. Am letzten Heimspieltag 2014 erlebte ein weiterer Wechselgesang der Lilien-Fans seine Premiere am Böllenfalltor. Eine Woche zuvor hatte sich das »Scha-la-la-la-laaa« mitsamt Schalwedeln spontan am Millerntor gegen den FC St. Pauli zu einer Dauerschleife entwickelt. Drei Tage später war es beim nächsten Auswärtsspiel im nahen Sandhausen noch so präsent, dass es seine Neuauflage erlebte. In beiden Partien nahmen die Darmstadt-Fans jeweils zwei Fanblöcke ein, die über Eck standen, was den Gesang erleichterte. Beim Heimspiel gegen Ingolstadt folgte der gelungene Transfer ans Bölle, wo er sich seither etabliert hat. Es sieht nicht nur fantastisch aus, wenn die Südtribüne dazu anhebt und die Gegengerade ihr Kontra gibt. Es ist auch immens laut.

Wie laut wäre es erst, wenn die Rufe der Darmstädter Fans in einem geschlossenen Stadion stattfänden, ohne Aschebahn um das Spielfeld? Die Darmstädter Anhänger schert das indes wenig. Sie beweisen bei jedem Heimspiel von Neuem ihre unbegrenzte Lust aufs Singen. Egal ob zu den oben erwähnten Liedern oder zu *Oh Lilie*, *Allez les bleus*, *Lilienfieber*, *Blau-weiße Lilie auf grünem Feld*, *SV Darmstadt allez*, *Lilie Schuss* oder anderen Klassikern. Ganz besonders prickelnd wird es allerdings immer dann, wenn das langgezogene »Lilie« spontan aus den Fans herausbricht. Dann ist er da, der ganz spezielle »Roar« vom Böllenfalltor.

24. GRUND

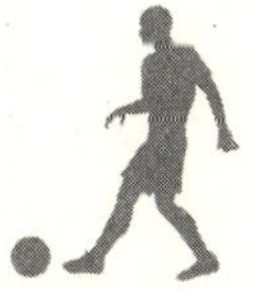

Weil unsere alte Gegengerade selbst Lukas Podolski beeindruckte

Mehr als 60 Stufen hoch überragte die alte Gegengerade am Bölle das Spielfeld. Dicht an dicht gedrängt standen hier die Lilien-Fans bei Heimspielen ihrer 98er. Knapp hinter der Mittellinie begann der Gästefanbereich, bis dorthin herrschte Bewegungsfreiheit. Richtige Blöcke kannte das an der Nieder-Ramstädter Straße gelegene Stadion bis 2016 nur auf der Haupttribüne. Ansonsten gab es die Sektoren Nordkurve, Südkurve und eben die beeindruckende Gegengerade. Bis auf einen schmalen Sitzplatzbereich für Gästefans bestanden die Kurven und die Gegengerade ausschließlich aus Stehplätzen: 12.600 an der Zahl.[118] Das Böllenfalltor verfügte damit lange über den zweitgrößten zusammenhängenden Stehplatzbereich in Deutschland. Übertroffen nur von der Dortmunder Südtribüne.[119] Da konnte der Funke schnell mal überspringen, wusste Carsten Lakies, langjähriger Stürmer bei den Lilien: »Einzigartig war der Blick auf die steilen Ränge der Gegengerade, wenn man aus dem Spielertunnel kam. Bei gefülltem Rund ging von dort eine enorme Kraft aus.«[120] Selbst Nationalspieler Lukas Podolski zeigte sich sichtlich angetan von der Gegengerade. Im TV-Interview sagte er am 13. Mai 2008 nach dem Benefizspiel der Bayern in Darmstadt: »Ich war erstaunt von diesem Stadion. Ich hab mir das anders vorgestellt. Aber wenn man diese Tribüne hier sieht *(Podolski dreht sich um und zeigt zur Gegengerade)*, das ist denke ich mindestens zweitligareif.«[121]

Auch Journalisten zauberte die Gegengerade ein Lächeln auf die Lippen. Der Berliner Sebastian Schlichting berichtete im DFB-Pokal 2006 erstmals für *T-Online* vom Böllenfalltor: »Ich blickte auf die unüberdachte Stehplatz-Gegengerade und wusste endgültig: DAS ist ein Fußballstadion. Ein Fußballstadion, wie es sein sollte.« Als er anderthalb Jahre später an einem eiskalten Februarabend ein Testspiel der Lilien besuchte, war die Gegengerade nahezu verwaist: »Die menschenleere Gegengerade versprühte immer noch die Schönheit des Vergangenen (…). Egal ob ausverkauft oder mit 50 Zuschauern.«[122]

Die Erdwälle, auf denen die Gegengerade und die Kurven errichtet waren, erinnerten zugleich an Darmstadts dunkelste Stunde. Vom 11. auf den 12. September 1944 hatten britische Fliegerverbände die südhessische Stadt in kürzester Zeit in Schutt und Asche gelegt. Die Beseitigung sämtlicher Trümmer sollte rund 15 Jahre dauern.[123] Teile davon wurden Anfang der 1950er-Jahre für den Ausbau des Stadions am Böllenfalltor genutzt.[124] 1970 folgte das Aufstocken der Gegengerade um zehn Stehstufen. Der Bundesligaaufstieg 1978 veränderte deren Gesicht nochmals massiv. Weitere 36 Stufen kamen hinzu. Damit fasste das Böllenfalltor die vom DFB geforderten 30.000 Zuschauer.[125] Ab Anfang 1982 wurde die Gegengerade von Flutlichtmasten flankiert.[126] Bis 2011 sollte dann hauptsächlich der Zahn der Zeit am Stadion nagen. Erst der Drittligaaufstieg im selben Jahr führte zwangsweise zu kosmetischen Veränderungen. Wie Fremdkörper wirkten dann die weißen Sitzplatzschalen, die einen Teil des Gästefanblocks auf der Gegengerade von oben bis unten durchzogen, wohlgemerkt unüberdacht.

Beeindruckend laut war das Stadion immer dann, wenn die Gegengerade die Wechselgesänge mit der Haupttribüne praktizierte. Unglaublich schön war der Stadionbesuch immer dann, wenn bei Abendspielen die Sonne hinter der Haupttribüne unterging. Zunächst färbte sich der Himmel über dem Dach rot, ging dann langsam in ein Violett über, bevor ein schönes dunkles Blau folgte. Dieses Schauspiel begeisterte selbst Matthias Hangst, seines Zeichens Sportfotograf und mehrfacher Gewinner des Sportfotos des Jahres. Die Gegengerade zierte sogar den Kragen des Bundesligatrikots 2015/16. So stärkten die Fans ihren Spielern im wahrsten Sinne des Wortes den Rücken. Bei einem Spiel prangte es gar als Sonderedition auf der Spielerbrust. Unsere alte Gegengerade am Böllenfalltor: einzigartig!

25. GRUND

Weil man am Bölle immer wieder skurrile Preise gewinnen kann

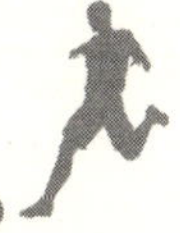

Was gab und gibt es am Böllenfalltor nicht immer wieder für schöne Spielchen zur Halbzeit, die die Fans bei Laune halten sollen. Doch was wäre das Ganze, wenn es nur dem reinen Selbstzweck dienen würde? Die Gewinne machen den Braten erst fett, oder im Falle des SVD: den handwerklich begabten Mann erst so richtig glücklich.

Es ist noch nicht so lange her, da winkte dem stolzen Gewinner des Torwandschießens zur Halbzeit eine Bohrmaschine. Natürlich gesponsert von einem der unvermeidlichen Baumärkte, für die die Werbepausen während der *Sportschau* offensichtlich erst erfunden wurden. Nach dem sportlichen Aufschwung ist man dazu übergegangen, Tickets oder auch Trikots auszuloben.

Langjährige Stadiongänger erinnern sich immer noch schmunzelnd an Gewinnspiele, die schon einige Jahre zurückliegen. Sie ließen damals insbesondere die Herzen der motorisierten Lilien-Fans höher schlagen. Die auf den Eintrittskarten aufgebrachten Ticketnummern fungierten als Losnummern, und so mancher Fan wartete gebannt auf die Durchsage der alles entscheidenden Nummer. Zu gewinnen gab es etwa fünf Liter Motorenöl oder auch Schneeketten. Wohl dem, der im Falle eines Gewinns nicht mit der Straßenbahn ans Bölle gekommen war.

Noch doller mutete der Gewinn an, der im Umfeld der Marketing-Aktivitäten in der Regionalliga-Saison 1999/2000 eingeheimst werden konnte. In zwei Partien stand es den Zuschauern frei, nach der Partie so viel Eintrittsgeld zu entrichten, wie es ihnen die gezeigte Leistung der Lilien wert war. Für einen etwaigen Fehlbetrag bei den Tageseinnahmen stand der Lilien-Sponsor Gold-Ei gerade. Begleitet wurde die Aktion von einem Gewinnspiel, das jedem Teilnehmer den Stadionbesuch überaus lukrativ erscheinen ließ. Alles, was zu tun war, war mit einer leeren Schachtel der Gold-Ei-Marke »Meier's Eier« ans Böllenfalltor zu kommen. Die leere Packung berechtigte zur Teilnahme an einer Verlosung, bei der der Gewinner den Hauptpreis von 1.000 Mark erhielt.[128] Es gibt wahrlich schlechtere Mitbringsel von einem Fußballspiel. Etwa den leichten Spott, den derjenige erntet, der bei einer weiteren Gewinnspielvariante schlecht aussieht. Dabei geht es darum, den Ball vom Anstoßkreis im Tor unterzubringen. Blöd nur, wenn beim Schützen der Ball schon vor dem Strafraum verhungert. Hach, was wären wir am Böllenfalltor nur ohne die Halbzeitunterhaltung?

KAPITEL 3

SELLEMOLS

Von der Oberliga bis zur Bundesliga

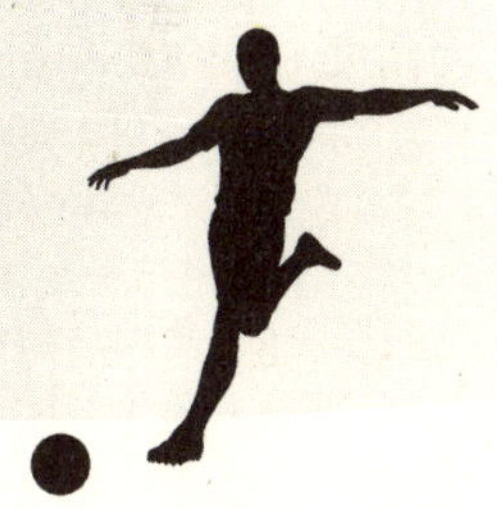

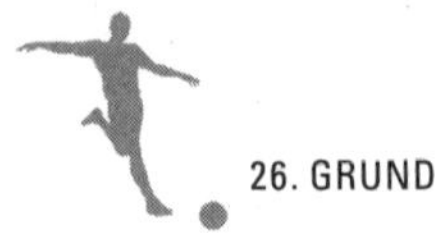

26. GRUND

Weil die Lilien schon 1950 erstklassig waren

Im Frühjahr 1950 ließen die Fußballer des SV Darmstadt 98 erstmals in großem Stil aufhorchen. Durch ein 3:2 über Viktoria Aschaffenburg hatten sich die zuvor überregional nicht sonderlich in Erscheinung getretenen Kicker vor 12.000 Zuschauern die Meisterschaft in der Landesliga Hessen gesichert. Der Erfolg war gleichbedeutend mit der Teilnahme an der Aufstiegsrunde zur Oberliga Süd. Die Kontrahenten um einen Platz in der Spitzenliga waren Union Böckingen, der 1. FC Pforzheim und der 1. FC Bamberg.

In der Aufstiegsrunde setzten die Lilien ihren Höhenflug fort und gingen mit fünf Siegen aus den sechs Partien als Gruppensieger und damit Aufsteiger in die Oberliga Süd hervor. Die »Mannschaft der elf Freunde«, wie sie auch genannt wurde, bot allen Anhängern der 98er ein hohes Identifikationspotenzial; bis auf zwei Akteure stammten alle Spieler aus Darmstadt und Umgebung.[129] Kurios zudem, dass die Qualifikation mit einem Torhüter gelang, den die Lilien aufgrund des Ausfalls des Stammtorwarts aus der Handballabteilung der Lilien rekrutiert hatten. Dr. Rolf Barth bekleidete im erfolgreichen Handballteam der 98er allerdings gar nicht die Torhüterposition, er spielte dort im Angriff und war dennoch ein mehr als passabler Fußballtorwart.[130]

Nach dem Oberliga-Einzug hatte die Fußballeuphorie Darmstadt gepackt. Fünfstellige Zuschauerzahlen waren keine Seltenheit. Obwohl die Oberliga damals in fünf regionale Staffeln unterteilt war, hatten es die Lilien im Süden mit äußerst namhaften Kontrahenten zu tun. Mit dem 1. FC Nürnberg, dem VfR Mannheim und dem VfB Stuttgart spielten gleich alle drei deutschen Nachkriegsmeister mit dem SVD in einer Klasse. Hinzu kamen in der 18er-Liga der damals amtierende Vizemeister Kickers Offenbach sowie Eintracht Frankfurt, 1860 München, Bayern München und die SpVgg Fürth.

Da das heimische Stadion am Böllenfalltor erst wieder in einen ligaspieltauglichen Zustand gebracht werden musste, trugen die Blau-Weißen ihre Partien im benachbarten Hochschulstadion aus. Und der Start in die höchste Spielklasse verlief verheißungsvoll. Der Deutsche Meister von 1949, der VfR Mannheim, wurde im Premierenspiel mit 5:4 nach Hause geschickt. Im zweiten Spiel folgte der erste Auswärtssieg in Reutlingen.[131] Trotz des guten Auftakts kam es nach dem fünften Spieltag bereits zu einem Trainerwechsel bei den Lilien. Der Tscheche Bohuslav Snopek ersetzte Adam Keck. Die erste Partie unter dem neuen Coach war zugleich die dritte Niederlage in Folge, was eine Torwart-Rochade zur Folge hatte. Der »Handballer« Dr. Barth wich Hans Ruhl, der wenig später in der Partie bei Waldhof Mannheim für Gesprächsstoff sorgte. Nach nur zehn Minuten warf er nach einem Zweikampf einem gegnerischen Spieler den Ball an den Kopf. Der Schiedsrichter wollte einen Faustschlag gesehen haben und stellte Ruhl vom Platz. Aufgrund der angeblichen Tätlichkeit wurde der Keeper später für sage und schreibe zehn Wochen gesperrt.[132]

Letztlich erwies sich die Oberliga für die Lilien als eine Nummer zu groß. Wobei, so ganz stimmt das nicht. Gegen den VfB Stuttgart erzielten die Darmstädter zwei beachtliche Unentschieden. Die in der Endabrechnung erstplatzierten Clubberer standen in Darmstadt vor einer Niederlage, beim Zweitplatzierten Fürth sprang ein Unentschieden heraus. Siege gegen 1860 und Bayern München sowie ein Remis gegen Eintracht Frankfurt sprachen für die Wettbewerbsfähigkeit des Aufsteigers.[133] Insbesondere der 1954 an den Folgen einer Blinddarmoperation gestorbene Georg Reeg sorgte mit 15 Treffern für Torgefahr vor dem gegnerischen Tor.[134]

In der Endabrechnung landete der SVD auf dem ersten Abstiegsplatz, nur drei Punkte hinter den geretteten Waldhöfern. Was den 98ern letztlich den Klassenerhalt kostete, waren nicht die verlorenen Duelle gegen die Spitzenteams, sondern die schmerzhaften Punktverluste gegen die direkten Tabellennachbarn. Gegen die hinter ihnen platzierten Teams aus Singen und Augsburg holten die Lilien nur einen Punkt. Aus den beiden Aufeinandertreffen gegen den SV Waldhof Mannheim gingen die Darmstädter gänzlich ohne Punktgewinn hervor.[135] Nicht ganz schuldlos war der oben erwähnte Platzverweis gegen den Lilienkeeper, den die Mannheimer im Hinspiel zu einem 7:2-Sturmlauf genutzt hatten.[136] Dennoch hinterließen die Darmstädter eine erste Duftnote im Spitzenfußball und verabschiedeten sich ehrenvoll aus der Oberliga, die in der Folgesaison von 18 auf 16 Teams reduziert wurde. Nur deshalb gab es vier Absteiger, und die 98er mussten als 15. runter.

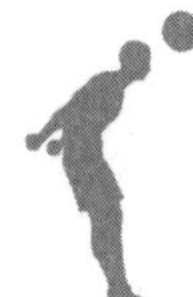

27. GRUND

Weil ein Mitglied der legendären Walter-Elf bei uns anheuerte

Es kommt selten vor, dass sich der SV Darmstadt 98 Spieler angelt, die zuvor nationale oder internationale Trophäen eingeheimst haben. Nicht so 2017, als mit Kevin Großkreutz ein Mitglied der Weltmeistermannschaft von 2014 und mit Hamit Altintop ein zigfacher Meister in Deutschland, Spanien und der Türkei nach Darmstadt kamen. Ihre Karrieren hatten damals ihren Zenit aber schon längst überschritten.

Ein 24-Jähriger wechselte hingegen 1952 auf dem Höhepunkt seiner Leistungsfähigkeit zu den 98ern. Helmut Rasch hatte nur ein Jahr zuvor mit dem 1. FC Kaiserslautern das Finale um die Deutsche Meisterschaft gewonnen. Zu seinen Mannschaftskameraden im ausverkauften Berliner Olympiastadion hatten Fritz und Ottmar Walter, Werner Liebrich, Horst Eckel sowie Werner Kohlmeyer gezählt. Später allesamt »Helden von Bern«.[137]

Wegbereiter der Karriere des gebürtigen Ostpreußen war Fritz Walter höchstpersönlich gewesen. Er hatte bereits vor dem Zweiten

Weltkrieg mit Helmut Raschs' älterem Bruder zusammengespielt und gab ihm 1950 die Chance, bei den Pfälzern vorzuspielen.[138] Mit Erfolg! Allerdings musste der gelernte Stürmer eine Position in der Abwehrreihe der Lauterer bekleiden, da diese im Angriff überaus stark besetzt waren.[139]

Nur wenige Wochen nach dem Meistergewinn 1951 verschlug es den Verteidiger nach Darmstadt. Grund war die Aufnahme eines Maschinenbaustudiums an der Technischen Hochschule. Dem FCK blieb er zunächst weiterhin treu. Für die Ligaspiele mit den Roten Teufeln musste er sich allerdings fit halten. Er trainierte deshalb unter der Woche bei den gerade aus der Oberliga abgestiegenen Lilien. An den Wochenenden zählte er weiterhin zur Stammelf der Pfälzer. In dieser Zeit war ihm die Aufmerksamkeit in Darmstadt gewiss, denn als Mitglied der legendären Walter-Elf war er schließlich eine große Nummer. Der Zimmernachbar in seiner Darmstädter Unterkunft überließ dem Fußballer sogar das einzige Bett, während er selbst fortan auf dem Sofa schlief.[140]

Im Sommer 1952 wechselte Rasch zu den 98ern, da ihn das Studium immer mehr forderte. Nicht ohne Rücksprache mit Fritz Walter, der ihn darin bestärkte. Schließlich könne eine Verletzung der Fußballkarriere schnell ein Ende setzen, und eine berufliche Alternative sei deshalb sinnvoll.[141] So unterschrieb Rasch für 280 DM im Monat den damals bestdotierten Vertrag bei den Lilien.[142] Sein erstes Spiel für die 98er bestritt er im Juni 1952, als Admira Wien zur Eröffnung des umgebauten Stadions nach Darmstadt kam.[143] In der Partie vor 13.000 Zuschauern gefiel der Neuzugang »durch gutes Kopfspiel«. Zudem erhielt er »Sonderapplaus«, als er einem »Durchbrenner (…) auf ganz raffinierte Weise 6 Meter vorm Tor den Ball vom Fuß« nahm. Für das *Darmstädter Echo* war er somit »eine nicht unbeträchtliche Verstärkung« für den SVD.[144] Acht Jahre lang stabilisierte Rasch die Defensive der Lilien. Eine Rückkehr in die oberste Spielklasse blieb ihm jedoch verwehrt. Der SVD pendelte beständig im Mittelfeld der damaligen 2. Liga Süd.

Höhepunkt seiner Darmstädter Zeit waren Spiele für die Studentennationalmannschaft. Für sie durfte er spielen, da er sich während seines Studiums zwischenzeitlich hatte reamateurisieren lassen. Mit ihm im Aufgebot: ein gewisser Udo Lattek.[145]

Nach 163 Partien für den SVD beendete das ehemalige Mitglied der Walter-Elf seine Laufbahn 1960.[146] Prompt verließ Darmstadt 98 im Jahr darauf die 2. Liga Süd, allerdings nach unten in die Amateurklasse Hessen. Zu diesem Zeitpunkt durfte sich Helmut Rasch, der in Darmstadt heimisch geworden war, längst Diplom-Ingenieur nennen.

Seine Beweggründe, 1951 zum Studieren nach Darmstadt und damit später zu den Lilien zu kommen, waren übrigens überaus pragmatisch. Ursprünglich hatte er in Karlsruhe studieren wollen. Als er am Hauptbahnhof von Kaiserslautern eintraf, war der Zug nach Karlsruhe aber gerade abgefahren. So entschied sich Rasch kurzerhand, den abfahrbereiten Zug nach Darmstadt zu nehmen, um an der dortigen Hochschule zu studieren.[147] Sehr zur Freude der Lilien.

28. GRUND

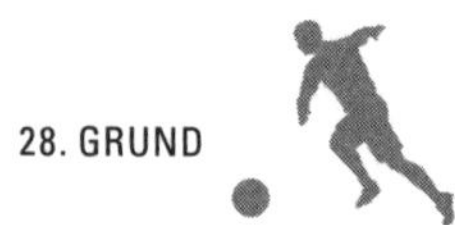

Weil sich die Lilien auch von derben Klatschen gegen die Bayern nicht beeindrucken ließen

Helmut Rau zählt zu den ewigen Dauerbrennern der Lilien. Zwischen 1956 und 1969 hütete das Eigengewächs der 98er in über 300 Partien das Tor des SV Darmstadt 98. Länger als er stand kein Keeper beim SVD im Kader.[148] Vor allem in den 1960er-Jahren war er der Rückhalt seines Teams. Es waren Jahre, in denen der Klub zwischen der 2. und 3. Liga hin und her pendelte. Im Jahrzehnt der Bundesliga-Einführung ging es für die 98er dreimal runter in die Drittklassigkeit, doch jedes Mal kehrten sie postwendend zurück.

So auch zur Saison 1964/65, als sich Rau und seine Mitspieler in der Regionalliga Süd mit großen Namen des deutschen Nachkriegsfußballs messen durften. Etwa den Kickers aus Offenbach, 1950 und 1959 Deutscher Vizemeister, der SpVgg Fürth, dem VfR Mannheim und allen voran dem FC Bayern München. Die Bayern waren 1963 etwas überraschend nicht in die neu gegründete Bundesliga aufgenommen worden. Nicht minder überraschend war ihr Scheitern in der Aufstiegsrunde 1964 an Borussia Neunkirchen.[149] Nun sollte es im dritten Anlauf klappen. Der Auftaktgegner hieß Darmstadt 98.

Helmut Rau wird gewiss nicht die allerbesten Erinnerungen an das Spiel im Stadion an der Grünwalder Straße haben. Eine glänzend aufgelegte Heimelf startete vom Anpfiff weg einen Angriff nach dem anderen. Die Lilien wurden förmlich überrannt. Sie waren deshalb froh, wenn ein Schuss der Bayern das Tor verfehlte und Rau sich beim Ballholen etwas Zeit lassen konnte.[150] Aber es half alles nichts, bereits zur Halbzeit hatte der groß gewachsene und als reaktionsschnell geltende Lilien-Keeper siebenmal hinter sich greifen müssen. Wenngleich es die Vorderleute von Sepp Maier nach der Halbzeit etwas ruhiger angehen ließen, so besiegelten drei weitere Gegentore eine saftige 0:10-Klatsche. Der *kicker* schrieb am Tag danach von einer »Bayern-Lawine« und zeigte ein halbseitiges Bild des bemitleidenswerten Lilien-Torwarts.[151] Dennoch attestierte ihm das Fachblatt, dass er sich als einziger Spieler seines Teams hatte »auszeichnen« können.[152] Rau hatte unfreiwillig Vereinsgeschichte geschrieben. Eine zweistellige Pflichtspielniederlage kassierte nach dem Zweiten Weltkrieg bis heute kein weiterer SVD-Keeper.[153]

Doch der Aufsteiger aus Darmstadt ließ sich nicht entmutigen. Im zweiten Spiel besiegte er Ulm 1846 mit 2:0, und Rau hatte sich nach dem Torhagel von München rehabilitiert.[154] Der SVD punktete weiter und rangierte vor der Rückrunden-Partie gegen die Bayern auf Rang 10 der 19er-Liga.[155] Rau und seine Mitspieler wollten es besser machen als bei der Saisoneröffnung. Warum auch nicht? Schließlich war es den weiteren Top-Teams schwergefallen, am Böllenfalltor zu punkten. Der SSV Reutlingen und die Kickers aus Offenbach – in der Endabrechnung Zweit- und Drittplatzierte – gewannen jeweils nur knapp mit 3:2.[156] Der FC Bayern wartete am 9. Januar 1965 unter den Augen des Bundestrainers Helmut Schön mit zwei 19-jährigen Talenten in der Startelf auf: Gerd Müller und Franz Beckenbauer. Entgegen allen guten Vorsätzen sollte an diesem Nachmittag erneut das Lilien-Tor im Fokus stehen. Wieder setzte es eine derbe Packung: 0:4 zur Halbzeit, 2:7 nach 90 Minuten, zwei Tore davon durch Müller. Bayerns überragender Stürmer Rainer Ohlhauser war an allen Toren beteiligt.[157]

Zum zweiten Mal hatten die Bayern ihre Muskeln spielen lassen, und zum zweiten Mal ließen sich die 98er nicht aus der Spur bringen. Während das Ausnahmeteam von der Isar souverän der Meisterschaft entgegenstrebte, sicherten sich die Lilien mit einem nahezu ausgeglichenen Punktekonto (33:39) den Klassenerhalt. Die beiden derben Niederlagen gegen die Bayern blieben die Ausnahme. Die nächsthöheren Niederlagen waren zweimal ein 0:3 gegen Waldhof Mannheim und Schwaben Augsburg.[158] Ohne die 17 Bayern-Gegentore kassierte Helmut Rau in 34 Partien 49 Gegentreffer.[159] Eine überaus passable Quote, gerade für damalige Verhältnisse.

Spätestens zweieinhalb Jahre später war klar, dass die Qualität der Bayern schon am Böllenfalltor allerhöchsten Ansprüchen genügte. Das Bayern-Team, das in Darmstadt auf dem Platz stand, war nahezu identisch mit der Elf, die 1967 den Europapokal der Pokalsieger errang. Neun der elf Spieler liefen immer noch auf.[160] Eine Tatsache, die Helmut Rau im Nachhinein etwas getröstet haben dürfte.

29. GRUND

Weil Darmstadt 98 sich 1973 nur Ente Lippens Essenern beugen musste

Im Mai und Juni 1973 waren in Darmstadt Fußball-Festwochen angesagt. Die Lilien hatten sich überzeugend als Meister der Regionalliga Süd für die Aufstiegsrunde zur Bundesliga qualifiziert. Ein ebenso berauschendes wie sensationelles 7:0 am letzten Spieltag über den 1. FC Nürnberg war die perfekte Vorlage, um hoffnungsfroh in die acht Partien zu gehen. So nah wie in jenem Frühsommer 1973 waren die Lilien der zehn Jahre zuvor gegründeten 1. Bundesliga noch nie gekommen.

Da der Unterbau der 1. Liga seinerzeit noch aus fünf Regionalligen bestand, ermittelten die fünf Meister und Vizemeister in zwei Fünfergruppen die beiden Aufsteiger. Die Lilien trafen in Gruppe 2 auf Rot-Weiss Essen (Meister Regionalliga West), Röchling Völklingen (Vizemeister Regionalliga Südwest), den VfL Osnabrück (Vizemeister Regionalliga Nord) und Wacker 04 Berlin (Vizemeister Regionalliga Berlin).[161] Damit maß sich der SVD mit vier Kontrahenten, die ausnahmslos bereits ein Jahr zuvor an der Aufstiegsrunde teilgenommen hatten und damit wussten, welche Belastungen in den englischen Wochen der Bundesliga-Qualifikation auf sie zukommen würden.[162]

Darauf verwies Lilien-Coach Udo Klug nach dem Kantersieg über Nürnberg im Interview mit ARD-Reporter Holger Obermann: »Ich glaube, dass ein großes Handicap (…) für uns die Unerfahrenheit ist. Weil wir das erste Mal in der Aufstiegsrunde sind. Aber ich glaube auch, dass gerade dieses Spiel heute der Mannschaft große Impulse gegeben hat. Denn so ein Sieg von 7:0 – und noch so herausgespielt wie heute –, das muss Stimulanz sein. Und jetzt gilt es eben diesen Schwung zu erhalten, in die Aufstiegsrunde reinzubringen. Inwieweit mir das gelingt, das weiß ich nicht. Ich weiß auch nicht, wie die Kraftreserven der Mannschaft sind.«[163]

Die erste Partie führte die Darmstädter am 23. Mai 1973 zum großen Aufstiegsfavoriten nach Essen, der zwei Jahre zuvor noch Erstligist gewesen war – just als der SVD in der Hessenliga spielte – und mit Willi »Ente« Lippens einen großen Namen in seinen Reihen hatte.[164] Einen Tag nach dem 75. Vereinsjubiläum der 98er empfingen 30.000 Zuschauer die Südhessen im Georg-Melches-Stadion. Mit dem Halbzeitpfiff erzielte Erich Schmiedl den 1:2-Anschlusstreffer für Darmstadt und hielt damit die Hoffnungen auf Zählbares am Leben. Die Lilien drängten vehement auf den Ausgleich, bis sie kurz vor Schluss das 1:3 hinnehmen mussten. Der *kicker* bescheinigte den Lilien eine »ausgezeichnete Partie« und sah, dass RWE »über weite Strecken des Spiels große Mühe« hatte.[165]

Bereits am darauffolgenden Sonntag gastierte der VfL Osnabrück am Böllenfalltor, der durch eine Heimniederlage gegen Röchling Völklingen schon unter Druck stand. 18.000 Zuschauer erlebten eine turbulente Partie, in der die Lilien zunächst eine Führung hergaben, den Rückstand wiederum umbogen und dem 3:3-Ausgleichstreffer der Niedersachsen in den letzten fünf Minuten noch zwei Tore zum 5:3-Sieg folgen ließen.[166]

Nach einem Remis in Völklingen folgte im Heimspiel gegen Wacker 04 Berlin ein Dämpfer. In den letzten zehn Minuten verspielten die Lilien die vermeintlich sichere 2:0-Führung, sodass sie sich mit einem Zähler begnügen mussten.[167] Zur Halbzeit der Aufstiegsrunde lag der SVD mit 4:4 Punkten gemeinsam mit Wacker 04 hinter Rot-Weiss Essen (7:1 Punkte) auf Platz 2.[168] Ein überzeugender 5:0-Sieg gegen Völklingen hielt die 98er im Aufstiegsrennen.[169] Die 1:2-Niederlage beim VfL Osnabrück, bei der Libero und Leistungsträger Walter Bechtold bereits nach 16 Minuten ausgewechselt werden musste, bedeutete jedoch die Vorentscheidung zugunsten der Essener. Das Spiel war trotzdem ein Spektakel: »War das ein Fußballspiel! Die Zuschauer sahen die kampfstärkste Auseinandersetzung seit Jahr und Tag«, meinte der *kicker*.[170] Endgültig Gewissheit herrschte nach der darauffolgenden Partie, als der Westmeister im direkten Duell ein 2:2 am Böllenfalltor erreichte. Die Vereinschronik der 98er erinnert sich so an das große Spiel: »Eines der dramatischsten, zugleich aber auch besten Spiele des SV 98 in dieser Saison brachte das 2:2 gegen Rot-Weiß Essen. Gegen die abgebrühten Vollprofis waren die Darmstädter vor etwa 17.000 Zuschauern gleichwertig in einem hochklassigen Spiel in den letzten 20 Minuten sogar tonangebend. Aber es fehlte das notwendige Quentchen Glück.«[171] Das Bundesliga-Ausschussmitglied Karl Schmidt zeigte sich vom Spiel ebenfalls begeistert: »Gegenüber dem Berliner Länderspiel war Darmstadt eine Wohltat.«[172] Er meinte damit das Länderspiel von Europameister Deutschland gegen Weltmeister Brasilien, das kurz zuvor stattgefunden hatte.

Der bedeutungslose Vergleich gegen Wacker 04 in Berlin endete 1:1. Die Lilien belegten in der Endabrechnung mit 8:8 Punkten hinter Rot-Weiss Essen Platz 2. Sie hatten dem hohen Favoriten in beiden Begegnungen ordentlich Paroli geboten. Im Endeffekt fehlte den Spielern des SVD »ein wenig mehr Biß, etwas mehr Härte und die Kaltschnäuzigkeit im Sturm«.[173] Die Lilien hatten in den Vergleichen gegen zuvor gänzlich unbekannte Gegner außerhalb Süddeutschlands dennoch vollauf überzeugt.

30. GRUND

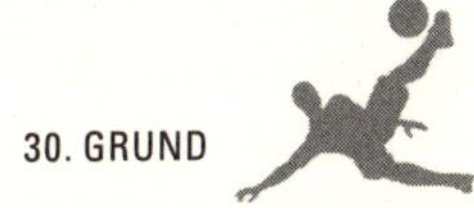

Weil die Lilien die 2. Bundesliga eröffneten

Der 2. August 1974 läutete eine neue Ära im deutschen Fußball ein. An jenem Freitagabend feierte die 2. Bundesliga im Saarbrücker Ludwigspark ihre Premiere. Die Ehre, die neue Profiliga zu eröffnen, hatten der 1. FC Saarbrücken und der SV Darmstadt 98. Der DFB hatte zwei Staffeln ins Rennen geschickt. In einer Nord- und einer Südausgabe der 2. Liga spielten je 20 Vereine um den Aufstieg ins Oberhaus. Die Einführung der zweiten Profiliga sollte helfen, die sportliche und wirtschaftliche Lücke zur 1. Bundesliga zu verringern. Das historische Auftaktspiel erlebten allerdings nur die Zuschauer im Stadion. Dem DFB, der ARD und dem ZDF war es nicht gelungen, sich auf ein Honorar für die Übertragungsrechte zu einigen, sodass vom kompletten ersten Spieltag keine Filmaufnahmen vorliegen.[174]

Die Lilien traten mit einer Mannschaft an, in der bereits einige Akteure standen, die vier Jahre später den Bundesligaaufstieg klarstellten und noch heute zu den Rekordspielern der 98ern zählen. Etwa Edwin Westenberger, Willi Wagner, Walter Bechtold und Keeper Dieter Rudolf. Aufseiten des 1. FC Saarbrücken stand ein junger 21-jähriger No-Name auf dem Platz, der gerade erst aus Aschaffenburg ins Saarland gewechselt war: Felix Magath.[175] Ein weiterer Neuzugang auf Saarbrücker Seite sollte den Spielausgang maßgeblich beeinflussen. Nikolaus Semlitsch erzielte in der 18. Minute nicht nur den Premierentreffer der 2. Bundesliga, sondern zugleich das einzige Tor des Abends. Ausgerechnet Semlitsch. Der Defensivspieler war vom Darmstädter Nachbarn Offenbacher Kickers zum 1. FCS gewechselt.[176]

Doch um ein Haar wäre Semlitsch gar nicht in den Genuss gekommen, den prominenten Treffer zu erzielen. Lange Zeit war unklar, ob der 1. FC Saarbrücken überhaupt in der neu gegründeten Liga würde spielen können. Der DFB hatte ein Punktesystem festgelegt, das über den Einzug entschied. Darin wurden die Platzierungen der vorangegangenen vier Spielzeiten unterschiedlich gewichtet. Nun hatte Saarbrücken 1974 zwar die letztlich erfolglos verlaufende Aufstiegsrunde zur 1. Bundesliga erreicht, die vorherigen Platzierungen waren aber nicht gut genug, um den konkurrierenden SV Alsenborn in der Gesamtabrechnung zu übertrumpfen. Die »großen« Saarbrücker waren also erst mal außen vor. Ihre Hoffnung lag darin, dass der sportlich qualifizierte SV Alsenborn, den Fritz Walter einst nach oben gecoacht hatte, die ebenfalls geforderten technischen und wirtschaftlichen Auflagen nicht würde erfüllen können. Saarbrücken klagte deshalb gegen die vorläufige Zulassung des Dorfvereins zur 2. Bundesliga. Es folgten mehrere Verhandlungen vor diversen Ausschüssen und letztlich vor dem Sportgericht des Deutschen Fußball-Bundes, der die wirtschaftlich besser gestellten Saarbrücker bevorzugte und dem »kleinen« SV Alsenborn die Lizenz verweigerte.[177]

Das harsche Urteil warf seine Schatten auf die Auftaktpartie der Lilien in Saarbrücken, denn sie wurde von einer Bombendrohung überschattet, die eine »Vereinigung für den fairen Sport« gegen den 1. FC Saarbrücken ausgesprochen hatte. Das Stadion wurde vor der Begegnung akribisch durchsucht, den Mannschaftsbus der 98er begleiteten gar zwei Polizisten in Zivil. Den Spielern wurden die beiden allerdings als »DFB-Delegierte« vorgestellt, um keine unnötige Unruhe aufkommen zu lassen. Letztlich entpuppten sich die ausgesprochenen Drohungen als gegenstandslos.[178]

Die Kuriositäten rund um die Partie endeten damit aber noch nicht. Das Gezerre zwischen Saarbrücken und Alsenborn wirkte sich angeblich sogar auf das Toto-Tippspiel aus. So sollen bereits einige Spielscheine in Umlauf gewesen sein, auf denen die Partie Alsenborn gegen Darmstadt lautete, weshalb die Partie im Glücksspiel scheinbar unbeachtet blieb.[179] In der allerersten Begegnung der 2. Bundesliga steckte folglich jede Menge Brisanz, und der SV Darmstadt 98 war mittendrin.

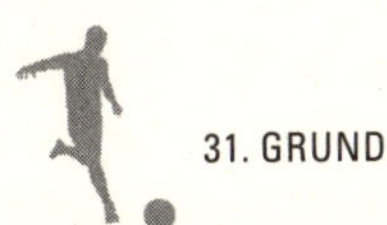

31. GRUND

Weil wir einfach keinen Gegner mehr hatten

»Wir haben keinen Gegner mehr, der 1. FC Köln muss her«.[180] Dieser Slogan wurde in der ersten Jahreshälfte 1978 in Darmstadt zum Besten gegeben. Was großspurig und ein wenig anmaßend klang, hatte seine Berechtigung. Die Lilien stürmten in der 2. Bundesliga Süd von Sieg zu Sieg. Mit dem näher rückenden Bundesligaaufstieg vor Augen, orientierten sich die Fans ganz einfach am Nonplusultra in Deutschlands Oberhaus. Das war zu dem Zeitpunkt der 1. FC Köln. Die Domstädter hatten 1977 bereits den DFB-Pokal gewonnen und ließen 1978 das Double folgen.

Die Aufstiegssaison begann für die 98er zunächst einigermaßen unspektakulär, sie arbeiteten sich aber bis zur Winterpause an die Tabellenspitze heran. Gegen Ende der Hinrunde kam es zu den beiden Lokalderbys gegen Kickers Offenbach und den FSV Frankfurt. Während die Kickers im Spitzenspiel deutlich mit 4:1 nach Hause geschickt wurden, setzte es beim 0:4 gegen die Kellerkinder des FSV eine überraschende Niederlage. Was danach folgte, ist in Darmstadt Legende. Mit dem 2:0-Erfolg gegen den FK Pirmasens startete das Team von Trainer Lothar Buchmann eine noch nie erlebte Siegesserie. Der Reihe nach unterlagen neben Pirmasens die Stuttgarter Kickers (4:1), Eintracht Trier (2:1), die SpVgg Bayreuth (1:0), der VfR Bürstadt (2:1), die SpVgg Fürth (2:0), der Freiburger FC (3:0), die Würzburger Kickers (6:0), Bayern Hof (4:1), der FC Homburg (3:1), der KSV Baunatal (1:0) und Wormatia Worms (4:0).[181] Die Serie ohne Niederlage verlängerten die Lilien mit einem 0:0 gegen Waldhof Mannheim, einem 3:0 gegen den FC Augsburg und dem vorentscheidenden 2:0 gegen Verfolger 1. FC Nürnberg vor 26.000 Zuschauern auf 15 Spiele. Erst dann setzte es eine 0:2-Niederlage beim Karlsruher SC.[182] Letztlich blieb es die einzige Niederlage in der zweiten Halbserie, sodass die Lilien überlegen mit 26 Siegen und je sechs Remis und Niederlagen in die Bundesliga einzogen. Gegen jeden ihrer 19 Ligakontrahenten hatten die Lilien zumindest einmal gewonnen. Einzig Waldhof Mannheim fügte dem Meisterteam eine Niederlage bei und trotzte ihm im Rückspiel das erwähnte Remis ab. 90:43 Tore und 58:18 Punkte waren durchaus mit der Bilanz des 1. FC Köln vergleichbar.[183] Der Deutsche Meister brachte es auf 86:41 Tore und 48:20 Punkte.[184]

Die Lilien waren unverhofft mit einem über Jahre gewachsenen Team von Feierabendfußballern aufgestiegen. Meistertrainer Buchmann erinnerte sich in einem *11Freunde*-Interview: »Nach einem Jahr stellte sich heraus, dass alle Mannschaften, die eigentlich aufsteigen wollten, hinter uns standen. (...) Zu diesem Zeitpunkt wurde die Sache zum Selbstläufer. Wir haben allen Spielern garantiert, dass sie auch in der Bundesliga bleiben können. Das war gut für unseren Zusammenhalt. (...) Unser Aufstieg war ja nach unserem 6:1-Auswärtsieg in Pirmasens so gut wie besiegelt. Die Rückfahrt war unbeschreiblich. Wir haben an jeder Raststätte Halt gemacht. Dann sind alle raus und in einer einzigen Dauerpolonäse durch die Tankstellen. Die Leute haben uns nur komisch angeguckt. Die hatten ja keine Ahnung, wer wir sind und was wir feierten. Es ging hoch her.«[185]

Mit dieser Euphorie im Rücken konnte also der 1. FC Köln ruhig kommen. Das erste Aufeinandertreffen stand bereits am 2. Spieltag an. Der Aufsteiger gastierte im Müngersdorfer Stadion. Lilien-Stürmer Peter Cestonaro brauchte lediglich fünf Minuten, um Toni Schumacher das Nachsehen zu geben. Was dann folgte, darüber berichtete das *Darmstädter Echo* zwei Tage später folgendermaßen: »Es mag wenig glaubhaft erscheinen, doch es entspricht den Tatsachen: Der SV Darmstadt 98 hat beim 1.FC Köln wenn nicht den Sieg, so zumindest einen Punkt verschenkt. Als Schiedsrichter Engel die Mannschaften zur Pause rief, lag Darmstadt 1:0 in Führung – den Chancen nach wäre ein 3:0 das rechte Ergebnis gewesen. Der Neuling hatte den Meister schon im Sack, er tat sich dann aber beim Zubinden ungemein schwer. (...) Die neunzig Minuten von Köln lehrten, wie sich ein Achtungserfolg in eine schmerzliche Niederlage umwandeln kann.«[186] Zwei Tore durch Nationalspieler Bernd Cullmann hatten den Lilien die zweite Niederlage 1978 beigebracht.[187] Im Rückspiel waren die Darmstädter erneut stark, verloren jedoch kurz vor Schluss mit 0:1: »Darmstadt aggressiver, schneller und besser, die Chancen jedoch – diesmal im günstigen

Verhältnis von 6:2 – blieben ungenutzt«, resümierte der *kicker*, und selbst Kölns Trainer Hennes Weisweiler sprach von einer »unverdienten Niederlage der Darmstädter.«[188] Die Kölner hatten sich in den herbeigesungenen Duellen schlichtweg abgezockter präsentiert als die Greenhorns vom Böllenfalltor.

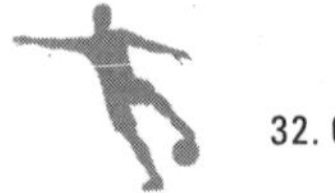

32. GRUND

Weil wir mit dem »Darmstädter Modell« in die Bundesliga einzogen

1978 machte der Bundesliga-Newcomer SV Darmstadt 98 deutschlandweit von sich reden. Das lag maßgeblich daran, dass das Team aus Feierabendfußballern bestand, die auch nach dem Aufstieg nicht gewillt waren, ihre Arbeitsplätze aufzugeben. Trainiert wurde nach Feierabend. Vier Trainingseinheiten in der Woche mussten ausreichen, um das Abenteuer Bundesliga anzugehen. Das sogenannte »Darmstädter Modell« war geboren.[189] Das einzig nennenswerte Zugeständnis an die Erstklassigkeit bestand darin, dass der Verein den Spielern eine Stunde Verdienstausfall pro Arbeitstag zahlte, sodass laut Trainer Lothar Buchmann das Training wenigstens um 15:30 Uhr beginnen konnte.[190]

Wie sehr Verein und Spieler von ihrem Aufstieg überrollt worden waren, verdeutlichte Buchmanns lapidare Aussage, die er während der vorangegangenen Zweitliga-Rückrunde traf: »Der Aufstieg ist wohl kaum noch zu vermeiden.«[191] Würde unter den speziellen Rahmenbedingungen der Klassenerhalt möglich sein? Das interessierte auch die Macher des renommierten ZDF-*Sport Spiegel*, die die Lilien während der gesamten Bundesligasaison begleiteten. Heraus kam eine sehenswerte Vereinsstudie unter dem Namen »Unser schönes Bundesliga-Jahr: Darmstadt und der große Fußball«, die auf YouTube zu finden ist.[192] Darin werden Torwart

Dieter Rudolf gezeigt, wie er seinem Beruf als Elektroingenieur nachgeht, und Willi Weiß, der es als Lehrer mit Schülern zu tun hat, die die Leistungen der Lilien natürlich nur zu gerne im Unterricht nachbesprechen wollten. Trainer Lothar Buchmann arbeitete als Verwaltungsangestellter beim Landratsamt im nahe gelegenen Heppenheim. In der 45-minütigen Dokumentation ist zugleich ein Mitschnitt von »Mister Sportschau«, Ernst Huberty, zu sehen. In launigen Worten moderiert er die Zusammenschnitte des Premieren-Spiels der Darmstädter gegen Hertha BSC an: »Es sind ja mutige Leute, diese Darmstädter. Denn sie sind ja Halbprofis. Sie haben einen Beruf und spielen nebenbei noch ein wenig Fußball. Ob so was in dieser Liga gut gehen kann? Ich weiß es nicht.« Mit anderen Worten: Er glaubte nicht daran!

Und er sollte recht behalten. Anfang Juni 1979 stiegen die Lilien als Tabellenletzter aus der Bundesliga ab. Mit 21:47 Punkten fehlten satte sieben Punkte zum rettenden Ufer. Neben den 98ern kehrten die beiden Mitaufsteiger aus Nürnberg und Bielefeld in die 2. Bundesliga zurück.[193] Als Gründe für den gescheiterten Klassenerhalt durften die Auswärtsschwäche (nur ein Sieg), die fehlende Erfahrung, die mangelnde Kaltschnäuzigkeit vor dem gegnerischen Tor und der verletzungsbedingte Ausfall von Leistungsträgern genannt werden. Bum-Kun Cha, der vollkommen unvermittelt bei den Lilien aufgeschlagen war, kehrte nach nur einem (siegreichen) Auftritt wieder nach Südkorea zurück. Sein mysteriöses Gastspiel greife ich in einem gesonderten Kapitel auf. Er hätte dem SVD in der Rückrunde sicher gutgetan.

Highlights der Saison waren zweifelsohne das Unentschieden bei Bayern München sowie die Heimsiege gegen Eintracht Frankfurt und Borussia Mönchengladbach. Oft genug hatten die Lilien namhafte Konkurrenten am Haken, versäumten es aber, die Ernte einzufahren. Das Auftreten und die Spielweise der Lilien fanden dennoch Anerkennung. Bundestrainer Jupp Derwall sagte in der Frühphase der Saison nach einem Remis gegen den damaligen

Tabellenführer aus Kaiserslautern: »Wenn sie so spielen, wie sie heute gespielt haben, werden sie sicherlich ihr Ziel erreichen, in der Bundesliga zu bleiben.«[194] In der 100-Jahre-Chronik des SVD wird Ernst Huberty zitiert, der meinte, die Darmstädter seien »das beste Schlußlicht, das die Bundesliga jemals hatte«. Schalke-Coach Gyula Lorant urteilte: »Die Darmstädter spielen einen guten Fußball. Aber ihr Pech oder ihr Unvermögen: Sie können ihre Chancen nicht nutzen, sie machen keine Tore. Nur deshalb steigen sie ab.«[195]

Die Darbietungen der Lilien weckten andernorts Begehrlichkeiten. Lilien-Coach Buchmann erhielt im Saisonverlauf ein Angebot des späteren Vizemeisters VfB Stuttgart zur neuen Spielzeit. Er nahm es an und wurde daraufhin beim SVD umgehend von seinen Aufgaben entbunden. Seinen Posten beim Landratsamt gab er auf und konzentrierte sich fortan auf eine Karriere als Bundesligatrainer.[196] Mit Kurt Eigl, Manfred Drexler und Kurzzeitimport Bum-Kun Cha hielten drei Spieler die Klasse. Für zusammen über eine Million Mark wechselten sie zu den Erstligisten Bayer Leverkusen, Schalke 04 und Eintracht Frankfurt.[197] Wenngleich die Lilien sportlich abgestiegen waren, so hatten sie sich wirtschaftlich nicht überhoben. Die Klubverantwortlichen waren aber auf den Geschmack gekommen und strebten die Bundesliga-Rückkehr an. Eine Professionalisierung und größere Investitionen waren unerlässlich. Das »Darmstädter Modell« war Geschichte.

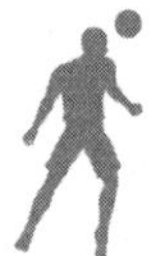

33. GRUND

Weil die Lilien tatsächlich einmal europäisch spielten

Juli 1979: Der SV Darmstadt 98 macht sich auf, erstmals in einem Wettbewerb auf europäischer Ebene seine Visitenkarte abzugeben. Die Reise führt die Lilien in die Tschechoslowakei. Gegner ist das

Spitzenteam FK Baník Ostrava, das über mehrere Nationalspieler in seinen Reihen verfügt. Die fünf tschechischen Auswahlspieler diktiert Jörg Berger, der neue Coach der Blau-Weißen, im Vorfeld der Partie einem Reporter des *Darmstädter Echo* penibel in den Block.[198] Als die Südhessen in der ČSSR ein 1:1 holen, ist das *Echo* voll des Lobes, und auch der Assistenztrainer der 98er, Klaus Schlappner, ist überaus zufrieden: »Mit diesem Punkt haben wir nicht gerechnet. Die Mannschaft hat sich diesen Teilerfolg hart erkämpft und die Fehlentscheidungen des Schiedsrichters diszipliniert weggesteckt. Vor allem die Geschlossenheit in allen Mannschaftsteilen muß herausgestrichen werden.«[199] Zwei Wochen später sind die Lilien chancenlos. Im Rückspiel vor 3.000 Zuschauern haben sie mit 0:3 das Nachsehen. Das *Echo* bemerkt lediglich »kraftlos, zerfahren«.[200] Doch die Niedergeschlagenheit hält sich in Grenzen. Das Team von Jörg Berger ist nicht ausgeschieden.

Der Grund ist der Wettbewerb, an dem die 98er teilnehmen. Es ist die Intertotorunde, die in der Sommerpause in mehreren Vierergruppen ausgespielt wird. Die Klubs spielen dabei in Hin- und Rückspielen ihre Gruppensieger aus, die dann ein Preisgeld einheimsen. Die Lilien hatten sich als Bundesligaabsteiger für die internationale Spielrunde »qualifiziert«, indem sie bereit waren teilzunehmen. Die anderen Bundesligavertreter waren Eintracht Braunschweig, Werder Bremen und der MSV Duisburg.[201] Auch sie keine Spitzenteams, was die Bundesligaplätze 9, 11 und 13 belegen.[202] Nachdem die Lilien abgestiegen waren, seufzten sie über die eingegangene Verpflichtung. Sie konnten so erst in die Zweitligasaison einsteigen, als diese bereits begonnen hatte.[203]

Dennoch machten Jörg Berger und sein neuformiertes Team das Beste aus der ungewohnten Situation. Sie nutzten nun eben internationale Vergleiche, um sich auf die neue Runde einzustimmen. Die zugelosten Kontrahenten hatten es in sich. Neben Baník Ostrava, waren dies Östers Växjö und der Grazer AK. Växjö war amtierender schwedischer Meister.[204] Ostrava sollte die im Anschluss an die Intertotorunde beginnende Saison in der Tschechoslowakei gewinnen.[205] Graz wurde 1980 in Österreich nur einen Punkt hinter dem Vizemeister Vierter.[206]

Das internationale Abenteuer der 98er begann noch vor der Reise in die ČSSR mit der Partie gegen Växjö am Böllenfalltor. Die mit drei Nationalspielern und der späteren Torwartlegende Thomas Ravelli auflaufenden Gäste standen schon mitten im Ligaspielbetrieb und harmonierten gut. Die Lilien bewiesen aber nach nur einer Woche Training eine erstaunliche Frühform, sodass das *Echo* nach dem erfreulichen 1:1 bilanzierte: »Diese neunzig Minuten machen Mut und geben Zuversicht für die nächsten Wochen und Monate.«[207] Auch im Rückspiel in Schweden erzielten die 98er ein Unentschieden, wobei sich Torwart Dieter Rudolf beim 0:0 Bestnoten verdiente. Das Fazit des *Echo*: »Bundesliga-Absteiger SV Darmstadt 98 trägt seine Haut in der Gruppe acht der Fußball-Intertotorunde weiterhin recht teuer zu Markte.«[208]

Am Ende der Spielreihe warteten die beiden Vergleiche gegen den Vertreter aus Darmstadts österreichischer Partnerstadt Graz. Nach einem unglücklichen 1:1 in der Fremde erzielten die Lilien im letzten Spiel endlich den ersehnten ersten Sieg. Mit 3:0 gewannen Peter Cestonaro & Co., wobei das Spiel laut Nachberichterstattung kein Augenschmaus gewesen war. Das Team von Jörg Berger präsentierte sich lange als »eine zerfahrene, oft planlose Gastgebermannschaft«. Da die Gäste aber »noch harmloser« waren, sprang gegen Spielende der deutliche Sieg heraus.[209] Die Darmstädter hatten international mitgehalten. 6:6 Tore und 6:6 Punkte inmitten der Saisonvorbereitung gegen erfahrenere internationale Kontrahenten konnten sich sehen lassen, wenngleich letztlich nur Rang 3 in der Vierergruppe heraussprang.

34. GRUND

Weil die Stasi den Lilien einen neuen Namen verpasste

Nach nur einem Jahr endete 1979 das erste Bundesligaabenteuer des SV Darmstadt 98. Doch der Absteiger bekam ein spezielles Trostpflaster mit auf den Weg in die Zweitklassigkeit: die Teilnahme an der internationalen Intertotorunde, die in der Sommerpause ausgetragen wurde. In ihr trafen zahlreiche europäische Klubs in mehreren Vierergruppen in Hin- und Rückspiel aufeinander. Die erste Reise führte die Lilien am 14. Juli 1979 ins tschechische Ostrava. Damit begannen die Probleme, denn das Spiel zog die Aufmerksamkeit der Staatssicherheit der DDR auf sich.

Jörg Berger hatte im Sommer 1979 das Traineramt in Darmstadt angetreten. Als wenig später klar war, dass sein neuer Verein auf Baník Ostrava treffen würde, kam dies einer Hiobsbotschaft gleich. Der damals 34-jährige Trainer hatte der DDR im März 1979 den Rücken gekehrt. Bei einer Länderspielreise seiner U23-Auswahl hatte er in Jugoslawien die Chance zur Flucht genutzt. Aufgrund seiner Trainerkarriere verfügte er in der DDR bereits über eine gewisse Bekanntheit und musste in Ost-Berlin als Verräter gelten. Für Berger war eine Einreise in die sozialistische Tschechoslowakei undenkbar. Er musste befürchten, von der Staatssicherheit der DDR erwartet zu werden.

Berger konfrontierte Lilien-Präsident Georg Schäfer frühzeitig mit seinen Befürchtungen. Schäfer legte fest, dass Co-Trainer Klaus Schlappner das Team in der Tschechoslowakei coachen sollte. Daraufhin wurde es turbulent. Wie sich Berger in seinen Memoiren erinnert, empörte sich Schlappner über diese kurzzeitige Beförderung: »Er ging davon aus, dass man ihn bei diesem Spiel verhaften und einsperren würde. So hätte man eine Geisel, um mich dazu zu bewegen, in die DDR zurückzukehren. Aber er wüsste genau, ich würde diesem Deal niemals zustimmen, und dann müsse er bei den

Kommunisten bleiben. (...) Er glaubte zudem, mir sei vollkommen klar, was passieren würde, und ich wolle ihn bewusst in den Osten schicken, um ihn loszuwerden.«[210]

Nun muss man wissen, dass Schlappner vor Bergers Engagement bereits Co-Trainer in Darmstadt gewesen war. In der Abstiegssaison durfte er zum Saisonende kurzzeitig die Cheftrainerrolle ausüben, musste dann jedoch den Stuhl wieder für Berger räumen. Selbst wenn Schlappner erst noch seinen Trainerschein machen musste – wie übrigens Berger auch –, so dürfte die Zurückstufung ins zweite Glied nicht unbedingt nach seinem Geschmack gewesen sein. Letztlich fuhr Schlappner doch nach Ostrava und coachte sein Team zu einem 1:1.[211]

Wie Berger nach der Wende erfuhr, war seine Furcht vor der Stasi begründet. In seiner Biografie *Meine zwei Halbzeiten* zitiert er aus Stasiakten, dass sich DDR-Spitzel im Vorfeld der Partie damit befasst hatten, in Ostrava einen »operativen Einsatz« gegen ihn durchzuführen. Für Berger war im Nachhinein klar, dass damit nur eines gemeint sein konnte, nämlich ihn »in die DDR zurückzubringen«.[212] Gemäß den DDR-Akten, die Berger in seinem Buch anführt, hatte die Stasi jedoch bereits im Vorfeld des Spiels erfahren, dass er das Team nicht nach Ostrava begleiten würde. Damit lagen die Spitzel richtig. Womit sie allerdings falsch lagen, war der Name des Klubs, bei dem Jörg Berger angestellt war. In den Auszügen der Akte wird nicht vom SV Darmstadt 98 gesprochen, sondern beharrlich vom VfL Darmstadt![213]

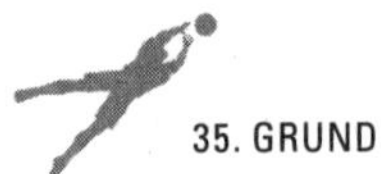

35. GRUND

Weil wir in der Bundesliga einfach früher loslegten

Die Hinrunde der Saison 1981/82 hielt für die Bundesligafans Ungewohntes bereit. Zu verantworten hatte dies maßgeblich der SV

Darmstadt 98. Erstmals bemerkte die breite Masse der Fans an einem Mittwochabend im August, dass die Uhren am Böllenfalltor anders gingen. Ab Ende Oktober schossen die Lilien dann zuverlässig bei jedem Heimspieltag quer, bevor sich zum Jahresbeginn 1982 alles wieder einpendelte. Doch wovon ist eigentlich die Rede?

Am 26. August 1981 hießen die Lilien zum vierten Spieltag der noch jungen Saison das Überraschungsteam des VfL Bochum willkommen. Der Ruhrpott-Klub war sensationell mit 6:0 Punkten und 8:1 Toren gestartet und hatte Fußball-Deutschland neugierig gemacht, was sich denn da bitte schön entwickelte. Das Duell in Darmstadt fiel in eine englische Woche und wurde deshalb an einem Mittwochabend ausgetragen. Doch was hieß schon Abend? Während Köln die Frankfurter Eintracht zum Spitzenspiel des Spieltags genauso um 20 Uhr empfing wie Fortuna Düsseldorf die Bayern oder Dortmund den Reviernachbarn aus Duisburg, hatten die Lilien bereits längst Fakten geschaffen und den Höhenflug der Bochumer mit einem 2:0-Sieg beendet. Die Spieler dürften sich sogar schon auf den Weg in die Duschen begeben haben, als die anderen Partien angepfiffen wurden. Am Böllenfalltor war der Anstoß bereits um 18 Uhr erfolgt.[214]

Gab es in den darauffolgenden Wochen keine weiteren Auffälligkeiten, so scherten die Lilien am 24. Oktober erneut aus. Statt den Spieltag am Samstag um 15:30 Uhr zu beginnen, trafen die 98er bereits eine Stunde früher auf die Clubberer.[215] Das gleiche Bild am 7. November gegen die Eintracht.[216] Ebenso am 28. November gegen den MSV Duisburg.[217] Am 19. Dezember torpedierten die Lilien die gute alte Konferenzschalte im Radio dann vollends, indem sie im Gegensatz zu allen anderen Plätzen Borussia Mönchengladbach bereits um 14:00 Uhr auf den Platz baten.[218]

Der Hintergrund, warum der SVD in der Bundesliga-Hinrunde einfach früher loslegen musste: Die vom DFB geforderte Flutlichtanlage befand sich erst noch im Aufbau. Den kollektiven Anstoß um 15:30 Uhr konnten die Darmstädter in den Wintermonaten so keinesfalls halten. Andernfalls wäre die Dunkelheit vor Spielende über die Mannschaften und Zuschauer hereingebrochen. Abendspiele standen gar nicht erst zur Debatte.

Zum Jahresauftakt 1982 sollte sich das ändern. Die neu installierte Flutlichtanlage erstrahlte erstmals am 16. Januar und ermöglichte den einheitlichen Spielbeginn um 15:30 Uhr, wie der *kicker* bereits im Vorfeld bemerkte.[219] Dass es bei der Premiere zu einem 1:0-Sieg gegen Arminia Bielefeld kam, verleitete den Redakteur des *Darmstädter Echo* anschließend zur freudigen Aussage: »Maßarbeit – alles strahlt.«[220] Am 18. Februar kam es zur endgültigen Feuertaufe der neuen Anlage, als Bayer Leverkusen an einem Donnerstagabend zum ersten Nachtspiel am Böllenfalltor antrat. Da das Spiel mit 1:3 in die Binsen ging, nahm der Redakteur erneut Anleihen beim Flutlicht: »Nach der Flutlicht-Premiere sieht die Zukunft des Bundesligisten SV 98 düster aus.«[221]

Immerhin hatte die Partie gegen die gewiss nicht sonderlich zugkräftige Bayer-Elf 15.000 Zuschauer ins Stadion gelockt. Die SVD-Verantwortlichen hatten bereits zuvor geäußert, dass sie angesichts der nunmehr verfügbaren Flutlichtanlage verstärkt am Freitagabend antreten wollten. Laut *Echo* dachte »der Verein daran, Punktspiele, die auf verkaufsoffene Samstage fallen, vorzuverlegen, um weiteres Publikum zu gewinnen«.[222] Der Klub hoffte so, mit mehr Zuschauereinnahmen die horrenden Schulden schneller abzuschmelzen, die er sich mit der Flutlichtanlage hatte aufbürden müssen. Die Zeiten, in denen die Lilien in der Bundesliga einfach früher loslegten, waren jedenfalls vorbei.

KAPITEL 4

ERBARME, ZU SPÄT

Die tristen Jahre

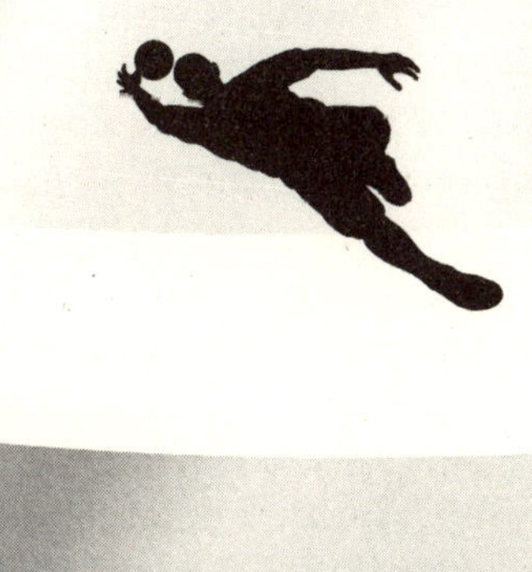

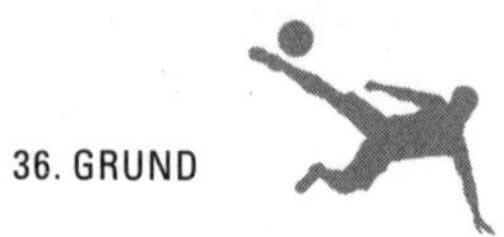

36. GRUND

Weil Uwe Klimaschefski nach nur vier Tagen zu Unrecht den Glauben an Darmstadt 98 verlor

Anfang 1990 verdunkelten sich die Wolken bedrohlich über dem Böllenfalltor. Die Profis des SV Darmstadt 98 waren schon die ganze Saison nicht so recht aus dem Quark gekommen. Genau genommen waren sie durchweg in der unteren Tabellenhälfte der 2. Bundesliga anzutreffen. Besonders eklatant war die Auswärtsschwäche der Lilien, die erst am 32. Spieltag ihren ersten doppelten Punktegewinn auf des Gegners Platz verbuchen konnten.[223]

Rangierten die Darmstädter zur Halbzeit noch auf Platz 11, so lief nach der Winterpause nicht mehr viel zusammen. Bis Ende März blieben die 98er ohne Sieg. Der erst vor der Saison verpflichtete Coach Dieter Renner musste seinen Hut nehmen.[224] Der Zeitpunkt war nachvollziehbar, standen doch zwei richtungsweisende Partien ins Haus. Zunächst das Nachholspiel bei der Spielvereinigung Bayreuth, gefolgt von der Auswärtspartie in Unterhaching. Beide Kontrahenten zierten in der 20er-Liga das Tabellenende.[225] Die Verantwortlichen der Lilien wollten durch den Trainerwechsel den Kopf der Spieler frei bekommen. Wen also in dieser Situation verpflichten? Es sollte ein bekannter Kopf sein, der zudem für seine launigen Sprüche bekannt war: Uwe Klimaschefski. Der erfahrene Coach kannte die 2. Bundesliga aus dem Effeff. In seiner Trainerkarriere sollte er in über 400 Zweitligaspielen an der Seitenlinie stehen. Rekord, bis ihn Anfang 2013 Benno Möhlmann ablöste.[226]

Klimaschefski schien prädestiniert, den Bock umzustoßen. Am 3. April 1990 brachten er und der Verein den Vertrag in trockene Tücher, bevor bereits am darauffolgenden Tag die Partie in Bayreuth stieg.[227] Doch die Ernüchterung folgte auf dem Fuße. Die Darmstädter verloren mit 0:2. Die Abstiegssorgen waren noch einmal größer geworden. Klimaschefski hatte offensichtlich genug gesehen, um seine Lehren aus dem Auftritt seiner neuen Mannschaft zu ziehen. Doch er änderte nicht etwa die Taktik oder stellte innerhalb des Kaders um. Er nahm nur zwei Tage nach seiner Premierenpartie gleich selbst den Hut! Mit dieser Mannschaft könne er »nicht an den Klassenerhalt glauben«, lautete sein ebenso knappes wie vernichtendes Urteil.[228] Seinem Team gab er angeblich noch mit auf den Weg: »Mit euch hat das ohnehin keinen Sinn. Viel Glück!«, um sich mit einem »Shalom« zu verabschieden.[229]

Rumms. Das saß. Das Klimaschefski-Intermezzo schien jedoch im Nachhinein sein Gutes gehabt zu haben. Immerhin rissen sich die Spieler der 98er unter dem neuen Trainer Uwe Ebert so richtig am Riemen. Das Aufeinandertreffen mit Unterhaching ging zwar noch verloren, an den letzten acht Spieltagen unterlagen sie jedoch nur noch einmal. 10:6 Punkte, darunter ein 0:0 am letzten Spieltag bei Aufsteiger SG Wattenscheid 09, sorgten für ein Happy End in Darmstadt.[230] Klimaschefski sollte mit seiner Prognose also glücklicherweise falsch liegen, wenngleich der Abstieg nur aufgrund des besseren Torverhältnisses abgewendet wurde. Sein viertägiges Engagement bei den Lilien sollte als eine der kürzesten Amtszeiten im deutschen Profifußball in Erinnerung bleiben.

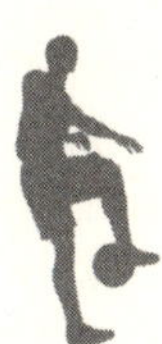

37. GRUND

Weil die Lilien und Leeds United ein historischer Tiefschlag eint

1992/93 hatten die Zweitligisten eine Spielzeit vor sich, wie es sie sonst nur im englischen Klubfußball gibt. Die Integration der Ostklubs hatte ein Jahr zuvor dazu geführt, dass der DFB die 2. Bundesliga in zwei Gruppen aufteilte: eine Nord- und eine Südstaffel mit je zwölf Teams. Dieses Experiment gab der Verband nach lediglich einer Saison wieder auf und legte beide Staffeln zusammen. Das bedeutete, dass 24 Teams 46 Saisonspiele bewältigen mussten. Ein absolutes Novum im deutschen Profifußball. Die Saison erstreckte sich deshalb über nahezu elf Monate von Mitte Juli 1992 bis Anfang Juni 1993.[231]

Die Lilien hatten in den Jahren zuvor tief im Abstiegskampf gesteckt. Vor der Mammutsaison konnte das Ziel deshalb erneut nur Klassenerhalt lauten. Umso mehr, als sieben Teams am Ende der Saison in die Röhre gucken sollten.[232] Der Start in die Spielzeit verlief mehr schlecht als recht. Bereits Ende August fanden sich die 98er am Tabellenende wieder. Erst Ende September gelang der zweite Saisonsieg.[233] Für ihn zeichnete bereits Neu-Coach Alexander Mandziara verantwortlich. Der Pole hatte in den 1980ern Young Boys Bern zum Meistertitel und Pokalsieg in der Schweiz geführt. 1991 stieg er mit Stahl Linz in Österreichs Bundesliga auf.[234] Nun sollte er die Lilien retten. Sein Engagement begann verheißungsvoll. Die Lilien blieben unter seiner Regie elf Spiele infolge ohne Niederlage.[235] Darmstadt 98 überwinterte auf Platz 20.[236] Das war angesichts der Fülle von Absteigern zwar noch nicht ausreichend, aber die Hoffnung auf den Ligaverbleib war bei einem Punkt Rückstand auf das rettende Ufer begründet. Die zuvor erzielten Resultate entsprachen obendrein nicht unbedingt der Bilanz eines Absteigers.

Der Start ins neue Kalenderjahr begann erneut mit einer Serie. Sie umfasste zehn Spiele, die allerdings allesamt nicht gewonnen wurden. Durch die schweren Verletzungen langjähriger Leistungsträger wie Rafael Sanchez und Dieter Gutzler mussten die 98er über die Saison hinweg immer wieder lange Zeit auf wichtige Akteure verzichten. Da die Gehälter der verletzten Spieler von der Berufsgenossenschaft getragen wurden, investierte der Klub die eingesparten Kosten in neue Profis. »Doch die Einheit im Team war dahin, die Mannschaft nur noch ein Torso. Integrationsprobleme und mangelhafte Einstellung mündeten in eine katastrophale Rückrunde (14:32 Punkte)«, fasst die Vereinschronik des SVD die schreckliche Halbserie zusammen.[237]

Ein letztes Aufbäumen im Mai 1993 mit drei Siegen in Folge kam zu spät. Der Abstieg war nur aufgeschoben. Nach einer 0:4-Pleite gegen Waldhof Mannheim am 43. Spieltag war auch rein rechnerisch nichts mehr zu machen.[238] Am Ende stand Tabellenplatz 24. Ein Novum! Eine solche Platzierung hat bis heute kein anderer deutscher Profiklub in seiner Vita stehen. International betrachtet befinden sich die Lilien mit diesem Tiefpunkt allerdings in guter Gesellschaft. So beendete etwa Leeds United – der englische Spitzenklub der frühen 2000er-Jahre – 2007 die Saison in Englands 2. Liga, der Championship, ebenfalls auf Platz 24.[239]

38. GRUND

Weil James Enuagwuna ein Brötchen aß und gehen musste

Es gibt Beziehungen, die sind von Anfang an zum Scheitern verurteilt. Eine solche war die zwischen dem nigerianischen Mittelfeldspieler James Enuagwuna und dem damaligen Regionalligisten Darmstadt 98. Der Nigerianer wechselte im August 1997 aus Frankreich ans Böllenfalltor, und schon sein erster Auftritt ließ nichts Gutes erahnen. Nach nur 55 Minuten stellte der Schiedsrichter den Debütanten bei der 0:2-Pleite gegen den FC Augsburg vom Platz.[240] SVD-Coach Lothar Buchmann zeigte sich anschließend dennoch mit der Leistung des Neuzugangs zufrieden. Er wolle ihm sogar mehr Kompetenzen einräumen und traue ihm eine Rolle im zentralen Mittelfeld zu, kündigte der alte Haudegen und Aufstiegstrainer von 1978 an.[241]

Keine drei Monate später war die Einschätzung Makulatur: »Bei der Mannschaft ist er unten durch«, ließ sich Buchmann im *Darmstädter Echo* zitieren. Dabei hatte der Trainer selbst keinen Zugang zum Nigerianer gefunden. Buchmann hätte den Neuzugang gerne auf der Position des verletzten Mittelfeldregisseurs Michael Harforth eingesetzt. Enuagwuna wäre aber »wenig einsichtig und lernfähig«, er würde keine Wege für seine Mitspieler gehen, es gäbe immer noch die Sprachbarriere »und gewisse persönliche Eigenarten«, wie das *Echo* es umschrieb.[242]

Um welche Eigenarten es sich handelte, blieb im Unklaren. Fakt war jedenfalls die wenige Tage später vollzogene Trennung von Enuagwuna. »Er bat um Vertragsauflösung. Diesem Wunsch haben wir entsprochen«, erklärte SVD-Berater Uwe Wiesinger in dürren Worten.[243] Der damalige Kapitän Thomas Schmidt erzählt mir bei einem Gespräch für dieses Buch, was das Fass zum Überlaufen brachte: »Wir trafen uns vor dem Spiel beim VfR Mannheim am Stadion zur Besprechung. James kam von der angrenzenden Aral-Tankstelle und biss in ein Brötchen. Lothar Buchmann bat mich, ihn zu fragen, ob das jetzt sein Frühstück sei. Ich habe übersetzt und James bejahte. Daraufhin hat mich Buchmann aufgefordert, ihm zu sagen, dass er nicht spielen würde und in Darmstadt bleiben könne. Er fuhr uns aber hinterher, erzählte auf der Tribüne den Umstehenden die Geschichte und aß dabei eine Bratwurst.« Nach nur sechs Einsätzen für die Blau-Weißen war das Missverständnis mit Bratwurst-James, wie er seither bei den Fans genannt wird, beendet.

Die Saison mündete im Übrigen im Abstieg, bei dem Buchmann selbst keine gute Figur abgab, als er die Verantwortung dafür von sich wies: Stichwort »Weismain«. Im Nachhinein drängt sich der Eindruck auf, dass Buchmann mit den Charakteren in seinem Kader nicht klarkam. Da war neben Enuagwuna der auf den nächsten Seiten gewürdigte Goalgetter Amaechi Ottiji, der sich vor einer Partie gegen Waldhof Mannheim urplötzlich weigerte aufzulaufen.[244] Da war eine nur selten schlagkräftige Multikulti-Gruppe. Bezeichnend die Situation, als Buchmann in der Begegnung gegen Hessen Kassel den zur Halbzeit eingewechselten Kroaten Anto Markovic nach nur 22 Minuten wieder vom Platz nehmen wollte. Er gab dies dem Dänen Torben Hjermitslev auf den Weg, der stattdessen übermittelte,

Torgarant Amaechi Ottiji solle vom Feld gehen.[245] Das biblische Babel lässt grüßen.

So passt die Anekdote vom Bratwurst essenden und eigenwilligen James Enuagwuna, der auf den gestrengen Lothar Buchmann traf, nur zu gut ins Bild einer letztlich völlig verkorksten Abstiegssaison 1997/98.

39. GRUND

Weil Amaechi Ottiji unser spezieller Torjäger war

Die Spielzeit 1997/98 haben die Lilien-Fans nicht in bester Erinnerung. Just zum 100-jährigen Jubiläum des Sportvereins stiegen die 98er erstmals in ihrer Geschichte am Ende der Saison in die 4. Liga ab. Ein Lichtblick der damaligen Saison war zweifellos ein etwas ungelenk daherkommender Stürmer, der auf den schönen Namen Amaechi Ottiji hörte.

Die Verantwortlichen des SVD hatten den damals 28-jährigen Nigerianer während der laufenden Saison vom griechischen Erstligisten Ionikos Nikea verpflichtet. Anfang 1998 hatte es der Angreifer noch zu seinem ersten und zugleich einzigen Einsatz in der nigerianischen Nationalelf gebracht.[246] Im Herbst sollte er dann dafür sorgen, die Sturmmisere der 98er in der Regionalliga Süd zu beheben. Gleich in seinem ersten Pflichtspieleinsatz für die Darmstädter sorgte er auf den Rängen für zufriedene Gesichter. Vor 11.000 Zuschauern gelang ihm gegen den Dauerrivalen aus Offenbach der Treffer zum 1:1-Endstand.[247]

Sieben Tore in den ersten sieben Einsätzen machten ihn unentbehrlich. Schnell hatte der wuchtige und torgefährliche Angreifer beim Lilienanhang einen Stein im Brett. Das lang gezogene »Ottiji … ooo-ohh, Ottiji, ohohoho« gehörte bald zum guten Ton am Böllenfalltor. Trainer Lothar Buchmann wollte da nicht immer einstimmen. Schließlich war Ottiji alles andere als pflegeleicht. Vor dem Spiel gegen Waldhof Mannheim weigerte er sich etwa, sich umzuziehen, da er verletzt sei. Diese Ansicht hatte er jedoch exklusiv, den Mannschaftsarzt inbegriffen. Erst Lilien-Präsident Walter Grimm konnte ihn in der Kabine dazu bewegen, wenigstens auf der Bank Platz zu nehmen.[248]

In der Rückrundenbegegnung in Offenbach gab es keinen Grund zu klagen. Der Nigerianer legte sich voll ins Zeug und untermauerte durch seinen Treffer am Bieberer Berg seine Wertschätzung bei den Fans. Die an Ostermontag 1998 ausgetragene Flutlichtpartie beim südhessischen Rivalen ist bis heute den Fans der 98er heilig. Dabei sah es zunächst gar nicht gut aus für die Gäste in Blau und Weiß. Zu Beginn der Begegnung schienen die im Tabellenkeller stehenden Lilien beim Aufstiegsaspiranten gehörig unter die Räder zu kommen. Schnell lagen die Darmstädter mit 0:2 zurück, und es bahnte sich vor 18.000 Zuschauern ein Debakel an. Doch wie aus dem Nichts kippte die live vom Hessischen Rundfunk übertragene Partie kurz vor der Pause. Zunächst erzielte der Däne Torben Hjermitslev unmittelbar nach seiner Einwechslung per Freistoß den Anschlusstreffer, bevor Ottiji mit seinem Ausgleichstor den Spielverlauf auf den Kopf stellte. Nach einer Stunde kam es sogar noch besser, und wieder war der Nigerianer maßgeblich beteiligt. Ottijis »Wühl- und Kampfeinlage« im Offenbacher Strafraum leitete das 3:2 durch Oliver Wölki ein.[249] Die Lilien verteidigten anschließend die Führung mit Mann und Maus, sodass vor dem Saisonendspurt wieder die Zuversicht ans Böllenfalltor zurückkehrte. Doch drei Niederlagen in den letzten fünf Partien besiegelten den Abstieg der Lilien.

Ottiji, der in 23 Regionalligaeinsätzen 13-mal getroffen hatte und nach dem sich sogar eine Band (Ottiji Boys)[250] benannte, verließ die Darmstädter nach Weismain, wo er allerdings nicht allzu lange blieb. Bereits zur Rückrunde 1999 kehrte er wieder zu den 98ern zurück und durfte sich erneut der besonderen Fürsorge des Lilien-Präsidenten sicher sein. Die *Rhein-Main-Zeitung* wusste jedenfalls im Frühjahr 1999 zu berichten, dass Grimm dem Nigerianer beim Erwerb »eines neuen Bügeleisens, eines Staubsaugers, eines Videorekorders, eines Mixers und einer Stereoanlage« zur Seite stand, da »Ottiji wie ein kleines Kind« sei, um das man sich kümmern müsse, damit »er sich bei uns wohl fühlt«.[251]

Leider war der Wohlfühlfaktor nicht von langer Dauer, denn bei seinem zweiten Gastspiel kam Ottiji auf lediglich acht Einsätze.[252] Anschließend zog er weiter nach Gütersloh, Siegen, Oldenburg und Elversberg.[253] Im Sommer 2003 beendete er seine Karriere, bevor er am 25. Dezember 2004, drei Tage vor seinem 35. Geburtstag, in Kolumbien starb. Ottiji war in den bewaffneten Konflikt zweier rivalisierender Drogenbanden geraten.[254]

40. GRUND

Weil man bei uns Hessen mal so richtig kennenlernen konnte

Hessen ist für den SV Darmstadt 98 im Grunde genommen zu klein. Zumeist maßen sich die Lilien nach dem Zweiten Weltkrieg im Ligabetrieb mit Spitzenvereinen aus Süddeutschland oder eben auf nationaler Ebene. Nicht von ungefähr sind die 98er neben Eintracht Frankfurt und Kickers Offenbach einer von nur drei hessischen Klubs, die bereits in der Bundesliga spielten. Im Sommer 1993 war von der Bundesliga im und um das Böllenfalltor allerdings keine Rede mehr. In ebenjenem Juni musste das Gründungsmitglied der 2. Bundesliga den bitteren Gang in die 3. Liga antreten. Erstmals nach 23 Jahren spielten die Lilien wieder in einer reinen Hessenliga, der Oberliga Hessen. Die Lilien-Fans erhielten folglich in der Saison 1993/94 einen unfreiwilligen Nachhilfeunterricht in Sachen Heimatkunde. Was die Darmstädter in der Oberliga erwarten sollte, davon gab ihnen der Rausschmeißer aus der 2. Bundesliga eine

Vorahnung, denn er galt als der Inbegriff der Provinzialität: der SV Meppen. Fortan hieß es nach Wehen, Bad Vilbel, Haiger, Mörlenbach und Lohfelden zu reisen. Nicht wenige Fans fragten sich, wo um Gottes willen diese Schwergewichte des hessischen Fußballs überhaupt liegen? Es war an der Zeit, die Straßenkarten zu zücken.

Die erste Auswärtspartie erforderte noch keine großen Geografiekenntnisse, denn sie fand gemessen an Zweitligaverhältnissen direkt vor der Haustür statt. 1.500 Lilien-Fans begleiteten ihr gefallenes Team zur SG Höchst in den gleichnamigen Frankfurter Stadtteil.[255] Danach ging es an die muntere Erkundung des unbekannten Hessen. Nach Wehen musste man sich auf den Halberg im Taunus bemühen. Um nach Haiger zu gelangen, begab man sich am besten auf die A45 und bremste erst kurz vor Siegen an den Ausläufern des Westerwaldes wieder. Lohfelden war wiederum im Landkreis Kassel und damit schon fast in Niedersachsen zu finden, während Mörlenbach aus Darmstadt kommend im Odenwald kurz vor dem Saukopftunnel lag. Oft genug war in dieser Zeit der Weg das Ziel.

Da in der besagten Saison die Qualifikation für die neue drittklassige Regionalliga gelang, schienen die Lilien die Oberliga Hessen hinter sich gelassen zu haben. Doch die hessische Realität holte die 98er und ihren Anhang regelmäßig ein. 1998/99, 2003/04 und 2007/08 warteten erneut diverse Bezirkssportanlagen auf die Anhänger der Lilien. 1998/99 reisten die Fans der Blau-Weißen nicht nur zu den Auswärtspartien ihres eigenen Teams, sondern bei Gelegenheit auch zu Begegnungen der SG Höchst, die sich schnell als ärgster Rivale entpuppte. Ziel war es natürlich, die jeweiligen Kontrahenten nach Kräften anzufeuern … sofern es denn möglich war. Unvergessen die Anreise von rund 50 Lilien-Fans nach Höchst, um deren Spiel gegen den KSV Klein-Karben zu besuchen. Allein: Es blieb beim Versuch. Die seinerzeit weniger gut beleumundeten Fans der 98er wurden von einem Polizeiaufgebot und einem in Position gebrachten Wasserwerfer vom Besuch des Spiels abgehalten.[256] Apropos Klein-Karben. Bei der Partie im hinter Frankfurt liegenden Städtchen sahen sich 2.000 Anhänger der Lilien einer Rockergruppe gegenüber, die ironischerweise als Security angeheuert worden war.[257] Viele Darmstädter hatten nicht unbedingt das Gefühl, von den richtigen Zeitgenossen »betreut« zu werden.

Anekdotenreich auch die Auswärtspartie der Lilien in der Brüder-Grimm-Stadt Steinau an der Straße, gelegen auf halbem Weg nach Fulda. Geschätzte 1.200 Anhänger der 98er fielen auf dem Dorfsportplatz ein, um es zu einem Heimspiel zu machen und von einem offensichtlich nicht mehr ganz nüchternen Stadionsprecher unterhalten zu werden (»Schorsch, mach mol es Flutlich oh«). Und das obwohl bei dem Spiel doch striktes Alkoholverbot herrschte![258] Im Schnitt bevölkerten in dieser Hessenliga-Saison 1.500 Lilienanhänger die mehr oder weniger großen Bezirkssportanlagen in Nord-, West-, Ost- und Südhessen.[259]

2003/04 ging es erneut Hessen-intern weiter. Seither weiß jeder zugreisende Lilien-Fan, dass ab Frankfurt in Richtung Fulda nach rund einer Stunde der mehr oder minder bekannte Schlüchterner Tunnel kommt. Er signalisiert, nächste Station Flieden, wo der SV Buchonia die Lilien-Fans empfing. Zur Auswärtspartie in Fulda blieb man einfach noch ein paar Stationen sitzen und wurde von einem schönen Polizeiaufgebot zu Fuß durch die Stadt zum Stadion geleitet. Oder man folgte dieser skurrilen Szenerie einfach aus dem im Schritttempo hinterherfahrenden Linienbus. Die Partie bei der Viktoria im benachbarten Griesheim ließ sich vom Böllenfalltor aus bequem und direkt mit der Straßenbahnlinie 9 erreichen, was zumindest ein bisschen Ruhrpottflair aufkommen ließ. Wald-Michelbach im Odenwald wartete wiederum mit einem Kunstrasenplatz auf. Ein einheimischer Anhänger verblüffte darauf angesprochen mit der Aussage, dass in den Höhen des Odenwaldes eben kein Rasen wachse. Aha.

2007/08 folgte dann der bislang letzte Erkundungstrip quer durch Hessen. Etwa nach Waldgirmes an der Lahn, das immerhin mit den Überresten eines Römischen Forums aufwarten kann.

Oder nach Fernwald vor den Toren der Universitätsstadt Gießen. Nicht zu vergessen Schwalmstadt an der Deutschen Märchenstraße inmitten des Rotkäppchenlandes. Auch den Bad Camberger Stadtteil Würges hieß es zu anzusteuern, dessen »RSV-Stadion Goldener Grund« ganz einfach »Am Sportplatz« liegt.

Hach, was wären die Lilien-Fans ohne die Anekdoten, Dorfsportplätze und Überlandfahrten gewesen, die den Oberligaalltag prägten. Ganz zu schweigen von den enorm verbesserten Kenntnissen in Landeskunde und Geografie.

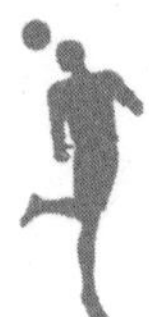

41. GRUND

Weil die eigene Elf Marketingideen gnadenlos unterwanderte

Fußball ist ein Spiel mit zahlreichen Unbekannten. Ein Glückstor reicht aus, um einen ganzen Spielverlauf auf den Kopf zu stellen. Siegesserien können gegen Teams ihr Ende nehmen, die bis dahin kaum etwas auf die Reihe bekommen haben. Der SV Darmstadt 98 wagte im Spieljahr 1999/2000 ein Experiment, dessen Ausgang ebenfalls niemand vorhersehen konnte. Das Team der Lilien konnte aber immerhin maßgeblich Einfluss nehmen. Ein positiver Spielausgang oder zumindest ein unterhaltsamer Spielverlauf wären dazu schon hilfreich gewesen.

1999 war das über 20.000 Zuschauer fassende Böllenfalltor in aller Regel nur selten nennenswert gefüllt. Die Lilien waren gerade wieder aus der Versenkung der Oberliga Hessen emporgestiegen und mühten sich in der Regionalliga Süd, mindestens Elfter zu werden. Dies war Voraussetzung, um die Qualifikation für die fortan zweigleisige Regionalliga sicherzustellen. Wie also mehr Fans ins Stadion locken und Sympathien gewinnen? Der Klub entschloss sich zusammen mit einem Sponsor zu einer Marketingaktion, die es so im deutschen Spitzenfußball noch nicht gegeben hatte.[260] Demnach sollten die Zuschauer die Kassenhäuschen passieren dürfen, ohne Eintritt zu zahlen. Erst nach dem Spiel sollten sie beim Verlassen des Stadions den Obolus entrichten, der ihnen angemessen erschien. Um das finanzielle Risiko der Aktion abzumildern, finanzierte der Lilien-Sponsor Gold-Ei aus dem benachbarten Dietzenbach das Spiel. Ende September 1999 war es dann so weit. Die Zweitvertretung von 1860 München war zu Gast, und tatsächlich ließen sich 7.000 Zuschauer ins Bölle locken. Das waren 3.000 mehr als der damalige Saisonrekord.[261] Doch die allermeisten der Neugierigen sollten anschließend so schnell nicht wiederkommen. Die Lilien verloren sang- und klanglos mit 0:3. Angeblich hatte der Verein vor der Partie mit Einnahmen von 45.000 D-Mark gerechnet. Letztlich sollen die enttäuschten Zuschauer nur 22.428 Mark »gespendet« haben, womit Gold-Ei die Lücke von 22.572 Mark schließen musste. Im Schnitt war den Zuschauern der Kick nur drei Mark und 20 Pfennige wert gewesen. Einige sollen sogar Schmerzensgeld eingefordert haben.[262]

Die schlechten Erfahrungen hielten Gold-Ei und die Klubverantwortlichen nicht davon ab, in der zweiten Saisonhälfte eine Neuauflage der Aktion zu wagen. Gegner war am Gründonnerstag bei schönstem Fußballwetter der FC Augsburg.[263] Wieder kamen 7.000 Zuschauer, und wieder mussten sie den Eindruck haben, im falschen Film zu sein. Die Lilien spielten erneut unter ihren Möglichkeiten und verloren abermals deutlich mit 0:3. Von den 17 Heimspielen der Saison 1999/2000 verlor der SV Darmstadt 98 nur vier. Und ausgerechnet die beiden höchsten Heimpleiten setzte es bei den von Gold-Ei gesponserten Begegnungen.[264] Zu einer Neuauflage sollte es nie wieder kommen.

42. GRUND

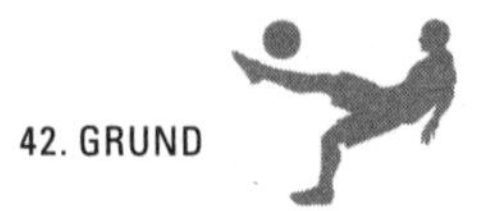

Weil die A-Junioren 1999 nur nach dem letzten Spieltag über dem Strich standen

Die Juniorenteams der Lilien fristen ihr Dasein zumeist unterhalb der öffentlichen Wahrnehmungsgrenze. Doch auch in diesem Bereich haben sich wahre Kuriositäten zugetragen. Etwa in der Spielzeit 1998/99. Die A-Junioren des SV 98 gingen in ihre zweite Saison in der Regionalliga Süd, was gleichbedeutend war mit der seinerzeit höchsten Spielklasse, die sich in fünf regionale Staffeln aufteilte. Die »kleinen« Lilien sollten sich zum zweiten Mal mit den Nachwuchsteams äußerst namhafter Vereine messen. Zu den Kontrahenten zählten der FC Bayern und 1860 München, der Karlsruher SC, der VfB Stuttgart, der SC Freiburg, Eintracht Frankfurt und der Vorjahresmeister FC Augsburg.

Die Nachwuchskicker der 98er hatten einen extrem schweren Stand. Das 1:5 zum Auftakt gegen die »Sechzger« war nur ein Vorgeschmack auf das, was kommen sollte. »Klatschen« waren eher die Regel als die Ausnahme, und so fanden sich die A-Junioren der Südhessen von Beginn an am Tabellenende wieder. Die Hoffnungen, einigermaßen mithalten zu können, schienen auf Sand gebaut. Dem Untergrund im Übrigen, auf dem sich die Spieler unter der Woche zumeist bewegten, denn damals trainierten die Nachwuchsteams des SVD fast ausschließlich auf den staubigen Hartplätzen am Böllenfalltor. Wie sich Gernot Lutz, der damalige Trainer der A-Junioren, erinnert, durften selbst die A-Junioren nur zeitweise und maximal an zwei von vier Trainingstagen im Bürgerpark Nord auf Rasen üben.

In der Winterpause rangierten die jungen Lilien-Spieler sieglos, mit mageren drei Punkten und 13:49 Toren auf dem letzten Platz. Der Rückstand auf den rettenden 10. Platz – den ausgerechnet Erzrivale Offenbacher Kickers einnahm – betrug satte elf Punkte. Der

Rückrundenauftakt verlief wenig verheißungsvoll. Dem 1:8 beim Tabellenführer 1860 München, mit einem gewissen Martin Stranzl in der Verteidigung, folgte eine unglückliche 0:1-Heimpleite gegen Eintracht Frankfurt. Und das obwohl – laut Lutz und seinem damaligen Co-Trainer Daniel Timme – Lilien-Kampfmaschine Robert Wilczek das Eintracht-Sternchen Albert Streit zur Verzweiflung getrieben hatte. Das Team steckte nicht auf. Der erste Dreier gelang im März 1999 dort, wo man es am wenigsten erwartet hatte: Beim späteren Meister Karlsruher SC gewannen die Lilien mit 3:1. Gleich darauf unterlagen die Nachwuchskicker aber zu Hause gegen den VfB Stuttgart um Torjäger Ioannis Amanatidis mit 0:2.

Im April schöpften die Lilien neue Hoffnung: Sie schlugen am Bölle binnen einer Woche zwei direkte Konkurrenten. Zunächst im Nachholspiel den VfL Kirchheim mit 4:2, dann den VfR Mannheim mit 5:0. Dem Aufbäumen folgten jedoch vier Niederlagen, die die Hoffnungen auf ein Minimum dimmten. Vor allem das 0:1 in dem als Wendepunkt gedachten Heimspiel gegen die Offenbacher Kickers schmerzte. Das *Darmstädter Echo* gab danach nicht mehr viel auf die U19 der Lilien und titelte »SV 98 vor dem Abstieg«.[265] Auch die Last-minute-Niederlage bei den Stuttgarter Kickers eine Woche später – besiegelt durch einen gewissen Cristian Fiel – ernüchterte die laut *Echo* überlegen aufspielenden 98er.[266]

Die Ausgangslage vor den letzten drei Spieltagen war eindeutig: Bei acht Punkten Rückstand auf den rettenden 10. Tabellenplatz halfen nur drei Siege. Aussichtslos. Eigentlich. Doch die Moral der Jungs – um die bereits bei der 1. Mannschaft eingesetzten Audenzio Musci und Yilmaz Örtülü – suchte ihresgleichen. Dem 4:1 beim VfL Kirchheim ließen sie am Bölle ein spektakuläres 5:4 gegen Waldhof Mannheim folgen – was laut Lutz und Timme den aus dem nahen Alsbach-Hähnlein stammenden Juniorennationalspieler Hanno Balitsch sichtlich nervte. Jetzt wollten die 98er auch das letzte Saisonspiel gewinnen. Denn dank der sechs Punkte in sechs Tagen hatten sie den Kontakt zum rettenden 10. Platz hergestellt, den noch immer der OFC einnahm. Die Darmstädter mussten bei der bereits als Absteiger feststehenden SpVgg Greuther Fürth antreten, die Offenbacher empfingen den Nachwuchs des SC Freiburg. Für die von Christian Streich trainierten Breisgauer ging es ebenfalls um nichts mehr.

Was dann folgte, daran erinnert sich für dieses Buch Gernot Lutz: »Wir erfüllten unsere Pflicht und siegten durch ein Tor von Audenzio mit 1:0. Nach dem Schlusspfiff versammelten wir uns alle im Mittelkreis und lauschten der Live-Reportage unseres Jugendleiters Franz Hierer, der mit einem unserer ›Spione‹ in Offenbach telefonierte. Die Partie dort war noch nicht zu Ende und Offenbach lag nach verschossenem Elfer mit 1:2 zurück. Der OFC rannte wütend an. In der Nachspielzeit war die Spannung kaum auszuhalten. Der Erfolg unserer Aufholjagd hing am seidenen Faden. Zunächst rettete ein Freiburger auf der Linie. Dann rannte ein Offenbacher alleine auf das Freiburger Tor zu, doch ihm versagten die Nerven. Als endlich der Schlusspfiff durchgegeben wurde, gab es für alle kein Halten mehr. Wahnsinn! Wir waren angesichts der übermächtigen Konkurrenz in der gesamten Spielzeit mit einem Luftgewehr auf Elefantenjagd gegangen. Dann mussten wir zeitweise auch noch Leistungsträger an unsere 1. Mannschaft abgeben, aber auf den letzten Drücker hat es dann doch noch gereicht. Wir sollten in der gesamten Saison nur ein einziges Mal auf einem Nichtabstiegsplatz stehen, am allerletzten Spieltag!«

Aus der damaligen Truppe schafften es Örtülü, Musci und Daniel Leifermann immerhin zeitweise in die erste Mannschaft der Lilien. Örtülü reifte später beim 1. FC Saarbrücken zum Zweitligaspieler.[267] Musci spielte für St. Pauli in der 3. Liga.[268] Die meisten ihrer damaligen Mannschaftskollegen blieben ohne nennenswerte Karrieren. Die legendäre und von Erfolg gekrönte Aufholjagd aus der Saison 1998/99, die kann ihnen allerdings keiner nehmen.

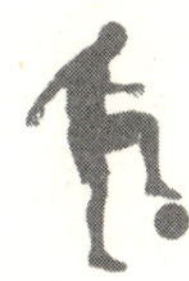

43. GRUND

Weil die 98er auch jeden noch so kleinen Gegner ernst nahmen

Die Saison 2003/04 gilt als die erfolgreichste Spielzeit in die Historie der Lilien. Zumindest was die Punktausbeute anbetrifft. Stolze 88 Punkte standen am Ende zu Buche. 28 Siegen standen vier Punkteteilungen und lediglich zwei Niederlagen gegenüber. Logisch, dass diese Bilanz gleichbedeutend mit der Meisterschaft in der Oberliga Hessen und damit dem Aufstieg in die Regionalliga Süd war. Aus dieser waren die 98er im Vorjahr abgestiegen. Jungtrainer Bruno Labbadia hatte in seiner Premierensaison auf dem Trainerstuhl den Betriebsunfall postwendend korrigieren können. Wer hinter dem beeindruckenden Zahlenwerk allerdings vermutet, dass der Aufstieg ein Selbstläufer war, der irrt.

Die gesamte Spielzeit war von einem heißen Fight um die Meisterschaft gekennzeichnet. »Schuld« daran war eine Neuauflage des ewig jungen Duells mit Hessen Kassel. Zwischenzeitlich mischte auch Borussia Fulda mit. Die Osthessen mussten allerdings am Ende abreißen lassen. Hessen Kassel blieb den Lilien jedoch durchweg auf den Fersen und sorgte für ein spannendes Duell um Platz 1.

In der Hinrunde mussten die Lilien nach Kassel reisen und ließen beim 2:0-Sieg nichts anbrennen. Damit waren die 98er auf dem besten Weg, sich ihres ärgsten Kontrahenten frühzeitig zu entledigen. Nach der Partie am 8. Spieltag war die Weste der 98er noch blütenweiß, während die Nordhessen schon neun Punkte Rückstand aufwiesen. Die ersten Punkte ließ Labbadias Team erst am 12. Spieltag liegen.[269] Bis zum Rückspiel am 20. März 2004 in Darmstadt hatte Hessen Kassel reihenweise Siege eingefahren, sodass sie in Schlagdistanz zu den Lilien lagen. Was dann am Böllenfalltor folgte, war eines der spektakulärsten Spiele dieser Jahre.

7.671 Zuschauer bildeten bei nasskaltem Wetter einen würdigen Rahmen für das Spitzenspiel. Prägende Spieler der beiden Teams waren zwei alte Hasen. Für Darmstadt 98 lief Ex-Eintracht-Profi Michael Aničić auf, für Hessen Kassel Ex-Bundesligaprofi Sławomir Chałaśkiewicz. Zur Halbzeit führten die Lilien mit 1:0, doch in der 2. Hälfte überschlugen sich die Ereignisse. 55. Minute: Ausgleich Kassel. 64. Minute: 2:1 für die Lilien nach einem Sahne-Freistoß von Aničić. 71. Minute: 2:2 durch Chałaśkiewicz, ebenfalls per Freistoß. 79. Minute: 3:2 durch Aničić mit einer Kopie seines vorangegangenen Freistoßtreffers. 84. Minute: Kassel will einfach nicht aufgeben und erzielt durch Goalgetter Thorsten Bauer den neuerlichen Ausgleich.[270]

Wer nun dachte, das muss es jetzt aber gewesen sein, der sah sich getäuscht. Es läuft die 86. Minute. Die Lilien verursachen auf Höhe der Mittelinie einen Freistoß. 45 Meter bis zum Lilientor. Was soll da schon passieren? Chałaśkiewicz soll passieren! Der Pole nimmt Anlauf und haut den Ball aus unmöglicher Distanz in den Kasten der Lilien. Der Auswärtsblock tobt, die Heimfans sind fassungslos. Als der Schiedsrichter abpfeift, wird Lilien-Keeper Patrick Gräber die längste Zeit das Tor gehütet haben. Kassel hatte den Anschluss hergestellt, doch Hans-Ulrich Thomale, der Coach der Nordhessen, wiegelte ab: »Wir haben lediglich ein Spiel gewonnen, mehr nicht. Der Sieg war zwar verdient, doch hat das gar nichts zu sagen. Die Mannschaft, die auch bei den vermeintlich kleinen Gegnern punktet, wird am Ende oben stehen.«[271]

Und damit sollte er recht behalten. Denn Kassel patzte bereits eine Woche später beim 1:1 zu Hause gegen Eintracht Wald-Michelbach.[272] Die Lilien nutzten das Geschenk, indem sie alle weiteren Partien gewannen. Vier Zähler trennten in der Endabrechnung die beiden Spitzenteams.[273] Ausschlaggebend für den Platz an der Sonne waren letztlich die Begegnungen gegen die kleinen Teams der Liga. Es war also für die Lilien Gold wert, sich Woche für Woche gegen den SV Bernbach, Germania Ober-Roden, den KSV Klein-

Karben oder den Hünfelder SV zu motivieren und jeden noch so kleinen Gegner ernst zu nehmen.

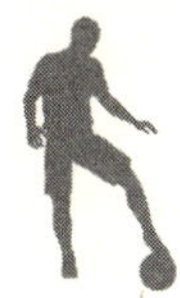

44. GRUND

Weil die drohende Insolvenz eine ganze Stadt mobilisierte

Die Zeit zwischen März 2008 und Juni 2009 stellt eine Zäsur in der Geschichte des SV Darmstadt 98 dar. In den vorangegangenen Jahren hatten Vereinsverantwortliche Gehaltszahlungen reichlich »kreativ« versteckt, bis der Fiskus dem Ganzen auf die Schliche kam und 1,1 Millionen Euro an Steuern und Sozialversicherungsbeiträgen nachforderte.[274] Die gerade erst frisch ins Amt gewählte Vereinsspitze um Präsident Hans Kessler sah sich im März 2008 gezwungen, einen Insolvenzantrag zu stellen.[275] Eine Situation, die viele Anhänger mit der Befürchtung verbanden, sportlich in nie erlebte Tiefen abzustürzen. Dabei waren die Lilien zu dieser Zeit ohnehin gefühlt ganz unten angekommen: mal wieder in der viertklassigen Oberliga Hessen. Noch tiefer wollte keiner fallen.

Und es gab einen Hoffnungsschimmer. Der Verein war in der Lage, den laufenden Spielbetrieb zu finanzieren, und ging somit zunächst einmal nicht komplett in die Knie. Zudem mobilisierte die brenzlige Situation Fans, Bürger, Prominente, Wirtschaft und Politik gleichermaßen. Letztlich mit Erfolg: Denn das anfangs kaum für möglich Gehaltene trat ein. Nach knapp 15 Monaten konnte Lilien-Präsident Kessler den Insolvenzantrag zurückziehen![276] Schon im Frühjahr 2008 hatte Kessler gewusst, wem zu danken wäre, sollten die Lilien die Insolvenz abwenden können: »Den Verein haben die Menschen gerettet – wenn wir es schaffen!«[277] Und diese Menschen bestachen durch ein unglaubliches Engagement, kreative Aktionen und viel Herzblut.

Eine Live-Musiknacht in über 20 Kneipen der Stadt spielte nur einen Monat nach dem Einreichen des Insolvenzantrags über 11.000 Euro ein. Eine Kunstauktion Darmstädter Künstler brachte gar 17.000 Euro ein. Die damalige Bundesjustizministerin und Darmstädter Bundestagsabgeordnete Brigitte Zypries versteigerte die Gemälde höchstpersönlich. Bei einer von Fans organisierten Internetversteigerung kamen 10.000 Euro zusammen. Ersteigert werden konnten Lilien-Trikots, die die Spieler kurz zuvor bei einer Partie getragen hatten. Zudem wurden Trikots versteigert, die von damaligen Bundesligaklubs zur Verfügung gestellt wurden. Weitere Spenden flossen bei Rockkonzerten in der alternativen Oetinger Villa, mehrere DJs legten im Roof Club für die Lilien auf, im Cinemaxx gab es ein Benefiz-Film-Event für die 98er.[278] Innerhalb der ersten zwei Monate erlösten mehrere Aktionen des Fan-Vereins unglaubliche 95.000 Euro.[279] Im Darmstädter Kongresszentrum Darmstadtium spielte das stadtbekannte Kikeriki-Theater an einem Abend 50.000 Euro für die Lilien ein.[280] Darüber hinaus wurden Benefiz-CDs produziert. Einige Darmstädter Gewerbetreibende zeigten im wahrsten Sinne des Wortes Flagge und dekorierten ihre Geschäfte in Blau und Weiß. Unzählige weitere kleine Aktionen und Spendenkässchen verdeutlichten, wie viel den Fans und den Bürgern ihr Verein bedeutete.[281]

Als im März 2009 immer noch 400.000 Euro fehlten, strömten über 11.000 Zuschauer aus Darmstadt und dem Umland zum Heimspiel gegen den SSV Ulm 1846.

Nachdem im Juni 2009 das Insolvenzgespenst verjagt war, dankte der Klub mit einer ganzseitigen Anzeige im *Darmstädter Echo*: »Der SV 98 ist besonders stolz darauf, dass der überwiegende Teil der Sanierungsbeiträge durch Benefizaktionen und Rettungspakete des Vereins, der Fans und Freunde des SV Darmstadt 98 beigesteuert werden konnte.« [282] Nicht nur aktive und »passive« Fans, auch die Darmstädter hatten ihren Verein wiederentdeckt und mit am Leben erhalten.

Gebürtige Darmstädter trugen ebenfalls ihren Teil zur Rettung bei. Etwa Helmut Markwort, der damalige *Focus*-Herausgeber und Mitglied des Aufsichtsrats von Bayern München, der als Kind selbst bei den Lilien gekickt hatte.[283] Er legte bei Uli Hoeneß ein gutes Wort für die Lilien ein, sodass der Rekordmeister im Mai 2008 mit seiner Startruppe für ein Benefizspiel ans Böllenfalltor kam.[284] Wolfgang Holzhäuser, der aus der Nähe von Darmstadt stammende, damalige Geschäftsführer von Bayer Leverkusen, sagte ebenfalls ein Gastspiel zu, das im Juli 2008 realisiert werden konnte.[285] Selbst Konkurrenten wie Hessen Kassel, Kickers Offenbach, der FSV Frankfurt und Wehen Wiesbaden zeigen ihre Solidarität.[286] Allesamt ermutigende Gesten und zugleich deutliche Signale, die das damals kreierte Motto unterstrichen: Die Lilien bleiben DA!

45. GRUND

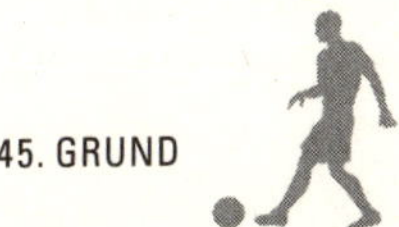

Weil an der Schwelle zur 5. Liga 11.000 Zuschauer ans Bölle kamen

Im März 2008 hatte das Präsidium des SV Darmstadt 98 ein Insolvenzverfahren beantragt. Ein Jahr später waren die Lilien nach wie vor nicht gerettet. Immerhin hatten sich die Blau-Weißen im Sommer 2008 für die neue viertklassige Regionalliga Süd qualifiziert, wenngleich sie darin nur dem Namen nach eine große Nummer waren. Der Verein hatte wahrlich schon bessere Zeiten gesehen.

Vor dem Rückrundenstart musste der SVD immer noch 400.000 Euro auftreiben, um das Insolvenzverfahren abwenden zu können. Der Klub war zwingend gefordert, Einnahmen zu generieren. Doch wie das fehlende Geld zusammenbekommen? Die naheliegende Möglichkeit war natürlich, möglichst viele Fans ins Stadion zu locken, um über die Tageseinnahmen die Lücke zu minimieren. Doch in der Regionalliga Süd? Als eine graue Maus im Niemandsland der Tabelle? Die Klubverantwortlichen warfen kurzerhand die Marketingmaschine an und erklärten das erste Heimspiel der Rückrunde zum Rekordspiel. Der Hintergedanke: Gegen den SSV Ulm 1846 sollten so viele Zuschauer ins Stadion kommen wie noch nie zuvor zu einem Viertligaspiel in Deutschland. Die Hürde lag hoch. In der Saison 2005/06 hatte das Duell Union Berlin gegen Dynamo Berlin 14.020 Zuschauer angelockt.[287] Aber dabei handelte es sich immerhin um ein Derby, obendrein in einer Millionenstadt.

Ulm hingegen war zu dem Zeitpunkt zwar noch einer der namhafteren Ligakonkurrenten, lag aber eben auch 250 Kilometer entfernt. Mit einer vierstelligen Anzahl an Gästefans war mithin nicht zu rechnen. Es ging also primär darum, die Darmstädter und das Umland zu mobilisieren. Die Aussicht, einem historischen Rekordspiel beizuwohnen, sollte die Region anspornen. Die 98er trommelten im Vorfeld mächtig und medienwirksam, um auf ihre Situation und den Rekordspielversuch aufmerksam zu machen. »Ziel ist es, erneut ein deutliches Zeichen zu setzen, dass diese Region das Überleben des SV Darmstadt 98 sichern will. (…) Damit dies möglich wird, muss Außerordentliches geschehen und ganz Darmstadt und die Region in Bewegung gebracht werden«, so Lilien-Präsident Hans Kessler im Vorfeld der Partie, für die er Darmstadts Oberbürgermeister Walter Hoffmann als Schirmherr gewinnen konnte.[288] Mehrere Vorverkaufsstände in der Stadt, zahlreiche unterstützende Medienpartner, ein buntes Rahmenprogramm rund um das Spiel und verschiedene Eintrittskartenaktionen sollten eine große Zuschauerzahl garantieren.[289]

Hatte sich der enorme Aufwand gelohnt? Ein eindeutiges Ja! Zwar fiel der Rekord nicht. Doch die 11.100 Zuschauer, die an diesem Samstagnachmittag die Kassenhäuschen am Böllenfalltor passierten, waren ein deutliches Statement der Darmstädter für ihren Sportverein. Wirtschaftlich war das Spiel obendrein als Erfolg zu werten, wie die *Frankfurter Rundschau* vorrechnete: »Zwar wurde der Rekord nicht gebrochen, aber bei einem durchschnittlichen

Kartenpreis von zehn Euro dürfte diese Zuschauerzahl den Darmstädtern, abzüglich der an diesem Samstag entstandenen Kosten, etwas zwischen 80 000 und 100 000 Euro in die leeren Kassen gespült haben.«[290]

Die Kicker der Lilien hatten die positiven Signale beim Rekordspielversuch allerdings nicht in positive Energie umwandeln können. Sie verloren sang- und klanglos mit 0:4. Eine durchwachsene Rückrunde ließ sie noch bis auf Rang 15 abrutschen. Dennoch blieb am Saisonende erleichtert festzuhalten, dass der Verein sportlich und finanziell überlebt hatte. Im Juni 2009 nahm der Klub den Antrag auf Insolvenzeröffnung beim Amtsgericht Darmstadt zurück. Die Lilien waren saniert.

KAPITEL 5

DIESER DORSCHT

Der Höhenflug

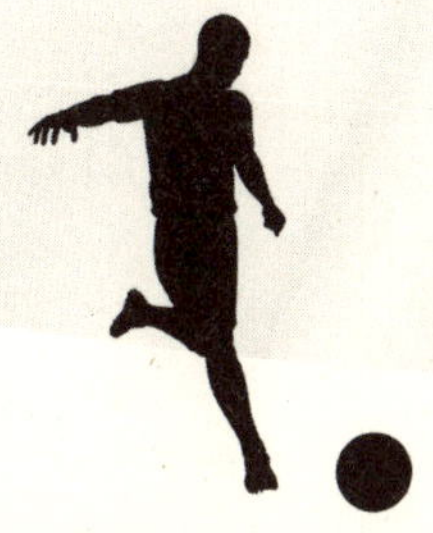

46. GRUND

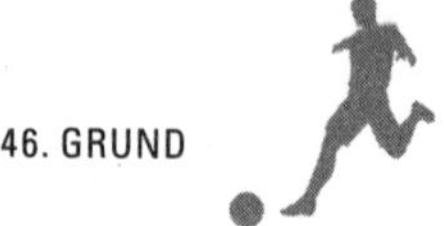

Weil die Erzrivalen den jüngsten Aufschwung der Lilien erst ermöglichten

Was wäre ein Fußballverein ohne seine Erzrivalen? Sie sind das Salz in der Suppe. Sie gilt es zu überflügeln. Sie garantieren gut besuchte Spiele und oftmals hitzige Duelle. Dementsprechend wird auf den Tribünen jedes Aufeinandertreffen herbeigesehnt, und die Schmähgesänge werden besonders inbrünstig zum Besten gegeben. Im Falle des SV 1898 aus Darmstadt gibt es zwei Klubs, mit denen man sich seit Jahrzehnten besonders gerne misst. Da sind zum einen die Kickers aus Offenbach und zum anderen der KSV Hessen aus Kassel. Ausgerechnet diese beiden langjährigen Kontrahenten machten ehedem den Aufstieg der Darmstädter aus der viertklassigen Regionalliga bis in die Bundesliga erst möglich. Und das kam so.

16. April 2011: Die drittplatzierten Lilien empfangen am 28. Regionalliga-Spieltag den Spitzenreiter aus Kassel am Böllenfalltor. Die Nordhessen nehmen seit einem halben Jahr den Platz an der Sonne ein und können in Darmstadt einen wichtigen Schritt zum Drittligaaufstieg machen. Nach neun Minuten scheint die Messe vor 8.100 Zuschauern bereits gelesen zu sein. Kassel führt 2:0.

Doch dann kommt eine Szene, die alles dreht. Kassels Kapitän Enrico Gaede unterbindet einen Darmstädter Angriff in der 16. Minute slapstickartig mit der Hand und sieht glatt rot. Darmstadt wittert Morgenluft und dreht die Partie mit drei Toren nach der Pause. Den frenetisch gefeierten Siegtreffer stochert Ex-Profi Abdelaziz Ahanfouf zwei Minuten vor Schluss über die Linie.[291] Von da an läuft alles für die Lilien. Sie gewinnen die restlichen sechs Begegnungen, Kassel verlässt den Platz nur noch zweimal als Sieger. Aufstieg in Liga 3, Darmstadt ist dabei. Ein Klub, der in den Jahren zuvor gerade so den Gang in die 5. Liga vermieden hatte.

Die Fans sind aus dem Häuschen. Nach fast zwei Jahrzehnten erleben sie aufgrund der mittlerweile eingeführten eingleisigen 3. Liga endlich wieder Profifußball am Bölle. Eine Saison lang verkaufen sich die 98er recht gut und können den Nichtabstieg frühzeitig klar machen. Doch in der Spielzeit 2012/13 will wenig zusammengehen. Coach Kosta Runjaic hat das zuvor so feine Händchen für die richtigen Neuzugänge ein wenig verlassen. Verlassen wird er Darmstadt dann selber im September, allerdings auf eigenen Wunsch. Zweitligist MSV Duisburg hat angeklopft. Die Spielzeit entwickelt sich für alle Fans unter seinem Nachfolger Jürgen Seeberger von zäh zu ernüchternd. Dem glücklos agierenden Coach gelingen in 13 Spielen nur zwei Siege. Einer davon allerdings im eigenen Stadion vor knapp 10.000 Zuschauern gegen den damals ambitionierteren und zuvor in elf Ligaspielen ungeschlagenen Rivalen aus Offenbach.[292] Balsam für die geschundene Seele des 98er-Anhangs.

An der trostlosen Tabellensituation ändert sich unterdessen wenig. Für den Rest der Spielzeit kleben die Lilien förmlich auf den Abstiegsplätzen fest. Auch der mittlerweile engagierte Trainer Dirk Schuster ändert daran wenig, selbst wenn die Lilien jetzt defensiv deutlich stabiler stehen. Unter seiner Regie kommen noch fünf der insgesamt acht Liliensiege der gesamten Spielzeit zustande. Darunter erneut ein Sieg gegen den Kontrahenten aus dem Frankfurter Osten. Mit dem verdienten 2:0 am viertletzten Spieltag senden die Lilien noch einmal so etwas wie ein Lebenszeichen aus und springen auf Rang 18 in der 20er-Liga.[293] Doch auch nach dem letzten Spieltag stehen die Blau-Weißen immer noch auf dem ersten Abstiegsrang. Ein Pünktchen vor dem SV Babelsberg 03. Am Böllenfalltor macht sich Wehmut breit. Nach nur zwei Spielzeiten verabschieden sich die Lilien schon wieder von der nationalen Fußball-Landkarte. Immerhin hatte man zweimal gegen den OFC die Oberhand behalten.

Diese Siege sollten Gold wert sein. Denn die Offenbacher hatten sich verzockt. Sie können eine Finanzlücke von zwei Millionen

Euro nicht schließen und erhalten Anfang Juni 2013 keine Lizenz vom Deutschen Fußball-Bund.[294] Der Profiteur sitzt ausgerechnet 35 Kilometer weiter südlich und freut sich über den unverhofften Klassenverbleib. Hätten die Offenbacher gegen die Lilien auch nur einmal Unentschieden gespielt, wären die Darmstädter hinter die Babelsberger zurückgefallen und hätten nicht mehr vom Lizenzentzug profitieren können. So öffnete letztlich Kassel die Tür zur 3. Liga, und Offenbach ermöglichte den anschließenden Aufstieg in die 2. Bundesliga. Wohl dem, der solche Erzrivalen hat.

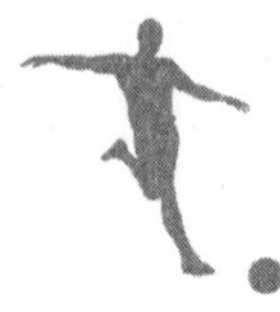

47. GRUND

Weil eine missglückte Flanke und ein Kracher Worms erbeben ließen

Der 21. Mai 2011 war ein heißer Tag. Ein verdammt heißer, um genau zu sein. Die Sonne brannte an jenem Samstag unerbittlich auf Worms hernieder.

Genau dorthin musste Darmstadt 98 am vorletzten Spieltag der Regionalliga Süd reisen. Der Gegner, die Wormatia, rangierte zwar im Niemandsland der Tabelle, ging aber als drittbestes Rückrundenteam in die Partie mit den 98ern.[295] Der SVD wiederum benötigte einen Sieg, um mit einem Vorsprung auf den Tabellenzweiten, die Stuttgarter Kickers, ins letzte Saisonspiel gegen den schwächer einzuschätzenden FC Memmingen zu gehen. Die Partie in Worms durfte also mit Fug und Recht als letzter Stolperstein auf dem Weg zum Drittligaeinzug betrachtet werden.

Die Fans wussten, was zu tun ist, und folgten ihrem Team zahlreich zum Derby in die Nibelungenstadt. Die Wormatia zeigte sich großzügig. Sie stellte den Anhängern der Gäste den kompletten Stehplatzbereich bereit und öffnete bereits zwei Stunden vor dem Anpfiff die Stadiontore.[296] Über 3.000 Darmstädter legten die knapp

45 Kilometer nach Worms zurück und stellten damit die Mehrheit der offiziell 5.350 Zuschauer.[297]

Vor dem Anpfiff war die Erwartungshaltung der Lilien-Fans von Vorfreude geprägt. Sieben Siege in Serie hatten die Brust der 98er breiter werden lassen.[298] Zudem hatte der Lilienanhang zur Kenntnis genommen, dass die Wormatia auf ihren treffsichersten Spieler verzichten musste. Rudi Hübner, ehemaliger und zukünftiger Lilien-Spieler, hatte in den vorangegangenen Wochen durchweg getroffen, saß allerdings eine Rotsperre ab und konnte somit seinen 17 Saisontreffern keine weiteren folgen lassen.[299] Die mitgereisten Fans begrüßten das eigene Team beim Einmarsch der Spieler entsprechend frenetisch.

Die Begegnung entwickelte sich von Beginn an zu einer zähen Angelegenheit. Die Wormatia stand kompakt und ließ das Spiel der Lilien nur schwer zur Entfaltung kommen. Zudem blieben die Wormser mit eigenen Vorstößen gefährlich. Nach 45 Minuten ging es torlos in die Kabinen. Im Parallelspiel führten derweil die Stuttgarter Kickers bei der Zweitvertretung des FSV Frankfurt mit 1:0.[300] Die Lilien hatten die Tabellenführung eingebüßt. Und es kam noch dicker. Kurz nach der Pause ging die Wormatia nach einem Eckball mit 1:0 in Führung. Die Lilien brauchten zwei Tore, um wieder an den Stuttgartern vorbeizuziehen, die damals vom späteren 98er-Coach Dirk Schuster trainiert wurden. Uwe (Süd-)Hesse hatte die ebenso passende wie schnelle Antwort parat. Eine Kopfballabwehr der Wormser nahm er am Strafraumeck direkt, und der wohl eher als Flanke gedachte Schuss senkte sich unhaltbar ins lange Eck zum 1:1.[301] Die Gegengerade war elektrisiert, auch wenn die Stuttgarter mittlerweile mit 2:0 in Führung gegangen waren. Bernhard Trares, der frühere Darmstadt-Profi auf dem Trainerstuhl des FSV, konnte seinem alten Verein folglich keine Schützenhilfe mehr leisten.[302]

Ein Tor musste noch her, um der eingleisigen 3. Profiliga ganz nahe zu sein. Zugleich musste das Team von Coach Kosta Runjaic aufpassen, hinten nicht zu offen zu agieren. Kampf und Wille waren an diesem Nachmittag Trumpf. Das Team um Lilien-Kapitän Markus Brüdigam hielt trotz der Hitze den Druck hoch. Selbst der Kommentator im Hessischen Rundfunk ließ sich von der packenden Endphase des Spiels übermannen: »Darmstadt hält dagegen. Und wenn Sie wissen wollen, warum so viele Leute Woche für Woche in Fußballstadien gehen, und sich das anschauen, auch wenn wenig Tore fallen, dann ist das ein Beispiel dafür. Es geht um jeden Grashalm. Beide Mannschaften holen das Letzte aus sich heraus. (...) Das ist Fußball vom Allerfeinsten. Auch wenn es nicht schön aussieht. Sie geben alles. Und das ist ein Genuss.«[303]

Drei Minuten vor Schluss war der Spielstand immer noch unverändert, als Verteidiger Jonas Grüter aus zentraler Position Henry Onwuzuruike auf dem linken Flügel ins Spiel brachte. Der Nigerianer drang bis zur Torauslinie vor und ließ mit einer Körpertäuschung zwei Gegenspieler ins Leere laufen. Der HR-Kommentator ruft: »Henry Onwuzuruike bärenstark!« Statt einer Flanke legt der Außenspieler den Ball nach hinten, wo der 20-jährige Yannick Stark heranstürmt, von der Strafraumgrenze abzieht und den Ball unhaltbar in die Maschen setzt.[304] Der Rest geht unter im grenzenlosen Jubel.

Stark krönt damit seine beeindruckende Saison, in der der gebürtige Darmstädter als Leihspieler des MSV Duisburg unermüdlich im Mittelfeld rackerte und sein Team antrieb. Im Interview zeigte er sich anschließend mit feinstem südhessischen Zungenschlag überzeugt, dass der Spielausgang mehr als in Ordnung ging: »Es ist hart erarbeitet, der Sieg. Dass er so spät fällt, ist sicherlich ein bisschen glücklich. Aber ich denke, nach der zweiten Halbzeit, wie sich die Mannschaft aufgeopfert hat, bei so einem Wetter, so ein Kampf. Ich denke, es ist hoch verdient.«[305] Den Eindruck hatten an diesem Nachmittag über 3.000 andere im Wormser Stadion ebenfalls.

48. GRUND

Weil unsere Coaches sich dem Klub über Gebühr verschreiben

Trainer sind in erster Linie dazu da, ihr Team zu betreuen. Die Grundlage für den sportlichen Erfolg will auf dem Trainingsplatz gelegt werden, es gilt, Automatismen einzuüben, die Physis zu stärken und vor den Spielen die richtige Taktik auszugeben. Zudem will die immer größer werdende Medienlandschaft zufriedengestellt werden, sodass Coaches heute auch in puncto Außendarstellung überzeugen müssen.

Bei den Lilien müssen die Männer an der Seitenlinie aber noch weit mehr Engagement zeigen als anderswo. Da mutiert ein Cheftrainer schon einmal zum Handwerker, während ein anderer seinen Vater und den Vater seines Assistenztrainers als Scouts auf die Suche nach Verstärkungen schickt. Mithin ist am Böllenfalltor der Typus des selbstlosen und hemdsärmeligen Übungsleiters gefragt, der keinen gesonderten Wert auf Annehmlichkeiten legt.

Kosta Runjaic ist offenbar ein solcher Zeitgenosse. Anfang 2010 übernahm er die Darmstädter und rettete sie vor dem Absturz in die Fünftklassigkeit. Nur ein Jahr später führte er sie unerwartet in die 3. Liga, und 2012 gelang es ihm, den Aufsteiger recht souverän in der Klasse zu halten. Eine geschickte Transferpolitik und ein spielerisch deutlich verbessertes Team trugen seine Handschrift. Dass er überdies auch noch ein Faible fürs Handwerken besaß, hatten die Verantwortlichen der Lilien bei seiner Verpflichtung wohl am allerwenigsten erwartet. Der in Wien geborene Runjaic besorgte während seiner Zeit in Darmstadt schon mal höchstpersönlich bei IKEA Schränke und Regale für die Funktionsräume und schraubte sie dann eigenhändig zusammen. Selbst für den Griff zum Pinsel war er sich nicht zu schade, um die Katakomben am Bölle ein wenig auf Vordermann zu bringen.[306] Sogar das Parkett soll er eigenhändig verlegt haben.[307] Zu guter Letzt geht noch eine große Kommode in der Mitte der Heimkabine auf sein Konto.[308] Sein außergewöhnliches Bekenntnis zum Verein unterstrich der Sohn serbischer Eltern im Laufe seiner Zeit bei den 98ern mit einer Gürtelschnalle, auf der eine überdimensionale Lilie prangte. Selbst als er schon beim 1. FC Kaiserslautern tätig war, zählte sie zu seiner Garderobe.[309] Mittlerweile hat er sie der Fanabteilung der Lilien überlassen.

Ein Coach, der die Lilien – wie Runjaic – enorm vorangebracht hat, ist Dirk Schuster. Der nicht für möglich gehaltene Höhenflug bis in die Bundesliga ging maßgeblich auf sein Konto. Der ehemalige DDR- und DFB-Nationalspieler legte zusammen mit seinem Co-Trainer Sascha Franz sein Hauptaugenmerk auf eine disziplinierte und laufintensive Grundordnung, die defensiv zumeist kaum etwas anbrennen ließ. Zudem bewies Schuster bei den Neuzugängen oft genug das richtige Gespür, um sein Team weiterzubringen. Dabei konnte er beim Scouting auf ein äußerst erfahrenes Duo zurückgreifen: »In erster Linie mein Vater Eberhard, ehemaliger Spieler in der DDR-Oberliga, und der Vater von Sascha Franz, der ehemalige Bundesligatrainer Horst Franz. Unsere Väter machen das sehr gern, mein Vater fährt den Ost-Bereich ab, der von Sascha Franz den Westen.«[310] So mutierte die geballte Expertise in Sachen Gegnerbeobachtung und Neuverpflichtungen bei den Lilien zur kleinen Familienangelegenheit. Für die organisatorischen Dinge zeichnete bei den Lilien lange Zeit Co-Trainer Sascha Franz verantwortlich, der sich bei den Auswärtsfahrten um den Bus, das Mittagessen, das Hotel und das Buchen der Trainingsplätze kümmerte. Schuster brachte das ungewohnte Engagement des Trainerteams auf den Punkt, indem er sagte: »Bei uns geht es auf dem Platz nur als Team, und im Verein gilt das genauso. (…) Jeder hat viel zu tun, und jeder ist mit viel Eifer bei der Sache.«[311] Ein Verein, der solche Trainer hat, die sich obendrein noch sportlich als Glücksfälle erweisen, der darf sich fürwahr glücklich schätzen.

49. GRUND

Weil allen Fußballromantikern hier das Herz aufgeht

Der Sportverein aus Darmstadt ist der perfekte Verein für alle Fußballromantiker und -traditionalisten. Die Nase voll vom eigenen Verein, der mittlerweile zum sterilen Hochglanzprodukt verkommen ist? Dann auf nach Südhessen, denn hier geht einem noch so richtig das Herz auf. Das merkte auch die *Frankfurter Allgemeine Zeitung*, die Darmstadt 98 zum »Sehnsuchtsort für Fußball-Nostalgiker« erklärte.[312]

Was hat der potenzielle neue Lieblingsverein alles zu bieten?

Ein Stadion und keine Arena:

Denn das soll es auch nach dem Umbau bleiben; reichlich Stehplätze und mehrere Stimmungszentren inklusive. Schon zuvor erlag der passionierte Fußballfan dem Charme des alten Bölle im Handumdrehen. Wo gab es so was noch? Bis 2016 ein ovales Oldschool-Stadion und selbst danach noch über zwei Jahre mit einer imposanten Gegengeraden, der das Dach fehlte. Der Stadionbesuch wurde zum Freiluftereignis. Nix für Eventfans! Ein Spiel am Bölle war folglich nur etwas für Zeitgenossen, die selbst böigem Wind und Niederschlag in Tropfen- und Flockenform etwas Positives abgewinnen konnten. Sitzen werden auch nach dem Umbau die wenigsten Fans. Stehen ist Trumpf. Selbstredend das Anstehen an den Grill- und Getränkebuden. Und Obacht! Gezahlt werden kann dort nicht nur in bar, man muss es sogar. Die Bölle-Card will schließlich erst noch erfunden werden. Den glückseligen Gesamteindruck rundete lange Zeit eine Anzeigentafel ab, die bei ungünstigem Lichteinfall kaum zu entziffern war und die offenkundig für das 4:3-Format ausgelegt war, aber nur noch mit Einblendungen im 16:9-Format bespielt wurde.

Eine Mannschaft und keine Stars:

Die Lilien sind eine verschworene Truppe von unbeugsamen Spielern mit hohem Identifikationspotenzial. Keine Pussies, die lieber selbst glänzen, als das Kollektiv im Blick zu behalten. Starspieler wird man am Bölle vergeblich suchen. Großkreutz? Ausnahmen bestätigen die Regel! Bis 2015 haben die Lilien jahrelang für Spielertransfers kein Geld in die Hand genommen. Dass der SV98 dafür ohnehin lange Zeit kein Geld hatte, unterstreicht das Gefühl, hier richtig zu sein. Erst recht, wenn Erfolgsgarant Dirk Schuster ausspricht: »Bei uns geht alles über den Teamgeist. Mentalität schlägt Qualität.«[313] Besser lässt sich nicht umschreiben, was begeisterungsfähigen Fußballromantikern am Bölle geboten wird; ehrlicher Fußball ohne Starallüren. Hier rennt tatsächlich noch jeder für den anderen.

Ein familiärer Klub und kein Projekt:

Die Wege in Darmstadt sind kurz. Auch am Bölle. O.k., für einen ambitionierten Verein mögen sie manchmal etwas zu kurz sein. Denn schließlich entstand dort im Frühjahr 2015 gerade mal der zweite Rasenplatz für das Training der Profis. Deshalb beglückte der Profikader gerne mal Darmstädter Lokalrivalen, um auf deren Plätzen zu trainieren.[314] Oder er geht gleich in den öffentlichen Bürgerpark wie noch im Januar 2015.[315] Am Bölle selbst kennt noch jeder jeden. Ohne das Ehrenamt oder fleißige Praktikanten wäre hier vieles nicht zu stemmen. Hier paart sich Idealismus noch mit Pragmatismus. Nach den Partien können die Spieler nicht so mir nichts, dir nichts davonbrausen. Ihr Nachhauseweg führt nur durch die Fans. Wer also dem Standardspezialisten schon immer mal sagen wollte, dass es wenig ergiebig ist, die Ecken halbhoch in den Strafraum zu bringen, der ist hier genau richtig.

Ein solides Wirtschaften und keine Großmannssucht:

Zugegeben, es gab auch Zeiten, da haben es selbst die Lilien mit der Brechstange versucht. Nach Bundesligaabstiegen oder mehrfach gescheiterten Zweitligaaufstiegen versuchte man, den Fahrstuhl nach oben zu erzwingen. Der Klub ging ins Risiko. Spätestens seit der Beinahe-Insolvenz 2008/09 wissen die Lilien, wo sie herkommen, und die Verantwortlichen zogen die richtigen Lehren. Seither hat es das Schicksal freilich auch sehr gut mit ihnen gemeint. In einer glücklichen Fügung tauchten mit Kosta Runjaic und Dirk Schuster zwei Trainer auf, die mit dem richtigen Gespür homogene Mannschaften formten, die dann auch noch die Gunst der Stunde nutzten und dreimal aufstiegen.

Worauf also warten, ihr traditionsbewussten Fußballfans? Nichts wie hin ans Bölle, denn selbst mehrere Erst- und Zweitligaspielzeiten haben dem Idyll nichts anhaben können.

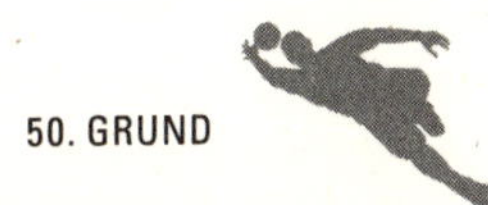

50. GRUND

Weil anderswo gescheiterte Spieler hier durchstarten (wissenschaftlich erforscht!)

Der Bundesligaeinzug 2015 und auch schon der Zweitligaaufstieg 2014 waren alles andere als absehbar. Der Lizenzentzug für Kickers Offenbach hielt die sportlich abgestiegenen 98er zwar im Sommer 2013 in der 3. Liga, die Südhessen konnten die Kaderplanung allerdings erst verspätet angehen. Viele interessante Spieler waren bereits vom Transfermarkt, Ablösesummen zu zahlen kam nicht infrage. Letzteres ist in Liga 3 allerdings nicht außergewöhnlich. Was also tun? Trainer Dirk Schuster gab im Sommer 2013 die Devise aus, nicht auf unterklassige Spieler zu setzen, sondern mit einem kleineren Kader stärker in Qualität zu investieren.[316] Sprich in Gehälter.

Und eine solche Qualität sah er bei Gescheiterten und Abgestiegenen, die anderswo nicht gefragt waren. Dominik Stroh-Engel hatte nach starken Auftritten für den SV Babelsberg 03 beim SV Wehen Wiesbaden ein enttäuschendes Jahr hinter sich. Gesamtausbeute:

drei Tore. Marcel Hellers Karriere schien allmählich im Nichts zu versanden. Von Eintracht Frankfurt war er über Dynamo Dresden bei Alemannia Aachen gelandet, mit denen er sang- und klanglos aus der 3. Liga abgestiegen war. Die Dienste von Sandro Sirigu und Marco Sailer waren beim ambitionierten 1. FC Heidenheim nicht mehr gefragt, ebenso die von Milan Ivana beim SV Wehen Wiesbaden. Jerôme Gondorf sah bei den Stuttgarter Kickers keine Zukunft mehr, und Aaron Berzel kam vom Drittligaabsteiger aus Babelsberg. Sie alle starteten bei den Darmstädtern durch, etablierten sich als Stammkräfte und distanzierten am Ende die viertplatzierten Wiesbadener um 16 Punkte. Der Leader des Teams war Aytaç Sulu, der ein halbes Jahr vor den anderen ans Böllenfalltor gewechselt war. Der gebürtige Heidelberger war nach einem sportlich erfolglosen Intermezzo beim türkischen Erstligisten Gençlerbirliği in der zweiten österreichischen Liga gelandet. Von dort folgte er dem Ruf von Darmstadt-Coach Schuster, der selbst erst im November 2012 bei den Stuttgarter Kickers entlassen worden war.

Das gleiche Bild vor der Zweitligasaison 2014/15. Unter den Neuzugängen waren erfahrene Zweitligaspieler, allerdings mit dem Manko, nicht mehr gewollt oder abgestiegen zu sein. Romain Brégerie und Tobias Kempe kamen von Zweitligaabsteiger Dynamo Dresden. Florian Jungwirth und der VfL Bochum sahen keine rechte Perspektive mehr in einer gemeinsamen Zusammenarbeit. Leon Balogun wurde direkt aus der Arbeitslosigkeit verpflichtet. Alle durften mit ihrem Wechsel ans Böllenfalltor als Stammspieler gelten. Gleiches galt nach wenigen Spieltagen für Fabian Holland, der aus der zweiten Reihe des Bundesligisten Hertha BSC ausgeliehen wurde.

Wie kommt es, dass 13 »gescheiterte« Spieler, die innerhalb von anderthalb Jahren verpflichtet wurden, derart einschlagen, dass sie den Verein in 24 Monaten vom Drittligaabsteiger zum Bundesligaaufsteiger machten? Dirk Schuster sagt, jeder hätte in Darmstadt die Chance bekommen »zu zeigen, dass er besser ist, als die Leute denken – und sich ins Schaufenster zu stellen«.[317] Zudem war der Charakter der Neuzugänge für Schuster ausschlaggebend: »Die Neuen sollen die Qualität heben, aber sie müssen auf jeden Fall den Darmstädter Weg mitgehen, mit allen Unannehmlichkeiten, die es da manchmal gibt – etwa schlechte Trainingsbedingungen oder auch mal 'ne kalte Dusche.«[318]

Mit dem Phänomen des Darmstädter Höhenflugs befasste sich eine Studie der Universität St. Gallen. Für die Forscher war mitunter ausschlaggebend, »dass die sensiblen Spieler, selbst reflektierten Spieler nicht mit Druck geführt werden dürfen«. Zunächst sei es in der 3. Liga nur darum gegangen, schnellstmöglich 40 Punkte zu sammeln, danach hieß es lediglich: »Alles, was jetzt kommt, ist nur das Sahnehäubchen. Das war der entscheidende Faktor: keinen äußeren Druck aufzubauen, sondern auf die intrinsische Motivation der Spieler zu setzen. (...) Jeder bringt seine Stärken ins Team ein; alle kämpfen und rennen und arbeiten füreinander.«[319] Weitere Komponenten waren dem Forscherteam zufolge die Demut aller Verantwortlichen im Verein sowie Wertschätzung und Vertrauen für alle Spieler, denen Rahmenbedingungen geschaffen werden, in denen sie sich wohlfühlen. Zudem sei der Teamgedanke bei den Lilien ganz zentral. Es gäbe keine Einsatz- oder Torprämien. »Es gibt nur Teamprämien. Rekordtorschütze Dominik Stroh-Engel bekommt das Gleiche wie der linke hintere Verteidiger.« Die Spielerphilosophie und -kultur seien demnach »der wichtigste, wenn nicht sogar einzige Differenzierungsfaktor, den dieser Verein hat«.[320] Wie schön, dass es die Lilien sind, die mit den elementarsten Eigenschaften so erfolgreich waren!

51. GRUND

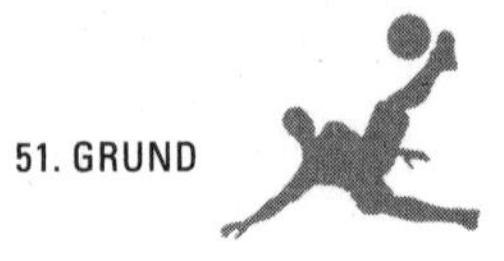

Weil wir jetzt auch mitzocken können

Die Stimmung war ausgelassen an jenem frühsommerlichen Nachmittag des 20. Mai 2014. Die Sensationsaufsteiger des SV Darmstadt 98 feierten ihren Relegations-Coup von Bielefeld gemeinsam mit Tausenden Lilien-Fans vor dem Staatsarchiv im Herzen der Wissenschaftsstadt. Die Spieler standen in ihren blauen T-Shirts auf der Bühne, als die Anhänger ganz unvermittelt ein kleines Liedchen anstimmten: *FIFA 15, Darmstadt ist dabei!* Hinter diesem ebenso simplen wie einleuchtenden Statement schwang eigentlich alles mit, was die Mannschaft am Vortag vollbracht hatte: Darmstadt ist wieder wer. Darmstadt ist wieder eine Hausnummer im deutschen Profifußball.

Natürlich spielten die blau-weißen Anhänger mit dem Text auf das allseits bekannte und sehr populäre Fußball-Computerspiel *FIFA 15* an. In ihm können die Zocker in die Haut ihrer Idole schlüpfen und ganz groß auftrumpfen. Der Hersteller bringt alljährlich im Frühherbst eine neue Version auf den Markt, in der alle aktuellen Mannschaftskader enthalten sind. Neben den Nationalteams sind auch die besten Vereinsteams der großen internationalen Ligen vertreten. In Deutschland sind nicht nur die Mannschaften der 1. Bundesliga, sondern auch die der 2. Bundesliga dabei. Das bedeutete im Umkehrschluss, dass die Lilien 2015 erstmals in der Geschichte des Bestsellers offiziell in ihm vertreten waren. Jeder der Käufer konnte also nunmehr mit Dominik Stroh-Engel stürmen, mit Marcel Heller dribbeln, mit »Toni« Sailer fighten und mit Aytaç Sulu verteidigen. Wie geil war das denn?

Die Präsenz auf der Konsole ist nicht zu unterschätzen. Fortan sind die Lilien in deutschen Wohn- und Kinderzimmern präsent. Gut möglich, dass sich so manch ein Spross ein wenig für die Kicker in den blau-weißen Trikots erwärmen lässt, der sonst keinen großen Bezugspunkt zu den Südhessen gehabt hätte. Die Fan- und Förderabteilung der 98er ließ sich jedenfalls nicht lange bitten und veranstaltete kurz nach Erscheinen der 2015er Version das 1. *FIFA 15*-Turnier in der Lilienschänke. 60 Zocker ermittelten einen Nachmittag lang den besten Konsolenkicker. Ehrensache, dass dabei die Duelle der Lilien-Fans stets »SV 98« gegen »SV 98« lauteten.[321]

Darmstädter Zockerherz, was willst du mehr? Obwohl: Beim Betrachten von *FIFA 15* fällt sofort auf, dass die Programmierer und Macher der ersten »Darmstädter Ausgabe« entweder einen ganz schlechten Tag erwischt hatten oder dass sie vom Last-minute-Aufstieg der Lilien schlicht und ergreifend auf dem falschen Fuß erwischt wurden. Zahlreiche Spieler besitzen bestenfalls eine entfernte Ähnlichkeit zum Original. Das Stadion erinnert gerade einmal durch seine Form und das fehlende Dach an das Böllenfalltor. In absoluter Verkennung der Tatsachen sitzen die Zuschauer im Computerspiel im gesamten Rund. Die Zuschauerränge wirken obendrein so, als ob sich der Zocker kurzzeitig zu *Grand Theft Auto* verirrt hätte. Eher Gefängnischarakter als Stadioncharme. In den Himmel ragt schlussendlich eine imposante Flutlichtanlage. Sie ist aber eher den Flutlichtmasten des alten Dynamo-Stadions in Dresden entlehnt, die wie Giraffen wirkten. Was dem Ganzen dann aber wirklich die Krone aufsetzt, sind die Tornetze. Sie sind doch tatsächlich rot und weiß. Als ob man geradewegs beim heiß geliebten Rivalen in Offenbach gelandet wäre. Geht's eigentlich noch?

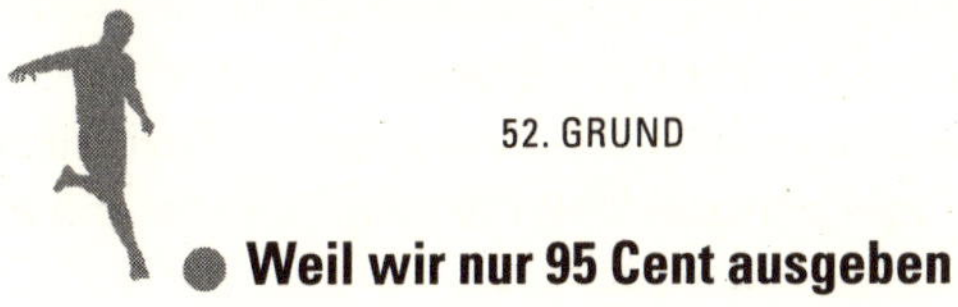

52. GRUND

Weil wir nur 95 Cent ausgeben

Spätestens mit dem zweiten Bundesligaaufstieg der Lilien im Jahr 1981 waren finanzielle Probleme ein steter Begleiter der Verantwortlichen des SVD. 1988 verkaufte der Verein in großer Not das

Stadion an die Stadt, um den riesigen Schuldenberg zu verringern.[322] Im Dezember 1990 vermieden die Blau-Weißen in allerletzter Sekunde den Konkurs.[323] Die 2009 abgewendete Insolvenz klang in diesem Buch bereits häufiger an. Wie wohltuend ist es da, dass der Verein seither in finanziell ruhigen Gewässern unterwegs ist. Geläutert von den Erfahrungen der Vergangenheit, gehen die Verantwortlichen am Böllenfalltor nicht ins unkalkulierbare Risiko. Dass eine solche Politik sogar von sportlichen Aufstiegen begleitet wird, ist natürlich doppelt erfreulich. Rüdiger Fritsch, der langjährige Präsident der 98er, hat die Leitlinie der Klubführung gegenüber dem Hessischen Rundfunk einmal so beschrieben: »Wenn ich einen Euro einnehme, darf ich sinnvollerweise nur 95 Cent ausgeben. Ein paar Rücklagen braucht man auch.«[324] Das Resultat: Die Lilien konnten bis zu ihrem Zweitligaaufstieg immer eine positive Bilanz aufweisen.[325]

Selbst nach dem Bundesligaaufstieg spielen die Macher am Böllenfalltor nicht verrückt. Das hatte Fritsch bereits im Vorfeld versichert: »Auch in der Bundesliga würden wir mit einem Gesamtbudget planen, mit dem wir (…) im Etat-Ranking ganz hinten stehen würden. Der Verein würde sich an der ersten Liga auf keinen Fall wehtun, wir agieren immer mit betriebswirtschaftlicher Weitsicht.«[326] Damit stehen die Lilien in der Tradition anderer Underdogs der letzten Jahre wie die SpVgg Greuther Fürth, Eintracht Braunschweig und der SC Paderborn 07, die das Abenteuer Bundesliga in Angriff nahmen, ohne ihr solides Finanzgebaren aufzugeben, gleichwohl aber umgehend wieder abstiegen. Dass die Lilien nach dem Bundesligaaufstieg in bester betriebswirtschaftlicher Manier die Eintritts- und Dauerkartenpreise deutlich erhöhten, hat viele Fans natürlich weniger begeistert.

Um die Einnahmenseite des SV 98 weiter zu stärken und wettbewerbsfähiger zu werden, will der Klub weitere Sponsoren an Land ziehen. Hierbei soll ein Leitbild helfen, sich als eine erkennbare »Marke« zu positionieren, wie Vizepräsident Markus Pfitzner im

April 2015 erläuterte: »Je klarer eine Marke positioniert ist, umso einfacher können sich auch potentielle überregionale Partner für ein Engagement bei den Lilien entscheiden.«[327] Dabei betonte er zugleich: »Unsere Aufgabe wird sein, das zu bewahren, was Darmstadt 98 so speziell macht. (…) Schauen Sie nur auf das familiäre Umfeld und die wirklich außergewöhnliche, kreative Fanszene.«[328]

Dass so mancher aus dieser Fanszene seinen Verein nicht als »Marke« verstanden wissen will, liegt auf der Hand. Doch wie sagte Fritsch-Vorgänger Hans Kessler zu mir? »Fans sind emotional sehr sensibel, Stimmungen unterschiedlichster Art aufzunehmen. Aber es ist eben die Aufgabe, die Sie als gewähltes Präsidium haben, den Verstand entscheiden zu lassen, auch wenn Ihnen Ihr Herz was anderes sagt. Wenn ein Verein vorwiegend von Emotionen geleitet wird, dann wagt er sich auf gefährliche Felder.« Und die Fans der 98er wollen vieles, aber eines ganz sicher nicht: einen SVD, der wirtschaftliches Harakiri begeht.

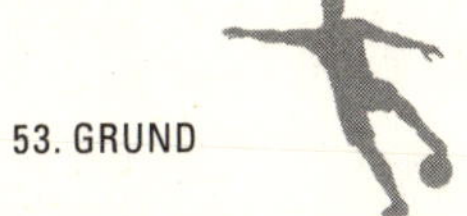

53. GRUND

Weil wir nicht sonderlich viel von Spielern mit übergroßem Ego halten

»Christian Wetklo ist ein bundesligaerfahrener Torhüter, der uns nicht nur mit seiner Erfahrung und Routine weiterbringen wird, sondern auch menschlich absolut zum SV Darmstadt 98 passt.«[329] So ließ sich Lilien-Coach Dirk Schuster auf der Homepage der 98er Anfang Juni 2014 zitieren. Der vermeintliche Teamplayer Wetklo war der erste Neuzugang, den der SVD nach seinem wundersamen Zweitligaaufstieg präsentierte. Tja, wie man sich doch täuschen kann. Bereits am 30. Juli 2014 verbreitete der Verein folgende Information auf seiner Internetseite: »Der SV 98 und Christian Wetklo haben sich in gegenseitigem Einvernehmen über eine Auflösung des Lizenzspielervertrags verständigt. Hinsichtlich der Gründe der Auflösung des Kontrakts vereinbarten Verein und Torhüter Stillschweigen.«[330] Was war passiert? Nichts Genaues weiß man nicht. Wetklo äußerte sich später gegenüber den *Ruhr Nachrichten* so: »Das waren persönliche Gründe. Ich hatte mir das Engagement in Darmstadt anders vorgestellt.«[331] Die für gewöhnlich gut informierte *Frankfurter Rundschau* berichtete allerdings schon vor der offiziell verkündeten Vertragsauflösung, dass »Wetklo innerhalb der sehr homogenen Mannschaft isoliert gewesen« sei. Zudem »soll es während einer Trainingseinheit (…) zum Streit mit Kapitän Aytaç Sulu gekommen sein«.[332]

Die Gemengelage vor der Saison war in jedem Fall interessant. Torwart-Routinier Wetklo kam mit der Empfehlung von 114 Bundesligaspielen aus Mainz ans Böllenfalltor.[333] In Mainz hatte er sich jahrelang mit Heinz Müller um den Stammplatz zwischen den Pfosten duelliert. Umso überraschender, dass beide Ende 2013 unvermittelt von Loris Karius verdrängt wurden.[334] Nun tat sich ein halbes Jahr später bei Darmstadt 98, *dem* Underdog-Verein im deutschen Profifußball, die Chance auf, zumindest Zweitligafußball zu spielen. Hier traf Wetklo mit Dimo Wache auf einen Torwarttrainer, den er bei Mainz 05 im Tor beerbt hatte. Zudem kannte er den jungen Christian Mathenia, der gerade erst aus der Zweitvertretung der Mainzer nach Darmstadt gewechselt war. Da Stammkeeper Jan Zimmermann die Lilien verlassen hatte, rief Dimo Wache einen offenen Kampf um die Position im Tor aus.[335]

Dennoch liegt es nahe, dass sich der Bundesliga-erprobte Wetklo als *die* Nummer 1 verstanden haben dürfte. Vielleicht sogar im gesamten Team, das doch im Wesentlichen aus Namenlosen bestand. Und so wird ein Schuh draus, als der Hessische Rundfunk nach der Vertragsauflösung berichtete, Wetklo habe sich mannschaftsintern »mit seinem selbstbewussten Auftreten nur wenig Freunde gemacht«.[336] Da Christian Mathenia – wie die anschließende Saison zeigte – ebenfalls überzeugte, erschien die Trennung folgerichtig.

Denn so blieb gewährleistet, dass *die* Stärke der Lilien, ihre Homogenität und ihr Teamgeist, nicht aufgerieben wurde durch einen vermeintlichen Star in der Truppe.

Das sahen zwei Wissenschaftler genauso, die den Klub über drei Monate begleitet hatten. Michael Betz und Philine Werner vom Kompetenzzentrum Inhouse & Customised Programmes am Institut für Marketing der Universität St. Gallen machten dabei das Erfolgsgeheimnis des SV 98 aus: »Würde er jetzt anfangen, irgendwelche Stars einzukaufen, wäre das so, als würde Apple sein Logo aufgeben. Es gab in der Tat vor Kurzem den Versuch, einen erfahrenen Erstligatorhüter zu rekrutieren. Der hielt sich aber wohl für die Nummer eins im Team und geriet darüber auch mit dem Kapitän aneinander. Nach acht Wochen wurde sein Vertrag wieder aufgelöst.«[337] Was die Forscher dann nachschoben, sollte sich bewahrheiten: Das Festhalten an der Transferpolitik würde »unserer Meinung nach sogar in der 1. Liga funktionieren.«

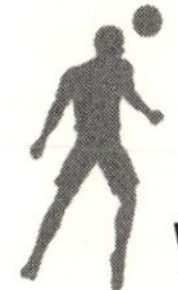

54. GRUND

Weil die Lilien partout nicht verlieren wollten

Nur wenig deutete Anfang 2014 darauf hin, dass Darmstadt 98 in diesem Kalenderjahr Historisches leisten sollte. Zugegeben, die Lilien starteten als drittplatziertes Team der 3. Liga in die zweite Saisonhälfte. Eine gewisse Qualität schien es im Kader also zu geben. Dennoch durfte man nicht zwangsläufig davon ausgehen, dass das Überraschungsteam der Vorrunde weiterhin ein gewichtiges Wort im Aufstiegskampf mitreden würde. Was die Lilien dann allerdings zwischen Januar und Dezember 2014 vollbrachten, lässt sich mit Höhenflug nur unzureichend beschreiben.

Bis zur Winterpause 2013/14 hatten zehn Siege, fünf Unentschieden und sechs Niederlagen ausgereicht, um auf Platz 3 zu überwintern. Diese Bilanz sollte gegen das verblassen, was ab Januar 2014 folgte: Elf Siegen und vier Unentschieden standen lediglich zwei Niederlagen gegenüber. Das Team hatte sich in einen wahren Rausch gespielt, und es schien fast so, als ob es das Verlieren verlernt hätte. Zwischen Ende November 2013 und Mitte April 2014 setzte es in 17 Partien keine einzige Niederlage.[338] Eine sehr »sympathische« Serie, die die Anhänger von der 2. Bundesliga träumen ließ. Lediglich am 35. Spieltag im Spitzenspiel in Leipzig gingen die Lilien beim 0:1 als Verlierer vom Feld, und im letzten – bedeutungslosen – Saisonspiel gegen Holstein Kiel mit 1:3. In diesem saßen Abwehrchef Aytaç Sulu und Mittelfeldmotor Jerôme Gondorf Gelb-Sperren ab, die sie sich in der Vorwoche abgeholt hatten. Die restlichen Spieler hatten schon das anstehende Relegationsduell gegen Arminia Bielefeld im Kopf und nicht so sehr Kiel vor Augen.

Nachdem die Lilien auf der Bielefelder Alm ihren Zweitligaaufstieg perfekt gemacht hatten, knüpften sie geradewegs da an, wo sie in Liga 3 aufgehört hatten: beim beharrlichen Punktesammeln! Lediglich am 6. Spieltag beim 0:2 in Braunschweig und am 9. Spieltag beim chancenlosen 1:4 gegen Fortuna Düsseldorf setzte es Niederlagen. Das war's! Schon wieder stand die Defensive äußerst stabil. Das belegen zehn Zu-null-Spiele. Schon wieder starteten die Lilien einen Lauf. Vom 10. Spieltag bis zur Winterpause brachten sie in zehn Begegnungen immer Zählbares zustande. Selbst die zur Winterpause enteilten Ingolstädter schafften es in den beiden Aufeinandertreffen im August und Dezember 2014 nicht, die 98er zu schlagen. Die Mannen um Kapitän Aytaç Sulu hatten ganz offensichtlich den Sprung in die 2. Liga problemlos bewältigt. Woran das lag? Die *Frankfurter Allgemeine Zeitung* hatte bei den Kontrahenten genauer hingehört: »Unangenehm spielten die, mitunter sei es unerträglich, heißt es von den Gegnern.«[339] Eine sattelfeste Abwehr, gepaart mit einem disziplinierten Defensivverhalten der kompletten Mannschaft, ließ hinten oft genug nichts anbrennen.

Laufbereitschaft, schnelles Umschaltspiel, noch schnellere Außenstürmer, lange Diagonalpässe und ein Knipser im Zentrum sorgten nach vorne für Gefahrenmomente.

So durften die Lilien-Fans zum Jahresende 2014 die ebenso erfreuliche wie erstaunliche Bilanz ziehen, dass ihr Team in 36 Dritt- und Zweitligapartien lediglich viermal verloren hatte![340] Seltener gingen 2014 im Ligabetrieb des deutschen Profifußballs nur zwei Mannschaften als Verlierer vom Platz: Bayern München zweimal.[341] Der FC Ingolstadt dreimal.[342] Am nächsten kamen die Lilien ihrer 2014er-Quote 1980 und 1999. Damals standen in der Jahresendabrechnung je sieben Niederlagen. Vorausgesetzt, ich habe mich bei der ganzen Zahlenschubserei nicht verzählt.

55. GRUND

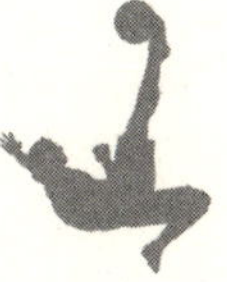

Weil sich Leon Balogun hier in die Nationalmannschaft spielen konnte

Lazio Rom, ZSKA Moskau, West Bromwich Albion, OSC Lille, Darmstadt 98. Was der SVD in der Aufzählung dieser illustren Vereine verloren hat? Ganz einfach. Es handelt sich um Klubs von Spielern, die Nigerias Nationalcoach Stephen Keshi Ende März 2015 für Länderspiele nominiert hatte.[343] Die Darmstädter Farben hielt Leon Balogun hoch. An seiner Nominierung für die *Super Eagles* hatte der SVD einen gewichtigen Anteil.

Rückblick: 5. März 2014. Die Nationalelf Nigerias trifft in Atlanta bei einem Freundschaftsspiel auf die Auswahl Mexikos. Beide wollen sich auf die bevorstehende Weltmeisterschaft in Brasilien vorbereiten. Erstmals für die Westafrikaner mit von der Partie ist der gebürtige Berliner Leon Balogun vom damaligen Zweitligisten Fortuna Düsseldorf. Dies ist möglich, da Baloguns Vater Nigerianer ist. Der Verteidiger darf sich folglich Hoffnungen machen, noch auf den WM-Zug aufzuspringen. Zur 2. Halbzeit kommt er zu seinem Nationalelfdebüt und agiert auf der Rechtsverteidigerposition, die er auch im Verein bekleidet. Die 60. Minute ist gerade angebrochen, als die Mexikaner den Ball hoch auf den linken Flügel schlagen. Balogun steigt an der Außenlinie zum Kopfball hoch und kommt bei der Landung mit seinem rechten Fuß so unglücklich auf der Werbebande auf, dass er sich den Mittelfuß bricht.[344]

Die Saison ist augenblicklich gelaufen. Der Traum von der WM-Teilnahme geplatzt. Die Nigerianer hatten in Atlanta 17 Spieler eingesetzt.[345] 13 von ihnen werden später zur WM fahren.[346] Nur zwei werden gestrichen, zwei weitere – Balogun und Monacos Elderson[347] – sind verletzt. Die Chancen, zum WM-Kader zu gehören, waren für Balogun durchaus gegeben. Als ob dieser Rückschlag nicht schon hart genug gewesen wäre, sollte es für den Defensivspieler noch dicker kommen. Die Fortuna verlängerte seinen Vertrag nicht.[348] So stand der potenzielle WM-Fahrer plötzlich ohne Arbeitgeber da. Als sich an diesem Zustand bis Ende September 2014 nichts geändert hatte, schien er erst einmal in einer Sackgasse gelandet zu sein. An eine Rückkehr in die Nationalmannschaft war so natürlich nicht zu denken.

Darmstadts Coach Dirk Schuster hatte Balogun derweil schon länger im Visier. Der gut in die Saison gestartete Zweitligaaufsteiger war noch darauf aus, seinen Kader qualitativ auf eine breitere Basis zu stellen, und da passte ein erfahrener und zugleich arbeitsloser Profi natürlich gut ins Konzept. Balogun wechselte also ans Böllenfalltor und benötigte sowohl auf als auch neben dem Platz keinerlei Eingewöhnungszeit. Schon drei Wochen später wusste er: »Was ich sagen kann ist, dass die Mannschaft, ja der ganze Verein total homogen ist. Das ist wie eine Riesenfamilie. Das wird nicht nur erzählt. Das ist wirklich so. Es wird zwar überall gesagt, aber ich habe selten erlebt, dass es so gelebt wird wie hier. Das geht vom Vorstand bis zu den Fans. Das ist eine geile Sache und macht es jedem neuen Spieler wahnsinnig einfach, sich einzufinden.«[349]

Während die Lilien sich in der Tabellenspitze der 2. Bundesliga festsetzten, etablierte sich auch Balogun als Stammkraft. Er trat sogar mehrfach als Torschütze in Erscheinung. Daneben fiel er durch seine Einwurfflanken auf und hielt obendrein seine Seite dicht. Diese Tatsachen trugen maßgeblich dazu bei, dass Balogun nur sechs Monate nachdem ihn Darmstadt aus der Arbeitslosigkeit geholt hatte, wieder zur nigerianischen Nationalelf eingeladen wurde. Balogun wusste folglich, bei wem er sich zu bedanken hatte: »Ich bin dem Verein und dem Team sehr dankbar, dass ich die Möglichkeit bekommen habe, mich wieder in den Fokus der Nationalmannschaft zu spielen. Ohne eine funktionierende Mannschaft wäre das nicht möglich gewesen.«[350] Darmstadts Trainer Dirk Schuster war ebenso erfreut und fand schon fast überschwängliche Worte: »Ich freue mich total über Leons Nominierung. Das zeigt, dass wir gewissermaßen sogar weltweit wahrgenommen werden. Wenn eine Mannschaft funktioniert, profitiert gleichzeitig jeder Einzelne davon.«[351] Darmstadt … weltweit wahrgenommen … das geht einem Lilien-Fan doch runter wie Öl. Selbst wenn der im Juni 2015 erneut im Nationalteam spielende Balogun den SVD noch im selben Monat zum 1. FSV Mainz 05 verließ.[352]

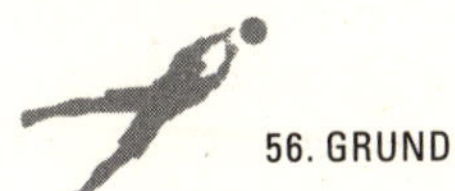

56. GRUND

Weil sich bald wieder Lilien-Eigengewächse einen Namen machen sollen

Kevin Pezzoni, Ivo Iličević, Mergim Mavraj, Sebastian Rode, Niklas Süle. Zwischen 1999 und 2010 spielten diese späteren Bundesligaprofis zumindest zeitweise in den Juniorenteams des SV Darmstadt 98. Die Chancen, dass zukünftig wieder Bundesligaprofis auf eine Ausbildung bei den Lilien zurückblicken können, sind zuletzt gestiegen. Seit Herbst 2014 verfügen die 98er über ein vom DFB anerkanntes Nachwuchsleistungszentrum. Dessen Leiter Björn Kopper begann einst als Trainer der kleinsten Lilienkicker. Er erinnerte sich für mich im Sommer 2015 an den Weg, den die Nachwuchsabteilung des SVD hin zum Leistungszentrum zurückgelegt hat:

»Ende der 1990er bin ich als Juniorentrainer bei den Lilien eingestiegen. Bis 2004 trainierten wir im Juniorenbereich noch auf zwei Hartplätzen. Trotz dieser schwierigen Rahmenbedingungen haben wir damals schon gute Arbeit geleistet. Das versicherten uns immer wieder die Spieler, die uns irgendwann verließen. Die Topspieler wollten den nächsten Schritt wagen. Etwa Kevin Pezzoni, bei dem ich damals schon das Gefühl hatte, dass es einen Karriereplan gab, und der später von der Eintracht nach England gegangen ist. Niklas Süle ging nach Hoffenheim, wo es ein Internatsmodell gab, bei dem sich Schule und Fußball besser vereinbaren ließen. Andere sind zu Vereinen gewechselt, deren zweite Lizenzspielermannschaft in der gleichen Liga spielte wie die Lilien. Der Sprung in den Profikader schien ihnen dort vielversprechender.

Nachdem wir in den letzten zehn Jahren am Böllenfalltor über zwei Kunstrasenplätze und ein Kleinspielfeld verfügten, beziehen wir 2015 ein eigenes Junioren-Trainingszentrum in der Nähe des Bürgerparks. So werden unsere Rahmenbedingungen immer besser. Als ich 2007 als erster fest angestellter Mitarbeiter im Leistungszentrum begonnen habe, war das für einen damaligen Viertligisten ein Zeichen, dass ihm die Nachwuchsarbeit wichtig ist. Seitdem ging es Schritt für Schritt voran. Anfang 2014 konnten wir mit Ramon Berndroth eine immens wichtige Person als Sportlichen Leiter für unser Leistungszentrum gewinnen. Er hat in seiner Trainerkarriere von der 1. bis zur 4. Liga gearbeitet, verfügt daneben im Nachwuchsbereich über ein enormes Know-how und viele Kontakte, die uns weiterbringen.

2014 haben wir die Anerkennung zum DFB-Nachwuchsleistungszentrum angestrebt, obwohl dieses Label für uns als damaliger Drittligist gar nicht verpflichtend gewesen war. Dennoch haben wir die Zertifizierung im Oktober 2014 im ersten Anlauf erhalten. Das ist beileibe nicht selbstverständlich und macht uns enorm stolz. Wir verfügen in unserem Zentrum über drei fest angestellte Mitarbeiter. Jedes unserer U-Teams wird von einem Trainer mit DFB-Elite-Jugend-Lizenz betreut. Den DFB musste zudem unser Ausbildungskonzept überzeugen. Unseren Jugendmannschaften stehen Mediziner und Physios zur Seite. Seit 2012 besteht eine Kooperation mit einer benachbarten Schule, die Mitte 2015 mehr als 30 unserer Jugendspieler besuchen. Dort können wir während der Schulzeit gezielt an den fußballerischen Schwächen arbeiten, aber auch die Stärken unserer Spieler trainieren. Der Status als Leistungszentrum bringt uns zudem den Vorteil, Spieler ab der U16 mit Förderverträgen auszustatten. Die Bindung von Talenten wird somit für den SVD einfacher.

Ein Glücksfall waren für uns neben der Zertifizierung zum Leistungszentrum natürlich die Aufstiege unserer Profis bis in die Bundesliga. Du kannst noch so gute Nachwuchsarbeit leisten, noch so gute Konzepte bieten, letztlich ist der Erfolg der 1. Mannschaft das größte Argument, um zu uns zu wechseln oder hier zu bleiben. Das ist gar nicht verwunderlich, denn die Eltern können die verschiedenen Konzepte gar nicht so gut einschätzen und nehmen deshalb das Profiteam als Anhaltspunkt. Aufgrund des Erfolgs der Profis stehen wir momentan regional stärker im Fokus. Gerade in unserer Region, in der wir nach Talenten Ausschau halten, ist das von Vorteil. Denn hier konkurrieren wir mit der Eintracht und dem FSV Frankfurt. Zudem mit Mainz und Hoffenheim.

Wir wollen in den nächsten Jahren infrastrukturell und sportlich weiter wachsen, uns aber zugleich nicht übernehmen. Schließlich ist der Erfolg der Profielf nie garantiert. Gleiches gilt dementsprechend für die zur Verfügung stehenden Finanzen. Dennoch wollen wir mit den verbesserten Rahmenbedingungen dafür sorgen, wieder ein paar unserer Talente an die Profis heranzuführen. Einige unserer A-Junioren, die seit mehreren Jahren im Verein sind, hatten wir in unserer Zweitligamannschaft als sogenannte ›local players‹ mit einem Lizenzspielerstatus ausgestattet. Sie rücken also näher an den Profikader heran. Sie trainieren regelmäßig mit den Profis und fuhren mit ins Trainingslager. Sie haben gemerkt, wo sie sich noch verbessern müssen, welche Schritte sie noch unternehmen müssen, um ein solches Level zu erreichen. Das bringt sie weiter, nicht nur fußballerisch, sondern auch charakterlich. Schließlich sollen sie für ihre Altersgenossen bei den A-Junioren eine Vorbildfunktion ein- und Verantwortung übernehmen. Auf, aber auch abseits des Platzes.

Gelebte Praxis ist bei uns der intensive Austausch mit dem Trainerteam der Profis. Sie verfolgen regelmäßig die Spiele der U19 und der U17. Selbst die Profis sind interessiert, wie das Team gespielt hat, in dem die Jungs kicken, die mit ihnen im Trainingslager waren oder auf dem Trainingsplatz stehen. Da passt es gut ins Bild, dass nach unseren Profis auch die U19 in die Bundesliga aufgestiegen ist. Selbst wenn Talentprognosen schwierig sind, so bin ich zuversichtlich, dass sich unsere engagierte Arbeit in den nächsten Jahren auszahlen wird und wir wieder Spieler an die 1. Mannschaft und damit den Profifußball heranführen werden.«

57. GRUND 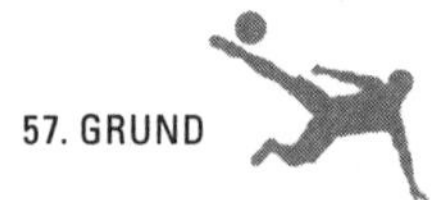

Weil Johnny Zuversicht vorlebte

Wer vor ein paar Jahren Spiele des SV Darmstadt 98 verfolgte, dem fiel auf, dass die Handgelenke der Spieler abgeklebt waren. Bei den Aufstiegsfeierlichkeiten im Mai 2014 und im Mai 2015 wurde klar, warum: Die Profis trugen blau-weiße Armbändchen. Die Glücksbringer aus Silikon tragen eine Botschaft, die für die Lilien passender nicht sein konnte: »DU MUSST KÄMPFEN. Es ist noch nichts verloren.« Hinter dieser Botschaft steckte das Lebensmotto von Jonathan »Johnny« Heimes.

Der Darmstädter war als Jugendlicher ein ausgezeichneter Tennisspieler beim TEC Darmstadt, dessen Vereinsgelände an das Böllenfalltor grenzt. Als 14-Jähriger errang er die Hessenmeisterschaft, ehe das Schicksal das erste Mal zuschlug. Ein bösartiger Tumor im Kleinhirn! Er nahm den Kampf gegen den Krebs auf und gewann … vorerst. Denn der Krebs kehrte immer wieder zurück und siegte letztendlich. Im Laufe seines kurzen Lebens musste Johnny unzählige Chemotherapien über sich ergehen lassen. Lange meisterte er jede noch so ausweglos erscheinende Situation. Aus dieser Haltung heraus resultierte die Idee für das Motivationsbändchen, dessen Erlös bis heute krebskranken Kindern zugutekommt. Alleine bis Mai 2015 waren 150.000 Euro zusammengekommen.[353]

Bereits beim letzten Heimspiel der Saison 2012/13 stellte Johnny seine Kampagne vor der Partie gegen die Stuttgarter Kickers im Stadion am Böllenfalltor vor.[354] Ein Jahr später sollte das Armbändchen dann als blau-weiße Lilien-Sonderedition landesweit für Schlagzeilen sorgen. Zunächst wurde es beim und nach dem letzten Spieltag der Saison verkauft, wobei 5.000 Euro erlöst werden konnten.[355] Nachdem das 1:3 im Relegationsheimspiel gegen Arminia Bielefeld für Ernüchterung gesorgt hatte, gab Johnny der Mannschaft vor dem Rückspiel die blau-weißen Bändchen mit dem leidenschaftlichen Schriftzug und den eingeprägten Lilien mit auf die Reise. Sämtliche Spieler trugen das Bändchen unter ihren abgeklebten Handgelenken, und besser, als sie es in Bielefeld taten, hätten sie den Slogan nicht umsetzen können. Zunächst egalisierten sie das Hinspielergebnis, bevor Elton da Costa mit seinem Last-Minute-Treffer den Aufstieg sicherte.

Zurück in Darmstadt, äußerte sich mit Torwart Jan Zimmermann einer der Aufstiegshelden über die Bändchen-Aktion: »Wir haben das 3:2 quasi aus dem Nichts bekommen, und elf Spieler haben sich auf das Handgelenk geguckt, weil wir alle das Bändchen getragen haben. (…) Danach hat uns dieses Band einfach als Symbol des Willens und des niemals Aufgebens so viel Kraft gegeben, dass wir nicht nur weitergemacht haben, sondern dass wir daran geglaubt haben, dass wir *(betont)* felsenfest davon überzeugt waren, dass wer nicht aufgibt – wer weiterarbeitet –, belohnt wird.«[356] Goalgetter Dominik Stroh-Engel pflichtete bei: »Der Johnny hat uns das vorgelebt (…) auch nach einer Niederlage wieder aufzustehen und noch stärker zu sein. Und wir sind den Weg hinterhergegangen.«[357] Innenverteidiger Benjamin Gorka rief Johnny zu: »Alles wegen Dir. Du bist der Aufstieg!«[358] Klar, dass Johnny bei der Aufstiegsfeier auf der großen Bühne hautnah dabei war.

Und die Mannschaft hielt am blau-weißen Glücksbringer fest. Auch in der 2. Bundesliga trugen Spieler und Trainer weiterhin das Armbändchen.[359] Erneut mit durchschlagendem Erfolg. Als am Tag nach dem 1:0-Sieg gegen den FC St. Pauli die Aufstiegsfeier auf dem Karolinenplatz stieg, durfte einer nicht fehlen: Johnny. Von seiner Krankheit gezeichnet, stand er mit seinem Rollstuhl inmitten der Aufstiegsmannschaft auf der Bühne und wurde von allen Spielern gefeiert und geherzt. Kapitän Aytaç Sulu widmete Johnny folgende Worte: »Dieser Junge: Er hat uns geholfen in die zweite Liga, er hat uns geholfen, Geschichte zu schreiben. Wir sind auch wegen ihm ein Stück weit zusammengerückt. Jeder einzelne von uns ist stolz darauf, dass wir so einen Menschen wie ihn kennenlernen durften. Ich hoffe, dass wir Johnny auch ein Stück weit seinen Traum erfüllt haben. Ohne ihn wären wir wirklich nicht hier.«[360]

Im März 2016 endete Johnnys Kampf gegen den Krebs. Mit lediglich 26 Jahren schied er aus dem Leben, in dem er so vielen Menschen Zuversicht gegeben hatte. Das Bundesligaheimspiel nach seinem Tod wurde ihm gewidmet. Beim Verlesen der Aufstellung erklang immer sein Nachname. Bei der Schweigeminute entrollten die Fans ein Banner: »Du fehlst, doch Deine Werte bleiben – Wir kämpfen weiter«. In der darauffolgenden Saison spielten die Lilien im Jonathan-Heimes-Stadion am Böllenfalltor, und heute steht die aktive Fanszene auf der Jonathan-Heimes-Tribüne. Seine Stiftung lebt weiter und so bleibt sein Wirken unvergessen.

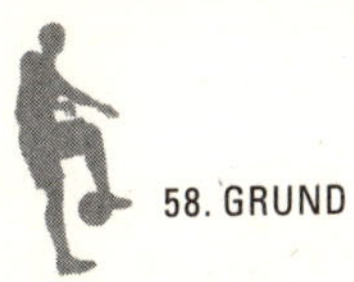

58. GRUND

Weil wir nach 33 Jahren in die Bundesliga zurückkehrten

Der Kontrahent ist besiegt, der Schiedsrichter pfeift ab und die Fans am Böllenfalltor stürmen durch die geöffneten Tore aufs Spielfeld, um ihre Jungs in Blau und Weiß zu feiern. So war es am 28. Mai 2011 … und so war es am 24. Mai 2015. Doch wie hatten sich die Vorzeichen verändert! Im Frühjahr 2011 hatten sich die Lilien aus der Anonymität der Regionalliga Süd in die eingleisige 3. Profiliga emporgekämpft. Deutschland durfte – auf etwas niedrigerem Level, aber immerhin – wieder Notiz von Darmstadt nehmen. Im Frühjahr 2015 potenzierten sich die Gefühlslage und die nationale Aufmerksamkeit. Die Wahnsinns-Lilien hatten gerade gegen den FC St. Pauli den Bundesligaaufstieg sichergestellt! Als erst siebtem Klub gelang ihnen der Durchmarsch von der 3. Liga ins Oberhaus![362] Mit nur fünf Saisonniederlagen! Vor RB Leipzig, dem 1. FC Kaiserslautern, dem 1. FC Nürnberg, Fortuna Düsseldorf und Eintracht Braunschweig! Mit einem geradezu grotesk kleinen Etat von um die fünf Millionen Euro![363] Mit einem Kader, in dem zum Zeitpunkt des Aufstiegs laut *www.transfermarkt.de* nur ein Spieler stand (Jan Rosenthal als damalige Leihgabe von Eintracht Frankfurt), der einen Marktwert von mehr als einer Million Euro hatte![364] Bundesliga-Rückkehr nach 33 Jahren!

Nach Alemannia Aachen, das 2006 nach 36 Jahren Abstinenz in die 1. Liga zurückkehrte, stellen die 98er den größten Comeback-Klub der Bundesliga-Geschichte dar.[365] Und was war das für eine grandiose Spielzeit? Gestartet als ausgemachter Absteiger Nummer 1, bissen sich die Lilien von Beginn an im obersten Tabellendrittel der 2. Liga fest. Schlechter als Rang sieben war das Team nie platziert. 23-mal standen sie unter den besten drei.[366] Elementar war die mannschaftliche Geschlossenheit, weshalb es unfair wäre, hier auch nur einen Spieler herauszuheben. Der Einsatzwille der

Kicker, ihre Leidenschaft, ihr Teamgeist waren überragend. Anders konnten sie den spielerisch deutlich besseren und finanziell viel stärkeren Konkurrenten nicht Paroli bieten. Kein Team mochte gerne gegen die kompakten Lilien antreten. Sie nahmen ihren Kontrahenten den Spaß am Spiel. Hinzu kommt: Viele Spieler bezeichneten sich nicht als Kollegen, sondern als Freunde. Wer sie einmal zusammen in Darmstädter Restaurants oder Kneipen sah, der war geneigt, das zu glauben. Da fällt es schon mal leichter, für seinen Mitspieler an die Schmerzgrenze zu gehen.

Selten geriet die Truppe von Erfolgscoach Dirk Schuster und seinem Trainerteam in Rückstand. Oft genug erzielte der SVD das erste Tor, das zum Sieg oder zumindest zum Punktgewinn reichte. Klappte es nicht aus dem Spiel heraus, dann halfen 17 Tore nach Standards.[367] Manchmal kam es sogar zu einem kleinen Rausch, wie bei den Flutlichtpartien gegen den 1. FC Nürnberg (3:0) oder Union Berlin (5:0). Manchmal half das Glück, wie beim 3:2-Sieg gegen Kaiserslautern, als Schiedsrichter Wolfgang Stark kurz nach dem 0:1 einen Elfmeter für Darmstadt pfiff, den nicht viele gegeben hätten. Doch dann folgte eine begeisternde erste Hälfte, die den letztlich verdienten Sieg bedeutete.

Vielleicht noch wichtiger: Das Team steckte auch Rückschläge hervorragend weg. Die einzige Klatsche, ein 1:4 gegen Düsseldorf, mündete in einer Serie von 16 Spielen ohne Niederlage.[368] Eine kuriose 1:2-Niederlage in Leipzig, als ein ungewohnt kollektiver Blackout in der Defensive Leipzigs Torwart Fabio Coltorti den Siegtreffer ermöglichte, hätte vier Spieltage vor Schluss so manches Team aus der Spur geworfen. Nicht so die Lilien, die hernach die direkten Aufstiegskonkurrenten Kaiserslautern und Karlsruhe besiegten. Den ersten vergebenen Matchball zum Aufstieg in Fürth am vorletzten Spieltag schüttelten die 98er ab und besiegten zu Hause St. Pauli, die zuvor gegen Leipzig, Kaiserslautern und Bochum gewonnen hatten. Kein Wunder, dass ein solches Team Tausende von Lilien-Fans zu Auswärtsfahrten animierte.

Trainer und Spieler gingen in ihrer Underdog-Rolle auf. So hatten sie nichts zu verlieren. Bis Ende Februar redeten sie vom Nichtabstieg. Bis zum letzten Spieltag redeten sie immer nur vom nächsten Spiel und nie vom Aufstieg. Eine Parallele zur Vorsaison. Lilien-Trainer Dirk Schuster hatte die richtige Sprachregelung gewählt, fand Sportpsychologe Werner Mickler von der Deutschen Sporthochschule: »Er ist clever genug zu wissen, dass solche Äußerungen [vom Aufstieg] genau das Gegenteil bewirken können. Man kann ihn als Spaßbremse bezeichnen, ich nenne es realistisch.«[369]

Ganz Deutschland sprach und schrieb vom Aufstiegsmärchen. Genau das war es für die Fans des SVD. Bayern München und Bayer Leverkusen kamen nun nicht zu Benefizspielen ans Böllenfalltor, sondern als Ligakonkurrenten! Erstmals seit 1982 gab es wieder Bundesligafußball in Darmstadt. Damals war noch der VW Golf der ersten Generation vom Band gerollt. Der Bundeskanzler hieß Helmut Schmidt. Viele Fans der 98er waren noch gar nicht geboren. Aus dem Aufstiegsteam kein einziger. Der Aufstieg als wahrlich epochales Ereignis, das mit keinem Geld der Welt aufzuwiegen war! Schöne Grüße nach Leipzig.

KAPITEL 6

ICH MAHN, ICH MISST IHNE KENNE

Große Namen

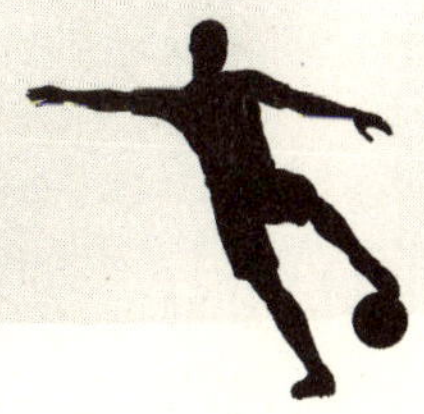

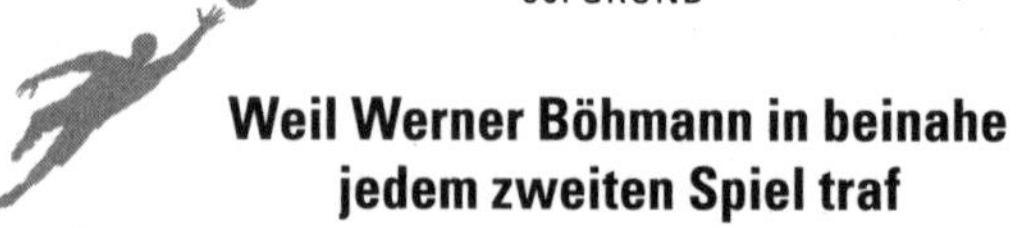

59. GRUND

Weil Werner Böhmann in beinahe jedem zweiten Spiel traf

Werner Böhmann mag so etwas wie der erste Star der Lilien gewesen sein. »Balltechnisch hervorragend, beidfüßig, kopfball- und dribbelstark, schnell, mit großer Übersicht und Spielintelligenz ausgestattet«, so erinnert der SVD in seiner 100-Jahre-Chronik an den begnadeten Offensiv-Allrounder.[370] Egal ob auf dem Flügel, als Spielmacher oder in der Sturmspitze, der Vollblutfußballer überzeugte auf vielen Positionen. Doch erst als sich seine Fähigkeiten mit sportlichem Erfolg paarten, wurde daraus etwas Besonderes. 1950 errangen die 98er vor Viktoria Aschaffenburg und Hessen Kassel die Meisterschaft in der Landesliga Hessen. In der anschließenden Aufstiegsrunde zur erstklassigen Oberliga Süd überragte Werner Böhmann, der bereits 1946 als knapp 17-Jähriger zur ersten Elf des SVD gezählt hatte. Die Kontrahenten um den Aufstieg waren der 1. FC Pforzheim, Union Böckingen und der 1. FC Bamberg.

Gleich in der ersten Begegnung mussten die Lilien zum vermeintlichen Gruppenfavoriten nach Bamberg. Früh erzielten die Gastgeber die Führung, doch Böhmann traf in der 33. Minute zum etwas überraschenden Ausgleich. Als er in der 80. Minute einen der Darmstädter Konter zum 2:1 über die Linie drückte, hatte er laut *Darmstädter Echo* die Bamberger Fans zum Schweigen gebracht: »Totenstille herrschte unter den 12 000, als Böhmann mit letztem Einsatz eine Vorlage von Michel in die rechte Torecke lenkte.«[371] Beim darauffolgenden 2:1-Heimsieg gegen den 1. FC Pforzheim bereitete Böhmann die beiden Treffer seines Sturmpartners Karl Mühlbach vor, woraufhin ihn das *Echo* als »treibende Kraft« beschrieb.[372] Anschließend musste der SVD nach Böckingen vor die Tore Heilbronns, das zwei Jahre lang kein Heimspiel mehr verloren hatte.[373] Die Lilien ließen sich erneut von einem schnellen Gegentor nicht verunsichern, denn sie hatten ja Werner Böhmann. Der Angreifer drehte das Spiel mit zwei Toren noch in Hälfte eins, am Ende gewannen die Lilien mit 3:1.[374] Genauso wie im Rückspiel. Der Angreifer wurde von seinem Gegenspieler zwar »ruppig« gedeckt, konnte aber dennoch den vorentscheidenden Treffer zum 2:0 vorbereiten.[375] Den vorzeitigen Aufstieg versäumten die Darmstädter bei der 3:4-Niederlage in Pforzheim. Die Gegner ließen Werner Böhmann nicht mehr aus den Augen. Ihm gelang zwar sein fünftes Tor in den Aufstiegsspielen, doch wurde er »stark gedeckt, und konnte sich daher nicht voll entfalten«.[376] Ein 2:1-Sieg in der abschließenden Partie gegen Bamberg machte dann alles klar. Darmstadt stand kopf und Werner Böhmann war daran maßgeblich beteiligt. Er hatte mehr als die Hälfte aller Treffer erzielt oder vorbereitet.

Johann Sebastian Dang, einer der *Echo*-Gründer, verglich Böhmann zu Beginn der darauffolgenden Oberliga-Spielzeit mit einem ganz Großen seiner Zunft: »Das ist ein Spieler wie Fritz Walter, und so Kerle gehören da hin, wo man am besten die Bälle verteilen kann.«[377] In der obersten Spielklasse trafen die Lilien auf 1860 und Bayern München, den VfB Stuttgart, Eintracht Frankfurt oder auch den 1. FC Nürnberg, und sie schlugen sich wacker. Dennoch stiegen sie als Tabellen-15. der 18er-Liga gleich wieder ab. Offensivallrounder Werner Böhmann war mit acht Treffern der zweitbeste Torjäger seines Klubs. Dennoch benötigte er eine gewisse Anlaufzeit, bis er in der Oberliga ankam. Sein erstes Tor gelang ihm erst Ende Oktober, ausgerechnet gegen den großen Nachbarn Eintracht Frankfurt.[378] Das *Sport-Magazin* sah beim 1:1 eine entfesselte Lilienelf, deren Schüsse dreimal auf der Linie geklärt wurden und die dreimal den Pfosten traf: »Der Entfacher dieses Wirbels war der talentierte Böhmann, dessen Formkrise überwunden zu sein scheint und der als Mittelstürmer selten eine so große Wirkung zeigte.«[379] Böhmanns Leistungen blieben in der Folge Bundestrainer Sepp Herberger nicht verborgen, und so lud der ihn zusammen mit seinen Mitspielern Willi Abt und Hermann Schmidtmer zu einem DFB-Lehrgang ein.[380] Eine Berufung in die Nationalelf blieb ihm letztlich verwehrt.

Bis zu seinem Karriereende 1957 trug Böhmann 261-mal das Trikot mit der Lilie auf der Brust. Noch bedeutender sind die 123 Tore, die er dabei erzielte: Bis heute Spitzenwert in der vereinsinternen Bestenliste der 98er, vor Karl Mühlbach, mit dem er lange Zeit das Offensivspiel der 98er belebte.[381] Nachdem er zwischenzeitlich schon einmal sportlich kürzergetreten war, beendete der Polizeibeamte 1957 mit 28 Jahren seine Karriere verletzungsbedingt. Zunächst hoffte er noch, seine Rückenprobleme in einer dreimonatigen Pause in den Griff zu kriegen.[382] Nachdem keine Besserung eintrat, musste der »Fritz Walter Darmstadts« aufgrund eines Bandscheibenschadens aufgeben.[383]

60. GRUND

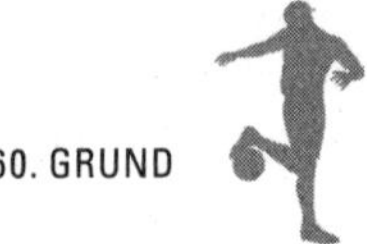

Weil Walter Bechtold unser Beckenbauer war

Der nachhaltige sportliche Aufschwung der Lilien in den 1970er-Jahren ist zu einem Großteil mit der Person Walter Bechtold verbunden. Der Libero agierte nicht nur auf derselben Position wie Franz Beckenbauer, er wurde in den Medien gerne auch als »Darmstadts Beckenbauer« bezeichnet.[384] Seine herausragende Technik, sein kluger Spielaufbau, seine Fähigkeit, unglaublich präzise lange Pässe zu schlagen, und seine gefährlichen Freistöße zeichneten ihn aus. In acht Jahren bestritt der spätere Spielführer der Lilien 289 Partien für den SVD, in denen er 56 Tore erzielte. Beides Werte, mit denen er vereinsintern bis heute in vorderen Regionen anzutreffen ist.[385] In der Ewigen Zweitligatabelle der besten Elfmeterschützen steht er mit 23 verwandelten Strafstößen auf Rang 3.[386]

Bechtold war 1972 als damals 25-Jähriger mit reichlich Erfahrung nach Darmstadt gekommen. 1965 hatte er an der Seite von Berti Vogts in der Jugendnationalmannschaft gespielt.[387] Zwischen 1965 und 1969 bestritt er für Eintracht Frankfurt 87 – auch internationale – Partien, zählte gleichwohl nie vollends zum Stammpersonal.[388] Es folgten drei Jahre bei den Offenbacher Kickers, mit denen er in die 1. Bundesliga aufstieg und 1970 den DFB-Pokalsieg errang.[389] War er zuvor ein offensiv ausgerichteter Spieler, wechselte er bei den Lilien rasch auf die Position des Liberos, wo er zum verkappten Spielgestalter werden sollte. Der Erfolg ließ nicht lange auf sich warten. Unter seiner Mithilfe sicherten sich die 98er gleich in seiner ersten Spielzeit die Süddeutsche Meisterschaft. Unvergessen der 7:0-Sieg am letzten Spieltag gegen den 1.FC Nürnberg, zu dem er den Treffer zum Endstand beisteuerte. In der anschließenden Aufstiegsrunde zur 1. Bundesliga landete der SVD hinter Rot-Weiss Essen auf Platz 2.

In der Folgezeit etablierten sich die Lilien als eines der besseren Teams in der neu eingeführten Südstaffel der 2. Bundesliga. 1977/78 war die Zeit für die Lilien schließlich reif, als Süddeutscher Meister in die 1. Bundesliga einzuziehen. Dass in dieser die Fixpunkte des Darmstädter Spiels – neben Bechtold waren dies Stürmer Peter Cestonaro und Mittelfeldmotor Manfred Drexler – verletzungsbedingt länger ausfielen, wurde rückbetrachtend als ein Faktor für den gescheiterten Klassenerhalt gesehen.[390] Insbesondere Bechtold wusste in der ersten Bundesligasaison der Lilien dennoch vollauf zu überzeugen. Mit fünf Treffern rangierte der Libero mannschaftsintern an Position 2. Das *Darmstädter Echo* hatte anlässlich des Bundesligaaufstiegs erstmals die Spieler der 98er über eine gesamte Spielzeit benotet. Der Klassenprimus war demnach Bechtold, der mit einem Notenschnitt von 2,53 unter seinen Mannschaftskameraden herausragte.[391] Der *kicker* benotete ihn mit 2,59. Interessanterweise listete das Fachblatt den spielstarken Libero im Mittelfeld. Dort sah ihn der *kicker* ligaweit auf Platz 11![392] Nicht von ungefähr urteilte der im Saisonendspurt geschasste Aufstiegstrainer Lothar Buchmann nach dem Saisonende: »Ich habe erst vor kurzem zu Walter Bechtold gesagt, wenn er zwei oder drei Jahre jünger wäre, sollte er sich einem Verein ähnlich dem VfB anschließen. Dort kämen seine spielerischen Fähigkeiten erst richtig zum Tragen.«[393] Zur Einordnung: Der VfB war Buchmanns neuer Klub und als amtierender Vizemeister eine große Nummer![394] Wie es sich für einen Beckenbauer-Wiedergänger gehörte, blieb Bechtolds Bundesligakarriere bei den Lilien nicht frei von einem Makel. Gegen Fortuna Düsseldorf unterlief ihm ein klassisches Eigentor.[395]

Nachdem die Lilien 1980 den direkten Wiederaufstieg in die 1. Bundesliga verpasst hatten, nahm Bechtold seinen Abschied vom SVD, um seine Karriere in den Amateurligen ausklingen zu lassen. Mit ihm ging ein Spieler, der in einem 2006 erschienenen Buch über die Lilien als »wohl der beste Fußballer« bezeichnet wurde, »der bisher das Trikot der ›Lilien‹ getragen hat«.[396]

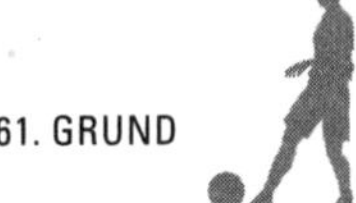

61. GRUND

Weil Ede Westenberger unser Schwarzenbeck war

Vor Franz Beckenbauer räumte bei Bayern München bekanntermaßen Georg »Katsche« Schwarzenbeck ab. Wie der »Kaiser« hatte auch Walter Bechtold beim SVD einen Vorstopper vor sich, der ihm wertvolle Dienste leistete: Edwin Westenberger. Ähnlich wie Schwarzenbeck bei den Bayern, wurde der gelernte Bäcker- und Metzgermeister bei den Darmstädtern zum Dauerbrenner.[397]

1971 kam Westenberger zusammen mit Trainer Udo Klug von den Amateuren der Frankfurter Eintracht nach Darmstadt.[398] Hier sollte er über 13 Jahre hinweg zu einem kompromisslosen Vorstopper reifen, der die Lilien in ihre bis dato erfolgreichste Phase begleitete. Insgesamt 490 Partien bestritt er für die 98er und liegt damit in der Liste der Spieler mit den meisten Einsätzen für die Darmstädter uneinholbar in Führung.[399] Auch in der Bundesligahistorie verewigte er sich als der Spieler, der während der ersten Bundesliga-Ära des SVD mit 64 von 68 möglichen Einsätzen die meisten Partien für Darmstadt bestritt.[400] In der obersten Spielklasse wurde ihm aber zugleich gewahr, dass dort die Uhren anders tickten als in der vertrauten 2. Bundesliga. Zumindest in der Premierensaison 1978/79 benotete ihn das *Darmstädter Echo* über die gesamte Spielzeit hinweg als viertschlechtesten Lilien-Akteur. 75 Gegentore sprachen nicht gerade dafür, dass er die gegnerischen Mittelstürmer komplett abgemeldet hätte.[401] Doch er wusste sich zu steigern. In der zweiten Bundesligasaison 1981/82 sah ihn der *kicker* als einen der besseren Akteure in Blau und Weiß. Lediglich Keeper Dieter Rudolf, Abwehrkollege Willi Wagner und Stürmer Bodo Mattern erhielten bessere Noten.[402] Und auch das *Echo* lobte ihn. Etwa gegen Gladbach: »Hatte Torjäger Mill (…) im Griff.«[403] Oder gegen den HSV: »Lieferte sich kantige Duelle mit Hrubesch. Der Nationalmittelstürmer blieb ohne Tor, das spricht für Westenberger.«[404]

In aller Regel war der bereits 2002 verstorbene Westenberger die Zuverlässigkeit in Person. Zusammen mit Libero Bechtold und Torwart Rudolf bildete er fast ein Jahrzehnt lang das Grundgerüst der Darmstädter Defensive. Bedenkt man, dass er – wie so viele seiner Mannschaftskameraden – zumindest während des ersten Bundesligajahres noch einem Beruf nachging, sind diese Konstanz und sein hohes Leistungsniveau nicht hoch genug zu bewerten. Verteidigerkollege Gerhard Kleppinger betonte 2013 gegenüber *11Freunde*: »Ich kann mich noch daran erinnern, dass der heute leider verstorbene Edwin Westenberger als Metzger gearbeitet hat. Man kann sich vorstellen, dass ihm am Nachmittag die Knochen weh taten.«[405]

Weh taten den gegnerischen Stürmern sicherlich auch die Duelle gegen Westenberger. In den verfügbaren Statistiken steht für ihn allerdings lediglich ein Platzverweis zu Buche.[406] Dieser ereilte ihn 1983 gegen den Erzrivalen Hessen Kassel.[407] Und darin war ausgerechnet Peter Cestonaro involviert, der nur wenige Wochen zuvor seine erfolgreiche Ära bei den Lilien unfreiwillig hatte beenden müssen und nach Kassel gewechselt war.[408] In seinem allerletzten Einsatz für die 98er hatte es Westenberger Ende Mai 1984 in der Zweitligapartie gegen den MSV Duisburg mit einem aufstrebenden Stürmertalent zu tun, das zur darauffolgenden Saison zu Bayern München wechselte: Roland Wohlfarth. Das *Echo* urteilte nach der Begegnung: »Duisburgs Mittelstürmer Wohlfarth setzte dem Vorstopper anfangs zu und ließ ihn schlecht aussehen. Dann steigerte sich Westenberger in seine gewohnt kompríßlose Gangart.«[409] Nicht anders hatten ihn die Lilien-Fans über 13 Jahre kennen und schätzen gelernt.

62. GRUND

Weil Reiner Künkel achtmal in einer Woche traf und dann zu den Bayern ging

Bruno Labbadia mag der bekannteste Lilien-Spieler sein, der im Verlauf seiner Karriere für den FC Bayern München auf Torejagd ging. Der einzige 98er war er aber nicht. Im Januar 1976 wechselte bereits Darmstadts Topstürmer Reiner Künkel vom damaligen Zweitligisten geradewegs zur Topadresse des europäischen Fußballs.

Reiner Künkels Verweildauer beim SVD war überschaubar. Dafür war er einfach zu erfolgreich. Im Sommer 1974 kam der pfeilschnelle Stürmer vom KSV Hessen Kassel zu den Südhessen. Damit war ihm die Teilnahme an der neuen 2. Bundesliga sicher, für die sich die Nordhessen nicht qualifiziert hatten. Bei den Lilien avancierte er in seiner Premierensaison nach der Winterpause zur Stammkraft und kam letztlich auf 13 Tore in 25 Spielen. In seiner zweiten Saison gab es dann kein Halten mehr: 16 Treffer in 17 Partien! Dabei gelang ihm das Kunststück, in zwei aufeinanderfolgenden Begegnungen insgesamt achtmal einzunetzen. Zunächst schenkte er den Schweinfurtern fünf Tore ein, bevor er eine Woche später drei Tore gegen Reutlingen folgen ließ.[410] Künkel traf nach Belieben: »In dieser Zeit hat alles gepasst. Es gab Phasen, da habe ich wirklich alles getroffen.«[411]

Seine Quote war ganz sicher maßgeblich dafür, dass Bayern München ein Auge auf den Stürmer geworfen hatte. Die Bayern schickten sich zwar gerade an, zum dritten Mal in Folge den Europapokal der Landesmeister zu erringen. In der Bundesliga spielten sie allerdings nicht mehr die erste Geige. Die Borussen aus Mönchengladbach waren vorbeigezogen. Da Stürmerstar Gerd Müller gerade seinen 30. Geburtstag gefeiert hatte, sollte Künkel ihm sowie Uli Hoeneß Beine machen.[412]

Bayern-Manager Robert Schwan lud den Angreifer nach München ein, wo seine Ankunft bereits von zahlreichen Medienvertretern erwartet wurde. Die Vertragsverhandlungen gingen dann ganz schnell über die Bühne, wie sich Künkel rückbetrachtend erinnert: »Ich fuhr ins gebuchte Hotel, wo die gleichen Reporter wieder vor der Tür standen. Kurz darauf schrieb Schwan den Vertragsentwurf auf die Rückseite eines Briefumschlags, und wir wurden uns einig. Das Ding lag nachts unter meinem Kopfkissen.«[413]

Damit war der Wechsel besiegelt, und der kopfballstarke Spieler saß fortan gemeinsam mit Franz Beckenbauer, Sepp Maier und Gerd Müller in einer Kabine. Mit den Bayern errang er bis zu seinem Abgang im Sommer 1978 den Europapokal der Landesmeister und den Weltpokal. In beiden Endspielen stand er allerdings nicht auf dem Platz. Letztlich erzielte Künkel in 33 Bundesligapartien sechs Tore für die Bayern. Seinerzeit war die heute praktizierte Spielerrotation nicht üblich, und Gerd Müller erwies sich nach wie vor als äußerst treffsicher. Das wichtigste Tor im Bayern-Dress gelang Reiner Künkel 1977 im Europapokal der Landesmeister. Im Viertelfinale stellte er mit seinem Treffer den 1:0-Sieg gegen Dynamo Kiew sicher.[414] In etwas mehr als einem Jahr vom Lilien-Torjäger zum Europapokaltorschützen an der Seite von Karl-Heinz Rummenigge, das schaffte nur Reiner Künkel.

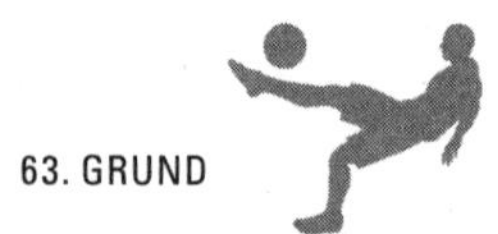

63. GRUND

Weil Peter Cestonaro in der WM-Saison 1982 häufiger traf als Karl-Heinz Rummenigge

Cestonaro. Ein Name, der aufhorchen lässt. Erst recht, wenn ein so unerwarteter Vorname wie Peter dazukommt. Zu verdanken hat Peter Cestonaro seinen Nachnamen seinem italienischen Urgroßvater, den es im 19. Jahrhundert nach Mittelhessen verschlug.[415] Peter Cestonaro hat sich tief in die DNA des SV 98 eingegraben. In 203 Partien trug der Vollblutstürmer das blau-weiße Trikot mit der Lilie. In fast jedem zweiten Spiel sollte er treffen. Mit 97 Toren wird er noch heute an Position 3 der ewigen Torjägerliste der Lilien geführt.[416] Seine Treffsicherheit fiel in die bis dato erfolgreichste Ära der 98er. In der Zweitligasaison 1977/78 steuerte er 25 Treffer zum Bundesligaaufstieg bei.[417] Im Oberhaus hatte er dann mit Verletzungen zu kämpfen.[418] Fünf Tore in 23 Partien ließen Luft nach oben.[419] Es war für Cestonaro deshalb nach dem zweiten Bundesligaaufstieg 1981 an der Zeit, auch in der höchsten Spielklasse seine Torgefährlichkeit unter Beweis zu stellen. Gleich im ersten Spiel sicherte sein 1:1-Ausgleichstreffer auf der Bielefelder Alm den ersten Punktgewinn.[420] Die Hinrunde verlief für den Lilienstürmer mit fünf Toren noch etwas zäh.[421] Nach der Winterpause sollte es aber für den damals 27-Jährigen kein Halten mehr geben.

Er traf bei den Bayern, er traf gegen Kölns Nationaltorwart Toni Schumacher, er traf auch gegen die damalige deutsche Nummer 2, Braunschweigs Bernd Franke. Er überwand Lauterns Schlussmann und langjährigen schwedischen Nationalkeeper Ronnie Hellström und ließ Gladbachs Wolfgang Kleff keine Chance.[422] All diese Treffer brachten allerdings keine Punkte und zeigten die ganze Misere der Lilien, die viel zu oft hinten ein bis zwei Tore mehr kassierten, als Cestonaro und sein Sturmkollege Bodo Mattern vorne erzielten. Doch es sollte auch Spiele geben, in denen er den 98ern die Punkte im Alleingang sicherte. Etwa beim 3:2-Sieg gegen den MSV Duisburg, zu dem er einen Doppelpack beisteuerte. Unvergessen seine drei Treffer beim 4:4 bei Werder Bremen.[423] Legendär seine zwei Tore, die dem Abstiegskandidaten vier Spieltage vor Saisonende zu einem Punktgewinn gegen den späteren Meister Hamburger SV verhalfen.[424] In der Endabrechnung brachte es Cestonaro auf stolze 16 Saisontreffer. In der Torjägerliste rangierte er damit an Position 7.[425] Für den Angreifer eines Absteigers eine tolle Quote. Noch erstaunlicher wird die Leistung des Hessen, wenn man sieht, wer alles hinter ihm landete. Mit Klaus Fischer (7 Tore), Pierre Littbarski (15 Tore) und Karl-Heinz Rummenigge (14 Tore) hatte er drei Spieler überflügelt, die wenig später zur Weltmeisterschaft nach Spanien fuhren und erst im Endspiel an Italien scheiterten.[426]

Letztlich brachte es der kopfballstarke Angreifer in der Bundesliga auf 56 Partien für den SVD, in denen er 21 Tore schoss.[427] Genauso viele wie Kalle Del'Haye, der dafür allerdings 184 Partien benötigte.[428] Jener Del'Haye dessen Karriere 1980 durch einen fatalen Wechsel von Borussia Mönchengladbach zum FC Bayern jäh ausgebremst wurde.

Cestonaro blieb seinen 98ern nach dem zweiten Bundesligaabstieg treu. Doch die Stimmung im Klub und im Team war schon in Liga 1 nicht mehr die beste gewesen. Der Auftakt in Liga 2 geriet sportlich unbefriedigend, was noch mehr Zwistigkeiten heraufbeschwor. Lilientrainer Manfred Krafft griff zum Jahresende 1982 hart durch und sortierte einige Spieler aus, unter denen sich – zum Entsetzen vieler Fans – Peter Cestonaro befand.[429] Er fand in Hessen Kassel einen dankbaren Abnehmer, mit denen er in den darauffolgenden Jahren mehrmals vergeblich an das Tor zur 1. Liga klopfte. Auch dort machte er seinem Ruf als Goalgetter alle Ehre. Insgesamt 111 Tore erzielte er für Darmstadt und Kassel in der 2. Bundesliga. Damit zählt er noch heute zu den Top-Torjägern im Unterhaus.[430]

Nach seiner Fußballerlaufbahn wechselte er ins Trainerfach und kreuzte dabei den Weg seiner Lilien. 2007/08 in der Oberliga Hessen als Trainer von Eintracht Wetzlar sowie im September 2013 als Trainer des aufstrebenden TSV Steinbach im Hessenpokal.[431] Im Pokalspiel gaben sich die damals in der 3. Liga spielenden 98er keine Blöße und siegten mit 3:0.[432] Das letzte Tor der 98er erzielte ein Stürmer, der am Saisonende eine Trefferanzahl aufwies, die an beste Cestonaro-Zeiten erinnerte. Dominik Stroh-Engel traf 27-mal und trug maßgeblich zum Zweitligaaufstieg bei.

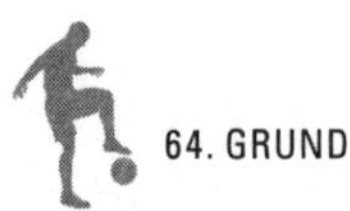

64. GRUND

Weil Kleppo bei uns seine Karriere begann und beendete, und dazwischen Olympia-Bronze holte

Im Sommer 1975 holten die Lilien einen recht unscheinbaren 17-Jährigen aus dem benachbarten Ober-Ramstadt ans Böllenfalltor. Ende Mai 1976 durfte der junger Hüpfer erstmals für ein paar Minuten in der damaligen 2. Bundesliga Süd gegen den Jahn aus Regensburg ran.[433] 20 Jahre später trug er im April 1996 letztmals das Lilien-Trikot. Gegner in der drittklassigen Regionalliga Süd war Wacker Burghausen. Der, der den damals 38-Jährigen einwechselte, war er selbst.[434] Denn Gerhard »Kleppo« Kleppinger war nach einer äußerst erfolgreichen Profikarriere zu den 98ern zurückgekehrt und mittlerweile als Spielertrainer tätig.

Kleppo hinterließ erstmals einen nachhaltigen Eindruck, als die Lilien in der Rückrunde 1977/78 so richtig Fahrt aufnahmen. Just zu dem Zeitpunkt, als die 98er mit zwölf Siegen in Folge den

Grundstein für den Bundesligaaufstieg legten, spielte sich der Verteidiger in die Stammelf. Den Sprung in die Eliteklasse bewältigte er anschließend scheinbar mühelos, lief er doch in nahezu jeder Partie für die Feierabendprofis auf. Wie seine Teamkollegen ging auch Kleppo als Erstligafußballer einem Beruf nach: in einer Versicherungsagentur. »Morgens um halb sechs bin ich mit dem Bus nach Darmstadt zur Arbeit gefahren, damit ich am Ende halbwegs auf meine Stunden gekommen bin. (...) Ohne die Unterstützung vom Chef wäre das damals gar nicht möglich gewesen.«[435] Gegen Ende der Saison ging es für den 21-Jährigen zum Grundwehrdienst in München, sodass er seiner Mannschaft zum Auswärtsspiel nach Bochum nachreisen musste.[436] Dieses Spiel am vorletzten Spieltag konnte den direkten Wiederabstieg zwar nicht verhindern, es sollte für die Lilien und Kleppo dennoch ein denkwürdiger Nachmittag werden. Das *Darmstädter Echo* schrieb: »Zwei Minuten vor Spielende fiel die Entscheidung für den SV 98. Eigl sah Kleppinger auf der linken Seite starten und schickte einen weiten Paß in den Strafraum. Am herausstürzenden Scholz drücke Kleppinger den Ball ins rechte äußere Eck – keine Chance für den Bochumer Keeper.«[437] Mit seinem Tor zum 2:1 besiegelte Kleppo den ersten und einzigen Auswärtssieg der Lilien in ihrer Bundesliga-Premierensaison. Das *Darmstädter Echo* sah ihn in der Spielzeit als einen der beständigsten Akteure beim Aufsteiger. Nach den beiden Routiniers Walter Bechtold und Willi Weiß benoteten sie ihn als drittbesten Spieler.[438]

Seine Qualität weckte bald Begehrlichkeiten. Er trat zwar zunächst mit dem SVD den Gang in die Zweitklassigkeit an, wechselte aber 1980 nach Hannover, bevor acht Bundesligaspielzeiten mit über 250 Einsätzen für Karlsruhe, Schalke, Dortmund und Uerdingen folgten. Als einer der wenigen wagte er den eigentlich verbotenen Schritt von den Knappen zu den Borussen.[439] Den Fußball, der in seiner Profizeit gespielt wurde, wusste Kleppo später ganz nüchtern einzuschätzen: »Zu meiner Zeit hat man eins gegen eins gespielt. Anschließend warst du der Arsch oder der König, je nachdem wie man seinen Gegenspieler bearbeitet hat.«[440]

Ein König war Kleppo ganz gewiss 1988, als er mit der Olympiaelf zu den Sommerspielen nach Seoul fuhr. Seinerzeit sahen die Regularien noch keine Altersbegrenzung vor, und so entsandte Coach Hannes Löhr ein Team, das zu einem Großteil aus gestandenen Bundesligaspielern bestand, wie Wolfram Wuttke, Holger Fach, Frank Mill, Rudi Bommer oder eben Kleppo.[441] Zum Bronzemedaillengewinn trug der 265-fache Lilien-Spieler maßgeblich bei: »Im Turnier selbst war es für mich ein absolutes Highlight, im Spiel um Bronze ein Tor zu schießen und ein weiteres vorzubereiten. Das vergisst man nicht so schnell.«[442]

Mit 33 Jahren kehrte er 1991 zu seinen 98ern zurück, um im Abstiegskampf der 2. Bundesliga seine Erfahrung in die Waagschale zu werfen. Was im ersten Jahr noch gelang, war nur ein Jahr später zum Scheitern verurteilt. In der Mammut-Saison mit 24 Teams und 46 Spieltagen stand Kleppo in allen Partien von der ersten bis zur letzten Minute auf dem Feld.[443] Dennoch konnte er in einer überforderten Mannschaft den Abstieg nicht abwenden. In der 3. Liga stand er ebenfalls noch seinen Mann, zuletzt – wie eingangs erwähnt – als Spielertrainer.

Er blieb dem Fußball treu, coachte Rot-Weiß Oberhausen und St. Pauli in der 2. Liga sowie mehrere Vereine in der 3. und 4. Liga. Wie als Spieler, kehrte er auch als Trainer wieder zu seinen Lilien zurück. 2006 bis 2009 hielt er den finanziell angeschlagenen SVD sportlich über Wasser, was Manager Tom Eilers nach der Qualifikation für die Regionalliga Süd zu dem erleichterten Ausspruch verleitete: »Danke an Kleppo, das war überragend. Er hat die Mannschaft unter schwersten Bedingungen geformt und zusammengehalten.«[444] Ein immens wichtiger Erfolg. Andernfalls wären die Lilien wohl in der fünftklassigen Hessenliga versumpft. Insofern war dieser Erfolg für den SVD so wertvoll wie die Bronzemedaille für Kleppo.

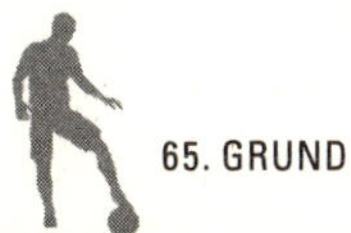

65. GRUND

Weil Bum-Kun Cha 78 Minuten im Lilien-Trikot ausreichten, um groß rauszukommen

Bum-Kun Cha gilt auch mehr als 25 Jahre nach seinem Karriereende als einer der erfolgreichsten Ausländer, die je in der 1. Bundesliga gespielt haben. Mit 98 Toren rangiert er Anfang 2019 immer noch in den Top Ten der torgefährlichsten Ausländer. 308 Bundesligaeinsätze sichern ihm ebenfalls einen Spitzenplatz unter den ausländischen Dauerbrennern.[445] Sein allererstes Bundesligaspiel bestritt er für den SV Darmstadt 98. Es sollte kurioserweise bei dem einen Einsatz bleiben, obwohl er vollauf überzeugte.

Das kurze Gastspiel des Südkoreaners fiel inmitten der ersten Bundesligasaison der Darmstädter. Der Bundesliganeuling tat sich erwartet schwer und lag im Dezember 1978 auf einem Abstiegsplatz. Da tat sich unvermittelt die Option auf, einen 25-jährigen Angreifer aus Südkorea zu verpflichten, der mit der Empfehlung von 41 Länderspielen aufwartete. Die Lilien griffen dankbar zu, da sie im Sturm bis dato nur wenig Durchschlagskraft bewiesen hatten. Wie das *Darmstädter Echo* in der Silvesterausgabe 1979 berichtete, war an dem Zustandekommen des Deals der »Verein der Koreaner« in Deutschland beteiligt. Sie waren offenkundig interessiert, ihren populärsten Fußballer in die Bundesliga zu bringen. Wo wäre dies geeigneter gewesen als bei einem Klub im Rhein-Main-Gebiet, in dem seinerzeit 3.000 Koreaner lebten?[446]

Bum-Kun Cha erhielt nur wenige Tage nach seiner Ankunft in Deutschland die Gelegenheit, sich auszuzeichnen. Am 30. Dezember erwarteten die Lilien den VfL Bochum zu einem Nachholspiel. Einem Pressebericht des *Echo* war deutlich zu entnehmen, dass Trainer Lothar Buchmann mit dem späteren Jahrhundertfußballer Asiens die Katze im Sack geholt hatte. So verriet er: »Tscha hat Anpassungsschwierigkeiten, sowohl mit der Mannschaft als auch klimatisch. Über seinen Konditionsstand kann ich noch nicht viel sagen.« Zudem klappte es mit der Verständigung mehr schlecht als recht, weshalb angedacht war, in der Partie gegen Bochum »per Schriftzeichen auf einer Tafel« mit ihm zu kommunizieren.[447]

Wusste man also vor dem Spiel nicht wirklich, wie sich Cha zurechtfinden würde, so gab er auf dem Platz eine beeindruckende Antwort. *Echo*-Redakteur Reiner Trabold schrieb nach dem Bochum-Spiel von einem »Volltreffer«, der einen »prächtigen Einstand« gehabt habe. Zwar habe es noch Missverständnisse im Zusammenspiel mit seinen Mannschaftskollegen gegeben, doch der Neuzugang wusste durch seine Technik und Schnelligkeit zu überzeugen. Die ersten beiden Treffer zum 3:1-Sieg der Darmstädter resultierten aus Freistößen, denen ein Foul an Cha vorausgegangen war. Entsprechend wurde der Südkoreaner bei seiner Auswechslung nach 78 Minuten mit einem »Beifallsturm« verabschiedet.[448] Unter den 13.000 Zuschauern waren zahlreiche Koreaner. Darunter der eigens aus Bonn angereiste Botschafter.[449] Die Leistung Bum-Kun Chas hallte in allen namhaften deutschen Zeitungen nach.[450] Der *kicker* schrieb von einem »ungewöhnlich starken Antritt, guter Technik, nimmermüdem Einsatzwillen und vor allem einem ausgeprägten Drang zum gegnerischen Tor«. Die *Frankfurter Rundschau* spielte auf die Verlegung des eigentlich am 9. Dezember terminierten Bochum-Spiels an, die für die Darmstädter segensreich war: »Von Bum Kun Tscha aber wußte man am 9. Dezember noch nicht einmal, daß er existiert.« Die *Süddeutsche Zeitung* schrieb: »Die Fußball-Bundesliga hat einen neuen Publikumsliebling! Tscha Bum Kun.« Die *Frankfurter Allgemeine Zeitung* wusste »die Europapremiere eines Südkoreaners« richtig einzuschätzen: »Die Schau mit Cha hat sich in Darmstadt ausgezahlt.«

Der Sieg gegen Bochum war zum Hinrundenabschluss erst der dritte in 17 Spielen. Mit ihm hatten die Lilien den Anschluss zu den Nichtabstiegsrängen hergestellt. Cha weckte zarte Hoffnungen auf einen erfolgreichen Abstiegskampf. Dazu sollte es allerdings nicht kommen, denn der Angreifer reiste am 4. Januar 1979 zurück nach Südkorea. Zunächst war noch die Rede davon, Cha habe »noch einiges zu erledigen«. So müsse er noch »aus dem Militär entlassen werden« und »familiäre Angelegenheiten« klären.[451] Was dann folgte, waren fast tägliche Wasserstandsmeldungen im *Echo*, die auf die Aussagen zu reduzieren waren: Keiner weiß, wo er sich aufhält, und niemand weiß, wann er zurückkehrt. Schnell verdichteten sich die Gerüchte, dass es Probleme mit seinem noch nicht offiziell beendeten Militärdienst geben würde. Dennoch tauchten regelmäßig Meldungen auf, die besagten, heute oder morgen käme er zurück. Das Rätselraten um Cha war in aller Munde und verleitete dazu, mit den 98ern Schabernack zu treiben. Eines Tages meldete sich angeblich Cha »in gebrochenem Englisch« auf der Geschäftsstelle am Böllenfalltor, um mitzuteilen, er sei jetzt am Frankfurter Flughafen angekommen. Als die Lilienvertreter dort auftauchten, war von dem Stürmer weit und breit nichts zu sehen. Selbst mehrmaliges Ausrufen blieb erfolglos.[452] Wer den Schaden hat …

Als sich herauskristallisierte, dass die südkoreanische Regierung Cha nicht vor Ablauf seines Militärdienstes ausreisen lassen würde, bat mit Dr. Hermann Schmitt-Vockenhausen gar der Vizepräsident des Deutschen Bundestages in einem Telegramm an zwei Ministerien in Seoul, den Spieler angesichts seiner positiven Wirkung in Deutschland ausreisen zu lassen.[453] Die Regierung in Südkorea blieb aber hart. Cha hatte seinen Militärdienst bis Ende Mai 1979 zu absolvieren.

Im Juli 1979 erschien der verlorene Sohn wieder bei den inzwischen abgestiegenen Lilien. Nur um mitzuteilen, dass er zu einem Bundesligaklub wechseln wolle. Mit Werder Bremen und Eintracht Frankfurt gab es zwei Interessenten. Letztlich bekam Frankfurt den Zuschlag. Angeblich deshalb, da der Frankfurter Assistenzcoach Dieter Schulte seinerzeit an der Anbahnung von Kontakten zwischen Cha und dem deutschen Fußball mitgewirkt habe.[454] Der Erlös für den vom SVD ablösefrei »verpflichteten« Angreifer lag bei 200.000 Mark. Die 98er hatten ihm lediglich 1.000 Mark für seinen Einsatz im Spiel gegen Bochum bezahlt.[455] Zumindest finanziell hatten die Lilien von Chas Intermezzo profitiert. Ein Jahr später hielt der Südkoreaner für die Eintracht den Europapokal in die Höhe. Den Auftakt zu seinem kometenhaften Aufstieg hatten die 78 Minuten im Lilien-Trikot gebildet.

66. GRUND

Weil Jörg Berger hier die Chance zum ersten Trainerjob im Westen bekam

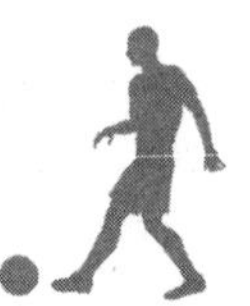

Im März 1979 nutzte Jörg Berger, der junge Coach der U23-Auswahl der DDR, ein Länderspiel in Jugoslawien, um sich in den Westen abzusetzen. In der Bundesrepublik sollte er in den darauffolgenden Jahrzehnten zu einem der bekanntesten Trainer werden. In 326 Bundesliga- und 358 Zweitligapartien stand er für zig Vereine an der Seitenlinie.[456] Unvergessen sein Last-minute-Klassenerhalt mit Frankfurt im Mai 1999. Jan Aage Fjörtofts aberwitziger Übersteiger kurz vor dem Abpfiff rettete die Eintracht und besiegelte das Schicksal des 1. FC Nürnberg.

Bergers erfolgreiche Trainerkarriere im Westen begann nur drei Monate nach seiner Flucht im Juli 1979. Sein erster Arbeitgeber? Der SV Darmstadt 98! Die Lilien waren gerade aus der 1. Bundesliga abgestiegen und hatten im Saisonfinale ihren langjährigen Trainer Lothar Buchmann entlassen. Hintergrund war nicht der sich abzeichnende Abstieg, sondern die Unterschrift Buchmanns beim VfB Stuttgart. Die 98er hatten davon keine Kenntnis … bis Jörg Berger auf der Bildfläche erschien. Oder vielmehr Berger im Schlepptau von Jo Gröschner. Dieser war nach Bergers Flucht schnell zu einer wichtigen Bezugsperson für den Trainer geworden. Gröschner war ein Freund der beiden Eintracht-Profis Norbert Nachtweih und

Jürgen Pahl, die Berger noch aus der DDR kannte und die Jahre zuvor geflohen waren. Jörg Berger erinnert sich später in seinem autobiografischen Buch *Meine zwei Halbzeiten* an das denkwürdige Treffen mit dem damaligen Lilien-Präsidenten Georg Schäfer, das Gröschner für ihn arrangiert hatte. Gröschner begleitete ihn, denn er war offensichtlich bestens im Fußball vernetzt. Zumindest hatte er Wind davon bekommen, dass Buchmann auf gepackten Koffern saß. Gröschner erzählte dies dem verdutzten Lilien-Präsidenten. Schäfer führte umgehend ein Telefonat mit Buchmann, bei dem sich herausstellte, dass die Behauptung stimmte. Gröschner sah die Stunde gekommen, für Berger den Cheftrainerposten für die Saison 1979/80 zu verhandeln. So kam es, dass der DDR-Flüchtling den Trainerjob beim Bundesligaabsteiger bekam.[457]

Der Saisonstart verlief überaus vielversprechend: 2:0 beim Würzburger FV und ein 6:0 gegen die Stuttgarter Kickers. Doch Bergers Abenteuer bei den Lilien stand unter keinem guten Stern. Der DFB verlangte von ihm den Erwerb des Trainerscheins, obwohl er zuvor in der DDR die notwendigen Qualifikationen erworben hatte und als Anwärter auf das Amt des Nationaltrainers galt. Immerhin durfte er den Job bei den Lilien – neben dem Trainerlehrgang – aufgrund einer Sondergenehmigung des DFB wahrnehmen. »Auf einmal hatte ich drei Berufe: Trainer, Student sowie Fernfahrer. Jeden Morgen stand ich um vier Uhr auf, um zweihundertfünfzig Kilometer von Darmstadt nach Köln-Müngersdorf zu fahren, wo die Deutsche Sporthochschule (DSHS) liegt. Die erste Vorlesung begann um acht, (…) und je nach Verkehrslage brauchte ich für die Strecke (…) zwei, drei Stunden. Am frühen Nachmittag ging es wieder die zweihundertfünfzig Kilometer zurück, um anschließend im Darmstädter Stadion am Böllenfalltor das Training abzuhalten, das um 16 Uhr anfing. Meist kam ich, der Pendler, in letzter Minute im Stadion an – nie erholt, nie vorbereitet.«[458]

Was Berger bei den 98ern einigermaßen fassungslos machte, war das Fehlen jeglicher wissenschaftlicher Erkenntnisse im Trainingsbetrieb. Detaillierte Trainingspläne unter Berücksichtigung von Belastungs- und Ruhephasen oder gar Laktatmessungen waren hier im Gegensatz zur DDR vollkommen fremd. Auch die fußballerischen Fähigkeiten seiner Kicker enttäuschten ihn. »Ich hatte bei den ›Lilien‹ Spieler, die den Ball höchstens zwanzigmal hochhalten konnten. Für junge DDR-Spieler war es geradezu Pflicht, ihn hundertmal mit dem rechten wie auch mit dem linken Fuß jonglieren zu können.«[459]

Nach dem guten Saisonstart stagnierten die Leistungen des SVD, unterbrochen von einem sensationellen 4:0-Sieg über Kaiserslautern im DFB-Pokal. In der 2. Bundesliga wechselten sich Niederlagen und Siege munter ab.[460] Zur Winterpause standen 21:19 Punkte auf dem Konto und ein enttäuschender 9. Rang.[461] Rückbetrachtend gestand sich der ehrgeizige Coach in seinen Memoiren ein, die Mannschaft damals zu hart angefasst und zu viel von ihnen erwartet zu haben. So kam es letztlich nicht überraschend, dass sein Trainerjob bei den Lilien frühzeitig endete. Bereits im Januar 1980 trennten sich die 98er von ihm, obwohl Bergers Elf gerade Fortuna Köln im DFB-Pokal mit 7:2 aus dem Stadion geschossen hatte. Der Trainernovize im Westen war enttäuscht und erleichtert zugleich, denn so konnte er sich vollständig auf den Erwerb seines Trainerscheins konzentrieren.[462]

In den darauffolgenden Jahren sollte Berger immer wieder mit seinen Mannschaften am Böllenfalltor gastieren. Und es scheint so, als ob er sich fast erkenntlich gezeigt hätte, für die einmalige Chance, die ihm die Lilien nach seiner Flucht geboten hatten. Bei seinen sieben Gastspielen mit Ulm, Düsseldorf, Kassel und Freiburg sollte er nur einmal das Stadion als Sieger verlassen.[463] Am 10. August 1985 beim 2:1 mit Hessen Kassel.[464]

67. GRUND

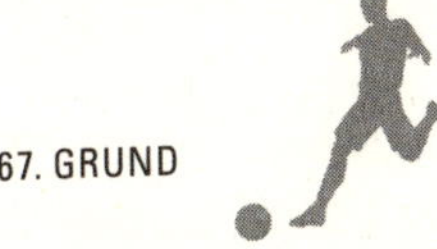

Weil Oliver Posniak unser intelligenter Quarterback war

»Er war ein laufstarker Spieler, auf den alle hörten. Der entscheidende Mann in einem gut funktionierenden Team.« So urteilte der ehemalige Lilien-Trainer Eckhard Krautzun über einen seiner wichtigsten Spieler bei Darmstadt 98. Er sprach mit mir gerade über Oliver Posniak. Von 1980 bis 1989 spielte der langjährige Kapitän beim SVD. Mit 342 Pflichtspielen für Darmstadt kommt er bis heute auf die fünftmeisten Einsätze aller Lilien-Spieler.[465] Diejenigen, die ihn am Böllenfalltor haben spielen sehen, bezeichnen ihn nach wie vor als einen der prägendsten Spieler, die die 98er je hatten.

Ein gestandener Zweitligaspieler war der Mittelfeldspieler bereits, als er mit 23 Jahren vom FSV Frankfurt nach Darmstadt kam. Bei seinem neuen Klub lief es sofort prächtig. Schon im ersten Jahr gelang die Zweitligameisterschaft. Das nächste Highlight wartete im ersten Heimspiel nach der Bundesligarückkehr. Bei brütend heißen Temperaturen unterlagen die Lilien vor 30.000 Zuschauern dem amtierenden Meister FC Bayern München knapp mit 1:2. Posniak gelang der Anschlusstreffer per Distanzschuss. »Starke Leistung als direkter Gegenspieler Breitners«, wusste das *Darmstädter Echo* hernach über ihn zu berichten.[466] Trotz einer während der Vorrunde erlittenen Bänderdehnung im Knie biss der Lehramtsstudent auf die Zähne und zählte durchweg zur Stammelf des Aufsteigers.[467] Als der Abstieg schon fast besiegelt war, trotzten die Lilien dem HSV als angehendem Meister am 31. Spieltag ein 2:2 ab. Wieder sah das *Echo* in Posniak einen der Besten: »In prächtiger Form. Bereitete Nationalverteidiger Kaltz (…) einen unangenehmen Nachmittag.«[468] Wohl wahr: Posniak verhinderte nicht nur einen Treffer der Hamburger auf der Linie, er traf selbst einmal die Latte und bereitete beide Lilien-Tore vor.[469]

Trotz des Abstiegs genoss er seine Zeit am Böllenfalltor: »Ich hatte in Darmstadt das perfekte Umfeld, um das zu tun, was mir Spaß macht, dabei gutes Geld zu verdienen und gleichzeitig als Student meine Zukunft vorzubereiten.«[470] In den folgenden Zweitligajahren zählte der universell einsetzbare Spieler weiter zu den Leistungsträgern. Nach Jahren des Mittelmaßes brachte mit Eckhard Krautzun ein Verfechter des Offensivfußballs 1986/87 den Erfolg zurück ans Böllenfalltor. Am Ende fehlten lediglich zwei Punkte auf Relegationsrang 3. Krautzun denkt bis heute gerne an das damals äußerst starke und intakte Team zurück. Mittendrin: Kapitän Oliver Posniak! »Er war meine rechte Hand«, so Krautzun. »Ich hatte sehr schnell ein Vertrauensverhältnis zu ihm aufgebaut. Er war ein intelligenter Spieler, der meine Spielphilosophie sofort verstand. Etwa das damals noch unbekannte Pressing. Er war mein Schlüsselspieler, der Quarterback, der für dieses System verantwortlich war.«

Im Jahr 1988, als Klaus Schlappner die Lilien trainierte, schien sich Posniak in der entscheidenden Phase der Saison wieder an seine Pressing-Qualitäten zu erinnern. Im Relegationshinspiel gegen Waldhof Mannheim trieb der Spielführer sein Team an, das ein 0:2 in ein 3:2 umbog. Das *Echo* sah nach dem Anschlusstreffer verunsicherte Mannheimer: »Ihnen unterliefen, von Darmstadt unter Druck gesetzt, immer mehr persönliche Fehler. Tsionanis, zum Beispiel. Dessen Fehlleistung nahm Oliver Posniak dankend an. Mit Vehemenz und zielgenau traf der Mannschaftskapitän zum 2:2. (…) Der Zweitligist setzte noch einen drauf. Posniak, er spielte wie aufgedreht, luchste Lux den Ball ab, flankte präzise, und der eingewechselte Guangming Gu vollendete mit feinem Schuß. 3:2 für den SV Darmstadt 98.«[471]

Im zweiten Spiel rettete Posniaks Vorlage zu Uwe Kuhls 1:2 die Lilien in ein Entscheidungsspiel.[472] In diesem brauchte es schließlich ein Elfmeterschießen, um den Erstligisten zu ermitteln. Posniak trat als Erster an … und scheiterte. Ein deutlich vernehmbares »Scheiße« war seine ebenso enttäuschte wie verärgerte Reaktion. Als die Lilien verloren hatten, verließ er unter Tränen den Platz.

Noch über 20 Jahre später erinnerte er sich: »Ich könnte ja jetzt sagen, es war ja nicht so schlimm, denn es war nicht der entscheidende Elfmeter. (…) Aber es war schon schlimm.«[473]

Offenbar so schlimm, dass er und seine Mitspieler in der darauffolgenden Saison nie richtig in Tritt kamen und in die Abstiegszone rutschten, bevor Eckhard Krautzun zurückkehrte und den Bock rechtzeitig umstieß. Im Sommer 1989 verließ der selten verletzte und nie gesperrte Dauerbrenner den SVD, um bei Viktoria Aschaffenburg und später im unterklassigen Fußball seine Karriere langsam zu beenden. In der 2. Bundesliga liegt er bis heute mit 403 Ligaspielen auf Platz 9 der ewigen Bestenliste.[474] Die Lilien-Legende wird deshalb nach wie vor in jedem Bundesliga-Sonderheft abgedruckt. Für den mannschaftsdienlichen und zweikampfstarken Ex-Profi ein Kaufargument: »Erst wenn ich nicht mehr unter den zehn Spielern mit den meisten Einsätzen in Liga 2 zu finden bin, werde ich mir das Bundesliga-Sonderheft des *kicker* nicht mehr kaufen!«[475]

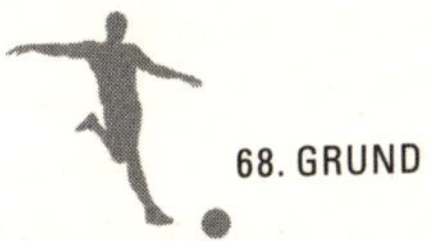

68. GRUND

Weil wir mit Zdeněk Nehoda einen Europameister in unseren Reihen hatten

Sommer 1982: In Spanien treffen sich die weltbesten Nationalteams, um ihren Meister zu ermitteln. Auch die Tschechoslowakei mischt bei der Endrunde mit und strebt als Dritter der vorangegangenen Europameisterschaft den Einzug in die K.o.-Runde an. Doch schon der Turnierauftakt gerät zum Rohrkrepierer. Gegen die Underdogs aus Kuwait reicht es lediglich zu einem 1:1. Eine Niederlage gegen England und ein Unentschieden gegen Frankreich besiegeln das frühe WM-Aus. Das Team um Kapitän Zdeněk Nehoda hatte enttäuscht. Der Angreifer von Dukla Prag war seit 1981 tschechischer Rekordnationalspieler.[476] 1976 war er einer der Helden von Belgrad, die den Europameistertitel gewannen.[477] Nur ein halbes Jahr nach der WM in Spanien wechselte Nehoda ins kapitalistische Ausland, was der Sportminister der ČSSR ab einer gewissen Anzahl von Länderspielen beziehungsweise einem bestimmten Alter gestattete.[478] Ihn zog es in die Bundesrepublik. Doch das Ziel waren nicht die um ihn buhlenden Bundesligisten Hertha BSC oder Borussia Mönchengladbach.[479] Das Rennen machte Zweitligist Darmstadt 98.

Die Verpflichtung des zweimaligen ČSSR-Spielers des Jahres durfte im Dezember 1982 getrost als Coup bezeichnet werden. Umso mehr, als die 1982 aus der Bundesliga abgestiegenen Lilien den anvisierten Wiederaufstieg bereits zum Zeitpunkt der Verpflichtung Nehodas aus dem Blick verloren hatten. Hinzu kamen eine immense finanzielle Schieflage, nachlassendes Zuschauerinteresse und Unstimmigkeiten zwischen Trainer und Mannschaft.[480] Die Darmstädter Antwort: Personalrochade! Spieler wie Goalgetter Peter Cestonaro mussten gehen, dafür kam unter anderem der tschechische Starspieler. Ausschlaggebend für den Sensationstransfer war, dass die Lilien ein halbes Jahr zuvor bereits den 31-jährigen Luděk Macela von Nehodas Klub Dukla Prag verpflichtet hatten. Lilien-Schatzmeister und Verhandlungsführer Heinz Schneller konnte auf existierende Kontakte zurückgreifen.[481] Zudem verband Macela und Nehoda eine Freundschaft. [482] Macela erklärte gegenüber dem *Darmstädter Echo*: »Weil ich hier bin, hofft Zdenek, sich leichter einzufinden, (…).«[483]

Angesichts seiner Meriten war Nehoda naturgemäß nicht ganz billig. Kolportierte 25.000 Mark im Monat ließen sich die klammen Lilien den tschechischen Nationalspieler kosten.[484] Doch dem SVD wurde angeblich unter die Arme gegriffen. Schatzmeister Heinz Schneller deutete zumindest an, dass »eine Gruppe von Sponsoren die Transferkosten, Unterkunft und Unterhalt« übernehme.[485] Die Erwartungen an den Neuzugang am Böllenfalltor waren immens. Nehoda – der vor seinem Engagement in Darmstadt bereits promovierter Jurist war[486] – zeigte sich hingegen unerschrocken: »Das ist nichts Neues, alle haben schon in der CSSR immer erwartet, daß ich der

Beste bin, die Tore schieße. Ich habe keine Angst, ich bin gewohnt, der Beste zu sein.«[487] Wie nicht anders zu erwarten, wurde das Liliendebüt des Tschechen von reichlich Trubel um seine Person begleitet: »Ich bin einiges gewöhnt aus der CSSR, aber diesen Rummel hatte ich nicht ganz erwartet.«[488] Zumindest dem Ergebnis nach verlief sein Premierenauftritt positiv. Die 98er schickten Alemannia Aachen mit 2:1 nach Hause. Nehodas Leistung war allerdings noch steigerungsfähig. Er selbst bewertete seinen Auftritt nüchtern: »Ein Mann kann auf Anhieb noch keine Mannschaft umkrempeln. Aber ich hoffe, daß wir uns in Zukunft gegenseitig weiterbringen. Ich hoffe, daß ich im nächsten Spiel schon ein Tor für meine Mannschaft schieße.«[489]

Gesagt, getan: Nehoda traf in der darauffolgenden Partie bei den Stuttgarter Kickers zum 1:1-Endstand.[490] Letztlich brachte Nehodas Wirken am Böllenfalltor jedoch nicht den für beide Seiten erwünschten Erfolg. Der SVD kam in der Rückrunde nicht entscheidend vom Fleck und fand trotz einiger Kantersiege keinen Anschluss an die Tabellenspitze. Neun Treffer in 19 Partien waren für den Neuzugang eine solide Ausbeute, aber beileibe nicht überragend. Herausragend blieben lediglich seine drei Treffer gegen den FSV Frankfurt, mit denen er beim 6:2 frühzeitig die Weichen auf Sieg gestellt hatte. Weitere fünf Tore in 14 Begegnungen später war die Lilien-Episode Nehodas bereits beendet.[491] Im Januar 1984 schloss sich der Tscheche dem damals amtierenden belgischen Meister Standard Lüttich an.[492] Für immerhin zwölf Monate hatte der SVD einen internationalen Star und Europameister aufs Feld geschickt.

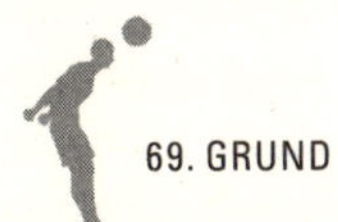

69. GRUND

Weil es unser Torwart ins Guinness Buch der Rekorde schaffte

Der Paderborner Moritz Stoppelkamp sorgte am 20. September 2014 für einen Paukenschlag. In der Nachspielzeit der Bundesligapartie gegen Hannover 96 zog er kurz hinter dem Strafraum ab und versenkte den Ball im Tor. Das Besondere dabei: Es war der eigene Strafraum, von dem aus er geschossen und ins verwaiste 96-Tor getroffen hatte. Ein Tor aus 83 Metern! Bundesligarekord!

Über diese Distanz dürfte der mittlerweile verstorbene Wilhelm »Willy« Huxhorn vermutlich nur müde schmunzeln. Huxhorn stand zwischen 1984 und 1993 in 221 Pflichtspielen im Tor des SV Darmstadt 98.[493] Gute Reflexe auf der Linie und ein enormer Abschlag waren seine Markenzeichen. Einer dieser wuchtigen Abschläge sollte ihn weithin bekannt machen.

Es ist Samstag, der 27. April 1985. Darmstadt 98 muss im Zweitligaduell bei Fortuna Köln antreten. Beim Stand von 0:0 drischt Huxhorn den Ball von der Strafraumgrenze nach vorne. Der Ball segelt weit in die gegnerische Hälfte. Kölns Torwart Robert Hemmerlein orientiert sich zunächst nach vorne, in der Erwartung, den Ball abfangen zu können. Doch er schätzt die Flugbahn falsch ein. Der Ball springt auf dem regennassen Rasen noch einmal auf und über den genarrten Keeper hinweg.[494] Tor für Darmstadt! Tor durch Huxhorn! Tor aus 102 Metern Entfernung! Der Lilien-Akteur war mit diesem Husarenstück der erste Torhüter, dem in der 2. Bundesliga ein Treffer aus dem Spiel heraus gelang.[495] Dass die Begegnung seinerzeit noch 2:4 verloren ging, dass sie nur vor kolportierten 400 Zuschauern stattfand und dass es von dem Tor keine Fernsehbilder gibt, geschenkt.[496] Fakt ist, seither hat es im deutschen Profifußball kein Tor gegeben, das aus einer größeren Distanz erzielt wurde.[497] Und es kam noch besser: Der spektakuläre Treffer hievte Huxhorn ins Guinness Buch der Rekorde. Eine Ehre, die dem bodenständigen Keeper sehr gefiel.[498]

Der Treffer trug dazu bei, dass die Lilien-Fans immer wieder »Willy, ziiiiieeeeh« brüllten, wenn der Keeper einen Abschlag durchführte. Eine Wiederholung sollte ihm nicht glücken, obwohl es Lilien-Fans gibt, die schwören, er habe später in einer Partie gegen Waldhof Mannheim erneut zugeschlagen. Offiziell wurde der

Treffer aber einem Spieler zugesprochen, der seine Fußspitze noch am Ball gehabt haben soll. Seine weiten Schläge waren in jedem Fall gefährlich und leiteten mehrere Tore ein, wie sich Stürmer Uwe Kuhl, einer der Profiteure von damals, erinnerte: »Wir machten in den achtziger Jahren zahlreiche Tore nach seinen weiten Abstößen, manchmal bereitete er direkt vor, andere Male folgten zwei oder drei weitere Ballkontakte.«[499]

Huxhorn sollte bei den Lilien-Fans nicht nur wegen seines Treffers unvergessen bleiben. Der aus dem benachbarten Pfungstadt stammende Keeper war aufgrund seiner umgänglichen Art sehr geschätzt und avancierte zum Publikumsliebling. Als Profi war er ein Spätberufener, absolvierte er seinen ersten Zweitligaeinsatz doch erst kurz vor seinem 29. Geburtstag. Am 15. April 2010 starb der Darmstädter Kultkeeper mit nur 54 Jahren an Leukämie. Am Tag seiner Beerdigung sollten seine Lilien ausgerechnet gegen seinen Stammverein Germania Pfungstadt im Kreispokalhalbfinale antreten. Völlig überraschend schieden die Lilien gegen den Gruppenligisten im Elfmeterschießen aus. Die Germania als Kapitän aufs Feld geführt hatte an jenem Abend Eric Huxhorn, der Sohn von »Willy, ziiiiieeeeh« Huxhorn.[500]

70. GRUND

Weil Bruno Labbadia seine ersten Tore für die Lilien schoss

Wenn ein Spieler als A-Junior zum SV Darmstadt 98 stößt und nach einem Jahr den Durchbruch im Profiteam schafft. Wenn er anschließend zum Torgarant wird, in die Bundesliga wechselt, zwei Meistertitel feiert, einen Pokalsieg erringt und es auch noch ins Nationalteam schafft. Dann darf man ihn getrost als den erfolgreichsten Fußballer bezeichnen, den der SVD je hervorgebracht hat. Darf ich vorstellen: Bruno Labbadia.

Den Lilien war nicht entgangen, dass vor ihrer Haustür in Weiterstadt ein überaus talentierter Angreifer heranwuchs. Labbadia hatte schließlich schon 1979 mit 13 Jahren Schlagzeilen gemacht. Bei einem Talentwettbewerb wählte ihn der große Fritz Walter unter 1.000 Kindern aus dem Raum Darmstadt aus. Danach überzeugte er auf nationaler Ebene und zählte zu 40 Kindern, die in New York Pelé, Franz Beckenbauer und Ferenc Puskás trafen: »Danach wurde ich auch in der Region bekannt, in Auswahlmannschaften berufen.«[501] Im Sommer 1983 führte sein Weg zu den Lilien. Ein halbes Jahr später durfte der 17-Jährige erstmals in einem Testspiel für die Großen gegen den Bundesligisten 1. FC Nürnberg ran.[502] Die Vorzeichen standen gut. Die Lilien waren klamm und setzten auf Spieler aus dem eigenen Unterbau. Rafael Sanchez und Uwe Kuhl hatten es bereits aus dem Nachwuchsteam in die erste Elf geschafft.

In der Saison 1984/85 erlebte der Sohn italienischer Gastarbeiter eine fulminante Zweitligapremiere! Am 3. Spieltag kam er gegen die Stuttgarter Kickers in der zweiten Halbzeit ins Spiel, und eine Viertelstunde später hatte er bereits seinen ersten Treffer markiert.[503] Im folgenden Heimspiel gegen den 1. FC Saarbrücken knallte der Vollblutstürmer nur sechs Minuten nach seiner Hereinnahme den Ball zum 1:1-Endstand in den Winkel.[504] Gerade erst ins Spiel gekommen, legte er ein paar Tage später im DFB-Pokal den 3:0-Endstand gegen den SC Freiburg auf.[505]

Zur Stammkraft wurde Labbadia erst in der Rückrunde. Das lag primär daran, dass ihn seine Staatsangehörigkeit nicht länger ausbremste. Damals durften nur zwei Ausländer zeitgleich auf dem Feld stehen. Bei den Lilien waren dies zumeist der Tscheche Luděk Macela und der Spanier Rafael Sanchez.[506] Der Ausweg: Der in Darmstadt geborene Labbadia nahm im Januar 1985 die deutsche Staatsangehörigkeit an.[507] Für den Youngster eine rationale Entscheidung: »Es war für meine Eltern nicht so einfach, dass ich mit 18 Jahren Deutscher wurde. Letztendlich nur, weil ich unbedingt in der 2. Liga spielen wollte.«[508] Am Ende der Saison gingen acht

Tore auf das Konto des Stürmers. Darunter ein an ihm verschuldeter Elfmeter, den er in der 88. Minute zum 2:1-Sieg gegen Hertha BSC verwandelte. Drei Spieltage vor Schluss hatte er seinen Lilien den vorzeitigen Klassenerhalt beschert.[509] Nachdem Labbadia sich im Herbst 1985 weiterhin treffsicher präsentierte, nominierte ihn Berti Vogts für einen Lehrgang der U21-Auswahl.[510] Rasch zählte er in der 2. Bundesliga zu den Topstürmern. 17 Treffer gelangen ihm in seiner zweiten Saison.[511] Folgerichtig verlieh ihm der *kicker* in der Saisonrückschau das Prädikat »Herausragend«.[512] Eine Einschätzung, die das Fachblatt ein Jahr später wiederholte.[513] 1986/87 hielt der Torjäger den SVD mit 18 Treffern bis zum Schluss im Rennen um den Bundesligaaufstieg, der knapp misslang.[514] Im DFB-Pokal sicherte er mit zwei Toren bei Fortuna Köln den bis heute einzigen Viertelfinaleinzug der 98er im Alleingang.[515] Als darin dem HSV kurz vor Schluss der 1:0-Siegtreffer gelang, sprach der 21-Jährige Klartext: »Lieber mit zwei, drei Toren Unterschied als durch ein solches Misttor verlieren, da ärgert man sich noch nach Jahren darüber.«[516]

Aufgrund Labbadias Torquote klopften diverse Erstligisten an. Der 1. FC Kaiserslautern, Eintracht Frankfurt und der Hamburger SV buhlten um den Goalgetter.[517] Letztlich bekam Vizemeister und Pokalsieger HSV den Zuschlag, die Lilien 700.000 Mark.[518] Der SVD hatte zunächst eine Ablöse in Millionenhöhe aufgerufen, musste sich aber mit weniger zufriedengeben, da er es versäumt hatte, Labbadia auf die sogenannte »Schwarze Liste« zu setzen.[519] Diese erlaubte es den Klubs, für bis zu zwei Spieler besondere Transferreglungen auszuhandeln. Jüngere Spieler hätten demnach für eine höhere Ablösesumme transferiert werden können.[520]

Wie schon bei den Lilien, wurde Labbadia bei seinem ersten Einsatz für den HSV eingewechselt und traf. Der *kicker* schrieb: »Bruno Labbadia, zuletzt in Darmstadt unter Vertrag (…), wirkte auf die Zuschauer wie ein Aufputschmittel.« Ganz so, wie Fußball-Deutschland den berühmtesten Kicker Darmstadts in 19 Profijahren kennenlernen sollte. Dabei gelang ihm das Kunststück, als einziger Spieler in der 1. und der 2. Bundesliga mehr als 100 Tore zu erzielen.[521] 43 davon schoss Labbadia für den Verein, für den er am häufigsten aufgelaufen war: den SV Darmstadt 98.[522]

71. GRUND

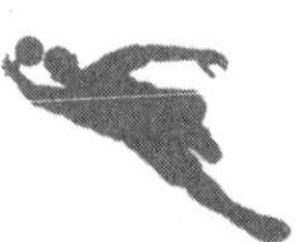

Weil Bruno auch als Trainer hier seine Karriere startete

Mit der gleichen Leidenschaft, die Bruno Labbadia früher auf dem Platz zeigte, trainiert er heute Bundesligisten. Seit er 2008 bei Bayer Leverkusen einstieg, darf er sich zu dem elitären Kreis der Bundesligatrainer zählen. Seine zweite Karriere begann er mit Bedacht, und deshalb ging er dorthin, wo er einst seine Profikarriere gestartet hatte: zu den Lilien.

Am 25. Mai 2003 hatte der 37-Jährige den Zweitligisten Karlsruher SC noch zum Klassenerhalt geschossen, am Tag danach vermeldete der *kicker* die überraschende Rückkehr des verlorenen Sohnes.[523] Der sagte später zu seinen Beweggründen: »Darmstadt war mein Heimatverein, und ich hatte immer gesagt, dass ich dem Verein helfen werde, sollte es ihm mal schlecht gehen.«[524] Labbadia hatte zugesagt, als die Lilien Regionalligist waren. Als er sein Amt antrat, waren sie in die Oberliga abgestiegen. Es stand um den ambitionierten SVD also noch schlechter als erwartet. Zudem verspürte er rasch Vor- und Nachteile seiner Popularität in der alten Heimat: »Wenn man hier so bekannt ist wie ich, öffnen sich viele Türen schneller, aber man steht auch doppelt und dreifach unter Beobachtung.«[525] Daneben musste sich Labbadia in der viertklassigen Oberliga erst noch zurechtfinden: »Ich bin wirklich viel unterwegs, weil die Oberliga für mich totales Neuland ist. (…) Eigentlich hatte ich mich auf die Regionalliga Süd eingestellt. Aber es ist ganz wichtig, dass man hier einen guten Überblick hat und keinen einzigen Gegner unterschätzt. Gleichgültig wie er heißt.«[526]

Sein erster Gegner war einer der zahlreichen »No-name«-Klubs: die TSG Wörsdorf. 1.400 Zuschauer sahen das Trainerdebüt Labbadias, das in einem 2:1-Arbeitssieg mündete.[527] Danach lief es wie geschmiert: elf Spiele – elf Siege. Keine Niederlage in der gesamten Hinrunde. Die Lilien führten die Oberliga Hessen an, sahen sich mit Hessen Kassel und Borussia Fulda aber zwei hartnäckigen Kontrahenten ausgesetzt. Beim Kopf-an-Kopf-Rennen bewies Labbadias Team den längeren Atem. Genug Puste hatte es dank des Trainingspensums in der Vorbereitung, das selbst der unverwüstliche Kapitän Živojin Juškić so nicht einmal aus der Bundesliga kannte. Labbadia meinte dazu nur, ihn habe es als Profi immer »beruhigt, wenn ich in der Vorbereitung gut gearbeitet hatte«.[528] Was Labbadia und sein 88-Punkte-Team noch auszeichnete: ein immenser Teamgeist. Abwehrspieler Timo Uster – der wegen Labbadia in die 4. Liga gewechselt war – schwärmte noch Jahre später, dass das damalige Team wohl das harmonischste war, in dem er je gekickt habe; regelmäßiges Feiern inklusive.[529]

In der 3. Liga etablierte Labbadia sein Team sofort in der Spitzengruppe. Die Erfolge blieben nicht unbemerkt, und so klopften Erst- und Zweitligisten bei ihm an.[530] Doch der *local hero* verlängerte, um am Bölle mit seinem ehrgeizigen und bisweilen fordernden Charakter das Umfeld und den Verein wachzurütteln und noch weiter nach oben zu bringen. Die *Frankfurter Allgemeine Zeitung* schrieb schon amüsiert, Labbadia könne in Darmstadt gar Bürgermeister werden, wenn er denn nur wolle.[531] So weit sollte es nicht kommen, denn im November 2005 bröckelte die heile Welt. Die Lilien gingen in Regensburg mit 2:7 unter. Das Präsidium sah Gesprächsbedarf, zitierte Labbadia ein und tat dies auch noch in einer Pressemitteilung kund. Labbadia fühlte sich brüskiert und gab sofort seinen Ausstieg zum Saisonende bekannt. Er konnte mit seiner impulsiven Art nicht anders. Thomas Schmidt, Sportlicher

Leiter des SVD, sagte hernach: »Bruno muss für sich entscheiden: Inwieweit muss er diplomatischer werden, ohne zu viel von sich selbst zu verlieren?«[532]

Trotz des getrübten Vertrauensverhältnisses zur Vereinsspitze führte Labbadia seine Jungs zum zweiten Mal auf Platz 5 und damit ans Tor zur 2. Bundesliga. Mit Ivo Iličević und Mergim Mavraj hatte er es verstanden, zwei A-Junioren in den Kader zu integrieren, die Darmstadt später für ordentliches Geld an den Erstligisten VfL Bochum transferierte. Zum Abschied hinterließ Labbadia seinen Lilien noch ein weiteres Geschenk: den Einzug in den DFB-Pokal, nach einem hart erkämpften Last-minute-Sieg im Hessenpokal gegen den FSV Frankfurt. Labbadia nahm sich anschließend ein *Sabbatical* und stieg im Sommer 2007 beim Zweitligisten Greuther Fürth ein. Der SVD war da schon wieder in der Oberliga Hessen angekommen.

72. GRUND

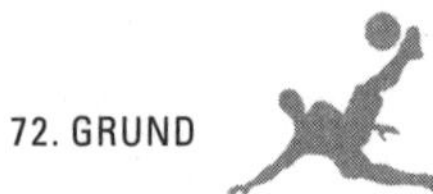

Weil Darmstadt mit Gu den ersten Chinesen in den deutschen Profifußball holte

Als im Sommer 1987 ein 28-jähriger Flügelflitzer mit der Empfehlung von 105 Länderspielen ans Böllenfalltor wechselte, durften die Anhänger eigentlich getrost von einer ordentlichen Granate ausgehen. Eines aber musste die Fans stutzig machen: Der besagte Spieler kam vom damaligen Verbandsligisten TuS Koblenz nach Darmstadt.[533] Die Rede ist von Guangming Gu.

Wie der Name unschwer erahnen lässt, ist Gu Chinese. 1986 war er nach Deutschland gekommen, um an der Sporthochschule Köln eine Trainerausbildung zu absolvieren. Als es mit der Verständigung haperte, heuerte er kurzerhand in Koblenz an. Den 10.000-Mark-Transfer nach Darmstadt fädelte Klaus Schlappner ein, der im Sommer 1987 als Trainer zum SVD zurückgekehrt war.

Er kannte den Angreifer bereits seit 1984, als ihm Gu bei einer Chinareise mit Waldhof Mannheim positiv aufgefallen war.[534] Flink, technisch stark und trickreich, das waren die Vorzüge des Chinesen. Bei gerade mal 1,68 Meter ging ihm aber die notwendige Zweikampfhärte ab. Zudem stand er im Ruf, ballverliebt zu sein und das Toreschießen nicht erfunden zu haben.[535]

Ganz anders hingegen sein Start bei den Lilien, die den ersten Chinesen im deutschen Profifußball mit einem Einjahresvertrag ausgestattet hatten. Drei der ersten vier Saisontore des Zweitligisten gingen auf sein Konto. Rainer Franzke vom *kicker* rieb sich angesichts der sehenswerten »China-Kracher« verwundert die Augen. Schlappner war vollauf zufrieden: »Den darf keiner aus den Augen lassen, da muß der Gegner zwei Mann abstellen!«[536] Als er am vierten Spieltag den Offenbacher Kickers einen direkt verwandelten Freistoß ins Netz legte, hatte das Publikum am Böllenfalltor einen neuen Liebling gefunden. Der *kicker* verlieh ihm eine glatte Eins.[537] Er spielte in 33 der 38 Saisonspiele. Davon 28-mal von Beginn an, wenngleich ihm mit insgesamt sechs Toren seine anfängliche Treffsicherheit etwas abhandengekommen war.[538]

Just vor den Relegationsspielen gegen Waldhof Mannheim bremste Gu eine Verletzung aus. Er stand aber immerhin als Einwechselspieler parat. Und wie! Nach dem 0:2-Rückstand im ersten Spiel warf ihn Schlappner in der 55. Minute in die Partie, und Gu half mit, das Spiel zu drehen. Das Tor zum 3:2-Endstand im tobenden Böllenfalltor besorgte er höchstpersönlich. Das *Darmstädter Echo* urteilte: »Ein großes Comeback des Chinesen. Leitete den Umschwung mit ein.«[539] Auch im Rückspiel kam er im Verlauf der 2. Hälfte in die Partie und wurde nur eine Minute später im Mannheimer Strafraum hart angegangen. Gu fiel aber nicht. Sehr zum Leidwesen seiner Mitspieler, die hernach den verschenkten Elfmeter beklagten. Das *Echo* hielt fest: »Gu sei zu fair für diese Liga, hatte Trainer Klaus Schlappner einmal gesagt, und der Chinese bestätigte ihn.«[540] Dennoch hatte er das Darmstädter Spiel erneut belebt und wurde im alles entscheidenden dritten Spiel des Relegationsdramas erneut eingewechselt. Im Elfmeterschießen behielt er die Nerven und brachte die Lilien in Front, bevor Karl-Heinz Emig und abschließend Willi Bernecker scheiterten.

Der dribbelstarke Außenstürmer hatte vollauf überzeugt und wurde gar mit Bundesligaaufsteiger St. Pauli in Verbindung gebracht.[541] Doch Gu verlängerte beim SVD um zwei Jahre. Aufgrund »körperlicher Probleme« kam er in seiner zweiten Saison jedoch nie richtig in Tritt.[542] Mit lediglich elf Einsätzen war er beim gegen den Abstieg kämpfenden SVD aufs Abstellgleis geraten.[543]

Genau genommen blieb seine Premierensaison am Böllenfalltor seine beste. In der Saison 1989/90 spielte er zwar wieder häufiger, der damalige Trainer Dieter Renner kritisierte aber, dass Gu sich nach vier Jahren immer noch nicht artikulieren könne.[544] Seine Fähigkeiten blieben unbestritten. Als der *kicker* 1992 in einer Rangliste die auffälligsten Spieler der Zweitligavereine benannte, sah das Fachblatt bei den Lilien Gu als den stärksten Techniker. Damit befand er sich neben Rudolfo Cardoso (FC Homburg) und Mario Basler (Hertha BSC) in guter Gesellschaft.[545] Im gleichen Jahr endete die fünfjährige Epoche des Chinesen am Böllenfalltor nach 115 Einsätzen und zehn Treffern.[546]

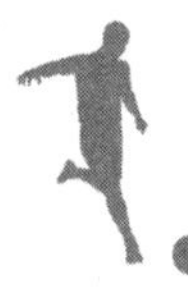

73. GRUND

Weil Jürgen Sparwasser bei den Lilien seine einzige Trainerstation im Profifußball antrat

Von ihm stammt der Satz: »Wenn man auf meinem Grabstein eines Tages nur Hamburg 1974 schreibt, weiß jeder, wer darunter liegt.«[547] Zweifelsohne werden nur wenige Fußballer so sehr auf ein Tor reduziert, wie es bei Jürgen Sparwasser der Fall ist. Der Offensivspieler traf am 22. Juni 1974 im WM-Vorrundenspiel sehenswert zum 1:0-Sieg der DDR-Auswahl über die DFB-Elf im Volksparkstadion. Die Sensation war perfekt, und Sparwasser hatte sich augenblicklich unsterblich gemacht. 16 Jahre nach diesem Treffer kam der damals 42-jährige Sparwasser als Cheftrainer zum SV Darmstadt 98 in die 2. Bundesliga. Er sollte es 16 ereignisreiche Monate lang bleiben. Sparwasser hatte 1988 einen Auftritt seines 1. FC Magdeburg bei einem Altherren-Turnier in Saarbrücken genutzt, um der DDR den Rücken zu kehren. Rasch kam er bei Eintracht Frankfurt unter, wo er die Amateurmannschaft betreute. 1990 fragten dann die Lilien an, ob er nicht deren Team in der 2. Liga trainieren möge. Sparwasser verstand das Angebot als Lackmustest, ob er sich für einen solchen Job eignete: »Das ist schon etwas anderes, für eine Mannschaft im bezahlten Fußball direkt verantwortlich zu sein. Bei der Eintracht, mit den Amateuren, das hat unwahrscheinlich Spaß gemacht, weil wir sehr ehrgeizig waren und alle versuchten, in den bezahlten Fußball reinzukommen. Aber es lief doch neben dem Profigeschäft her. Ich habe die Chance, hier in Darmstadt zu beweisen, daß da was hintersteckt. Ich freue mich auf die kommenden Aufgaben.«[548]

Die Vorzeichen für Sparwassers Engagement waren allerdings alles andere als gut. Seit der dramatisch verpassten Bundesligarückkehr 1988 hatte es beinahe eine vierteljährliche Rotation auf dem Trainerstuhl gegeben. Zudem war ihm zwar laut eigenen Angaben Geld für den Aufbau einer neuen Mannschaft versprochen worden.[549] Doch Geld war zu dem Zeitpunkt in Darmstadt überhaupt nicht vorhanden. Der Verein befand sich vielmehr in einer seiner schlimmsten Existenzkrisen. Schulden in Millionenhöhe brachten den SV 98 Ende 1990 an die Schwelle zum Konkurs. Ein Notvorstand musste zusehen, den Klub vor dem Untergang zu retten, der letztlich haarscharf abgewendet werden konnte.[550] Angesichts dieser Rahmenbedingungen spielte der Sport phasenweise die zweite Geige.

Der Saisonauftakt verlief so gar nicht nach dem Geschmack des ehemaligen Angreifers. Inklusive DFB-Pokal blieben die Lilien in den ersten fünf Saisonspielen unter seiner Regie ohne eigenen Torerfolg.[551] Ein Videomitschnitt der 1:0-Niederlage bei Preußen Münster offenbarte allerdings, dass das Team gar nicht so schlecht spielte, es nur eben mit dem Torabschluss haperte.[552] Allmählich fasste das verjüngte Team Fuß, und Sparwasser führte es bis zum Ende der Hinrunde auf Platz 9 ins gesicherte Mittelfeld. Lediglich drei Siege nach der Winterpause ließen den Klub des namhaften Cheftrainernovizen aber in die Abstiegszone rutschen. Die 1:0-Niederlage am letzten Spieltag vor 70.000 Zuschauern auf Schalke besiegelte den Abstieg. Zumindest auf dem Papier. Ein Lizenzentzug für Rot-Weiss Essen hielt die 98er in der Liga.[553] Sparwasser und die Lilien bekamen eine zweite Chance.

Die darauffolgende Saison 1991/92 war die erste gesamtdeutsche Spielzeit nach der Wiedervereinigung. Für Sparwasser so etwas wie eine Reise in die eigene Vergangenheit. Es kam zu Aufeinandertreffen mit Erfurt, Jena, Chemnitz, Leipzig und Halle. Seine Bilanz blieb dabei mit zwei Siegen, vier Unentschieden und einer Niederlage positiv.[554] Ebenjene Schlappe gegen Carl Zeiss Jena leitete jedoch seine Demission eine Woche später ein. Der SVD drohte allmählich den Kontakt zur oberen Tabellenhälfte zu verlieren. Die dort platzierten Teams sollten nach der Winterpause den Aufstieg in die Bundesliga ausspielen. Die Ansprüche der Vereinsverantwortlichen waren also wieder gestiegen.

Der Held von Hamburg hatte bei den Lilien erfahren, dass der Trainerposten im Profifußball nicht seine Welt war: »Deshalb hab ich dann auch gesagt, das tust Du dir nicht mehr an, weil ich auch nicht der Typ dafür bin. Ich fresse das in mir rein und das bleibt drin. (…) Und da muss man eingestehen, dass man das nicht über eine längere Zeit machen kann, weil das der Körper auch nicht mitmacht.«[555] Eine ehrliche Erkenntnis. Jürgen Sparwasser beließ es nach seiner Zeit bei den 98ern mit dem Trainerdasein im bezahlten Fußball.

74. GRUND

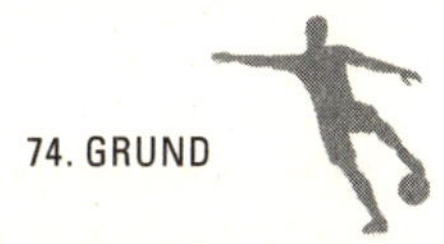

Weil ein 98er Jürgen Klinsmann zum Tritt in die Tonne bewegte

Wer kennt ihn nicht? Den berühmtesten Tritt in die Tonne der Bundesligageschichte? Am 10. Mai 1997 gastiert Tabellenschlusslicht SC Freiburg im Münchner Olympiastadion beim Klassenprimus. Nach 80 Minuten steht es immer noch 0:0. Die von Giovanni Trapattoni trainierten Bayern spielen ideenlos. Im Sturm gelingt Jürgen Klinsmann wenig. Der *Maestro* an der Seitenlinie zieht seine Schlüsse und entscheidet sich, den Kapitän der deutschen Fußballnationalmannschaft vom Feld zu nehmen. Klinsmann ist alles andere als *amused.* Er geht zum Spielfeldrand klatscht sich mit seinem Ersatzmann ab und explodiert. Er wettert gestikulierend gegen seinen Vereinscoach. Er tritt wutentbrannt in eine Werbetonne. Er verlässt zeternd den Innenraum des Stadions.[556]

Wovon ganz Fußball-Deutschland bei dieser Szene nur am Rande Notiz nahm, war der Spieler, der für Klinsmann den Platz betrat. Es war ein Carsten. Aber nicht Carsten Jancker. Der war schon eingewechselt worden.[557] Es war Carsten Lakies, ein 26-jähriger Stürmer, der noch ein Jahr zuvor für den SV Darmstadt 98 auf Torjagd gegangen war. Vielleicht war dieser Sachverhalt für Klinsmann der Tropfen, der das Fass zum Überlaufen brachte. Dass er ausgewechselt wurde, war schon unerhört, aber gegen einen *No-name* ausgetauscht zu werden, das kam einer Ohrfeige gleich. Selbst wenn Klinsmann am selben Abend versicherte, sein Ausraster habe nicht Lakies gegolten.[558]

Seine Hereinnahme für Klinsmann sollte Lakies' einziger Bundesligaeinsatz für die Bayern bleiben. Ein paar weitere sollten später für die Hertha hinzukommen. Neben zwei Zweitligaspielzeiten für den Karlsruher SC und den Chemnitzer FC war seine sportliche Heimat die 3. Liga. Insgesamt spielte er für 13 Vereine.[559] Lediglich bei den Lilien spielte der von einigen Fans wegen seiner hüfthohen Grätschen »Cantona« genannte Stürmer länger. Unlängst behauptete er sogar: »In Darmstadt war ich drei Jahre. Da war ich sesshaft.«[560] Genau genommen waren es sogar vier Darmstädter Jahre. Nach seinem ersten Engagement von 1993 bis 1996 wechselte er zur Saison 2002/03 noch einmal ans Böllenfalltor. Insgesamt lief er in 131 Partien für die Lilien auf und erzielte dabei 50 Tore.[561] Bei den 98ern war er ein Torgarant. In jeder seiner Spielzeiten am Bölle traf er zweistellig. Schnörkellos suchte der wuchtige Stürmer den direkten Weg zum Tor. Nachvollziehbar, dass sich die Bayern für ihre Amateurmannschaft einen solch treffsicheren und erfahrenen Stürmer holten. Die 200.000 D-Mark Ablöse, die die Bayern für ihn nach Darmstadt überwiesen, konnte der SVD im Übrigen gut gebrauchen. So belief sich der Etat für die darauffolgende Saison wenigstens auf 700.000 D-Mark.[562]

Seine Rückkehr zur Saison 2002/03 sollte für die Lilien eigentlich gleichbedeutend mit einem Aufbruch in bessere Zeiten sein. Der Saisonauftakt verlief mit neun ungeschlagenen Partien verheißungsvoll, aber dann lief nicht mehr viel zusammen. Am Ende stand gar der Abstieg in die Oberliga Hessen. Trotz dieses Negativerlebnisses blieb Lakies' Verbundenheit zu den 98ern stark. Er hat sie sogar auf seinem Oberarm manifestiert, denn dort prangt eine Lilie.[563] Ein Sachverhalt, den die Fußballfans in seiner Heimatstadt Kassel nicht gerade begrüßten, als in deren Foren über einen Wechsel des Angreifers zu Hessen Kassel spekuliert wurde.

Besonders stimulierend empfand Lakies die Atmosphäre am Bölle, wenn sich bei vollem Stadion eine besondere »Kraft« auf das Spielfeld übertrug.[564] Was traf sich da besser, als dass er ausgerechnet in diesem Stadion seinen Abschied als Fußballer geben durfte. Am letzten Spieltag der Saison 2007/08 kam er als Spielertrainer mit dem KSV Baunatal zum Duell mit den 98ern ans Böllenfalltor. Nach dem Spiel befand er: »Es war super, dass ich mein letztes Spiel in Darmstadt machen konnte.«[565] Zuvor hatte er sich in der 52. Minute selbst ausgewechselt. Eine Tonne kam dabei nicht zu Schaden.

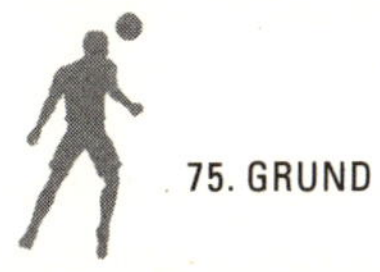

75. GRUND

Weil keiner so schön grätschte wie Živo Juškić

Es gibt Spieler, die mit ihrer Spielweise schnell den Nerv der Fans treffen. Genau so ein Kicker war Živojin Juškić, der von 2000 bis 2007 das Trikot mit der Lilie trug. Der Serbe kam auf dem Platz ohne große Umschweife zum Punkt. Kaum einer verstand es so gut wie er, seinen Gegenspielern nicht nur den Ball, sondern auch den Spaß am Fußball zu rauben. Keiner beherrschte während seiner aktiven Zeit am Böllenfalltor die gute alte Grätsche in solch einer Vehemenz. Egal ob ein *Sliding Tackle* oder eine frontal eingesprungene Grätsche, der Serbe ließ keinen Zweifel daran, dass es keine gute Idee war, mit dem Ball an ihm vorbeizukommen. In puncto Einstellung, Leidenschaft und Kampfeswillen konnte ihm keiner das Wasser reichen. Er hielt im defensiven Mittelfeld den Laden zusammen und ermöglichte durch Ballgewinne das Umschaltspiel des SVD. Klar, dass so einer am Böllenfalltor gut ankam. Insbesondere im A-Block, wo die traditionellen Fans zu Hause sind.

Dabei war der Serbe trotz seiner 30 Lenze ein mehr oder minder unbeschriebenes Blatt, als er im Sommer 2000 nach Darmstadt kam. Zwar raunte man sich auf den Rängen zu, dass er 1998 in der Qualifikation zur Champions League mit dem FK Obilić gegen Bayern München gespielt hatte. Das klang nach großem Sport. Umso mehr, als er im Hinspiel in München gar als Kapitän seines Teams fungierte.[566] In den anderthalb Jahren vor seinem Engagement bei den Lilien hatte er es in Nürnberg und Fürth allerdings nur auf ein gutes Dutzend Einsätze in der 1. und 2. Bundesliga gebracht.[567]

Er brauchte nicht lange, ehe er die Fans in Darmstadt von sich überzeugt hatte. Mit seiner Spielphilosophie konnte er am Böllenfalltor wenig falsch machen. Noch zu Fürther Zeiten hatte er sein Credo folgendermaßen formuliert: »Ich will eine andere Art von jugoslawischem Fußballer präsentieren. Die meisten meiner Landsleute lieben es, zu schnippeln, Kabinettstückchen zu zeigen. Aber wenn es darum geht, sich durchzubeißen, haben sie Probleme. Bei mir ist das anders.«[568]

Dass er mit seiner Spielweise oft hart an der Grenze des Erlaubten navigierte, lag auf der Hand. Bereits in seiner ersten Saison holte er sich 13 Gelbe Karten ab. In den darauffolgenden Spielzeiten folgten sieben Platzverweise.[569] Damit dürfte dem langjährigen Kapitän der Lilien ein Spitzenplatz in der klubinternen Allzeit-Statistik sicher sein. Das größte Spiel in seiner Lilien-Ära endete für ihn ebenfalls frühzeitig. Im DFB-Pokal-Achtelfinale kam im Dezember 2001 Titelverteidiger Schalke 04 nach Darmstadt. Nach 84 Minuten schickte Schiedsrichter Florian Meyer den Serben aufgrund einer vermeintlichen Tätlichkeit vorzeitig zum Duschen. Schon in den ersten Platzverweis der Partie war Juškić involviert. Mit einem öffnenden Pass hatte er David Wagner auf die Reise zum Schalker Tor geschickt, sodass Anibal Matellan zur Notbremse greifen musste und dafür den roten Karton sah. Letztlich gewann der Bundesligist durch ein Tor von Ebbe Sand in der 115. Minute. SVD-Stürmer Sascha Meier bedauerte nach dem Spielende die Rote Karte gegen Juškić: »Also ich bin mir relativ sicher, wenn der Juškić nicht die Rote Karte bekommen hätte, dann hätten wir das Spiel gewonnen. Wir waren in der Phase absolut drückend überlegen.«[570]

Wie es sich für ein Alpha-Tier gehörte, war der Defensivspezialist dem Vernehmen nach im Mannschaftskreis nicht immer unumstritten. Der zwischenzeitliche Coach Gino Lettieri machte ihn später gar öffentlich für seine Entlassung verantwortlich.[571] Wie auch immer, als der Publikumsliebling selbst die Lilien coachte, erfuhr er, wie undankbar und komplex dieser Job ist. 2003 warfen ihn die 98er im Abstiegskampf als Spielertrainer ins kalte Wasser, ohne Erfolg. 2009/10 kehrte er als hauptamtlicher Coach an den Spielfeldrand zurück, erneut ohne allzu viel Glück. In höchster Abstiegsgefahr – dieses Mal in der Regionalliga Süd – zog er selbst die Konsequenzen und ging.[572] Auf der Trainerbank konnte er die

Kontrahenten eben nicht mehr einfach so weggrätschen, wie noch als Spieler.

76. GRUND

Weil nur »Che« die »98« tragen konnte

Beim SV Darmstadt 98 haben schon einige Brasilianer ihre Ballfertigkeit demonstriert, doch ausgerechnet ein Argentinier hat eine besonders innige Beziehung zu den Lilien und ihren Fans aufgebaut: Matías Esteban Cenci. »Che«, wie er schon bald auch am Böllenfalltor gerufen wurde, durchlief eine Karriere, die eigentlich zu Höherem berufen war. In Quilmes geboren und beim dortigen Profiklub ausgebildet, wagte er als 22-Jähriger den Sprung in die zweite spanische Liga, zur Zweitvertretung von Atlético Madrid. Danach ging er für anderthalb Jahre zum FC St. Pauli. Einige Einsätze in der 1. Bundesliga führten allerdings nicht dazu, sich bei den Hamburgern durchzusetzen. Über Luzern landete er schließlich 2004 beim von Bruno Labbadia trainierten Regionalligaaufsteiger Darmstadt 98.[573]

Rasch entwickelte er sich zu einem Publikumsliebling. Der Mix, der zu seiner Popularität beitrug, war einfach: Leidenschaft, Kampf, Teamgeist und Identifikation. Dass »Che« bei den Lilien nicht gerade der Inbegriff des Torjägers war, erhöhte eher noch seine Wertschätzung. 18 Treffer in 61 Spielen sowie zwei verschossene Elfmeter – ausgerechnet in richtungsweisenden Spitzenspielen gegen Elversberg und Koblenz – stehen für eine ausbaufähige Quote.

2006 verließ er den Verein als Hessenpokalsieger zum ambitionierten SV Wehen. Der Weggang wurde gemeinhin bedauert. Ein Lilien-Fan verarbeitete den Verlust des Angreifers im Fanforum gar in Gedichtform. Bei seinen weiteren Klubs war dem Argentinier mehr Glück im Aufstiegskampf beschieden. Sowohl Wehen mit

14 Treffern als auch im Jahr darauf den FSV Frankfurt mit 17 Toren schoss er in die 2. Liga.[574] Ausgerechnet die Lilien hatten darunter besonders zu leiden. Für Wehen erzielte er im Duell gegen den SVD in der Schlussviertelstunde die Treffer zum 2:1 und 3:1 und besiegelte damit eine bittere Niederlage für den später absteigenden SVD. Dass er die siegbringenden Tore nicht bejubelte, zeigte, dass es für ihn keine normalen Treffer waren.[575]

Nachdem die Lilien für mehrere Jahre in der 4. Liga versumpften, lag ein erneutes Aufeinandertreffen mit »Che« fernab jeglicher Realität. Doch 2010 heuerte der Stürmer sogar wieder am Bölle an! Nachdem er beim SV Sandhausen nicht wie erwünscht zum Zug gekommen war, wechselte er unverhofft zu den 98ern, die gerade erst wieder dabei waren, sich in der viertklassigen Regionalliga Süd ein wenig nach oben zu orientieren. Seine Rückkehr wurde vom Darmstädter Anhang ebenso freudig wie herzlich begrüßt. »Für diese tollen Fans hier in Darmstadt finde ich wirklich gar keine Worte mehr«, sagte er nach seinem ersten Einsatz in einem Testspiel gegen den Bundesligisten aus Mainz. Nur um anschließend hinterherzuschieben: »So ein gutes Gefühl hatte ich schon seit vielen Jahren nicht mehr (…). Ich habe das Gefühl nach Hause gekommen zu sein.«[576] Da hatte einer ganz offensichtlich seine Wohlfühloase wiedergefunden. Um diesen Umstand besonders zu würdigen, lief er als erster und bislang einziger Spieler in der Historie des SVD mit einer Trikotnummer auf, die für die maximale Verbundenheit zu den Lilien steht: die »98«.[577]

Seine Rückkehr hatte allerdings einen Haken. Für Cenci war es ausgemachte Sache, zeitnah aus familiären Gründen nach Argentinien zurückzukehren und sich vielleicht als Maler oder Musiker zu verdingen.[578] So blieb sein zweites Engagement in Darmstadt auf wenige Monate begrenzt. In diesen wollte er die 98er allerdings in der Tabelle nach oben bringen. Er hielt Wort. Gegen den KSC II erzielte er den 1:0-Endstand, wenig später bereitete er gegen Eintracht Frankfurt II in letzter Minute den 2:1-Siegtreffer vor.[579] In seinem letzten Spiel für die Lilien – und als Fußballprofi überhaupt – legte er in der 53. Minute Oliver Heils Siegtreffer zum 1:0 gegen Sonnenhof Großaspach auf.[580] Die sechs Punktgewinne, an denen er unmittelbar beteiligt war, halfen, die Meisterschaft zu erringen. Diese erlebte er am letzten Spieltag als Zuschauer am Böllenfalltor.[581] Seine Ankunft verleitete einige Lilien-Fans im Fanforum dazu, sich einen allerletzten Einsatz des sympathischen Stürmers zu wünschen. Dazu sollte es aber nicht kommen.

Als er ein halbes Jahr zuvor seine Karriere beendet hatte, fanden sich über 100 Lilien-Fans, das Team und die Klubführung in der Lilienschänke ein, um ihn gebührend zu verabschieden. Seine emotionalen Abschiedsworte, »so etwas wie hier, habe ich im Fußball nie erlebt«, mündeten in »Standing Ovations«.[582] Dass die Lilien für ihn einen solchen Stellenwert besaßen, lag daran, »dass der SV 98 in der jüngeren Vergangenheit viele schwierige Situationen durchstehen musste«, so wie er.[583] Das mag stimmen, denn bei den anderen Vereinen zählte er irgendwann nicht mehr zur ersten Wahl: »Wenn du keinen sehr guten Laktattest hast, ist es egal, was du für einen Charakter und was du zuvor für den Verein geleistet hast«, monierte er gegenüber der *FAZ*.[584] Bei den Lilien wurde er hingegen immer gebraucht, und er zahlte es mit Einsatz und mannschaftsdienlichem Spiel zurück: unsere »98«.

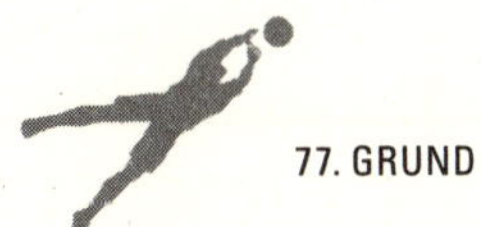

77. GRUND

Weil Captain Sulu nicht nur dem Gegner den Zahn zieht

Dass deutsche Klubs auch in der zweiten österreichischen Liga ihr Glück finden können, belegt das Beispiel Aytaç Sulu. Im Januar 2013 verharrten die Lilien auf dem letzten Tabellenplatz in Liga 3 und schwebten in akuter Abstiegsgefahr. Um die Hinserie zusammenzufassen: vorne harmlos, hinten anfällig. Mit Dirk Schuster verpflichteten die 98er in der Winterpause einen Trainer, der erst kurz zuvor beim Ligakonkurrenten Stuttgarter Kickers wegen Erfolglosigkeit entlassen worden war. Als eine seiner ersten Amtshandlungen holte er den damals 27-jährigen Sulu als einen Eckpfeiler in sein Team. Man kannte sich schließlich, hatte er den Innenverteidiger doch bereits nach Stuttgart holen wollen.[585] Der Deutschtürke aus Heidelberg war damals wohl nur Insidern ein Begriff. Nach Stationen in Sandhausen, Bahlingen und Hoffenheim stieg er mit dem VfR Aalen in die 3. Liga auf und wagte den Sprung in die türkische Süperlig. Bei Gençlerbirliği war ihm allerdings kein Glück vergönnt, sodass er beim SC Rheindorf Altach in Österreichs Zweitklassigkeit strandete. Wie SVD-Präsident Rüdiger Fritsch später einmal sagte, finanzierte der Klub den Verteidiger mit den Einnahmen, die die 98er für Schuster-Vorvorgänger Kosta Runjaic erhalten hatten, der im Spätsommer 2012 nach Duisburg gegangen war.[586]

Der neue Innenverteidiger entpuppte sich rasch als Volltreffer. Wortgewaltig auf dem Platz, sicher im Passspiel, kompromisslos, aber fair im Zweikampf, hellwach in der Innenverteidigung. So ein Spieler hatte den Darmstädtern gefehlt. Er verlieh der Defensive Stabilität, worauf das erste Augenmerk des neuen Coaches gelegen hatte. Logisch, dass er bei den Fans schnell hoch im Kurs stand. Im alles entscheidenden Abstiegs-Endspiel gegen die Stuttgarter Kickers lieferte er sich am Böllenfalltor vor über 13.000 Zuschauern ein packendes Duell mit Torjäger Marco Grüttner, mit dem er noch wenige Jahre zuvor in Aalen zusammengespielt hatte. Da die Lilien gewinnen mussten, wurde der kopfballstarke Abwehrspieler beim Stande von 1:1 ins Sturmzentrum beordert und … traf die Unterkante der Latte. Die Lilien waren sportlich abgestiegen. Wenn, ja, wenn die Offenbacher nicht über ihre Verhältnisse gelebt hätten.

So bekamen die Lilien ihre zweite Chance und Sulu vor der Drittligasaison 2013/14 die Kapitänsbinde. Eine ebenso naheliegende wie schlüssige Personalie. Denn auf dem Platz ist er ein Spieler, bei dem die Fans stets das Gefühl haben, er sei Herr der Lage. Er geht als Leader seiner »Sulu-Nation« voran oder eines Wolfsrudels, wie er es einmal beschrieben hat: »Zwecks meiner Position als Mannschaftskapitän führe ich das Wolfsrudel an. Ich muss ja gucken, dass das alles ein bisschen organisiert ist.«[587]

Aytaç Sulu, Dirk Schuster und die Lilien, das passt einfach. Das ist statistisch zu belegen. In den anderthalb Drittligaspielzeiten bevor Schuster und Sulu kamen, kassierten die 98er in 59 Spielen 81 Gegentore. In lediglich zehn Partien waren sie ohne Gegentreffer geblieben. Nach dem Engagement der beiden fielen in 52 Drittligaspielen nur noch 38 Gegentore. 26-mal, also in der Hälfte aller Partien mit Sulu, blieben die Kontrahenten ohne eigenen Torerfolg. Und in der 2. Bundesliga ging es geradewegs so weiter. Mit 26 Gegentoren stellten die Lilien die beste Defensive. 15-mal hielten Sulu und seine Nebenleute den Laden dicht. Noch zwei weitere Male blieb der SVD selbst ohne den ausgefallenen Kapitän ohne Gegentor. Die gegnerischen Teams bissen sich regelmäßig die Zähne aus.[588] Wie später auch so manches Mal in der Bundesliga.

Apropos Zähne. Der letzte Hinrundenspieltag 2014 führte die Darmstädter ans Millerntor. Sulu spielte erstmals seit Monaten wieder ohne Gesichtsmaske, nachdem er am zweiten Spieltag mit seinem Keeper Christian Mathenia zusammengeprallt war und mehrere Gesichtsfrakturen davontrug. Einen Monat später kehrte er zurück, nur um gegen Aue eine klaffende Platzwunde zu erleiden. Mit Turban und Carbonmaske spielte er die Partie zu Ende. Die ohnehin vorhandene Wertschätzung Sulus wurde durch diese Aktion nochmals befeuert. Ein Ausweis dafür ist das langgezogene »Suluuuuuu« von den Rängen. Doch sein Kultstatus sollte noch größer werden, womit wir beim erwähnten Spiel auf St. Pauli wären. Im Kopfballduell mit dem gegnerischen Stürmer landete dessen Ellenbogen in Sulus Gesicht, woraufhin sich eine Brücke im Mund des Lilien-Kapitäns lockerte. Was also tun? Richtig! Sich den Zahnersatz kurzerhand auf dem Platz selbst ziehen und ihn einem Betreuer übergeben. Er wollte einfach keine Behandlungspause herbeiführen, nach der er erst einmal vom Platz hätte gehen müssen.[589] So war er, unser Captain Sulu!

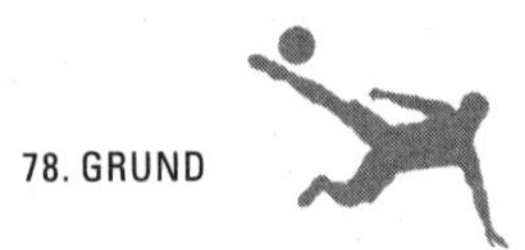

78. GRUND

Weil DSE den Torjägerrekord pulverisierte

Darmstadt 98 brauchte im Sommer 2013 viele gute Spieler. Vor allem aber einen Torjäger, der seinem Namen gerecht wird. In der Saison 2012/13 hatten die Lilien nicht gerade Angst und Schrecken vor des Gegners Tor verbreitet. 32 Tore in 38 Spielen zeigten deutlich, wo der Schuh drückte. Da wurde es auch nicht gerade als positives Zeichen gewertet, dass Preston Zimmerman, mit sieben Treffern vereinsinterner Toptorjäger, seine Kickschuhe an den Nagel hängte.

In dieser Situation war es wenig förderlich, dass Lilien-Coach Dirk Schuster erst Anfang Juni mit der Kaderplanung beginnen konnte, als der Markt schon reichlich abgegrast war. Erst dann hatte der SVD am grünen Tisch die Gewissheit erlangt, dass ihm ein weiteres Jahr in der 3. Liga vergönnt war. Mitte Juni verkündete der Klub auf seiner Homepage, mit Dominik Stroh-Engel und Jerome Assauer ein neues Sturmduo verpflichtet zu haben. Dominik Stroh-Engel, kurz DSE, war in der 3. Liga ein bekannter Name. Er hatte zwei Jahre zuvor in Babelsberg immerhin 13 Treffer erzielt, in der vorangegangenen Saison aber beim SV Wehen Wiesbaden nicht überzeugt. Assauer kam als Torschützenkönig aus der Regionalliga Südwest. Schuster attestierte ihm, »seinen Torriecher zuletzt in Koblenz eindrucksvoll unter Beweis gestellt« zu haben.[590] Ein Knipser schien also gefunden. Blöd nur, dass Assauer drei Tage nach seiner Vertragsunterschrift eine Rolle rückwärts machte und aus persönlichen Gründen nach Koblenz zurückkehrte.[591] Für Assauer holten die Lilien stattdessen Anfang Juli 2014 »Toni« Sailer und Dennis Schmidt. Beides nicht gerade Stürmertypen, die im Verlauf ihrer

Karrieren für zweistellige Torquoten standen. Also doch den Fokus auf Dominik Stroh-Engel legen, als die potenziell treffsicherste Variante im Sturmzentrum.

Zu Beginn der Saison benötigte der schlaksige Stürmer noch eine gewisse Anlaufzeit. Im ersten Spiel gegen Elversberg blieb er unauffällig. Im zweiten Spiel beim VfB Stuttgart II erzielte er zwar seinen Premierentreffer, versiebte allerdings kurz vor Schluss eine Großchance, als er alleine auf den VfB-Keeper zusteuerte und nicht verwandeln konnte. Eine Woche später war Zahltag beim SVD. Borussia Mönchengladbach kam zum DFB-Pokal nach Darmstadt, und die Lilien hatten pomadige Gladbacher gut im Griff. Wieder bot sich Stroh-Engel eine Riesengelegenheit, aber erneut nutzte er eine 1:1-Situation gegen den Torwart nicht. Im letztlich erfolgreichen Elfmeterschießen verschoss nur ein Lilien-Spieler: DSE.

Erste kritische Stimmen auf den Rängen blieben nicht aus. Doch am 4. Spieltag setzte der Angreifer ein deutliches Ausrufezeichen. Quasi im Alleingang sicherte er den ersten Dreier der Saison, indem er beim 4:2-Sieg in Unterhaching dreimal traf, darunter einmal per Strafstoß. Von da an versenkte er den Ball regelmäßig in die Maschen.[592] Am zehnten Spieltag schnürte er gegen Hansa Rostock in 25 Minuten einen Viererpack, den er im anschließenden TV-Interview als Steigerung eines Hattricks kurzerhand zum Quattrick ernannte.[593] Bis zur Winterpause standen für ihn bereits 15 Tore zu Buche, der Drittligarekord aus dem Jahr 2010 geriet ins Wanken. Damals hatte Régis Dorn für den SV Sandhausen in 34 Einsätzen 22 Treffer erzielt. Darmstadts Goalgetter machte 2014 einfach dort weiter, wo er aufgehört hatte. Im kompletten Februar und März gelang ihm lediglich beim torlosen Gastspiel bei den Stuttgarter Kickers kein Torerfolg. Elf Treffer in den anderen acht Partien hatten ihm frühzeitig den Torjägerrekord gesichert. Stroh-Engel spielte die Saison seines Lebens. Warum, das erklärte der im Mannschaftskreis »Dodo« genannte Angreifer dem Magazin *11Freunde*: »Ich hatte von Anfang an das volle Vertrauen von Mannschaft und Trainer.

Keiner hat mich unter Druck gesetzt und gesagt, du musst jetzt sofort Tore schießen. (…) Wenn du einen Lauf hast, dann fällt dir der Ball auch mal auf den Fuß und du musst ihn nur noch reinschieben. Komischerweise ging dieser Lauf fast über die ganze Saison.«[594]

Am 36. Spieltag schraubte er seine Quote mit dem 2:1-Siegtreffer gegen Rot-Weiß Erfurt auf 27 Torerfolge in den 34 Partien, in denen er mitwirkt hatte. Gegen zwölf der 19 Kontrahenten hatte er in mindestens einem Aufeinandertreffen getroffen.[595] Stroh-Engel machte damit oft den Unterschied aus. Seine Treffsicherheit ebnete den Weg in die 2. Bundesliga. Dennoch wäre es zu einfach, die überragende Saison der Lilien auf seine Person zu reduzieren. Ohne das enorm laufaufwendige Spiel der Darmstädter wäre Stroh-Engel sicher deutlich seltener in eine gute Abschlussposition gekommen. Das wusste auch DSE, der insbesondere mit seinem lauf- und kampfstarken Sturmpartner »Toni« Sailer harmonierte. Nicht von ungefähr verpasste Stroh-Engel seinem kongenialen Sturmpartner den Spitznamen »Mara-Toni«.[596]

79. GRUND

Weil wir Zimbo trotz seines Weggangs feierten

An Allerheiligen 2014 muss der SVD zum 1. FC Heidenheim. Die Voith-Arena ist überaus gut gefüllt, der Gästeblock ebenfalls. Die Spieler beider Teams kommen zur zweiten Halbzeit auf den Platz. Heidenheims Keeper Jan Zimmermann wird fortan das Tor vor den Lilien-Fans hüten. Der Torwart war vor der Spielzeit vom Böllenfalltor auf die Schwäbische Alb gewechselt. Wie wird die Begrüßung des Abtrünnigen ausfallen? Überaus stimmungsvoll! Die Anhänger des SVD feiern »Zimbo«, wie er am Bölle gerufen wurde. Kein selbstverständlicher Empfang für einen Spieler, der den Verein auf eigenes Betreiben hin verlassen hat. Nach dem Schlusspfiff wird es in der Voith-Arena noch doller. Die Lilien-Fans skandieren nicht nur lauthals den Namen des Keepers, sie fordern ihn mehrmals auf, vor ihre Kurve zu kommen, was er in seiner neuen Heimat dann doch lieber unterlässt.

Die Ereignisse wiederholen sich beim Rückspiel. Just an seinem 30. Geburtstag kehrt »Zimbo« ans Bölle zurück. Wie schon im Hinspiel trennen sich beide Teams 1:1. Für das Heimteam und seine Fans bedeutet das Ergebnis einen leichten Dämpfer im Aufstiegskampf, und dennoch ist der Gästekeeper nach der Partie gern gesehen. Er dreht nach dem Abpfiff eine Runde durchs Stadion, klatscht sich mit den Heimfans ab, die im immer noch vollen Stadion seinen Namen rufen. Vereinzelt werden Geburtstagsständchen angestimmt. Eine rundum geglückte Rückkehr für den jahrelangen Rückhalt der Lilien, der danach von einem »wahnsinnig emotionalen« Wiedersehen sprach.[597] Schon zuvor hatte er sich auf die Partie gefreut: »Ich erwarte den gleichen Empfang von den Darmstädter Fans, den ich ihnen bereiten werde: einen herzlichen, fröhlichen. Man freut sich doch einfach, sich wiederzusehen, weil wir doch eine sehr intensive Zeit zusammen durchgemacht haben.«[598]

Wohl wahr. Seine Ankunft zum Jahreswechsel 2010/11 bedeutete die Wende zum Besseren. Ein halbes Jahr später stiegen die Lilien in die 3. Liga auf. Nicht zuletzt wegen Zimmermann, wie der damalige SVD-Präsident Hans Kessler mir im Frühjahr 2015 sagte: »Jan Zimmermann war in seiner Spielerpersönlichkeit einer der wesentlichen Aufstiegsgaranten.« In den drei anschließenden Drittligaspielzeiten fehlte der eloquente Torwart keine Minute. Insbesondere nach dem vermeintlichen Abstieg 2013 agierte er im Jahr danach als sicherer Rückhalt einer ultrastarken Defensive. Noch bevor absehbar war, dass Darmstadt in die 2. Bundesliga aufsteigen würde, gab er aber seinen Abschied bekannt, um mal was anderes fernab der Rhein-Main-Region kennenzulernen.[599] Die Reaktion der Fans im anschließenden Spiel bei Preußen Münster? »Zimmermann, Zimmermann«-Sprechchöre beim Warmmachen.[600] Zimbo zeigte sich vor seinem Abschied erkenntlich, indem er ein Danke-T-Shirt trug, auf dem die Lilie in ein blaues Herz eingelassen war.

Kein Wunder, dass sich die Lilien-Fans lautstark zu Wort meldeten, als es dem Torhüter im November 2014 nicht gut ging. Ärzte hatten eher zufällig einen Tumor in seinem Kopf entdeckt, der in einer mehrstündigen OP entfernt wurde. Die Darmstädter Zuschauer riefen vor der anschließenden Partie gegen den KSC seinen Namen und zeigten ein Plakat »Gude Besserung, Zimbo!!«.[601]

Der Grund für Zimbos Beliebtheit mag neben seinen sportlichen Leistungen in seinem Charakter liegen. Auch in schlechten Zeiten duckte er sich nicht weg, und als ihn Dirk Schuster überraschend als Kapitän absetzte, weil er mit Aytaç Sulu lieber einen Feldspieler nominierte, ertrug er das ohne Murren. Hans Kessler rechnet ihm das hoch an: »Als der Aytaç Kapitän wurde, hat er das wie ein Profi weggesteckt. Menschlich und charakterlich ist das eine Riesenleistung!« Die von den Lilien gezeigten Sympathiebekundungen belegen eindrucksvoll: Zimbo und der SVD, das passte selbst nach seinem Abschied noch.

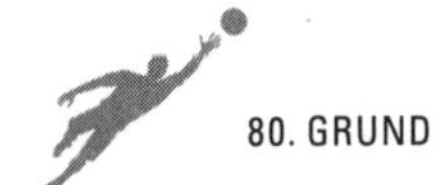

80. GRUND

Weil ein italienischer Nationalspieler hier das Kicken lernte

Der 16. November 2014 war ein riesiger Tag für Roberto Soriano und seine Familie. Der damals 23-jährige Spieler von Sampdoria Genua debütierte an jenem Sonntagabend in der italienischen Nationalmannschaft. Gegner im EM-Qualifikationsmatch war Kroatien. Auch für den SV Darmstadt 98 war der 62-minütige Einsatz des Mittelfeldspielers ein sensationeller Sachverhalt. Denn am Böllenfalltor hatte der gebürtige Darmstädter von 2000 bis 2006 die Grundzüge des Kickens gelernt.

Roberto Soriano ist mit seinen Eltern und seinen großen Brüdern am Großen Woog aufgewachsen, dem inmitten von Darmstadt gelegenen Badesee. Zusammen mit seinem anderthalb Jahre älteren Bruder Elia kam er als Neunjähriger zu den Lilien. Von den U10-Junioren bis zu den U15-Junioren trainierte ihn Björn Kopper, der heute das Nachwuchsleistungszentrum der 98er leitet. Dieser erzählt mir, dass Soriano schon damals sportlich herausragte: »Roberto spielte von Anfang an sehr auffällig. Wir haben ihn im Mittelfeld als klassischen Zehner spielen lassen, von wo er das Spiel lenkte und zahlreiche Tore vorbereitete. In engen Situationen übernahm er intuitiv die Verantwortung. Wenn es sein musste, erzielte er in den Spielen gegen die Eintracht den entscheidenden Treffer zum 1:0.« Seine Überlegenheit ließ er gegenüber seinen Mitspielern aber nicht heraushängen. »Er hat sich voll ins Team integriert. Er blieb bescheiden und hilfsbereit. Aufgrund seiner Leistungen war ohnehin für alle klar, dass er der Kopf des Teams ist.«

Sein Talent blieb größeren Vereinen nicht verborgen. »Er hatte Angebote von zahlreichen Bundesligisten, aber das interessierte ihn gar nicht«, blickt Björn Kopper zurück. »Er hat sich bei uns so wohl gefühlt, dass er sich die anderen Klubs nicht einmal angesehen hat.« So lange, bis schließlich die großen Bayern anklopften. Deren Angebot brachte den jungen Darmstädter mit italienischem Pass ins Grübeln. »Er hat uns gefragt, ob er sich den Verein einmal ansehen dürfe und wollte zugleich, dass wir mitkommen. Also sind wir mit ihm und seinen Eltern hingefahren. Der Wechsel war für ihn der richtige Schritt. So eine Chance konnte er sich nicht entgehen lassen«, stellt Björn Kopper klar. Kurz vor seinem Weggang befragte Rhein-Main-TV den damals 15-jährigen Soriano, was er alles vermissen werde: »Meine Familie, meine Freunde, meine Mannschaft und den Verein. Weil ich habe auch hier viel gelernt, ich habe viel Spaß gehabt.«[602]

Mit dem Spaß sollte es bei den Bayern weitergehen. Gleich im ersten Jahr errang Soriano den Deutschen Meistertitel der B-Junioren an der Seite von Mehmet Ekici und Diego Contento.[603] Nur ein Jahr nach dem Weggang von den Lilien stieg er im Bayern-Nachwuchs zum Kapitän seiner Mannschaft auf und debütierte in der italienischen Juniorennationalmannschaft. Der beidfüßige Mittelfeldspieler, der sowohl zentral als auch auf den Flügeln agieren kann, spielte von da an in sämtlichen Jahrgängen der italienischen Nachwuchsteams.[604] Anfang 2009 ging der gebürtige Darmstädter zu Sampdoria Genua, da der damals 18-Jährige laut Kopper in Aussicht gestellt bekam, für das Profiteam zu spielen, was ihm später auch gelingen sollte.[605]

Bei Sampdoria traf er im Übrigen auf einen anderen jungen Hessen. Shkodran Mustafi aus Bad Hersfeld hatte einen ähnlichen Werdegang zurückgelegt. Von seinem Heimatverein ging er zu einem großen deutschen Klub (HSV) und dann ins Ausland (zunächst Everton FC, dann Sampdoria), wo er wie Soriano zum Nationalspieler wurde, bekanntermaßen für den DFB.

Robertos Bruder Elia blieb den Lilien übrigens länger erhalten. Der Stürmer schaffte den Sprung von den Junioren zur 1. Mannschaft, die damals in der 4. Liga spielte. 2010 verließ er den SVD und entwickelte sich ebenfalls zu einem gestandenen Profi.

Wie Björn Kopper weiß, kommt Roberto Soriano meistens im Sommer nach Darmstadt zurück, nicht zuletzt um seine Eltern zu besuchen. Und ein, zwei Mal kam er sogar noch ans Böllenfalltor, um ein wenig zu kicken. Er scheint also noch zu wissen, wo er es gelernt hat, der italienische Nationalspieler.

KAPITEL 7

WAHSTE NOCH?

Denkwürdige Spiele

81. GRUND

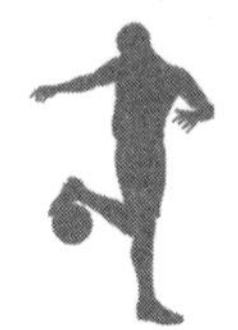

Weil der Club am Böllenfalltor mächtig unter die Räder kam

Was sich am 13. Mai 1973 am Böllenfalltor abspielte, würde der Brite in gewohnt schmückenden Worten wohl als *Darmstadt's finest hour* bezeichnen. Und das ist noch nicht einmal übertrieben, denn Darmstadt 98 fegte an jenem Sonntagnachmittag den ruhmreichen 1. FC Nürnberg mit 7:0 vom Platz. Ein unglaubliches Resultat, das mit der Meisterschaft in der Regionalliga Süd einherging. Nicht von ungefähr gilt das Aufeinandertreffen noch heute in Darmstadt als Jahrhundertspiel.

Schon die Rahmenbedingungen vor der Partie waren bestens. In der vorangegangenen Begegnung hatten sich die Lilien die Teilnahme an der Aufstiegsrunde zur 1. Bundesliga gesichert. In ihr traten in zwei Gruppen die Meister und Vizemeister der fünf damaligen Regionalligen gegeneinander an. Erstmals würden die Lilien also mit Vehemenz ans Tor zur Bundesliga klopfen, wenngleich sie später an Rot-Weiss Essen scheiterten. Der Kontrahent der letzten Ligapartie versprach ein zusätzliches Spektakel. Schließlich war der Club immer noch ein großer Name im deutschen Fußball, selbst wenn er seit 1969 nur noch in der zweitklassigen Regionalliga Süd spielte. 1968, also gerade einmal fünf Jahre vor dem legendären Spiel am Böllenfalltor, hatten die Nürnberger letztmals die deutsche Meisterschaft errungen. Dieser neunte Titel machte sie bis in die 1980er-Jahre zum Rekordmeister. In der Saison 1972/73 hatten sie bis zum Ende oben mitgespielt, aber vor dem Spiel in Darmstadt als Tabellenfünfter keine Chance mehr auf die Teilnahme an der Aufstiegsrunde.

Im Gegenzug fieberte ganz Darmstadt der Aufstiegsrunde entgegen. Das letzte Ligaspiel gegen Nürnberg geriet zum willkommenen Aufgalopp und Publikumsmagnet. Der Verein ließ zusätzliche

Tribünen errichten, sodass bei bestem Fußballwetter über 20.000 Zuschauer der Partie beiwohnten, gleichbedeutend mit einem neuen Zuschauerrekord am Bölle.[606] Zur Einstimmung auf das Spiel zog der Verein ein großes Rahmenprogramm auf. Unter anderem wurde der Ball vor dem Anstoß aus einem Sportflieger abgeworfen. Dass er vom Wind abgetrieben wurde und jenseits des Stadions aufschlug, sollte an diesem Nachmittag das einzige Malheur bleiben.[607] *ARD* und *ZDF* begleiteten den großen Tag mit zwei Kamerateams, um festzuhalten, wie sich die Darmstädter nur wenige Tage vor ihrem 75. Vereinsjubiläum den Bonus in Form der süddeutschen Meisterschaft sicherten. Die Lilien konnten das Spiel vollkommen unbeschwert angehen. Und genau das taten sie.

Bereits nach 14 Minuten eröffnete Spielführer Hansi Lindemann den Torreigen. In der 27. Minute erzielte der Nürnberger Harald Schuster – man kann es nicht anders sagen – ein sensationell schönes Eigentor aus gut und gerne 20 Metern. Keine drei Minuten später klingelte es schon wieder. Rudi Koch erhöhte auf 3:0. Nürnbergs Keeper Paul Hesselbach schied danach verletzt, und vielleicht auch ein wenig desillusioniert, aus. Auf der Gegenseite waren die Angriffe der Nürnberger eine sichere Beute von Torwart Uwe Ebert oder aber der Verteidiger Willi Wagner und Edwin Westenberger. Der Torhunger der 98er war noch nicht gestillt. In der zweiten Halbzeit spielten sich die Darmstädter in einen wahren Rausch, der das *Darmstädter Echo* an ein »Powerplay wie beim Eishockey« erinnerte.[608] Dem traumhaften Winkelknaller von Herbert Dörenberg folgten noch die Treffer zum 5:0, 6:0 und 7:0. Wer sich die Tore vor Augen führen möchte, der sollte »Darmstadt«, »Nürnberg« und »1973« bei YouTube eingeben.[609]

Nach der Partie kannte der Jubel keine Grenzen, inklusive des Abfeuerns verbotener Feuerwerkskörper.[610] Darmstadt hatte ein deutliches Ausrufezeichen gesetzt. Die Konkurrenten in der Aufstiegsrunde waren vorgewarnt. Die zugleich errungene Süddeutsche Meisterschaft sorgte dafür, dass erstmals ein überregionaler

Titel das Briefpapier der 98er zieren konnte. Auch Gyula Lorant, seinerzeit Trainer bei den Offenbacher Kickers und Augenzeuge des Kantersieges, war angetan: »Der Club spielt schön fürs Auge, nur mindestens 13 Jahre zu alten Fußball. Darmstadt modern, schön, temporeich.«[611] Mehr gibt es zu diesem Jahrhundertspiel nun wirklich nicht zu sagen.

82. GRUND

Weil wir der verkappten Nationalelf trotzten

Die Vorzeichen waren eindeutig. Hier der Tabellenführer, der zu Hause bislang alles in Grund und Boden gespielt hatte. Dort der Tabellen-16. und Aufsteiger, der auswärts zuvor nicht gerade als Spielverderber in Erscheinung getreten war. Und gerade deshalb sollte der 31. Oktober 1981 eine faustdicke Überraschung bereithalten.

Die Lilien reisten am 12. Bundesligaspieltag der Saison 1981/82 mit keinen allzu großen Erwartungen zum 1. FC Köln. Dafür war die Heimbilanz des damaligen Klassenprimus zu beeindruckend. 1:0 gegen Borussia Dortmund, 2:0 gegen Eintracht Frankfurt, 3:0 gegen den MSV Duisburg, 3:0 gegen Borussia Mönchengladbach sowie sage und schreibe 4:0 gegen den amtierenden deutschen Meister FC Bayern München.[612] Was sollten die Aufsteiger aus Darmstadt da schon ausrichten, die lediglich Punkteteilungen in Bielefeld und Düsseldorf vorweisen konnten?[613] Hinzu kam, dass der 1. FC Köln gegen den SVD mit einer Fülle von Nationalspielern antrat. Toni Schumacher, Pierre Littbarski, Klaus Fischer und Tony Woodcock fuhren wenig später für Deutschland beziehungsweise England zur Weltmeisterschaft. Klaus Allofs zählte ebenfalls zur Nationalmannschaft, Rainer Bonhof und Bernd Cullmann erst seit Kurzem nicht mehr. Selbst Harald Konopka war bei der Weltmeisterschaft 1978 im Einsatz gewesen. Gerd Strack gehörte ab 1982 zur DFB-Auswahl, Paul Steiner ein paar Jahre später. Einzig Holger Willmer zählte zeit seiner Karriere nie zur Nationalelf, dafür am Ende ebenjener Saison 1981/82 zur »*kicker*-Elf des Jahres«.[614] Dahingegen las sich die Elf der 98er wie eine Auswahl der Namenlosen: Helmut Vorreiter, Peter Cestonaro, Glenn Jordans, Guido Stetter, Bodo Mattern, Willi Bernecker, Helmut Zahn, Edwin Westenberger, Willi Wagner, Uwe Beginski und Dieter Rudolf.

Der 1. FC Köln startete furios. Vom Start weg drängte die Heimelf auf das 1:0, das bereits nach 13 Minuten fiel. Rainer Bonhof verwandelte einen Handelfmeter zur Führung. Der Favorit hielt das Tempo hoch und schnürte die Lilien in ihrer Hälfte ein. Mehrere Hochkaräter vereitelte SVD-Torwart Dieter Rudolf, einmal rettete Bodo Mattern auf der Linie, einmal die Latte. Kurz vor dem Seitenwechsel bot sich Bonhof die größte Chance zu erhöhen, doch Rudolf parierte den zweiten Strafstoß des Kölners. Mit einem für die Lilien schmeichelhaften 0:1 ging es in die Kabinen. Danach waren die 98er nicht wiederzuerkennen. Als ob plötzlich eine andere Elf auf dem Platz stand, rissen sie das Spiel an sich. Insbesondere Bodo Mattern zwang Toni Schumacher zu Glanztaten.[615] Aber auch hier war erst ein Elfmeter vonnöten, um eine Spielstandänderung herbeizuführen. Im direkten Duell behielt Mattern die Nerven und platzierte den Ball so gut, dass Schumacher nichts ausrichten konnte, was diesen noch nach der Partie mächtig wurmte. Der Nationalkeeper verfügte seinerzeit über eine viel zitierte Elfmeterschützendatei. In ihr war allerdings weit und breit kein Bodo Mattern verzeichnet.[616] So gesehen also ein Vorteil, über ein No-name-Team zu verfügen.

Danach riss der spätere Vizemeister wieder die Spielkontrolle an sich, doch die Lilien überstanden den zunehmend unstrukturierten Sturmlauf der Heimelf mit Glück (Littbarski traf nochmals die Latte), Geschick und Dieter Rudolf. Der *kicker* befand deshalb: »Trotzdem war das 1:1 für Darmstadt zwar glücklich, aber keineswegs unverdient. Die Hessen erkämpften es sich vor allem mit einer guten Leistung der gesamten Abwehr, in der Torwart Rudolf, stets richtig postiert und mit einer Reihe von Glanzparaden, seine Vorderleute noch übertraf.«[617] Konsequenterweise verlieh das Fachmagazin Dieter Rudolf eine glatte Eins. Gemeinsam mit ihm schaffte es Verteidiger Edwin Westenberger in die »Elf des Tages«. In ihr sollte kein einziger Spieler der verkappten Nationalelf aus Köln stehen.[618]

83. GRUND

Weil eine Partie der Lilien kräftig zu Jean Lörings Legendenbildung beitrug

Jean Löring war eine der schillerndsten Figuren, die der deutsche Fußball zu bieten hatte. Der Unternehmer leistete sich das kostspielige Hobby, Fortuna Köln in die Bundesliga hieven zu wollen. Dies gelang ihm zeit seiner jahrzehntelangen Präsidentschaft für genau eine Spielzeit. Seit dem Bundesligaabstieg 1974 hechelte der Klub aus der Kölner Südstadt dem erneuten Bundesligaeinzug hinterher wie der Esel der berühmten Möhre.

1982 starteten Löring und die Fortuna einen neuerlichen Anlauf in der 2. Bundesliga. Am dritten Spieltag kam der Bundesligaabsteiger aus Darmstadt ins Südstadion und damit ein vermeintlicher Aufstiegskonkurrent. In der Freitagabendpartie deutete zunächst wenig darauf hin, dass etwas Denkwürdiges passieren würde. Die Fortunen erzielten nach einer Stunde die 2:0-Führung, was bereits so etwas wie die Vorentscheidung war. Als Bernd Grabosch wenig später zum 3:0 erhöhte, war der Drops gelutscht.

Doch dann schien es das Schicksal gut mit den Lilien zu meinen, denn urplötzlich fiel das Flutlicht aus. Schuld war ein Defekt in der Stromversorgung. Fortuna-Spieler Florian Hinterberger erinnerte sich ein Vierteljahrhundert später, dass der Schiedsrichter verkündete, »wenn in 20 Minuten kein Licht da ist, muss ich das

Spiel abbrechen.«[619] Damit eröffnete sich den 98ern ganz unverhofft die Möglichkeit auf eine Wiederholung der bereits verlorenen Partie. Doch die Darmstädter hatten die Rechnung ohne Jean Löring gemacht. Das Kölner Original wollte die zwei sicher geglaubten Punkte gegen einen potenziellen Aufstiegsanwärter nicht mehr preisgeben.

Wie bei einer Legendenbildung üblich, lavieren die tatsächlichen Ereignisse von Erzählung zu Erzählung. Der *SPIEGEL* berichtete Jahre später davon, dass der Kölner Vereinsboss »mit den bloßen Händen das geborstene Kabel« hielt, »bis der Schlusspfiff« ertönte.[620] Der *Tagesspiegel* schrieb rückbetrachtend, Löring »packte (…) zwei Starkstromkabel. Er presste sie zusammen, das ganze Spiel über. Inklusive Nachspielzeit. Und sorgte für Strom.«[621] Das Fußballmagazin *11Freunde* kommt der Wahrheit in seiner Sonderausgabe »Zweite Liga« wohl sehr nahe: »Einmal soll er nach einem Flutlichtausfall ein Stromstarkkabel eigenhändig repariert haben, um einen Spielabbruch zu verhindern. In Wahrheit hat er in der Kabine einfach an ein paar Knöpfen gedreht und zwei Kabel gegeneinandergehalten, weil ein Fotograf in diesem dunklen Moment nicht von seiner Seite gewichen war. Am nächsten Tag war das Bild in der Zeitung und die Geschichte in der Welt, auch weil sie so gut zum Starkstromfunktionär passte.«[622] Wie auch immer, Lörings Ausbildung zum Elektriker hatte sich laut eigener Aussage ausgezahlt: »Es ist doch gut, dass mich meine Mutter etwas Anständiges lernen ließ.«[623] Auf den Saisonausgang hatte der 3:0-Sieg der Kölner hingegen keinerlei Auswirkung. Beide Teams rangierten in der Endabrechnung Seite an Seite auf den Plätzen sechs und sieben.[624]

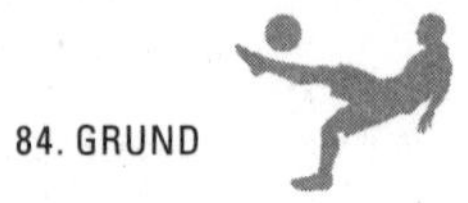

84. GRUND

Weil wir den DFB-Pokal lieb gewonnen haben

Für einen Verein, der zwischen 1993 und 2014 nur Dritt- oder Viertligafußball zu bieten hatte, waren Partien im DFB-Pokal natürlich absolute Highlights. Sie brachten ein wenig Glanz in die gute Stube und im besten aller Fälle nationale Aufmerksamkeit. Genau deshalb haben die Fans des SVD den DFB-Pokal bis heute lieb gewonnen.

Gleichwohl ist die Erfolgsbilanz des SVD überschaubar. Die wenigen Höhepunkte sind schnell erzählt. 2001 lehrten die 98er die Bundesliga das Fürchten. Der FC St. Pauli und der SC Freiburg blieben in den ersten beiden Runden auf der Strecke. Pokalverteidiger FC Schalke 04 war im Achtelfinale drauf und dran, die Segel zu streichen, ehe Ebbe Sand kurz vor dem Abpfiff dem Lilien-Spuk ein Ende bereitete. Im August 2013 erhielt das Spitzenteam aus Mönchengladbach eine Ahnung davon, zu welcher Leistung der spätere Zweitligaaufsteiger imstande war. Endstation war in Runde zwei wieder der FC Schalke 04, allerdings nach hartem Kampf und unter Flutlicht, zur Primetime live in der *ARD*.

Aufhorchen ließen die Lilien 1979/80. Dem damaligen Bundesligisten aus Kaiserslautern vergingen beim 0:4 am Böllenfalltor Hören und Sehen. Ein anschließendes 7:2 gegen Zweitligakonkurrent Fortuna Köln ließ nicht minder aufhorchen, bevor Fortunas Stadtrivale FC im Achtelfinale das Stoppschild zeigte. In der Pokalrunde 1982/83 gewann der SVD zunächst mit 4:0 bei Hannover 96. Nach einem Sieg beim unterklassigen Rot-Weiß Lüdenscheid ging es im Achtelfinale nach Dortmund. Die Lilien führten zur Pause bereits mit 2:0, ehe Kalli Feldkamp Erdal Keser einwechselte, der das Spiel drehte und der Zweitligist mit 2:4 das Nachsehen hatte.[625]

Den Höhepunkt der Darmstädter Pokalhistorie stellt die Saison 1986/87 dar. Nach zwei Siegen bei den Amateuren des SCC Berlin und von Blau-Weiß Friedrichstadt ging es im Achtelfinale zu Fortuna Köln. Mit zwei Toren in der Verlängerung besiegelte Bruno Labbadia den ersten und bis heute einzigen Viertelfinaleinzug. Der Gegner elektrisierte: der Hamburger SV.

Das Böllenfalltor platzte am 7. März 1987 aus allen Nähten. Umso mehr, als der SVD versehentlich die Plätze einiger Dauerkartenbesitzer in den freien Verkauf gegeben hatte. Der Klub löste das Problem, indem er die Dauerkarteninhaber auf Holzbänke im Innenraum des Stadions bat.[626] Sie konnten das Duell des Zweiten der Bundesliga gegen den Zweiten der 2. Liga also aus nächster Nähe verfolgen. Der HSV wusste durch seinen Spielerspion Thomas Kroth, worauf er sich einstellen musste: »Das ist eine ganz ausgebuffte Spitzenmannschaft der zweiten Liga. Da stimmt alles, Raumaufteilung, Technik, Kondition. Wir werden uns warm anziehen müssen.«[627] Lilien-Trainer Eckhard Krautzun, ansonsten ein Verfechter des Offensivfußballs, wusste wiederum, wie dem HSV beizukommen wäre: »Spielerisch und technisch sind wir im Nachteil, aber im Cup führt der Weg zum Erfolg ohnehin nur über den Kampf. Und da werden wir alles geben und setzen auf unsere Heimstärke.«[628] Folglich ließ er lediglich den jungen Bruno Labbadia in vorderster Front stürmen und verstärkte seine Defensive um den lange verletzten Thomas Klepper.[629]

Ein Schachzug, der aufging. Nach ein paar brenzligen Situationen Mitte der ersten Halbzeit verstanden es die Lilien ein ums andere Mal, die Angriffsaktionen des Favoriten ins Leere laufen zu lassen, und waren auf dem besten Weg, den HSV in die Verlängerung zu zwingen. Dann kam die 88. Minute, und Hamburgs Pole Mirosław Okoński passte perfekt auf Joker Manfred Kastl, der Torhüter Wilhelm Huxhorn keine Chance ließ. Einzig: Kastl stand maßgeblich im Abseits! Nicht die einzige Fehlentscheidung von Schiedsrichter Hans-Jürgen Weber. In der zweiten Halbzeit legte Gerard Plessers, Hamburgs bereits gelb-verwarnte Nummer 5, Darmstadts Rafael Sanchez. Weber war bereits dabei, die Karte zu zücken, die einen Platzverweis bedeutet hätte, als er urplötzlich seine Meinung änderte. Labbadia bezeichnete die Aktion später gefrustet als »HSV-Bonus«.[630]

Der *kicker* schrieb ob des Spielausgangs von einem »bitteren Ende für die Lilien« und einer Darmstädter Elf, die »auch in den technischen Belangen mitgehalten hatte«, während der spätere Pokalsieger mit einem »blauen Auge« davongekommen sei.[631] Die Unterlegenen waren reichlich angefressen: Coach Krautzun fand es einfach nur »brutal«, so auszuscheiden, Stürmer Labbadia fand den Gegentreffer einfach nur ein »Misttor« und Libero Kalle Emig ätzte: »Sympathien haben wir uns wieder einmal geholt, doch davon haben wir nichts. Es gibt nichts Schlimmeres im Fußball«.[632] Dennoch lieben wir den DFB-Pokal am Böllenfalltor!

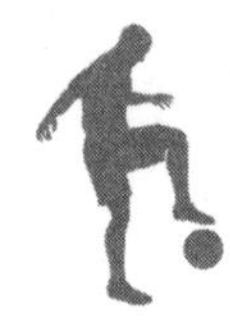

85. GRUND

Weil Darmstadt 98 am dramatischsten Relegationsduell mitwirkte

2. Juni 1988, Böllenfalltorstadion Darmstadt: 47 Minuten sind gespielt, und Darmstadt 98 scheint bereits auf verlorenem Posten zu stehen. Im ersten Relegationsspiel um den letzten Platz in der 1. Bundesliga treffen die Lilien als Tabellendritter der 2. Bundesliga auf Waldhof Mannheim, den 16. der 1. Bundesliga. Wie schon in der ersten Hälfte haben die Gäste ein schnelles Tor erzielt und liegen nunmehr mit 2:0 in Front.[633]

Das Duell der Kurpfälzer gegen die Südhessen elektrisierte nicht nur aufgrund der geografischen Nähe der Kontrahenten. Mehrere Personalien heizten das Derby zusätzlich an. Da war zum einen Klaus Schlappner. Der Lilien-Coach hatte sich als Trainer von Waldhof Mannheim bundesweit einen Namen gemacht. Anfang der 1980er-Jahre war er mit den Mannheimern in die 1. Bundesliga eingezogen und hatte sie dort etabliert. Vor der Saison 1987/88 kehrte er zu den Lilien zurück, bei denen er seine Trainerkarriere Ende der 1970er-Jahre als Co-Trainer begonnen hatte.[634] Zudem standen im Kader der 98er Karl-Heinz Emig, Rainer Scholz, Volker Kispert und Henrik Eichenauer, die bereits für den Waldhof aufgelaufen waren.[635] Emig und der in der Relegation verletzte Kispert errangen 1980 sogar mit den Waldhof-Buben die Deutsche A-Jugendmeisterschaft. Zusammen mit Uwe Zimmermann, Dimitrios Tsionanis, Ulf Quaisser und Alfred Schön, die allesamt für die Mannheimer in die Entscheidungsspiele gegen die Lilien gingen.[636]

Die Lilien-Elf spielt nach dem Rückstand im ersten Relegationsspiel um alles oder nichts. Umso mehr, als sie seit der 44. Minute in Überzahl ist. Schiedsrichter Dr. Wolf Rüdiger Umbach hatte Waldhofs Günter Güttler vom Platz gestellt.[637] Der Anschlusstreffer durch Dieter Gutzler gelingt nach einer Stunde. Das Spiel kippt. Nach 66 Minuten erzielt Darmstadts Kapitän Oliver Posniak per Fernschuss den Ausgleich, nur um sieben Minuten später den Treffer zum 3:2-Endstand von Guangming Gu vorzubereiten.[638] Die Lilien waren erfolgreich zurückgekommen und verfügten über eine passable Ausgangslage für das Rückspiel.

5. Juni 1988, Südweststadion Ludwigshafen: In der 87. Minute kommt der Hammer. Peter Lux hat die 1:0-Führung der Waldhöfer aus der ersten Hälfte soeben zum 2:0 ausgebaut.[639] Die Lilien stehen so gut wie sicher als Verlierer der Relegation fest. Es bleibt eine kleine Hoffnung, denn im damaligen Duell kommt die Auswärtstorregel noch nicht zum Einsatz. Ein Anschlusstreffer wäre gleichbedeutend mit einem alles entscheidenden dritten Spiel. Die Lilien mobilisieren im Mut der Verzweiflung ihre letzten Kräfte. Nur eine Minute nach dem 2:0 flankt Willi Bernecker in den Strafraum, wo Oliver Posniak das Leder per Kopf verlängert und in Stürmer Uwe Kuhl einen dankbaren Abnehmer findet. Dieser nutzt die sich bietende Gelegenheit in bester Torjägermanier und erzwingt mit dem 1:2 das Entscheidungsspiel.[640] Nach 180 Minuten heißt es also alles auf Anfang.

9. Juni 1988, Ludwigsparkstadion Saarbrücken: Nach 120 Minuten hat es keines der beiden Teams verstanden, einen Treffer zu erzielen. Zum ersten und letzten Mal muss ein Elfmeterschießen in einem Entscheidungsspiel über den Relegationssieger entscheiden.[641] Auf YouTube ist der Showdown vom Elfmeterpunkt in voller Länge nachzuerleben.[642] Als erster SVD-Spieler übernimmt Oliver Posniak Verantwortung. Hart, aber nicht platziert genug, feuert er seinen Schuss ab, den Waldhofs Keeper Uwe Zimmermann parieren kann. Mit einem wütenden »Scheiße« quittiert der Spielführer seinen Fehlschuss. Peter Lux und Uwe Kuhl verwandeln anschließend für beide Seiten ihre Elfer, bevor Manfred Bockenfeld die Nerven versagen. Der Schuss des Mannheimers streicht am Kasten von Lilien-Keeper Rainer Berg vorbei. Daraufhin verwandeln Uwe Schreml und Guangming Gu für die 98er sowie Karl-Heinz Bührer für den Waldhof sicher. Martin Trieb jagt als der vierte Mannheimer Schütze den Ball über das Tor, sodass Darmstadts Libero Karl-Heinz Emig den dritten Bundesligaeinzug der Lilien nach 1978 und 1981 sicherstellen kann. Der Live-Kommentator von *Sat.1* begleitet den Versuch mit den folgenden Worten: »Karl-Heinz Emig. Ausgerechnet der überragende … gehalten. Ich glaube es nicht. Ich glaub es nicht. Emig verschießt.« Der Schuss des Darmstädters war zu zentral platziert, sodass ihn Zimmermann vergleichsweise einfach halten konnte. Der ehemalige Waldhof-Bube drischt den von Zimmermann zurückgeworfenen Ball ebenso enttäuscht wie wutentbrannt weg. Später hadern er und Coach Schlappner damit, dass er sich kurzfristig entschlossen hatte, nicht in seine angestammte Ecke zu schießen.[643] Als dann auch noch Zvjezdan Cvetković für die Kurpfälzer trifft, geht selbst das Elfmeterschießen in die Verlängerung. Es kommt also gewissermaßen im Entscheidungsspiel zur Verlängerung der Verlängerung.

Rainer Scholz für den SVD und Ulf Quaisser für den SVW verwandeln sicher. Willibald Bernecker tritt als siebter Schütze für die Lilien an und feuert den Ball in *Football*-Manier über die Querstange. Angesichts dieser Tragik presst der *Sat.1*-Kommentator zunächst nur ein »Boah« heraus, um nachzuschieben: »Ausgerechnet Bernecker, der erfahrenste. Willibald, nimm's leicht, möchte man sagen.« Willibald tat sicherlich vieles, nur leicht nahm er seinen Fehlschuss ganz sicher nicht! Bernd Klotz lässt sich die Steilvorlage der Lilien nicht entgehen und macht den Sack zu, indem er Lilien-Keeper Berg gekonnt verlädt. Die 98er hatten das dramatischste Relegationsduell der Bundesligageschichte nach 300 gespielten Minuten und 14 getretenen Elfmetern verloren.

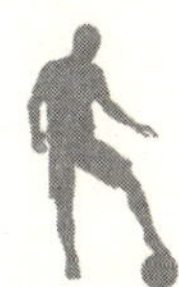

86. GRUND

Weil es den SC Weismain gar nicht gibt

Bielefeld soll es ja angeblich gar nicht geben. Dass dem nicht so ist, dürfte wohl kaum jemand besser wissen als die Fans des SVD. Die in den 1990er-Jahren aus Jux gestartete Verschwörung gegen Bielefeld hat sich mittlerweile zu einem geflügelten Wort entwickelt. Den Charakter eines geflügelten Worts hat bei allen Fans der Lilien der Name eines ganz bestimmten Klubs. Eines Dorfklubs, um genau zu sein: Die Rede ist vom SC Weismain!

Der Sportclub aus dem 5.000 Einwohner zählenden Dorf zwischen Bayreuth und Bamberg stieg 1996 in die Regionalliga Süd auf. Er zählte mithin zu den Konkurrenten des SVD, und er sollte im Mai 1998 gehörig Schicksal spielen. Denn am Ende der Saison 1997/98 gehörten die Lilien und Weismain zu den akut abstiegsgefährdeten Teams der 3. Liga. Die Lilien waren schon in der ganzen Saison nicht so recht aus dem Quark gekommen, und in der Rückrunde hatte sich die Situation nochmals verschärft. Da halfen selbst die unerwarteten Siege gegen die beiden Klassenbesten nicht. Sei es das legendäre 3:2 in Offenbach, das in diesem Buch im Kapitel über

Amaechi Ottiji gewürdigt wird. Sei es ein 2:0-Erfolg über Spitzenreiter Ulm, mit Jung-Coach Ralf Rangnick.

Aufgrund des Rückzugs von Hessen Kassel spielten im Saisonverlauf nur noch 17 Teams um den Auf- beziehungsweise gegen den Abstieg. Das bedeutete zugleich, dass die Lilien am letzten Spieltag spielfrei waren. Die Partie am Bölle gegen Weismain war somit die letzte Begegnung, in der die 98er im Gegensatz zu ihren Kontrahenten punkten konnten.

Was den Zuschauern dann am Nachmittag des 16. Mai 1998 geboten wurde, kann mit Pleiten, Pech und Pannen nur unzureichend beschrieben werden. Das Unheil begann nach 28 Minuten mit dem unberechtigten Platzverweis für SVD-Leistungsträger Oliver Wölki. Eine Tatsache, die das Team weiter verunsicherte. Was dann folgte, grenzte an Slapstick, wie sich alle Dabeigewesenen noch heute erinnern. Unter anderem Lilien-Kapitän Thomas Schmidt in seinem Interview in diesem Buch. Die nach wie vor zu elft spielenden Gäste schoben sich nach dem Seitenwechsel minutenlang den Ball in der eigenen Hälfte zu und scheuten jegliches Risiko. Sie wussten, ein Punkt genügt zum vorzeitigen Klassenerhalt. Die Lilien hatten diese Gewissheit offenbar nicht, denn Darmstadt machte eine Viertelstunde vor Schluss urplötzlich die »Mühle auf«, wie es Gästecoach Kurt Geinzer beschrieb.[644] Es kam, was kommen musste. Weismain nahm das Geschenk der sich öffnenden Lilien an, spielte doch mal nach vorne und setzte zwei Kontertore zum 0:2-Endstand.

Blankes Entsetzen auf den Rängen und dem Platz. Denn: Aufgrund der anderen Ergebnisse hätte dem SVD auch ein Punkt zum Klassenerhalt gereicht! Warum hatten die Spieler plötzlich Harakiri gespielt? Sie waren kurioserweise nicht über das sich zu ihren Gunsten entwickelnde Spiel zwischen dem FC Augsburg und dem Mitkontrahenten SC Neukirchen im Bilde. Lilien-Coach Lothar Buchmann sparte nach dem Abpfiff nicht mit Kritik an seinem Team, dem er gesagt habe, sie »sollen nicht aufmachen«.[645] Den bei den Fans ungemein beliebten Kapitän Thomas Schmidt stellte er gar bloß: »Solange es 0:0 stand, übernehme ich für das Spiel die Verantwortung. Doch dann hat der Libero seine Position verlassen. Die Niederlage geht auf seine Kappe.«[646] Abwehrspieler Martin Kowalewski berichtete hingegen, Buchmann habe gesagt, sie müssten selbst entscheiden, was zu tun sei.[647] So rannte die verunsicherte Mannschaft orientierungslos ins Verderben. Die Klubleitung schaute sich das unwürdige Schauspiel nicht lange an und entließ Buchmann umgehend.[648]

Es kam, was kommen musste: Am letzten Spieltag überholten der SV Wehen, der VfR Mannheim und der SC Neukirchen den zum Zuschauen verdammten SVD und verdrängten ihn auf den Abstiegsplatz 16. Eine Hoffnung blieb noch. Würden sich die Offenbacher Kickers in den Aufstiegsspielen zur 2. Liga durchsetzen, wären die 98er gerettet. Doch dazu kam es nicht. Somit waren die Lilien an ihrem 100. Geburtstag erstmals nur viertklassig. Der SC Weismain spielte ein weiteres Jahr Regionalliga, bevor er abstieg und seit einer Insolvenz im Jahr 2004 gar nicht mehr existiert.[649] So gesehen können die Lilien-Fans in Anlehnung an die Bielefeld-Verschwörung tatsächlich mit Fug und Recht behaupten, den SC Weismain gibt's doch gar nicht.

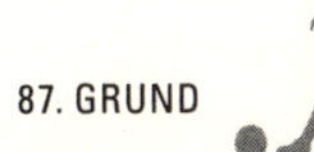

87. GRUND

Weil Stefan Leitl und İvo İličević eine kongeniale Flügelzange bildeten

Es gibt Spiele, da passt einfach alles zusammen. Das Team startet druckvoll, kontrolliert Ball und Gegner, trifft intuitiv die richtigen Entscheidungen und … gewinnt haushoch. Die Lilien hatten solch einen magischen Abend am 21. Oktober 2005 im Trierer Moselstadion. Die gastgebende Eintracht fremdelte als Absteiger aus der 2. Bundesliga mit der Regionalliga Süd und stand nach elf Spieltagen im Tabellenkeller. Daran änderte auch Lauterns Kultverteidiger Harry Koch nichts, der seine Karriere in Trier austrudeln ließ. Die Lilien standen dagegen nach einem Drittel der Saison auf Rang 4. Vom Start weg dominierte Bruno Labbadias Team die Partie. Gegen verunsicherte Trierer brannten sie über die Flügel ein wahres Feuerwerk ab. »Vor allem der überragende Stefan Leitl gab den Trierern auf ihrer linken Abwehrseite ein Rätsel nach dem anderen auf«, wusste das *Darmstädter Echo* später zu berichten.[650] Auf der anderen Seite wirbelte der junge Ivo Iličević nicht minder eindrucksvoll. Nach nur zwölf Minuten stand es bereits 3:0 für den SVD. Nach 36 Minuten ließ Leitl aus spitzem Winkel das 4:0 folgen. Bei der Fülle an hochkarätigen Chancen hätte das *Echo* zur Pause gar acht Treffer für mehr als möglich gehalten.[651]

Trotz zweier Trierer Treffer kurz vor und nach der Pause änderte sich am Kräfteverhältnis nichts. Die Lilien wirbelten weiter über die Außen, die heimische Elf rannte hinterher. Kein Wunder, dass nach der 6:2-Demonstration des SVD Triers Anhang auf die Barrikaden ging.[652] Am Ende hatte Leitl drei Tore vorbereitet und eins erzielt, Iličević zwei geschossen. Der *kicker* wählte beide in die »Elf des Tages«, Leitl gar zum »Mann des Tages«.[653] Gegen die Schnelligkeit und technische Finesse der beiden sahen auch andere Abwehrreihen alt aus. Auf ähnlich feine Kicker mussten die Fans am Böllenfalltor später lange Jahre warten. Die Lilien waren nach der Partie in Trier auf zwei Punkte an die Aufstiegsränge herangerückt. Die angestrebte Rückkehr in die 2. Bundesliga schien möglich.

Doch die Lilien wären nicht die Lilien, wenn sie sich nicht gerne selbst ein Bein stellen würden. Zwei Wochen nach dem 6:2 von Trier unterlagen sie beim späteren Absteiger Jahn Regensburg mit 2:7. Ein früher Platzverweis gegen Živojin Juškić hatte die peinliche Niederlage eingeleitet. Und was tat das Präsidium? Verkündete in einer Pressemitteilung, dass es sich nach der »desaströsen Leistung in Regensburg zum Handeln gezwungen« sehe.[654] Obwohl das Präsidium Labbadia gar nicht entlassen wollte, konnte man es so interpretieren. Labbadia reagierte verärgert und verkündete von sich aus seinen Rückzug zum Saisonende. Sein Urteil: »Die anderen Vereine werden sich wahrscheinlich kaputtlachen, wenn sie mitbekommen, wie wir uns das Leben selbst schwer machen.«[655] Das Chaos komplettierte wenige Tage später der Rücktritt von Vereinspräsident Walter Grimm.[656]

Und dann war da noch das unrühmliche Intermezzo von Lilien-Kapitän Michael Aničić. Nach gutem Start fiel er krankheitsbedingt länger aus und verließ den SVD nach nur sechs Monaten im Streit. Labbadia brachte das angeblich unprofessionelle Verhalten Aničićs auf die Palme. Dieser fühlte sich wiederum missverstanden, wie zum Bespiel beim »Kuchen-Vorfall«: »An meinen Geburtstag habe ich dem Trainer zwei Stück Kuchen in seine Kabine gebracht (…). Er hat mir nicht gratuliert, sondern mich aus der Kabine geschmissen.«[657]

Dass die Saison nach diesen Querelen und dem verpassten Zweitligaaufstieg doch ein versöhnliches Ende fand, lag erneut an den beiden Flügelflitzern der 98er. Im Hessenpokalfinale gegen den FSV Frankfurt lagen die überlegenen Lilien bis kurz vor Schluss mit 0:1 zurück. Stefan Leitl blieb es in der 81. Minute vorbehalten, den Ausgleich durch Nico Beigang mustergültig vorzubereiten. Der nach Bochum wechselnde Ivo Iličević leitete mit seinem Siegtreffer in der Nachspielzeit den Platzsturm der Lilien-Fans ein.[658]

88. GRUND

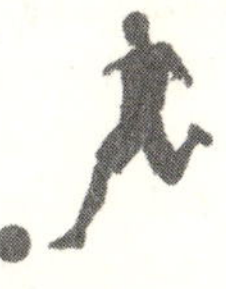

Weil die Lilien das größte Relegations-Comeback schafften

Das Relegationsrückspiel am 19. Mai 2014 zwischen Arminia Bielefeld und Darmstadt 98 wird kein Lilien-Fan je vergessen, der es im Stadion erlebt, am Fernseher verfolgt oder im Radio gehört hat. Die

Partie hatte alles, was ein Fußballspiel ausmacht, im Überfluss. Es war ein fesselnder Thriller. Das denkwürdige Finale einer langen Saison. Aber der Reihe nach:

Freitag, 16. Mai 2014: Die Sonne scheint. Über 16.000 Zuschauer pilgern ans Böllenfalltor. Die Fans sind in freudiger Erwartung des Relegationshinspiels um den noch freien Platz in der 2. Bundesliga. Die Atmosphäre ist prickelnd. Alles ist angerichtet für ein großes Spiel. Der SVD kommt gut in die Partie, bis der Zweitligist aus Bielefeld den Spielverderber gibt. Der *kicker* wird später schreiben: »Mit der ersten Offensivaktion sollte die Arminia dann aber plötzlich in Führung gehen.«[659] Nach 33 Minuten erhöht der Gast gar auf 2:0. Milan Ivana verkürzt nach einer Stunde, aber fünf Minuten vor dem Abpfiff stellt Bielefeld den alten Abstand wieder her. Ernüchterung am Böllenfalltor. Der Aufstieg scheint bereits verspielt.

Sonntag, 18. Mai 2014: Lilien-Coach Dirk Schuster denkt nicht daran, die Flinte ins Korn zu werfen. Er blufft. Er sagt das Abschlusstraining im Bielefelder Stadion ab und trainiert lieber auf dem hoteleigenen Spielfeld. Den Bielefeldern bestellt er: »Wir waren jetzt sechs Stunden auf der Autobahn und machen hier nur noch einen kleinen Spaziergang.«[660] Damit signalisiert er, die 98er seien nicht mehr sonderlich ambitioniert. Er will die Gastgeber in Sicherheit wiegen. Er weiß: »Die hatten auf der Rückfahrt vom Hinspiel schon ein bisschen gefeiert und darüber gesprochen, wann der Flieger nach Mallorca geht. Heutzutage, wo es Facebook und all solchen Blödsinn gibt, ist diesbezüglich ja der Informationsfluss gewährleistet.«[661]

Montag, 19. Mai 2014: Als die Teams das Feld betreten, ist die ausverkaufte Schüco-Arena komplett in Schwarz, Weiß und Blau getaucht. Nur eine Ecke fällt aus dem Rahmen: die über 2.000 Darmstädter, die trotz der schlechten Ausgangslage nach Ostwestfalen gekommen sind. Sekunden vor dem Anpfiff skandieren sie unüberhörbar: »Hurra, hurra, Darmstadt ist da!«[662] Vom Start weg attackieren die 98er. Nach 38 Sekunden erzwingt der SVD die erste

Ecke. Nach viereinhalb Minuten hat »Toni« Sailer die erste gute Chance. Regelmäßig schwärmen die Lilien im schnellen Umschaltspiel mit fünf bis sechs Spielern aus. Als die Arminen das Spiel gerade ein wenig neutralisieren, schlägt Aytaç Sulu in der 23. Minute einen hohen Ball an den Strafraum. Jerôme Gondorf lässt den Ball mit der Brust auf Dominik Stroh-Engel abtropfen, der ihn trocken aus 18 Metern im Tor unterbringt. TV-Moderator Jürgen Bergener ahnt: »Spätestens ab jetzt beginnt die Nervenschlacht.« Als fünf Minuten später ein rasanter Flankenlauf von Sandro Sirigu in der nächsten Ecke mündet, erkennt Bergener: »Bielefeld wirkt angeschlagen.« Eine weitere Minute später setzt Gondorf bei einem Abpraller nach und trifft Bielefelds Torwart Stefan Ortega. Es folgt eine Rudelbildung im Tor der Bielefelder. In der Halbzeit bleibt dann erst mal Zeit zum Luftholen.

»Darmstadt wieder mittendrin im Spiel«, wirft Jürgen Bergener in der 51. Minute ein, als sich Milan Ivana auf den nächsten Eckball für die 98er vorbereitet. Er tritt die Ecke auf den ersten Pfosten, wohin Hanno Behrens geeilt war: »Mit der Hacke – Kunstschuss – Treffer – Tor«, ruft der TV-Moderator. Die Lilien kratzen am Wunder, doch nur 94 Sekunden später verkürzt Bielefelds Felix Burmeister per Kopf auf 1:2. Darmstadt bleibt unbeeindruckt und aggressiv. Das Team von Dirk Schuster verwickelt Bielefeld in viele Zweikämpfe. Fast minütlich unterbricht Schiedsrichter Dr. Jochen Drees das Spiel. Am Ende pfeift er 46 Fouls.[663] Dann die 79. Minute: Stroh-Engel legt den Ball per Kopf am Bielefelder Strafraum etwas zu weit nach hinten ab. Bielefelds Tom Schütz schlägt ein Luftloch, Sailer setzt nach und spitzelt den Ball zu Gondorf, der mit rechts abzieht. Der Ball schlägt in den Winkel. Sailer kniet auf dem Boden und reckt beide Arme in den Himmel. Augenblicklich schweigt das Stadion, nur der Darmstädter Block flippt aus. Die Lilien wollen die Entscheidung. 83. Minute: Eckball SVD. Benjamin Gorkas Kopfball wird auf der Linie gerettet. Die Lilien setzen nach, Sailer zieht ab, ein Bielefelder wirft sich dazwischen. Jürgen Bergener ruft erregt:

»Bielefeld mit wie viel Glück. Zwei *(laut)* Hundertprozentige jetzt für Darmstadt 98.« Die Lilienspieler wirken fokussiert, die Bielefelder zunehmend konsterniert. Die letzte Aktion in der Nachspielzeit hat Kapitän Sulu, der im Strafraum aus dem Gewühl abzieht, doch Ortega pariert. Verlängerung!

97. Minute: Eine Aktion mit Symbolcharakter. Bielefelds Arne Feick bereitet sich 13 Sekunden auf einen Einwurf vor und wirft ihn direkt zum Gegner. In der 104. Minute überschlagen sich die Ereignisse. Ein Bielefelder spielt den Ball im Strafraum ungeahndet mit dem Arm. Der eingewechselte Josip Landeka feuert den Ball in der gleichen Szene aus der Drehung auf das Bielefelder Tor, Ortega rettet. Ecke Darmstadt, Kopfball Gorka, Rettung auf der Linie. »Bielefeld wackelt sich hier durch die Begegnung (…), hat bald alles an Glück aufgebraucht, was hier rund um die Alm rumliegt«, schüttelt Bergener gedanklich den Kopf. Beim Seitenwechsel klatscht SVD-Trainer Schuster seine Spieler vehement ab. Kapitän Sulu klopft sich aufs Herz, animiert jeden Spieler so weiterzumachen. 110. Minute: Bielefeld kombiniert sich erstmals gekonnt durch den Strafraum. Kacper Przybylko steht ungedeckt am langen Pfosten und nutzt die Hereingabe eiskalt zum 3:2. »Seit langem die erste gelungene Kombination von Arminia Bielefeld und dann dieser Schuss ins Vollglück«, weiß Bergener. Das Stadion tobt. Die Lilien brauchen ein Tor! 111. Minute: Gondorf nimmt dem besser postierten Sailer eine große Kopfballchance weg. 112. Minute: Dirk Schuster hat noch einen Pfeil im Köcher. Er bringt Elton da Costa. Die Lilien pressen. Kapitän Sulu bleibt konsequent vorne. Das ganze Stadion hüpft, skandiert »Hier regiert der DSC!« Zwei Minuten Nachspielzeit werden angezeigt. Die Zuschauer pfeifen. Die Befreiungsschläge der Arminen kommen postwendend zurück. Bergener bilanziert bereits vorsichtig: »Sie waren so nah dran, der SV Darmstadt 98, und sie hätten es so sehr verdient.« Ein Angriff landet nach einigen Kopfballduellen am Bielefelder Strafraum bei Elton da Costa. Der Brasilianer zieht aus 20 Metern mit links ab. Nach 121:03 Minuten

zappelt der Ball im Netz. »Und dann doch noch das 4:2. 4:2 Darmstadt 98«, schreit Bergener. Die Jungs vom Lilien-Fanradio kommentieren nicht mehr, sie brüllen nur noch, nah an der Herzattacke: »Ich pack das nicht. Ich raste völlig aus.«[664] Die komplette Darmstädter Bank jagt aufs Spielfeld. Auf der Bielefelder Bank brechen einige augenblicklich zusammen. Arminia-Coach Norbert Meier und sein Co-Trainer Gino Lettieri sind fassungslos. Doch noch ist nicht Schluss. Gleich nach dem Anstoß erhält Bielefeld einen Freistoß. Im Fanradio flehen sie kurz vor der Ohnmacht: »Lieber Fußballgott, wenn Du ein Herz hast für die Lilien, dann darfst Du jetzt nicht zulassen, dass jetzt noch ein Tor fällt.«[665] Bielefeld-Keeper Ortega eilt nach vorne, steigt hoch, »Ortega, Kopfball, Zimmermann. (…)«, brüllt Bergener. Der Ball klatscht an den Pfosten. Die Zuschauer kreischen. Lilien-Verteidiger Aaron Berzel blockt Sebastian Hilles Nachschuss. Stroh-Engel drischt den Ball zur Ecke. »Hört das hier nie auf? Ein ganz irres Spiel hier«, ringt Bergener nach Luft. Der anschließende Eckball segelt durch den Strafraum. Schiri Dr. Drees pfeift ab. Im Fanradio ergießt sich alles Glück der Welt: »Das ist es! Aufstieg! 2. Bundesliga für Darmstadt 98! Das gibt es nicht. Es ist unfassbar.«[666] Die Spieler rasen wie von der Tarantel gestochen mit erhobenen Armen zu ihren Fans. »Toni« Sailer weint hemmungslos. Jürgen Bergener muss sich immer noch kneifen: »Ein unvorstellbarer Fußballabend hier in Bielefeld. Also Fassungslosigkeit auch bei uns hier oben. Unglaublich. Gar nicht zu beschreiben.«

Die Helden von Bielefeld:

Jan Zimmermann, Michael Stegmayer, Benjamin Gorka, Aytaç Sulu, Sandro Sirigu, Hanno Behrens, Jerôme Gondorf, Marcel Heller, Milan Ivana, Marco Sailer, Dominik Stroh-Engel, Josip Landeka, Aaron Berzel, Elton da Costa.

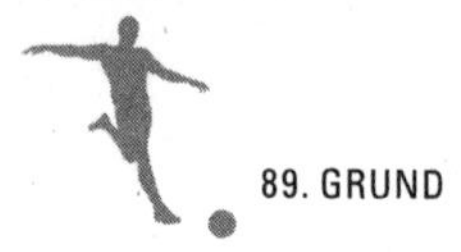

89. GRUND

Weil das Relegationsspiel in Bielefeld die Twitter-Gemeinde begeisterte

Das verrückte, atemberaubende, wahnwitzige, dramatische Relegationsspiel in Bielefeld sorgte bei allen Arminen für Frust und Trauer, bei allen 98ern für Jubel und Ekstase. Auch jenseits der beiden Fanlager sorgte das Spiel für reichlich Gesprächsstoff. Der Kurznachrichtendienst Twitter verzeichnete mehrere Tausend Tweets zu dem Spiel. Einige Begriffe oder Hashtags, die einen direkten Bezug zum Spiel enthielten, rangierten noch am darauffolgenden Tag unter den Top Ten im deutschen Twitter-Universum.[667] Unter #dscsvd kommentierten zahlreiche User nach Abpfiff das Erlebte ungläubig bis begeistert. Ein Auszug[668]:

»Darum lieben wir den Fußball.« – »Ich glaube das ist das verrückteste Fussballspiel das ich jemals gesehen habe.« – »Das wohl spektakulärste Spiel dieser Saison.« – »Wenn es Relegation schon geben muss, dann muss sie so sein!« – »Dramatik der Champions League und DFB-Pokal in einem Spiel.« – »ICH WILL MEHR SOLCHE SPIELE SEHEN!!!« – »Großes, GANZ GROSSES Kino.« – »Bei dem Spiel wurden die Herzkranzgefäße auch mal ordentlich gereinigt! Sensationell!!« – »Bestes Relegationsspiel aller Zeiten!« – »Irre, Wahnsinn, unglaublich sind die infamsten Untertreibungen für dieses Spiel.« – »Danke, dass ich das sehen durfte!!« – »Wahnsinn wie einen so ein Spiel mitreißen kann, obwohl einem der Ausgang komplett egal ist.« – »BEIDEN Teams ein Danke für so einen Wahnsinn!« – »Ich habe noch NIE soviel Fußball-Dramatik gesehen.« – »Das letzte Spiel der nationalen Profifußballsaison war wahrscheinlich das beste.« – »Das war gerade Fussball in seiner pursten Form. Millimeter und Sekunden entscheiden über eine ganze Saison.« – »So was krasses habe ich fussballmässig schon lange nicht mehr erlebt.« – »Für keine Mannschaft Sympathien, und trotzdem geschrien, gezittert, gejubelt …« – »Du erwartest überhaupt nichts und siehst das dramatischste Kampfspiel seit langer langer Zeit.« – »Nach diesem Spiel ist sogar Twitter rausgegangen um eine zu rauchen.« – »Ich glaube, am TV habe ich seit ca. 10 Jahren kein faszinierenderes Spiel mehr gesehen.« – »Ein Wahnsinns-Fussballspiel. Danke Arminia und Glückwunsch SV98. Das war Werbung für den Sport.« – »Ich hab echt selten in den letzten Jahren so ein geiles Spiel gesehen.« – »Dieses Spiel schreibt Geschichte. Der Fußball lebt für solche Momente.« – »Jetzt kommt das CL-Finale am Samstag gerade recht, um mit dem Puls wieder runterzukommen nach dem Spiel.« – »Sagt was ihr wollt aber das war besser als jeder Tatort.« – »DAS Highlight 2014 für echte Fußball-Fans.« – »Was für ein packendes Spiel! Als neutraler Zuschauer unglaublich genial.« – »Bestes Fußballspiel, das diese Saison im TV gezeigt wurde.« – »Unterhaltsamer geht es kaum!« – »Ein Spiel für die Geschichtsbücher.« – »So eine Relegation wie gestern wird es wohl nie wieder geben. Das war groß, ganz groß!« – »Das gestern in Bielefeld war eine wahre Befreiung der kommerzgeschundenen Fußballseele.« – »Wer den Spielfilm dieses Matches vorher so entworfen hätte, wäre der Vermischung von Fußball und Science-Fiction bezichtigt worden.«

Bleibt zum Schluss noch die professionelle Sichtweise eines Journalisten. Sebastian Schlichting schrieb für *T-Online* über die Begegnung: »Ein Spiel für die Ewigkeit. Danke Arminia Bielefeld, danke SV Darmstadt 98. (…) Es mag gute Gründe gegen die Relegation geben. Die Partie in Bielefeld bot über 120 dafür. Von der ersten bis zur letzten Minute. Niemand, der dabei war, wird dieses Spiel vergessen.« Als es darum ging, das Erlebte auf den Punkt zu bringen, scheiterte aber selbst der Profi: »Ein Wort, das diesem Spiel gerecht wird, muss erst noch erfunden werden.«[669]

KAPITEL 8

E GANZER HUT VOLL DRIMB

Die Fans

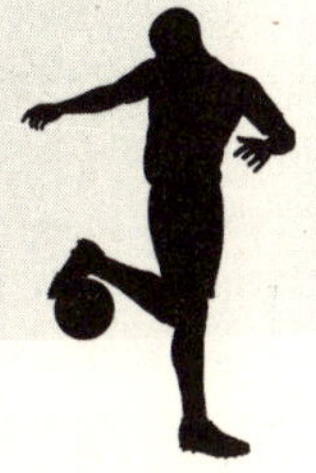

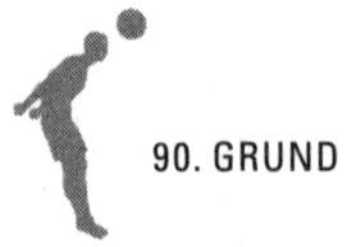

90. GRUND

Weil die Fans unsere Flutlichtanlage mitfinanzierten

Noch heute prägen vier markante Flutlichtmasten die Silhouette des Stadions am Böllenfalltor. Die Flutlichtanlage stammt aus dem Jahr 1982. Der DFB hatte dem Bundesligaaufsteiger aus Darmstadt den Aufbau der leistungsstarken Lichtquellen vorgeschrieben. So hell die Masten den Rasen auch ausleuchten mögen, die Anschaffung der vier Masten hätte beim SV Darmstadt 98 fast die Lichter ausgeknipst.

Der SVD sah sich in der Pflicht, die Flutlichtanlage zu ordern, um die Lizenzauflagen zu erfüllen. Dabei hatte der Klub als Eigentümer der Anlage am Böllenfalltor eine großzügige Beteiligung der Stadt einkalkuliert. Als diese ausblieb, hatten die ohnehin schon in den roten Zahlen stehenden Blau-Weißen auf einen Schlag 1,8 Millionen Mark mehr Schulden in der Bilanz stehen. Die 150.000 Mark, die das Hessische Sozialministerium zuschoss, waren gerade einmal ein Tropfen auf den heißen Stein.[670]

Kurz vor Weihnachten 1981 appellierte der Verein an seine Fans und Gönner, für die Flutlichtanlage zu spenden, die zur Rückrunde der Saison 1981/82 in Betrieb genommen wurde. Anfang Januar 1982 waren bereits über 27.000 Mark an Spenden eingegangen.[671] Mitte Februar betrug das Spendenaufkommen schon mehr als 70.000 Mark.[672] Doch die spendenden Fans hatten ihre Rechnung ohne den Fiskus gemacht. Demnach könne der Verein natürlich das Geld entgegennehmen, die Spender könnten es jedoch nicht – wie vom Verein angekündigt – von der Steuer absetzen. Hintergrund: Die Flutlichtmasten seien aufgrund einer Vorgabe des DFB für einen Profiverein angeschafft worden. Demnach kämen die Spenden nicht dem Amateurbereich zugute, und nur der sei gemeinnützig und damit steuerbegünstigt.[673] Da halfen der Klubführung auch die vorher angestellten Rechenspiele nichts, wonach

30 Prozent der Flutlichtanlagennutzung den Amateuren der Lilien zugutekommen würde.[674]

Ein zweites Finanzierungsmodell des Klubs sah vor, Paten für die 126 Lampen der Flutlichtanlage zu gewinnen. Jede Lampe kostete 1.380 Mark, sodass sich ein Gönner mit genau dieser Summe einbringen konnte. Als Dank erhielt jeder Pate einen 18 Zentimeter hohen Flutlichtmast, der über sechs einschaltbare Lämpchen verfügte und somit eine formidable Schreibtischlampe abgab. Die dazugehörige Sockelinschrift: »Leuchtendes Vorbild«. Zudem sollten die Lampenpaten auf Namensschildchen an einem Flutlichtmast im Stadion angeschlagen werden. Einen der ersten Paten gewann Lilien-Präsident Georg Schäfer in Schauspieler Günter Strack, der als gebürtiger Darmstädter zugleich Mitglied der 98er war.[675] Bis Mitte Februar hatten Paten bereits 50 Leuchten »erworben«, sodass die Lilien-Anhänger keine zwei Monate nach dem Appell des Klubs mehr als 140.000 Mark für die Anlage und die Lampen aufgebracht hatten.[676]

Bei den Lampen-Paten zeigten sich die Finanzbehörden nicht so pingelig, was die Absetzbarkeit der 1.380 Mark anbetraf. Der damalige Leiter des Darmstädter Finanzamts äußerte sich gegenüber dem *Darmstädter Echo*: »Wir haben Weisung von oben, die Patenschaften für die Lampen als Betriebsausgaben anzuerkennen. Die Lampenpaten erhalten ja ein Täfelchen am Flutlichtmast. Das läßt sich als Werbemaßnahme deklarieren.« Natürlich waren Werbemaßnahmen nur von Firmen und Freiberuflern abzusetzen. Der in einem Angestelltenverhältnis stehende Fan blieb außen vor.[677] Der Fiskus machte es den spendenwilligen Fans aber auch wirklich nicht leicht, den Lilien als leuchtende Vorbilder Pate zu stehen.

91. GRUND

Weil wir uns in den Europapokal singen

»Europapokal, Europapokal, SV 98 immer Europapokal!« So lautet der ebenso schlichte wie eingängige Refrain eines Songs mit erheblichem Ohrwurmpotenzial. Wer ihn einmal hört, der kriegt ihn so schnell nicht mehr aus dem Kopf. Immer wieder wird der Gassenhauer bei den Heimspielen der 98er am Böllenfalltor gespielt. Dabei mutet der Text des Stücks reichlich surreal an. Schließlich kam der SV Darmstadt 98 dem Europapokal niemals näher als 2016, als er die Bundesligasaison auf Platz 14 beendete. Noch dubioser erscheint das Lied, wenn man bedenkt, dass es 1999 entstand. Damals hatten die Lilien gerade erst wieder den Betriebsunfall des erstmaligen Viertligaabstiegs repariert. Europapokalabende am Böllenfalltor waren mithin noch zwei weitere Aufstiege und eine überragende Bundesligasaison entfernt.

Doch Marc Herbert, dem Verfasser der Zeilen, ging es gar nicht um faktische Europapokalabende am Böllenfalltor, sondern um gefühlte, wie er mir berichtete: »1996/97 gab es diesen Schlachtruf der KSC-Fans ›Europapokal, Europapokal, Europapokal, Eu-ro-pa-po-kal‹. Sie feierten damit die internationalen Auftritte ihres Teams. Für mich persönlich waren die Spiele im und die Stimmung am Böllenfalltor gleichbedeutend mit dem Europapokal. Ich bin in guten wie in schlechten Zeiten hingegangen, ich habe mitgefiebert und es hat immer wieder Spaß gemacht. Genau das wollte ich mit dem Text ausdrücken«, so Marc Herbert. Der Darmstädter nahm den Song mit seiner damaligen Indie-Band Milton Fisher etwas schrammelig und mit Bläserunterstützung auf. »Wir haben das Lied einmal geprobt und dann sofort aufgenommen. Es war nicht perfekt, es war ein wenig unsauber, aber genauso hat es gepasst.«

Das Stück landete auf einem leicht verspäteten Sampler zum 100-jährigen Vereinsjubiläum der Lilien. Auf ihm sangen zahlreiche Bands aus der Darmstädter Subkultur über die 98er. Marc Herbert fand es am Anfang gar nicht so einfach, ein Lied über seine Lilien zu schreiben. »Seit 1977, seit ich ein kleiner Junge war, bin ich zu den Spielen gegangen. Nun sollte ich ein Lied über den Klub schreiben. Da war für mich klar, dass es natürlich das tollste Stück werden sollte. Aber genau deshalb bin ich es lange Zeit gar nicht angegangen und habe es immer wieder vor mir hergeschoben.«

Der Reifeprozess hatte offensichtlich sein Gutes. »Kurz nach dem Verkaufsstart der CD und der ersten Live-Aufführung von ›Europapokal‹ war klar, dass der Song total gut ankommt«, erinnert sich Marc Herbert, der heute zusammen mit Silvana Battisti die international beachtete Band Woog Riots verkörpert. Ein Grund, warum der Song so einschlug, liegt womöglich in der Tradition, in der das Lied steht. »Das Lied geht vom Sound und von der Botschaft ein wenig in die Richtung der englischen Fußballlieder. Ich hatte beim Schreiben des Liedes die offizielle Hymne des englischen Teams von der Euro 1996 im Kopf. Darin singen die The Lightning Seeds ›*30 years of hurt, never stopped me dreaming*‹. Diese Hoffnung, gepaart mit dem Humor, mit dem sie die Rückkehr des Erfolgs herbeisingen wollten, das hat mich fasziniert. So lässt sich ›Europapokal‹ als die Sehnsucht nach der Neuauflage der großen Lilien-Zeiten verstehen.« Nicht von ungefähr tauchen in dem minimalistischen Songtext legendäre Spieler der 98er auf: Bum-Kun Cha, Peter Cestonaro, Bruno Labbadia.

Dass die Lilien 2015 nach 33 Jahren Abstinenz wieder in die Bundesliga zurückkehrten, entfachte eine Euphorie in der Stadt, die tatsächlich an die glorreichen Jahre erinnert. »Und dann gelang der Aufstieg auch noch mit Dirk Schuster an der Seitenlinie. Da schließt sich für mich der Kreis. Schließlich hat er damals in der von den KSC-Fans besungenen Europapokalmannschaft der Karlsruher gespielt«, freut sich Marc Herbert. Wie findet er es denn eigentlich, wenn sein Lied heute am Böllenfalltor gespielt wird? »Der Liliensong war nach seiner Veröffentlichung der Höhepunkt unserer Konzerte, aber wir haben ja in kleineren Clubs gespielt. Heute wird er vor über 10.000 Fans am Böllenfalltor gespielt. Ich sehe dann viele Zuschauer mitsingen, die ich gar nicht kenne. Das finde ich natürlich super.«

92. GRUND

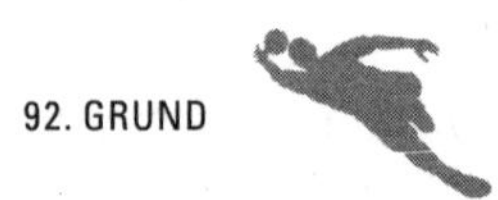

Weil es »Allez les bleus« vom Index bis ans Millerntor schaffte

Hamburg, 14. Dezember 2014, Millerntor-Stadion gegen 13:15 Uhr. Der Stadionsprecher des FC St. Pauli wendet sich an die Gästefans aus Darmstadt und kündigt an, sie vor der anstehenden Zweitligabegegnung musikalisch willkommen zu heißen: »Und diesmal ist es etwas, das ist auch, glaube ich, den St. Paulianern ganz genehm, die Gästehymne aus Darmstadt heißt *Allez les bleus*.«[678] Schon dröhnt eine E-Gitarre aus den Stadionboxen, und ab geht die Post. Lilien-Fan Jan »Nouki« Ehlers kriegt sich im Gästeblock fast nicht mehr ein, denn er ist es, der das Lied vor über 15 Jahren geschrieben und mit seiner Hardcore-Band Decubitus eingespielt hatte. Da wird sein Lied gespielt! Im Stadion! Auf St. Pauli! »Ich wusste nicht, dass St. Pauli sich meinen Song für die Gästefans ausgesucht hatte. Als es dann gespielt wurde, war ich total aufgeregt und bekam Gänsehaut. Am Millerntor, das war die ganz, ganz große Bühne. Der Applaus danach, auch im St.-Pauli-Block, das war schon krass. Eine Zeitung hat sogar geschrieben, dass sich der Darmstadt-Song angenehm vom üblichen Schrott abheben würde«, sagt er mir ein halbes Jahr später am Telefon.

Allez les bleus kommt von den bekannten Lilien-Songs mit dem größten Punk-Faktor daher. Nicht zuletzt deshalb findet er bei den jungen und jung gebliebenen Fans Anklang. Treibender Beat, scheppernde Gitarren, röhrender Gesang. Der Text passt ebenfalls ins Bild. Kampf wird als Stilmittel des Spiels der 98er besungen, der Schiri wird von den Fans beschimpft. Am DFB und den Sponsoren wird kein gutes Haar gelassen, da sie den SVD behandeln wie den »letzten Dreck«. Auch der Hessische Rundfunk kriegt sein Fett weg, da er dem Rivalen aus Offenbach in den Allerwertesten kriecht. »Das Lied ist ein Kind seiner Zeit«, erklärt Nouki den 1998 entstandenen Song. »Die 98er machten in den 1990er Jahren sportlich ganz schwere Zeiten durch. Sponsoren ließen den Verein links liegen. Stimmung kam im Stadion oft erst auf, wenn sich die Fans über den Schiri aufregten. Richtige Fanblöcke wie heute, die gab es damals nicht.« Und wie kam es zur Kritik am hr? »Damals hat der hr die Lilien in seiner Berichterstattung nahezu komplett unterschlagen, ganz im Gegensatz zum OFC. Das war damals unglaublich parteiisch und herablassend.« Die Konsequenz: Das Lied landete am Böllenfalltor auf dem Index, da der hr zu Hessen- und Regionalliga-Spielzeiten das einzige TV- und Radiomedium war, das immer wieder aufkreuzte. »Mir hat jemand aus dem Umfeld des Vereins gesteckt, dass der Text so nicht in Ordnung sei und ob ich das Lied nicht umschreiben könne. Da habe ich gesagt, ›Nein, das gibt's nicht‹.«

In den letzten Jahren hat das Lied dann doch seinen Weg ins Bölle gefunden. Konsequenterweise, hatte es sich doch bei Konzerten in und um Darmstadt längst einen Namen gemacht. Auch die Lilien-Fans stimmen den Refrain während der Spiele immer wieder gerne an. Dass sie es dabei mit der Aussprache nicht so genau nehmen, stört Nouki, dessen Mutter aus Marseille stammt, kein bisschen. »Sie singen halt *allee lö blö* statt *lee blö*. Aber das ist eben ein bisschen an den Darmstädter Dialekt angelehnt. Das passt dann schon wieder ganz schön.«

Auch bei den Spielern kommt das Lied gut an. »Romain Brégerie und Aytaç Sulu haben mir erzählt, dass ihnen das Lied sehr gefällt«, sagt der Fotograf und Hobbymusiker, der seit über 25 Jahren regelmäßig ans Bölle geht. »Es war die Zeit als Wilhelm Huxhorn im Tor stand, Dirk Bakalorz, Michael Blättel, Rafael Sanchez und Guangming Gu spielten. Viele Spieler kamen aus Darmstadt oder der Region, das waren Identifikationsfiguren. So war es für mich auch das Geilste, als mir Sanchez Jahre später beim Renault-Händler Ersatzteile für meinen R5 Alpine Turbo in die Hand drückte.«

Nach über 15 Jahren Pause schrieb Nouki 2015 wieder Lieder über die Lilien. Eines ist einem Spieler gewidmet. In Anlehnung an die Qualitäten des Flügelflitzers Marcel Heller heißt es *Heller ist schneller.* »Der Heller ist so giftig, so flink und so geil drin in den Spielen, das schreit förmlich nach einem Punk-Rock-Metal-Knüppel von einer Minute Länge.« Als es das Lied zum Bundesligaauftakt ins Stadion schaffte, sang vor mir ein Fan ganz laut mit. Es war Nouki, und er hatte eines ganz bestimmt: Gänsehaut.

93. GRUND

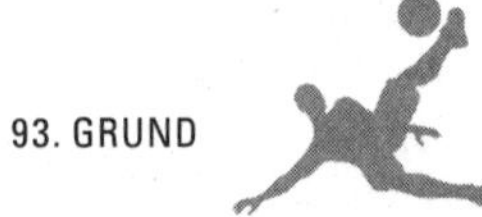

Weil für Fans ein Spiel unter Ausschluss der Öffentlichkeit noch lange nicht das letzte Wort ist

Ein Auswärtsspiel im altehrwürdigen Münchner Stadion an der Grünwalder Straße war so ziemlich das einzige Highlight für Hardcore-Fans des SVD. Zumindest in den Zeiten, als die 98er noch in der viertklassigen Regionalliga Süd gegen den Abstieg kämpften. Das »Grünwalder« ist die natürliche Heimstätte der Blauen von 1860. Aber auch die Roten des FC Bayern legten hier den Grundstein für ihre beispiellosen Erfolge. Lange Zeit trugen nur die Zweitvertretungen beider Vereine ihre Spiele im traditionsreichen Stadion aus. Im September 2009 gastierte der Sportverein aus Darmstadt bei den kleinen Blauen und einige Lilien-Fans um Alex Lehné fieberten dem Auswärtskick entgegen, wie das Magazin *11Freunde* berichtete.[679] Doch eine Woche vor dem ersehnten Auswärtstrip platzte die schlechte Botschaft herein. Der DFB hatte festgelegt, das

Spiel unter Ausschluss der Öffentlichkeit auszutragen. Der Grund: Ausschreitungen von Sechzger-Fans beim Auswärtsspiel in Weiden.

Nun war guter Rat teuer. Sich ins Stadion zu schmuggeln war ein Ding der Unmöglichkeit, schließlich achteten Security und Polizei darauf, dass die Maßgabe des DFB eingehalten wurde. Selbst bei einem erfolgreichen Eindringen wären Alex Lehné und seine Mitstreiter sofort wieder hinauskomplimentiert worden. Also ersann der junge Fan eine ebenso naheliegende wie geniale Idee. Das Stadion liegt schließlich inmitten eines Wohngebiets. Wieso nicht Anwohner in den anliegenden Wohnhäusern hinter der Ostkurve fragen, ob sie eine Gruppe von Darmstadt-Fans für 90 Spielminuten in ihre Wohnung oder auf ihren Balkon lassen würden? Mit etwas Rechercheaufwand machte er über 30 Anwohner und deren Telefonnummern im Internet ausfindig. Er telefonierte sie der Reihe nach ab, ohne jedoch den gewünschten Erfolg zu erzielen. Entweder lagen die Wohnungen zum Hof, zu tief, oder die Bewohner hatten schlichtweg keine Lust, den Gastgeber zu spielen. Also nochmals die Karte studieren. Tatsächlich gab es noch ein Haus, das zwar streng genommen zu einer Seitenstraße zählte, dessen eine Fensterfront aber in Richtung Spielfeld lag. Zunächst hatte es Alex Lehné außer Acht gelassen, nun nahm er es ins Visier.

Und er hatte Glück. Der Bewohner der Wohnung direkt unterhalb des Daches zeigte sich kooperativ. Die Bedingungen lauteten lediglich, es solle kein Besäufnis stattfinden und eine kleine finanzielle Entschädigung geben. Also machten sich Lehné und sieben weitere »Allesfahrer« der Lilien im Kleinbus auf den Weg nach München. Dort angekommen, hielt die Wohnung, was sich die Fans der 98er davon versprochen hatten: allerbeste Sicht auf das Spielfeld. Schnell war die Zaunfahne unterhalb der Fenster ausgerollt und die ausgesperrten Fans von 1860 lautstark davon in Kenntnis gesetzt, dass sie in die Röhre guckten, während ein Häuflein Darmstädter die zündende Idee gehabt hatte. Die »Allesfahrer« kamen so jedenfalls in den Genuss, ihr Team stimmgewaltig und fahnenschwingend über 90 Minuten zu unterstützen. Und das obwohl ein Support an diesem Tag doch strikt untersagt war. Die jungen Darmstädter hatten dem DFB ein Schnippchen geschlagen. Das Lilien-Team konnte an diesem Tag mit der Kreativität ihrer Anhänger allerdings nicht mithalten. Das im Tabellenkeller stehende Team überstand die erste Halbzeit noch ohne Gegentreffer. In Halbzeit 2 brachen dann gegen das Spitzenteam allerdings die Dämme. Drei Gegentore, ein Platzverweis und ein Eigentor besiegelten letztlich eine deutliche 4:0-Pleite in München. Für acht Darmstädter sollte es dennoch eine denkwürdige Partie bleiben.

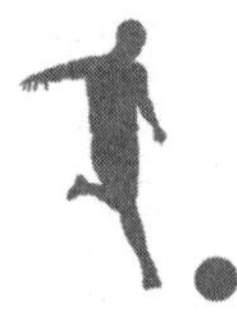

94. GRUND

Weil die Fans den Europapokal in die Regionalliga Süd brachten

Schon zu Drittligazeiten und erst recht als Zweitligarückkehrer begleiteten die 98er Tausende Fans zu Auswärtsspielen. Erfolg macht eben sexy. Zudem machte es einfach Laune, in einem vollen Gästeblock auf St. Pauli, in Braunschweig oder auf dem Betzenberg zu stehen. Mehr Laune jedenfalls, als sich auf den Weg nach Wehen zu begeben, um vor überschaubarer Kulisse auf die Zweitvertretung des Taunusvereins zu treffen. Nun gut, es gab Zeiten, da war das Zuschauerinteresse selbst im heimischen Böllenfalltor überschaubar. Und diese Zeiten liegen noch gar nicht so lange zurück. Noch Ende November 2010 wollten sich keine 2.000 Zuschauer den Vergleich mit der SG Sonnenhof Großaspach antun.[680] Dabei hatten die Darmstadt-Fans eine Woche zuvor noch mit einer bemerkenswerten Auswärtsfahrt von sich reden gemacht.

In der Spielzeit 2010/11 war der FC Memmingen einer der Kontrahenten in der Regionalliga Süd. Der Spielplan bescherte den Lilien-Fans am 20. November den Vorrundenausklang im Allgäu. Das

Gastspiel in Memmingen sollte zugleich die letzte Auswärtsfahrt 2010 sein. Aufgrund der relativen Nähe zu Österreich postulierte der Fanverein der 98er das Spiel frühzeitig zur Europapokalfahrt: »Ab in den Süden, die Alpen im Hintergrund, auswärts in Bayern – also quasi Österreich: Der SV98 im Europapokal! (…) Zu diesem Spiel rufen der Fanverein, unterstützt durch alle anderen Fangruppen, zur grundlosen und massenhaften Auswärtsfahrt nach Memmingen auf.«[681] Doch warum lediglich mit Auto, Bus oder Bahn ins Allgäu reisen? Wieso nicht eine etwas extravagante Art der Anreise wählen? Warum das Motto Europapokal nicht wörtlich nehmen? Wer sich ein wenig mit Memmingen befasst, der bemerkt schnell, dass es dort einen der zahlreichen kleinen Regionalflughäfen gibt, die von Billigfliegern angeflogen werden. Folglich war schnell die Idee geboren, mit dem Flugzeug nach Memmingen aufzubrechen. Aber keineswegs schnurstracks, das wäre dann doch zu einfach gewesen, und das hätte der Flugplan der Billigflieger obendrein auch gar nicht hergegeben. Schnell war klar, es musste über Spanien ins Allgäu gehen. Und zwar von Frankfurt-Hahn über Barcelona-Girona zum Allgäu Airport![682] Auf diese Weise konnten die treuen 98er-Fans die Anreise mit Fug und Recht zur Europapokal-Tour deklarieren … mitten im tristen Viertligaalltag! Am Ende kam zwar keine organisierte Reisegruppe zusammen, dennoch fanden sich einige 98er, die die ursprüngliche Schnapsidee in die Tat umsetzten und mit dem Flieger via Spanien nach Memmingen aufbrachen.

Dort trafen sie im Stadtzentrum auf die »Traditionalisten«, die mit Autos, Bussen und per Bahn den Weg ins Allgäu gefunden hatten. Letztlich versammelten sich nach Angaben des Fanvereins rund 350 gut gelaunte Darmstädter in Memmingen, wo sie zunächst die Innenstadt belebten.[683] Die besondere Aktion und das zu erwartende Fanaufkommen hatten im Vorfeld in Memmingen für Diskussionen gesorgt. Der Fanverein sah sich deshalb dazu berufen, vorab eine Presseinformation auf den Weg zu bringen, in der er klarstellte, dass die blau-weißen Anhänger in friedlicher Absicht kämen und einen angenehmen Fußballtag in Memmingen verleben wollten. Sie hoffen deshalb, nicht als Gefahr, sondern als Gäste aufgefasst zu werden.[684] Direkte Gespräche mit der Stadt Memmingen und der Polizei taten ihr Übriges, um die anfänglichen Sorgen auf Memminger Seite in Fürsorge umschlagen zu lassen.[685] Der »SV 98 im Europapokal« wurde so zu einem tollen Erlebnis für alle Mitreisenden und auch die örtliche Polizei zog im Nachhinein ein positives Fazit, da die Lilien-Fans »fröhlich und friedlich« feierten und dabei »einen durchaus positiven Eindruck« hinterließen.[686]

Dem wollten die Spieler auf dem Platz natürlich in nichts nachstehen und trennten sich von ihren Kontrahenten schiedlich-friedlich mit 1:1. Dem Beispiel der per Flieger anreisenden Schlachtenbummler folgend, setzte die Lilien-Elf in der Rückrunde zu einem wahren Höhenflug an. Sie verlor nur noch einmal, reihte Sieg an Sieg und thronte vor dem letzten Saisonspiel auf Rang 1 der Tabelle. Zum Saisonausklang kamen die Memminger zum Gegenbesuch nach Darmstadt und erwiesen sich ebenfalls als angenehme Gäste, indem sie mit 4:0 den Kürzeren zogen. Die Lilien hatten damit nicht nur in der Europapokal-Arithmetik das Duell gegen die Allgäuer gewonnen, sondern zugleich den Drittligaaufstieg perfekt gemacht.

95. GRUND

Weil Fans 200 Kilometer zu einem Auswärtsspiel wanderten

Wettschulden sind Ehrenschulden. Klare Sache. Auch für Daniel Werner.[687] Dabei hatte der junge Lilien-Fan am 6. August 2010 eine Aussage getätigt, die zum damaligen Zeitpunkt alles andere als abwegig erschien. Sein Wetteinsatz sollte es allerdings in sich haben. Und ausgerechnet seine Lilien waren es, die ihm die Suppe einbrockten, die er hernach mühsam auslöffeln musste. Werner erlangte jedenfalls im August 2011 kurzzeitig eine gewisse Bekanntheit. Doch springen wir zunächst zurück zu dem Zeitpunkt, an dem die Wette ihren Ausgang nahm.

Vor der Regionalligasaison 2010/11 ließen die Verantwortlichen des SV Darmstadt 98 verlauten, dass sie innerhalb der nächsten drei Jahre in die 3. Liga aufsteigen wollen. In den beiden Vorjahren waren die Lilien nicht gerade als Aufstiegskandidat aufgefallen. Sowohl 2009 als auch 2010 beendeten sie die Spielzeit auf Rang 15. Am späten Nachmittag des 6. August 2010 deutete weiterhin nichts darauf hin, dass der Klub urplötzlich über ein Spitzenteam verfügen würde. Der Saisonauftakt ging mit 0:2 verloren … zu Hause … gegen Pfullendorf. Daniel Werner veranlasste dies zu der Aussage, dass er zum ersten Auswärtsspiel laufen werde, sofern die Lilien tatsächlich im angekündigten Zeitraum aufstiegen.[688] Der weitere Saisonverlauf bestärkte den eigenen Anhang im Glauben, dass die Lilien nicht zu den Aufstiegsanwärtern zählten. Der erste Saisonsieg ließ bis zum 5. Spieltag auf sich warten. Danach folgten einer kurzzeitigen Siegesserie drei Niederlagen am Stück. Doch dann spielte Fortuna den Lilien in die Hände. Die SpVgg Weiden und der SSV Ulm 1846 meldeten Insolvenz an. Die Niederlage gegen Ulm und das Remis gegen Weiden flogen aus der Wertung. Während Darmstadt also nur einen Punkt einbüßte, mussten die Teams der Spitzengruppe mehr gewonnene Zähler abschreiben. Damit waren die Darmstädter zum Jahresauftakt 2011 unvermittelt an die Tabellenspitze herangerückt. Die Lilien nutzten die Gunst der Stunde und spielten sich nach der Winterpause in einen wahren Rausch. Anfang Mai 2011 übernahmen sie tatsächlich die Tabellenführung und gaben sie nicht wieder her. Daniel Werner war schlagartig zum Wanderer geworden.

Der DFB meinte es anschließend bei der Einteilung der Spieltage einigermaßen gut mit dem Anhänger der Lilien. Das erste Auswärtsspiel führte seinen Verein nach Aalen auf die Schwäbische Alb. Die Wegstrecken nach Sandhausen, Wehen und Offenbach wären zwar deutlich angenehmer, weil kürzer, gewesen. Es hätte ihn aber auch nach Burghausen, Babelsberg oder Bremen verschlagen können. So hieß es für ihn, in zehn Tagesetappen rund 200 Kilometer nach Aalen zurückzulegen. Dabei galt es, den Odenwald zu durchqueren und die Schwäbische Alb zu erklimmen. Eine durchaus zähe und kraftraubende Geschichte. Weil Lilien-Fans leidgeprüft sind und obendrein noch treue Seelen, schlossen sich zwei Kumpels seinem Projekt an, das sie auf YouTube dokumentierten.[689] Das Ziel der drei Freunde hieß, rechtzeitig zum Anpfiff in Aalen zu sein. Die Wandertruppe hielt sich deshalb auch nicht mit Nebensächlichkeiten auf. »Ganz ehrlich: Wir wandern die schnellste Route«, berichtete Werner zu Beginn der Wanderschaft, als ihn das Fußballmagazin *11Freunde* fragte, ob denn auch attraktive Zwischenziele auf der Strecke lägen.[690] Übernachtungen standen entweder bei Bekannten an oder bei Bekannten von Bekannten, und einmal sogar auf einem Heuboden, wie er mir berichtete. Die Versorgung mit Lebensmitteln und frischer Kleidung gewährleistete eine Freundin, die mit ihrem Pkw bestimmte Treffpunkte anfuhr. Die strapaziöse Wanderschaft fand reichlich Widerhall in den Medien und endete am Spieltag tatsächlich pünktlich in Aalen. Dort gab es ein großes Hallo mit den auf normalem Wege angereisten Lilien-Fans, die spätestens durch die regelmäßigen Statusbeiträge auf der Vereinshomepage im Bilde waren. Zur Halbzeitpause folgte ein Interview der drei tapferen Wanderer auf dem Rasen der Aalener Scholz-Arena, wo sie von allen Zuschauern für ihre Zähigkeit mit Applaus bedacht wurden. Die Kicker der Lilien zeigten auf dem Platz leider nicht die Ausdauer, die Daniel Werner und seine beiden Mitstreiter gezeigt hatten, sie schenkten ihren 1:0-Vorsprung in allerletzter Minute her.

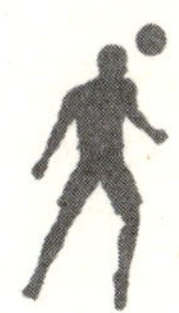

96. GRUND

Weil die Fans zu Lande, zu Wasser und in der Luft anreisten

Die Saison 2013/14 wird allen Lilien-Fans ewig in Erinnerung bleiben. Das Überraschungsteam aus Südhessen biss sich in der Spitzengruppe der 3. Liga fest. In der gesamten zweiten Halbserie grüßten die Darmstädter von Platz 3 der 20er-Liga, der zur Relegation gegen den Drittletzten der 2. Bundesliga berechtigte. Kein Wunder, dass sich die Fans der 98er in der Rückrunde von dem unverhofften Höhenflug ihrer Mannschaft anstecken ließen. Und das im wahrsten Sinne des Wortes.

Der 29. Spieltag hielt am 15. März 2014 das Auswärtsspiel bei Hansa Rostock bereit und damit die weiteste Anreise der gesamten Saison. Die beiden Stadien trennen genau 697 Kilometer. Das bedeutete entweder, die reisewütigen Fans verbringen für Hin- und Rückreise je knapp sechseinhalb Stunden auf den Autobahnen dieser Republik, oder ebenso lange in diversen Zügen. Nun verfügt Rostock im benachbarten Laage über einen Flughafen. Es lag also nahe, dass sich der Darmstädter Anhang mit der Möglichkeit befasste, mit dem Flieger anzureisen. Regulär flog am Spieltag allerdings gar kein Flieger von Frankfurt nach Rostock. Doch davon ließen sich Jonas Reggelin und Roger Menzer nicht entmutigen. Sie begaben sich auf die Suche nach günstigen Angeboten für Charterflüge und zogen schlussendlich ein akzeptables Angebot an Land.[691] Nachdem auch die Bustransfers nach Frankfurt und von Laage zum Stadion in trockenen Tüchern waren, konnten die Fans ihre Plätze in der Boeing 737 buchen. Innerhalb von 24 Stunden waren alle 189 Plätze für je 198 Euro vergeben, und so konnte sich eine doppelte Hundertschaft aus Darmstadt per »Lilienair« auf den Weg zu einem Auswärtsspiel in Liga 3 machen.[692] Statt einer stundenlangen Anreise dauerte der Flug nur 75 Minuten. Zurück ging es noch am selben Abend.

Einen Monat später sollte die zweite schlagzeilenträchtige Auswärtsfahrt der ach so erfolgreichen Rückrunde folgen. Am Ostersamstag stieg das Spitzenspiel in Leipzig, das die Vorentscheidung bringen sollte, wer Rang 2 in der Tabelle belegen und somit die Relegation umgehen konnte. Die Fans organisierten einen Sonderzug, und der »Lilienexpress« brachte über 800 Darmstädter direkt nach Leipzig.[693] Insgesamt wohnten rund 3.600 Lilien-Fans dem Topspiel in Leipzig bei, das mit 0:1 verloren ging.

Um das Motto »Zu Lande, zu Wasser und in der Luft« zu komplettieren, fehlte im Frühjahr 2014 nur noch eine Schifffahrt. Das letzte Auswärtsspiel der Saison stieg in Wiesbaden, sodass die Organisation von Schiffen eines der leichteren Unterfangen war. Das Angebot wurde begeistert aufgenommen. Am 3. Mai 2014 bestiegen über 1.000 Anhänger in Blau und Weiß drei »Liliendampfer«, um vom nahegelegenen Gernsheim rheinabwärts nach Wiesbaden zu schippern. Dort trafen die Schiffsreisenden auf 4.000 weitere 98er, womit das Auswärtsspiel vor 8.500 Zuschauern zum Heimspiel wurde.[694] Der 1:0-Sieg machte nicht nur einen Haken unter die erfolgreichen Auswärtsfahrten der 3. Liga, er verdeutlichte zudem, dass die Lilien in der Hierarchie der hessischen Spitzenklubs an den Landeshauptstädtern vorbeigezogen waren und hinter den beiden Frankfurter Klubs Rang 3 festigten.

Die drei Aktionen kamen auch in der Mannschaft gut an, wie Kapitän Aytaç Sulu hernach bestätigte: »So was Krankes – natürlich absolut im positiven Sinne – habe ich noch nie erlebt! (...) Diese Aktionen pushen dich.«[695] Das nennt man dann wohl eine gelungene Wechselwirkung.

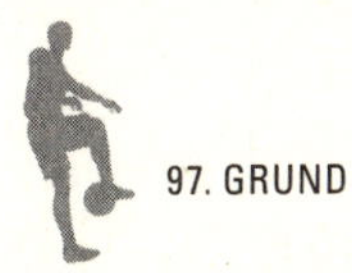

97. GRUND

Weil Alex für uns jahrelang die Fahne hochhielt

Wer kennt sie nicht, die Zaunfahnen bei Länderspielen? Menden/Sieg, Grosblie, Air Bäron oder Alex Darmstadt. Hinter Alex steckt Alex Lehné, langjähriger Fan der Lilien und ab 2014 hauptamtlicher Fanbeauftragter des SVD. Ich frage ihn, was ihn dazu trieb, für Darmstadt die Fahne hochzuhalten. Schon zu einer Zeit, als sich der Klub in der 4. Liga abmühte.

»Die Anregung für die Fahne bekam ich während der WM 2002. Im TV war bei einigen Spielen eine Darmstädter Lilien-Fahne zu sehen«, erinnert sich Alex. Daraufhin beschloss er, ebenfalls Werbung für den fast vergessenen Traditionsverein zu machen, und kreierte seine »Alex Darmstadt«-Fahne. Da es bei den 98ern noch keine Fan-Gruppe gab, zu der er sich gezählt hätte, und er die Lilien-Fahne von der WM nicht kopieren wollte, kombinierte er einfach seinen Vor- mit dem Stadtnamen. Zunächst kam die Zaunfahne bei den Spielen seiner Lilien zum Einsatz. Ihre Premiere erlebte sie in Hoffenheim. Später hängte er sie überwiegend bei Länderspielen auf. »Ich habe mich dem Fan Club der Nationalmannschaft angeschlossen, um leichter an Tickets zu kommen. Einige Fans und ich nahmen unsere Zaunfahnen mit und präsentierten unsere Vereine. Den SVD wieder ins Gespräch zu bringen, klappte so recht gut. Viele Leute erinnerten sich auf den Fahrten zwar an die Lilien, wussten aber wenig über die aktuelle Situation.«

Bald kehrte Alex dem Fan Club der Nationalelf allerdings den Rücken. Da sich dort keine Fankultur herausbildete, verlor er sein Interesse daran komplett. Immerhin waren die Auswärtsfahrten für ihn die Initialzündung, bis heute interessante Spiele in anderen Ländern zu besuchen. Aufgrund der eingestellten Länderspielbesuche ist die »Alex Darmstadt«-Fahne inzwischen ebenfalls Geschichte. Zunächst verschwand das »Alex«, heute hängt sie gar nicht mehr in den Stadien. »Meinen Vornamen würde ich ohnehin nicht mehr draufschreiben. Das wäre mir mittlerweile zu egozentrisch«, lacht Alex am Telefon. Geblieben ist seine Vorliebe für die Lilien. In der 3. Liga engagierte er sich als ehrenamtlicher Fanbetreuer. Der Zweitligaaufstieg erforderte vom Verein die Anstellung hauptamtlicher Fanbeauftragter. Alex nahm das Angebot des Vereins gerne an.

»Ich bin in meine Aufgabe schrittweise hineingewachsen. Selbst wenn ich nun gewissermaßen eine Vorbildrolle einnehme, so ist der einzige Unterschied zu vorher, dass ich jetzt täglich am Böllenfalltor bin.« Trotz seiner offiziellen Funktion fühlt sich Alex immer noch als Fan der Lilien. »Der Klub hat familiäre Strukturen, und in Darmstadt steht der Fußball im Mittelpunkt«, weiß er. »Die Fans genießen gerade bei Heimspielen große Freiräume. Es gibt Regeln, aber keine Schikanen. Die Anhänger wissen das zu schätzen und wollen diesen Zustand bewahren, indem sie sich selbst regulieren. Damit tragen sie ihren Teil dazu bei, dass der Verein momentan in der Öffentlichkeit so positiv dasteht.«

Wie reagieren eigentlich die Gästefans auf die Lilien? »Natürlich sind sie immer wieder vom Stadion überrascht. Wir hören häufig, dass es schön sei, mal wieder ein Spiel in einem Fußballstadion zu besuchen und nicht in einer Turnhalle«, muss Alex schmunzeln. Doch nicht alles wird am Bölle vom Flair der traditionellen Spielstätte überdeckt. »Die Gästefans monieren immer mal wieder die Toilettensituation, aber der Großteil der Fans findet es bei uns charmant. Die Fanbeauftragten der anderen Klubs sind angetan, was hier aus wenig gemacht wird.«

Dass die Lilien im Sommer 2015 in der Bundesliga angekommen sind, verwundert Alex immer noch. »Groundhopping in Deutschland habe ich vor einigen Jahren aufgegeben, da ich dachte, ich käme mit den Lilien ohnehin überallhin. Damals hätte ich allerdings eher erwartet, dass wir mal beim HSV II in der 3. Liga spielen und nicht bei den Profis in der 1. Liga.« Alex aus Darmstadt ist also weiterhin dabei, selbst wenn seine Zaunfahne heute nicht mehr in den Stadien hängen mag.

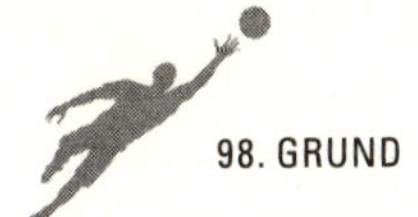

98. GRUND

Weil Kalli die Kuttenkultur in Ehren hält

Karl-Erich Krepper ist am Böllenfalltor ein Original. Wenn man ihn mit seiner Kutte sieht, auf der zahlreiche Aufnäher prangen, dann wirkt er ein wenig wie aus der Zeit gefallen. Die unverwechselbare Kutte ist für ihn Kleidungsstück und Statement zugleich. Ende der 1970er Jahre verschlug es ihn noch im Kindesalter zum ersten Mal zu den Lilien. Es war die Zeit, als die mit Aufnähern bestickten Jeanswesten das Bild in den Stadien prägten. Die Kutten faszinierten ihn, weshalb er ab der Saison 1986/87 selbst zum überzeugten Träger wurde.[696] Bis heute fühlt er sich dieser Zeit verbunden, dem heutigen Kommerz steht er laut eigenem Bekunden distanziert gegenüber. Die Kutte begleitet ihn auch im Alltag. Auf diese Weise mutiert er zum Botschafter der Lilien: »Wenn sie [die Leute] mich angucken, reden sie über Darmstadt. Also ist Darmstadt präsent. Also habe ich das erreicht, was ich wollte«.[697]

Für Kutten-Kalli sind die Lilien längst zum absoluten Lebensinhalt geworden. Seine Liebe zum Klub geht sogar so weit, dass er zusammen mit Familienangehörigen die Sitzschalen auf der Haupttribüne reinigt. Sein Lohn dafür passt ins Bild: eine Dauerkarte bei seinen Lilien![698] Kein Wunder, dass Kutten-Kalli im und um das Bölle bekannt ist wie ein bunter Hund. Immer wieder ist er im Kreise der Spieler zu sehen. Nicht von ungefähr blieb es ihm im Morgengrauen des 20. Mai 2014 vorbehalten, die Relegationssieger nach ihrer Rückkehr aus Bielefeld am Böllenfalltor lautstark zu begrüßen. Wie auf YouTube zu sehen ist, stimmten die Fans und das Team nur zu bereitwillig in sein »Humpa, humpa« ein.[699] Unter den

Fans gebührte ihm am Bölle noch ein ganz eigenes Ritual, denn vor dem Umzug der Ultràs auf die neue Südtribüne genoss er das Privileg, deren Dauersupport unterbrechen zu dürfen. Er stimmte dann seinen Sprechchor an und die Fans gingen mit.[700]

So kann es fast nicht verwundern, dass es über Kutten-Kalli sogar einen Bildband gibt. Er erschien 2009, als es bei den fast insolventen 98ern ans Eingemachte ging. Selbstredend überließ Kutten-Kalli den Erlös des Buches seinem Verein. Nachdem die Insolvenz abgewendet war, waren ihm auf der Klub-Homepage die Dankesworte des damaligen Lilien-Präsidenten Hans Kessler gewiss, der ihn als »treuen und aufrechten Weggefährten des SV 98« bezeichnete.[701]

Und wie es sich für einen Fan seiner Klasse gehört, haut er im Überschwang der Gefühle schon mal gewagte Ankündigungen raus. Oder etwa doch nicht? Als die Lilien im September 2013 Hansa Rostock mit 6:0 aus dem Stadion schossen, verstieg er sich zu der Aussage: »Wenn die Lilien wirklich in die zweite Liga aufsteigen, dann fahre ich mit dem Rad nach Berlin.«[702] Acht Monate später durfte er sich mit der Radstrecke vertraut machen. Wie schon sein Bildband geriet auch der Start seiner Radtour medienwirksam. Erneut nutzte er die Aufmerksamkeit um seine Person, um anderen zu helfen. Dieses Mal sollte seine Aktion dazu animieren, für krebskranke Kinder zu spenden.[703] Gemeinsam mit zwei weiteren Lilien-Fans nahm er die 640 Kilometer lange Strecke in Angriff. Natürlich wartete in Berlin wieder ein Stadionbesuch auf ihn. Schließlich spielten seine 98er an der Alten Försterei bei Union. War ja klar, dass er das Nützliche mit dem Angenehmen zu verbinden wusste. Seine Kutte hatte die Hauptstadt schließlich schon lange nicht mehr gesehen.

99. GRUND

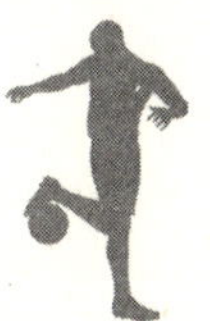

Weil die Fans eine Geldbuße des DFB gegen den Verein unaufgefordert selbst zahlten

Das Fehlverhalten von Fans ist in den Fußballstadien dieser Republik immer mal wieder zu erleben. Oft genug wird es vom DFB mit Geldstrafen geahndet. Sei es, weil die Anhänger mit Pyrotechnik zündeln, Spielunterbrechungen heraufbeschwören oder Krawalle anzetteln. Auch der SV aus Darmstadt muss hin und wieder Geldbußen in Kauf nehmen, die ihm Verfehlungen einiger Fans einbrocken; ganz gleich, ob gerechtfertigt oder nicht. Am 3. November 2014 verhängte das Sportgericht des DFB eine weitere Geldstrafe gegen die 98er. 4.000 Euro hatte der Verein »wegen unsportlichen Verhaltens« zu zahlen. Hintergrund: Die Darmstädter Zuschauer hatten zum Saisonauftakt am 3. August 2014 gegen den SV Sandhausen »Toilettenpapierrollen auf das Spielfeld geworfen« und damit »die Partie für rund eine Minute unterbrochen«.[704] 4.000 Euro! Für das Werfen von Toilettenpapierrollen! Man stelle sich vor, was in Argentinien los wäre, wenn dort für so etwas Strafen auferlegt würden.

Doch was hatte es mit dem Werfen der Klopapierrollen eigentlich auf sich? War es etwa der Ausdruck schierer Freude, weil das Spiel gegen Sandhausen zugleich die Zweitligarückkehr nach 21 Jahren bedeutete? Mitnichten. Die Aktion war an die Adresse des Mitaufsteigers aus Leipzig gerichtet. Genauer gesagt, an dessen potenten Geldgeber, dessen Getränk laut Marketingstrategen Flügel verleihen soll. Das Gebaren, einen Fußballverein zu erwerben und als Markenbotschafter mit reichlich Geld in die Bundesliga zu hieven, spaltet Fußball-Deutschland. Parallel zur Aktion der Darmstädter Fans, an denen sich auch die Anhänger aus Sandhausen beteiligten,[705] kam es in anderen Zweitligastadien zu Protesten gegen RB Leipzig. Mitunter ebenfalls durch das Werfen von Klopapierrollen.[706]

Die Darmstädter Fans aus dem »Block1898« wollten den Klub nicht auf der Strafe sitzen lassen und übergaben einen Tag nach dem Schiedsspruch 4.000 Euro an den Verein. Lilien-Präsident Rüdiger Fritsch sprach ob der unerwarteten Geste von einer »super Aktion« und versprach »als Dank für die tolle, friedliche Unterstützung in dieser Saison (…) das Geld wieder in die Fanarbeit zurückfließen (zu) lassen.«[707] Um das Begleichen der Geldbuße auf möglichst vielen Schultern zu verteilen, war es allen Lilien-Fans beim darauffolgenden Heimspiel möglich, einen Obolus in einen der zahlreichen Spendeneimer zu entrichten. Passenderweise kam es just an diesem Spieltag zum polarisierenden Gastspiel der Leipziger in Darmstadt. Letztlich spendeten die Stadionbesucher 6.385 Euro. Ein Teil des Überschusses floss in die Refinanzierung der »Rote-Karten-Aktion«. Das normalerweise blaue Böllenfalltor erstrahlte gegen Leipzig zu Spielbeginn minutenlang in Rot. Die Darmstädter Fans hielten im gesamten Rund rote Papierbögen hoch, um RB im wahrsten Sinn des Wortes die Rote Karte unter die Nase zu halten. Die dann noch überschüssigen 1.000 Euro spendeten die Lilien-Fans an die Deutsche Krebshilfe.[708]

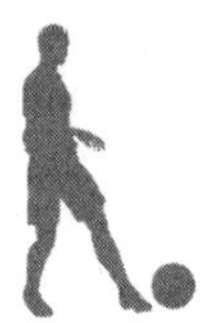

100. GRUND

Weil unsere Choreos den Nerv treffen

Was Ende der 1990er in Darmstadt noch zaghaft begann, gehört mittlerweile am Böllenfalltor schon fast zum Standardrepertoire: Choreografien! 1999 sah sich das Lilien-Fanzine *B.A.L.L.* in seiner sechsten Ausgabe noch dazu bemüßigt, die Anhänger mit dem Zweck und dem Ablauf von Choreos vertraut zu machen: »Ziel ist es, ›seine‹ Mannschaft nicht nur akustisch sondern auch optisch zu unterstützen und so die Liebe zum Verein auszudrücken. Auch soll der Wettstreit unter den Fans auf eine niveauvolle, kreative Ebene gelenkt werden.«[709] Mit dem erst zweiten Choreo-Versuch am Böllenfalltor waren die Initiatoren zum Saisonfinale 1999 denn auch einigermaßen zufrieden. Hochgehalten wurden in einem Block auf der Haupttribüne mehreren Reihen blaue und weiße Papierbögen, untermalt von dem Spruch »Eine neue Liga war wie ein neues Leben – Danke Jungs!«[710] Anlass der Choreografie war die Meisterschaft in der Oberliga Hessen und die damit perfekt gemachte Drittligarückkehr. Der Zeitaufwand für den optischen Support nahm gerade einmal zweieinhalb Stunden in Anspruch. In der *B.A.L.L.*-Ausgabe kündigten die Initiatoren an, dass es zu »großen Spielen der 98er« zu einer Neuauflage kommen solle.[711]

Mittlerweile ist die Choreo-Szene am Böllenfalltor längst den Kinderschuhen entwachsen. Der finanzielle, zeitliche und organisatorische Aufwand ist immens, die Resultate sind dafür umso beeindruckender und sogar preisverdächtig. Wie zum Beispiel die Choreo, die im März 2014 von den Usern der Seite *www.liga3-online.de* mit großem Abstand zur »Choreo des Monats« gewählt wurde.[712]

07. März 2014: SV Darmstadt 98 – MSV Duisburg

In die damalige Aktion ist die komplette Haupttribüne eingebunden, die zunächst mit blau-weiß gestreiften Stoffbahnen verdeckt ist. In der Mitte prangt in Übergröße der Datterich, eine literarische Darmstädter Figur aus dem 19. Jahrhundert. Darunter ist ein leicht abgewandeltes Originalzitat aus dem Schauspiel zu lesen: »Ich wahß net, ich hab scho es ganze Jahr so en vaschteckte Dorscht«. Während die Stoffbahnen nach unten gezogen werden, wedelt zu den Klängen von *Hells Bells* die komplette Tribüne mit blau und silbern glänzenden Fahnen, und der Datterich führt einen Kelch nach oben, in dem die Embleme von Fortuna Düsseldorf, des VfL Bochum, vom 1. FC Kaiserslautern und von 1860 München prangen. Eine gekonnte Anspielung auf den am Saisonende geglückten Zweitligaaufstieg. Gekrönt wird die Szenerie von einem Feuerwerk über der Haupttribüne.[713]

Ohne Anspruch auf Vollständigkeit hier noch eine Auswahl weiterer herausragender Choreografien:

23. Juli 2011: SV Darmstadt 98 – VfL Osnabrück (3. Liga)

Der Tag der Rückkehr in die 3. Liga ist gekommen. Vor dem mit Spannung erwarteten Ligaauftakt zieren blau-weiße Papierbögen die komplette Haupttribüne. Die Brüstung am unteren Ende ist mit grünem Papier abgeklebt und symbolisiert das Spielfeld. In regelmäßigen Abständen stehen übergroße Spieler von konkurrierenden Drittligateams. Die Pappmascheefigur des Lilientorhüters wirft einen riesigen Ball ab, den ein Fan an einer Stange befestigt über die gesamte Haupttribüne treiben wird. Zunächst verlängert ein Lilienspieler den Ball im Kopfballduell, woraufhin ein riesiger Lilienspieler das Leder aufnimmt und einen Kontrahenten nach dem anderen stehen lässt. Am Ende wartet das Duell gegen einen Spieler der Kickers aus Offenbach. Dieser wird allerdings nicht gerade fair durch Fans der 98er bearbeitet, sodass der Lilienspieler unbedrängt zu einem Distanzschuss ansetzt, den der Ballträger im Winkel eines riesigen Tores zappeln lässt. Das Nachsehen hat passenderweise der Torhüter von Arminia Bielefeld. Quasi eine Vorwegnahme des Relegationsdramas von 2014.[714]

04. August 2013: SV Darmstadt 98 – Borussia Mönchengladbach (DFB-Pokal)

Das 115-jährige Jubiläum der Lilien liegt erst ein paar Wochen zurück. Das Erstrundenspiel im DFB-Pokal gegen Lucien Favres Borussia Mönchengladbach bildet den passenden Rahmen zu einer riesigen Choreografie. Wieder bildet die Haupttribüne den Rahmen, indem wichtige Ereignisse und Personen der Liliengeschichte über die komplette Tribüne abgebildet werden. Im Zentrum wird ein riesiger gezeichneter Lederball neben dem Lilienemblem nach oben gezogen, umrandet von unzähligen kleinen Lederbällen und Lilienwappen. Überschrieben ist die Choreo »Am Schlossgartenplatz geboren!!! Am Böllenfalltor daheim!!! 115 Jahre Lilien«[715].

16. Mai 2014: SV Darmstadt 98 – Arminia Bielefeld (Relegation zur 2. Bundesliga)

Der SV Darmstadt 98 klopft ans Tor zur 2. Bundesliga. Die Haupttribüne ist komplett in Blau getaucht. Darüber steht »Es gibt viele Sportvereine, aber nur eine«, der Spruch wird durch die Zuschauer auf der Haupttribüne zwischen den blauen Bögen durch ein übergroßes »... Lilie« vervollständigt. Im Laufe der ersten Minuten entrollen die Fans zudem noch ein Banner mit der Aufschrift »Bielefeld: ihr habt 180 Minuten, die Liga zu verlassen!!!« Eine Anspielung auf eine geschmacklose Parole der Dresdner Fans gegenüber ihrem eigenen Team, das eine Woche vorher in der Partie zwischen Dynamo Dresden und Arminia Bielefeld für Aufruhr gesorgt hatte. Dass aus den 180 Minuten letztlich über 210 Minuten werden sollten, wusste zu diesem Zeitpunkt noch niemand.[716]

27. Oktober 2014: SV Darmstadt 98 – 1. FC Nürnberg (2. Bundesliga)

An diesem Abend machen die Fans in Nostalgie. Nach langer Zeit gibt sich der Club mal wieder die Ehre. Die Anhänger der 98er erinnern die vor der Haupttribüne Aufstellung nehmenden Teams an ein besonders bemerkenswertes Aufeinandertreffen beider Klubs. 1973 machten die Lilien den Nürnbergern mit 7:0 den Garaus. Gezeigt werden in der 2.400 Euro teuren Choreografie zwei Darmstädter, die in Erinnerungen an 1973 schwelgen. Originalgetreu dargestellt durch einen Torjubel eines damaligen Lilienspielers mitsamt einer übergroßen Eintrittskarte von damals. Eingerahmt wird das Ganze über die komplette Haupttribüne durch ein weißes »1973« auf blauem Grund.[717]

15. August 2015: SV Darmstadt 98 – Hannover 96 (1. Bundesliga)

Das erste Bundesligaheimspiel nach 33 Jahren will gebührend umrahmt werden. Das komplette Böllenfalltor ist vor dem Anpfiff gegen Hannover 96 ein Meer aus Blau und Weiß. Vor der gesamten Nordkurve prangt das, was jeder Kontrahent im Verlauf der Saison sehen wird, in Riesenlettern: »Hier ticken die Uhren noch anders«. Übergroße Choreo-Uhren auf der Haupt- und Gegengerade untermalen das Statement.

Rückrunde 2017/18 (2. Bundesliga)

Der Stadionumbau wirft seine Schatten voraus. Die Fans nutzen mehrere Gelegenheiten, um von ihrem alten Bölle Abschied zu nehmen. Vor dem vermeintlich letzten Flutlichtspiel gegen Düsseldorf glitzert und funkelt die ganze Süd, während ein Feuerwerk in den Himmel steigt und Tausende Wunderkerzen abbrennen. Zum Saisonabschluss gegen Aue tauchen die Fans das Bölle in die Vereinsfarben und ziehen vor der Gegengerade aufwendig eine Riesenfahne hoch: »Stadion am Böllenfalltor – Die Heimat der Lilien seit 1921. Ob Regen, Schnee oder Sonnenschein – so wie Du muss Fußball sein!«

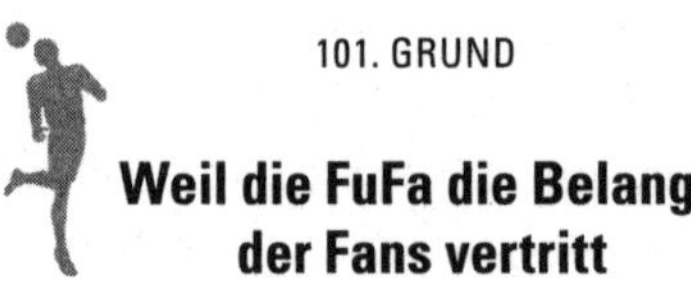

101. GRUND

Weil die FuFa die Belange der Fans vertritt

Seit 2013 verfügt der SV Darmstadt 98 über ein Scharnier zwischen den Fußballfans und den Vereinsgremien. Die Gründung der »Fan- und Förderabteilung« soll die Bindung der Anhänger an ihren Klub festigen und zugleich helfen, neue Mitglieder zu gewinnen. Der

FuFa genannten Abteilung ist es indes genauso wichtig, als Sprachrohr der Fanbelange in den Verein hineinzuwirken.

Bereits 2007 hatten sich Fans aus der aktiven Szene in einem Fanverein organisiert, waren aber bewusst außerhalb des SVD geblieben. Wenig später engagierten sich die Mitglieder des Fanvereins mit allerhand Aktionen stark für ihren von der Insolvenz bedrohten Klub. Diese Erfahrung bewirkte bei vielen Anhängern eine noch stärkere emotionale Bindung zu den Lilien. Nach der abgewendeten Insolvenz stand die Frage im Raum, wie es jetzt weitergehen solle. Viele sahen den richtigen Zeitpunkt gekommen, innerhalb des Vereins eine Anlaufstelle für die Fans zu etablieren. Sven, genannt Wuschel, war nach der Gründung der FuFa lange im Vorstand tätig. Er steht exemplarisch für die Beweggründe vieler FuFa-Mitglieder: »Mir war es wichtig, durch meine Mitgliedschaft dem Verein etwas zu geben. Erst recht in den schlechten Zeiten.« Zudem versteht Wuschel einen Verein als die Summe seiner Mitglieder. »Ich genieße als passives Mitglied Stimmrecht und kann somit die Geschicke des Vereins ein wenig mitgestalten. Positive Beispiele waren für mich anderswo die Rückkehr des VfB Stuttgart zum alten Vereinslogo oder der Wegfall des Namens ›Borussia‹ beim Wuppertaler SV. Und bei uns war es nach einem entsprechenden Antrag auf einer Jahreshauptversammlung möglich, dass alle Mitglieder in den Prozess um die letztlich ausgesetzte Ausgliederung eingebunden wurden.«

Rasch etablierte die FuFa Arbeitskreise, die mittlerweile als »Teams« bezeichnet und verstanden werden. Das Team Auswärtsfahrten führte beispielsweise den Einsatz von Familienbussen zu den Auswärtspartien ein. Klare Maßgabe dabei: kein Alkohol während der Fahrten. Ein Redaktionsteam unterstützt mitunter die Erstellung des Saisonjournals für den Verein. Das Fanradio, das von allen Spielen der Lilien berichtet, wurde integriert. Daneben wollte die FuFa die Erinnerung an das alte Stadion am Böllenfalltor lebendig halten. Also initiierte sie das Bölle-Buch, zu dem der renommierte Sportfotograf Reinaldo Coddou H. tolle Bilder des in die Jahre gekommenen Stadions beisteuerte. 2016 veranstaltete sie schließlich ein Wochenende lang das Festival »Fußball ist anders«, bei dem die Fußballkultur in all ihren Facetten unter Einschluss des Integrations- und Inklusionsgedankens gewürdigt wurde.

Als nach dem Zweitligaaufstieg eine Rasenheizung installiert und die Haupttribüne neu bestuhlt werden musste, verkaufte die FuFa den alten Rasen und die Holzbänke zugunsten des Vereins. Auch beim Abriss der Gegengerade engagierte sich die FuFa, indem sie es Fans ermöglichte, Wellenbrecher, Betonstufen und Sitzschalen sowie andere Kleinteile zu erwerben. Der Erlös fließt in »fanspezifische Maßnahmen« im neuen Stadion. Des Weiteren etablierte die FuFa Veranstaltungen wie das »Neujahrsfest« oder den »Auftaktabend«, mit dem sie jeweils die Rückrunde der laufenden Saison einleitet. Die zweite Saisonhälfte wird dabei unter ein Motto gestellt, wie »Der Wahnsinn geht weiter« oder »We just can't get enough«. Ein Talk mit Spielern und Funktionären des SVD rundet den Abend ab. 2018 lösten die in Eigenregie der FuFa initiierten Stadionführungen einen wahren Run aus.

Immens wichtig ist den FuFa-Verantwortlichen der Erhalt der besonderen Atmosphäre am Bölle. »Durch den sportlichen Erfolg und die damit veränderte Preisstruktur sehen wir die vielfältige Fankultur am Bölle bedroht. Unser Ziel ist es, uns nicht selbst zu verlieren! England ist ein abschreckendes Beispiel«, mahnt Wuschel. Aufgrund der erhöhten Ticketpreise nach dem Bundesligaaufstieg hob die FuFa einen »Ticket-Sozialfonds« aus der Taufe. Rund 200 Stehplatz-Dauerkarten gingen für 170 Euro an Vereinsmitglieder und bisherige Dauerkartenbesitzer, die sich die teureren Tickets sonst nicht hätten leisten können. Auch in den Folgejahren gingen Sozialtickets für die Hälfte des Originalpreises an Fans, die finanziell nicht auf Rosen gebettet sind.

»Daneben wollen wir den speziellen Geist am Bölle erhalten, indem wir ihn an die hinzugekommenen Anhänger weitergeben.« Damit meint Wuschel eine gewisse Demut, die nach der drohenden

Insolvenz und dem sportlichen Abstieg 2013 noch bei vielen aus der aktiven Szene präsent ist. Aber auch eine »Jetzt erst recht«-Mentalität, mit der die Anhänger wenige Tage nach dem vermeintlichen Abstieg 2013 zum Hessenpokalfinale gefahren sind.

Da passt es ins Bild, dass sich die FuFa innerhalb des Vereins und in einem Fanbündnis für den Erhalt der Stehplatz-Kultur am Böllenfalltor engagiert. So hat sie letztlich daran mitgewirkt, dass das fertig umgebaute Böllenfalltor immer noch über mehr Steh- als Sitzplätze verfügen soll. Die FuFa achtete zudem darauf, dass nach dem Bundesligaabstieg die Eintrittspreise wieder spürbar gesenkt wurden. »Die Wege sind bei den 98ern kurz. Wir haben die Chance, unsere Interessen direkt beim Präsidenten vorzutragen und dabei vor Augen zu führen, welch weitreichende Folgen die Entscheidungen für die Fans haben.«

Während die FuFa also darauf setzt, Beschlüsse im direkten Dialog im Sinne der Fans zu beeinflussen, boomt die Nachfrage nach einer Mitgliedschaft. Im Zuge des Erstligaaufstiegs ist der Gesamtverein in kürzester Zeit von 1.400 auf 4.000 Mitglieder gewachsen. Im Dezember 2018 waren es schon fast 8.000. Auf die FuFa entfielen alleine knapp 7.000 Mitglieder.

KAPITEL 9

EI HORSCHE MOL

Interviews

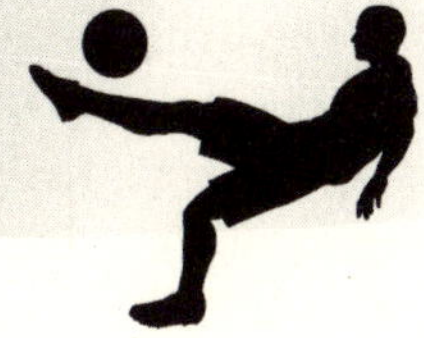

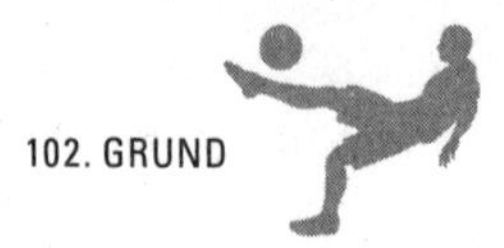

102. GRUND

Weil Eckhard Krautzun das Pressing beim SVD einführte

Wer sich angeregt und fachkundig über Fußball unterhalten will, der ist bei Eckhard Krautzun an der richtigen Adresse. Der in der Fußballszene immer noch bestens vernetzte ehemalige Bundesligatrainer lebt unweit von Darmstadt in Heppenheim. Zu den Lilien unterhält der weit gereiste Krautzun eine ganz besonders emotionale Beziehung, wie er mir nach dem Bundesligaaufstieg 2015 berichtet.

Eckhard Krautzun, Sie haben weltweit Klub- und Nationalteams trainiert. Sie gewannen mit Kaiserslautern den DFB-Pokal, Sie führten Tunesien zur Weltmeisterschaft. Warum hat es Sie als Trainer gleich dreimal nach Darmstadt verschlagen?
Das ist doch ein Zeichen, dass sich der Verein positiv an mich erinnert hat. Dass man also in Darmstadt überzeugt war von dem Trainer und Menschen Eckhard Krautzun. Das half bei meinen Entscheidungen.

Es fällt auf, dass Sie immer während der Saison geholt wurden. Sie verlängerten dann bei Ihren ersten beiden Engagements die Verträge, nur um in der Sommerpause zu gehen. Warum?
1987 wurden wir in der 2. Bundesliga Vierter und hatten eine tolle Mannschaft. Sie war mit das Beste, das ich je trainiert hatte. Junge, hungrige Spieler, die eine tolle Moral und Kameradschaft auszeichneten. Doch wichtige Spieler gingen. Bruno Labbadia zum HSV, Thomas Herbst zu Mönchengladbach, Thomas Klepper ging zurück zur Eintracht. Da gab es keine Kontinuität. Zudem merkte ich einen gewissen Stillstand im Klub. Es gab keine Ambitionen, finanziell fehlten die Möglichkeiten. Da habe ich gesagt, dann gehst du lieber, sonst gibt es nur Spannungen.

1989 hatte ich die Mannschaft aus der Abstiegszone geführt, doch ich konnte mit dem damaligen Präsidenten nicht richtig. Zu der Zeit gab es oft Präsidenten, die ins Amt gewählt wurden, weil sie Geld hatten, Geld mitbrachten oder aufgrund ihrer Kontakte. Von Fußball hatten sie wenig Ahnung. Mit solchen Leuten hatte ich ein Problem, weil ich eben ein totaler Fußballmensch bin. Der Darmstädter Präsident kam in die Kabine und wollte zuhören, manchmal sogar etwas sagen. Die Kabine ist aber das Territorium des Trainers. Da sollte kein anderer reinreden. Also bin ich gegangen.

Dennoch sind Sie sogar seit vielen Jahren Mitglied bei den Lilien. Woher rührt diese Verbundenheit?
Ich erinnere mich wahnsinnig gerne an meine Jahre bei den Lilien, weil damals Freundschaften entstanden, die bis heute halten. So wuchs die Liebe zum Klub. Zudem fand ich die Stimmung im Stadion faszinierend und gehe auch heute noch vier- bis fünfmal im Jahr ans Bölle. Es gibt nicht viele Vereine, die so begeisterungsfähige Fans haben. Ich musste zwar viel improvisieren und Eigeninitiative ergreifen – das hat sich bis heute offenbar nicht geändert *(lacht)* – man spürte aber, hier könnte was heranwachsen, die Fans stehen voll dahinter. Ich war später noch Mitglied in einem Vereinsgremium, was ich aufgrund meiner vielen Tätigkeiten im Ausland aber aufgeben musste.

Zwischen Ihren ersten beiden Trainerengagements bei den Lilien lag das Relegationsdrama gegen Waldhof Mannheim. Wie haben Sie es erlebt?
Ich trainierte damals in Saudi-Arabien, aber natürlich habe ich das Geschehen von dort verfolgt, denn im Herzen hatte ich nach wie vor die Lilie. Ich habe fest die Daumen gedrückt und ziehe den Hut vor der Leistung meines Kollegen Schlappi. Das Ausscheiden im Elfmeterschießen war wirklich dramatisch und auch ein wenig tragisch.

Beinahe wären Sie 1989 gar nicht ans Böllenfalltor zurückgekehrt. Sie hatten drei Monate zuvor ein Ticket für den PanAm-Flug gebucht, der über Lockerbie abstürzte.
Da habe ich ein Glück gehabt, das stimmt. Ich war auf den Flug gebucht, um zu Verhandlungen in die USA zu fliegen. Kurzfristig kam dann ein Angebot von Rot-Weiss Essen, woraufhin ich den Flug abgesagt habe und nach Essen gefahren bin. Erst zwei Tage später bin ich tatsächlich geflogen.

Einmal spielten Sie mit den Lilien in Liga 2 um den Aufstieg, einmal gegen den Abstieg. 2000 mussten Sie mindestens Platz 11 erreichen, um die neue Regionalliga Süd zu erreichen. Was war Ihre schwierigste Mission in Darmstadt?
Keine der genannten, sondern meine Beraterfunktion im Frühjahr 2003. Der SVD kämpfte gegen den Abstieg in die 4. Liga. Im April war Živo Juškić Spielertrainer geworden, und das Management meinte, er solle von meiner Erfahrung profitieren. Aber da prallten zwei unterschiedliche Spielideen aufeinander. Ich bin ein Verfechter des Offensivstils, er dachte eher defensiv. Ich wusste nicht, wie weit ich eingreifen konnte, ohne seine Autorität zu untergraben. Später musste ich seine Spielweise in den Pressekonferenzen verteidigen und analysieren. Das war sehr schwierig, denn ich war mit vielen Dingen nicht einverstanden, wollte aber zugleich keine Unruhe erzeugen. Letztlich war es ein Fehler. Ich war noch zu sehr Fußballtrainer, und das hat Živo – den ich persönlich sehr schätze – verständlicherweise nicht behagt.

An welche Spiele denken Sie heute noch zurück?
Natürlich an das Viertelfinale im DFB-Pokal 1987 gegen den HSV. Kurz vor Schluss hat der berühmte Einwechselspieler Manfred Kastl das goldene Tor geschossen. Über diese Niederlage ärgere ich mich bis heute. Ich habe noch vor Augen, wie der Ernst Happel davor ziemlich bleich geworden war. *(lacht)*

Zudem ist mir ein 7:1 gegen den VfL Osnabrück in guter Erinnerung. Sie kamen damals als Tabellenzweiter zu uns. Wir hatten fünf Wochen lang Pressing trainiert, das ich in England kennengelernt hatte, als ich die dortige Trainerlizenz erwarb. Ich habe es erstmals bei den Lilien eingesetzt. Ich wollte es bei einem Auswärtsspiel zeigen, die Mannschaft wollte es aber lieber in einem Heimspiel probieren. Das Resultat gegen Osnabrück sprach für sich, und es freut einen Trainer, wenn ein Plan so grandios aufgeht. Die Spieler hatten kapiert, worum es ging.

Warum verschwand das Zweiliga-Urgestein später für 21 Jahre in der 3. und 4. Liga?
Da kann man andere Vereine in einem Atemzug nennen. Rot-Weiss Essen, Alemannia Aachen, Fortuna Köln. Bei Darmstadt war es immer das Problem, dass es um die Finanzen ging, die immer knapp waren. Zudem mögen das alte Stadion und manchmal leider auch Fanexzesse einige Leute und Familien vom Besuch der Spiele abgehalten haben, sodass nochmals weniger Geld reinkam.

Sie kennen viele Fußballstadien und -klubs. Was macht die Lilien für Sie aus?
Diese besonders familiäre Atmosphäre im Stadion mit einer gewachsenen Fankultur, die ein bisschen an St. Pauli erinnert. Spätestens mit dem Bundesligaaufstieg muss sich zeigen, ob die Verantwortlichen der Stadt in der Lage sind, den Stadionumbau zu fördern. Ich habe einige Bürgermeister erlebt, und alle haben versucht, ein vernünftiges Stadion durchzusetzen. Deshalb hoffe ich, dass es endlich klappt, denn dieses Stadion ist nicht erstligatauglich.

Was sagen Sie zu den Personalentscheidungen der letzten Jahre am Bölle?
Es gibt diese Dreifaltigkeit: Präsident, Trainer, Management. Da

muss Ruhe herrschen, da muss eine Einheit sein, da muss es eine Philosophie geben, da muss man an einem Strang ziehen. Das ist seit einigen Jahren der Fall. Ich kenne Co-Trainer Sascha Franz und Torwarttrainer Dimo Wache persönlich. Dirk Schuster und die beiden machen das sehr geschickt. Sie halten die Erwartungshaltung unten, und daraus hat sich eine Euphorie entwickelt. Es gibt derzeit eine starke Bande zwischen dem Management, der Mannschaft, dem Trainerstab und dem Publikum. Ich bin überzeugt, dass es in der Bundesliga auch so sein wird.

Welche Rolle spielte Ihres Erachtens die Beinahe-Insolvenz 2008 bei dieser Entwicklung?
Die Situation damals hat die Stadt und das ganze Umfeld bis zur Bergstraße und in den Odenwald hinein bewegt. Es hat ein enormes Fanbewusstsein freigelegt. Die Leute wollten die Lilien nicht verdorren lassen, sie haben sie wieder bewässert. Daraus ist eine Eigendynamik entstanden, die vielleicht die Basis geschaffen hat für das, was heute da ist. Den damaligen Umschwung zu Präsident Hans Kessler, den fand ich sehr gut. Gleichwohl darf man seinem Vorgänger Walter Grimm nicht unrecht tun. Er hat viel Zeit in den SVD investiert und finanzielle Möglichkeiten geschaffen.

Was sagen Sie als ein Verfechter des Offensivfußballs zur Aufstiegsmannschaft von 2015?
Es ist die Kunst eines Trainers, das zu spielen, was das Spielermaterial hergibt. Das hat perfekt geklappt. Darmstadt spielt vielleicht nicht sehr attraktiv, aber ein sehr zweckgerichtetes und sehr effektives System. Die Mannschaft ist topfit und nach Ballverlust unheimlich schnell wieder in den Räumen, um mit zehn Mann zu verteidigen. Diese Betonung auf die Defensive zeigte sich im Torverhältnis. Bei den Fans kommt der Spielstil dennoch an, weil die Mannschaft von der Mentalität her wahnsinnig zusammenhält. Da ist jeder bereit, für den anderen zu laufen. Dieses überstrapazierte

Wort von Teamgeist und Teamwork, das kann man in den letzten Jahren klar erkennen.

Sie sind im Fußball immer noch bestens vernetzt. Wie wird der jüngste Werdegang der Lilien wahrgenommen?
Der SVD hat sich viele Sympathien erworben. Die meisten Leute, die ich kenne, haben den Lilien den Erstligaaufstieg gewünscht. Die meisten waren überzeugt, dass der Erfolg verdient war. Ihrer Meinung nach sollten die Lilien auch in der 1. Liga Furore machen. Sie sehen eine gute Administration im Klub und befürchten deshalb selbst im Falle eines Misserfolgs keine Unruhe.

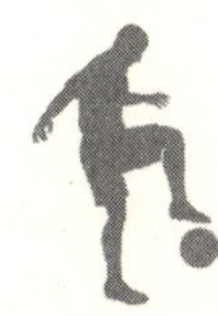

103. GRUND

Weil Thomas Schmidt ein Spieler war, der die Nähe zu den Fans suchte

Thomas Schmidt war bei den Lilien zwischen 1993 und 2006 Spieler, Kapitän und Sportlicher Leiter. Als Spieler suchte er geradezu die Nähe der Fans und erfreute sich großer Beliebtheit beim eigenen Anhang. Sportlich waren es schwere Zeiten, durch die er den SVD als Kapitän steuerte. Später holte er Bruno Labbadia als Trainer nach Darmstadt. Bis heute ist der Rechtsanwalt Teilen der Fanszene sehr verbunden.

Thomas Schmidt, Sie wechselten 1993 von Offenbach nach Darmstadt. Wie kam es dazu?
Ich komme aus Groß-Umstadt, das im Einzugsgebiet der Lilien liegt. Als Jugendlicher ging ich zu den Kickers, weil sie damals die bessere Jugendarbeit hatten. Ich habe es als einer der wenigen jungen Spieler in den Seniorenbereich geschafft. 1992/93 kam ich auf 26 oder 27 Einsätze, spielte aber nie von Beginn an. Ich fragte

unseren Trainer Lothar Buchmann, wie er plane. Er sagte, ich sei als Einwechselspieler immer sofort im Spiel, wieso solle er daran etwas ändern. Das war mir zu wenig, und so kam das Angebot der Lilien zur rechten Zeit.

Die 98er waren gerade aus der 2. Bundesliga abgestiegen.
Damals wusste keiner so recht, wie es weitergehen würde. In der 2. Liga kamen zum Schluss kaum 2.000 Zuschauer. Der Klub holte einige neue Spieler und viele aus der Zweiten Mannschaft. Wir spielten einen ganz anderen Fußball. Nicht frei von Fehlern, aber ehrlich und erfrischend.

Die Zuschauer haben das honoriert.
Das Publikum hat uns fantastisch aufgenommen. Sie waren begeisterungsfähig und sehr emotional. Zum ersten Spiel nach Frankfurt-Höchst begleiteten uns 1.000 Fans. Nach Mörlenbach später 3.000. Die Oberliga Hessen war mit den Massen, die uns begleiteten, total überfordert. Zu Hause hatten wir rasch zwischen 3.000 und 4.000 Fans. Es herrschte eine große Aufbruchstimmung.

Wie haben die Fans Sie aufgenommen?
Ich habe rasch gemerkt, dass mein Wechsel die perfekte Entscheidung war. Ich hatte schnell einen Draht zu den Fans, wir lagen auf einer Wellenlänge. Nach Freitagabendspielen saß ich häufig noch viele Stunden mit Lilien-Fans zusammen, woraus Freundschaften entstanden. Ich war häufig emotional so aufgeladen, dass es mir viel gab, mit den Fans zu diskutieren. Ich merkte, hier gehöre ich her. Über die Jahre ist eine echte Liebe zu den Lilien entstanden.

Ihre Einstellung wird noch heute gelobt.
Ich war in meinen fußballerischen Möglichkeiten limitiert. Ich habe deshalb immer versucht, alles aus mir rauszuholen. Nur dann hatte

ich ein gutes Gefühl. Später war ich fünf Jahre Kapitän und unheimlich stolz, den Verein und die Mannschaft zu repräsentieren.

Mit Ihnen als Kapitän ging es 1998 erstmals runter in die 4. Liga.
Schon 1996 und 1997 schafften wir den Klassenerhalt erst am letzten Spieltag jeweils in Augsburg. 1997 vor allem dank Lothar Buchmann, der uns in einer sensationellen Rückrunde rettete. Die Saison 1997/98 war der Wahnsinn. Den 3:2-Sieg am Ostermontag am Bieberer Berg nach 0:2-Rückstand werde ich nie vergessen. Wir haben aber die Kurve nicht mehr gekriegt. Das Verhältnis zwischen Lothar Buchmann und dem Team war belastet. Im Trainingslager in Portugal habe ich die Hälfte der Zeit darauf verwendet, zwischen ihm und den Spielern zu vermitteln. Das ging auf Dauer nicht gut. Der Klub beschloss vor dem letzten Spiel gegen Weismain, sich nach der Saison von Buchmann zu trennen.

Apropos Weismain: Ein vollkommen skurriles Spiel.
Davor war klar, dass uns ein 0:0 reichen müsste, denn es standen genügend Teams hinter uns. Weismain selbst hatte gar kein Interesse am Spiel teilzunehmen. Das Resultat war ein furchtbares Ballgeschiebe, das mir total zuwider war. Das Publikum reagierte missmutig, weil wir Deutschland gegen Österreich aufführten. Entgegen der Anweisung von Buchmann wurden auf der Anzeigentafel Spielstände durchgegeben. Demnach hätte ein 0:0 plötzlich nicht mehr gereicht.

Und Sie reagierten.
Ich weiß noch, wie ich zu Martin Kowalewski gesagt habe: »Martin, frag den Trainer, was wir tun sollen.« Martin kam zurück und sagte, der Trainer habe nur den Kopf geschüttelt und gesagt wir sollten selbst entscheiden. Mir war klar, wir müssen was tun. Wir konnten doch nicht 0:0 spielen, absteigen und uns am Ende vorwerfen, wir hätten nichts getan! Dafür übernehme ich auch 2015 noch die Verantwortung. Gut, wir haben aufgemacht, Konter gekriegt und

0:2 verloren. Das Verrückte war, dass uns letztlich doch ein 0:0 gereicht hätte. Die veränderten Zwischenstände wurden allerdings nicht mehr eingeblendet.

Wie reagierten die Fans?
Das Team stand bei den Fans kaum in der Kritik. Der Unmut der Fans richtete sich gegen Buchmann. Er hatte unmittelbar nach dem Spiel mir die Schuld gegeben, weil wir plötzlich offensiv gespielt hatten. Diese Kritik traf mich sehr, weil ich mir keiner Schuld bewusst und unser Verhältnis bis dahin einwandfrei war. Trotz dieser Geschichte treffe ich mich bis heute regelmäßig mit ihm.

Sie beendeten Ihre Karriere mit einem 5. Platz in Liga 3. Ein versöhnlicher Abschluss?
Ja, das war die beste Saison. Michael Feichtenbeiner schaffte es, aus durchschnittlichen Spielern eine überragende Mannschaft zu formen. Er war der erste Trainer in Darmstadt, der mit Teambuilding begann. Wir waren offen für diese neuen Ideen und traten als verschworene Einheit auf. Das Team funktionierte, jeder wusste, was er zu tun hatte. Am Ende hat dic Qualität für den Aufstieg nicht gereicht. Wir holten aber den Hessenpokal und ermöglichten der darauffolgenden Mannschaft tolle Spiele im DFB-Pokal. Es war für mich ein klasse Abschied, inklusive Abschiedsspiel gegen meinen HSV. Gleichwohl …

Ja?
Im Vergleich zum aktuellen Erfolg denke ich ab und an, dass ich ein Repräsentant einer Zeit bin, die sportlich die schwierigste und von den Platzierungen her die schlechteste der Lilien war. Ich bin als Kapitän Bestandteil dieser Historie. Es war auch später als Sportlicher Leiter immer mein Traum, mit meinem Verein in die 2. Liga aufzusteigen. Immer wenn wir dachten, jetzt geht's bergauf, kam es zum sportlichen Überlebenskampf. Ich mache immer Witze da-

rüber und sage, ich bin fünffacher Possmann-Cup-Sieger, dieser Äppelwoi-Cup. Viel mehr haben wir nicht erreicht. Wenn ich das zu den Fans sage, sagen sie: »Du warst einer, der eine unheimliche Nähe hergestellt hat, der uns gezeigt hat, dass es Spieler gibt, die das letzte Hemd für die Lilien geben.« Diese Reaktionen freuen mich und zeigen mir, dass vieles in dieser Zeit durchaus richtig war.

2001/02 bekleideten Sie bei den Lilien ausnahmsweise keine Funktion. Wie ist es Ihnen ergangen?
Ich habe es kaum ertragen, zu Hause zu sitzen und nicht bei den Spielen zu sein. Ich bin oft nachgefahren oder habe vor dem Videotext gesessen. Darmstadt 98 bedeutete damals alles für mich.

Sie stiegen im Sommer 2002 als Sportlicher Leiter ein. Eine ganz andere Welt?
Die Zeit als Spieler ist meiner Meinung nach die einfachste und schönste Zeit. Du gehst auf den Platz und gibst alles. Als Verantwortlicher bist du dagegen von derart vielen Dingen abhängig. Hier muss etwas funktionieren, dort muss etwas funktionieren. In Interviews kannst du vieles gar nicht ausführen, denn manche Zusammenhänge sind nun mal nicht für die Öffentlichkeit bestimmt. Die Zwänge sind massiv.

Wie ist es Ihnen gelungen, Bruno Labbadia als Trainer zu engagieren?
Seine Karriere näherte sich beim KSC dem Ende. Wir haben von Bernhard Trares, der in den 80ern mit Bruno beim SVD gespielt hatte, den Hinweis bekommen, dass er dabei sei, bei einem anderen Regionalligisten als Trainer einzusteigen. Wir haben uns dann um ihn bemüht, und er hat tatsächlich zugesagt, obwohl wir aus der Regionalliga abstiegen und er zunächst nicht unbedingt in die Oberliga Hessen wollte.

Wie fällt Ihre Bilanz bei den Spielertransfers aus?

Wir hatten, glaube ich, eine extrem hohe Erfolgsquote. Schon nach dem Abstieg in die Hessenliga mit Dirk Wolf, Nazir Saridogan, Timo Uster, Michael Aničić und wie sie alle hießen. Später haben wir beispielsweise Benni Kern verpflichtet, Stefan Leitl kam, der auch großartige Spiele für die Lilien absolvierte. Mergim Mavraj und Ivo Iličević haben wir aus dem Nachwuchs nach oben gezogen. Für dort holten wir mit Eddy Sözer einen extrem kompetenten und sehr engagierten Trainer.

2005 verpflichteten Sie größere Namen.
Wir waren als Aufsteiger Fünfter geworden, da konntest du dich in Darmstadt nicht hinstellen und sagen, wir wollen jetzt Zehnter werden. Unsere Königstransfers Jürgen Kramny und Markus Beierle sind leider nicht aufgegangen. Über Kramny habe ich mich mit Jürgen Klopp ausgetauscht, den ich noch als Gegenspieler kannte und der Kramny in Mainz trainierte. Er hatte eine hohe Meinung von ihm, und wir hatten ein gutes Gefühl. Er hat es aber nicht geschafft, seine Mainzer Geschichte abzustreifen und sich an Darmstadt zu gewöhnen. Dass er und Beierle sich bei uns nie richtig wohlgefühlt haben, müssen wir uns aber auch auf die eigene Fahne schreiben und dürfen nicht nur den Spielern die Schuld geben.

2006 hörten Sie auf, gerieten aber im Zuge der drohenden Insolvenz in die Schlagzeilen. Sie einigten sich mit dem Verein auf die Zahlung eines Solidarbeitrags. Was war da los?
Diese Geschichte muss ich deutlich von der Zeit davor trennen. Ich habe bis 2006 viele tolle Sachen erlebt, die mein Leben geprägt haben. Der Verein verhandelte während des Insolvenzverfahrens finanzielle Kompensationen mit den ehemals Handelnden. Das ist nachvollziehbar. Mir waren aber die Verfehlungen nicht anzulasten. Sportliches und Finanzielles waren klar getrennt, der jeweilige Trainer und ich als Sportlicher Leiter kümmerten uns ausschließlich um den sportlichen Bereich. Dass da nicht differenziert wurde, tat mir

nach all den Jahren weh. Meine Familie und mich hat die Situation sehr belastet. Mit dem Solidarbeitrag wollte ich uns schützen und zugleich einen kleinen Beitrag leisten, damit der Klub wieder auf die Beine kommt. Diese Erfahrungen und Erlebnisse belasten mein Verhältnis zu »meinen 98ern« leider noch heute.

Zumindest den Fans sind Sie bis heute verbunden.
Ich habe neben meiner Spielerkarriere Jura studiert. Ich fragte mich später, was ich für die Fans tun könne. Für die, die mir durch den gegenseitigen Austausch geholfen hatten, die Emotionen nach den Spielen zu verarbeiten. Ich bin zum Fanprojekt gegangen und habe meine kostenfreie Hilfe als Rechtsanwalt angeboten. Viele Heranwachsende finden es toll, einen Bengalo zu zünden, und haben plötzlich ein Strafverfahren am Hals. Ich stehe so denen zur Seite, denen die 98er wichtig sind, und hoffe, mit diesem Beitrag einer Kriminalisierung entgegenwirken zu können.

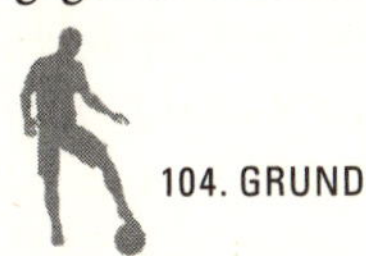

104. GRUND

Weil die Lilien wie die erste Freundin sein können

Mergim Mavraj ist einer der Spieler, die es von den A-Junioren in die Lilienelf gepackt haben und die anschließend eine Bundesligakarriere starteten. Für Bochum, Fürth, Köln und den HSV bestritt er bis zum Sommer 2018 knapp 250 Spiele in der 1. und 2. Bundesliga. Daneben hat er sich zu einer festen Größe in der Nationalelf Albaniens entwickelt. Wie denkt der 2006 von den Fans zum Lilien-Spieler der Saison gewählte Mavraj über seinen Karrierestart bei den 98ern? Ich sprach ihn hierzu 2015.

Mergim, 2004 bist du zu den A-Junioren der Lilien gewechselt. Mit welchen Erwartungen?

Mit gar keinen. Ich hatte zuvor quasi mit dem Fußball aufgehört. Meine Eltern wollten, dass ich meinen Fokus auf die Schule lege. So habe ich meine Karriere mit 16 Jahren bei den Offenbacher Kickers beendet. Ich habe dann ein Jahr nur noch unterklassig gespielt, bevor das Angebot aus Darmstadt kam. Meine Eltern waren einverstanden, und ich habe das Abi dann ja auch gepackt. Die Entwicklung in Darmstadt war komplett unerwartet und nicht vorhersehbar. Die Vorbereitung verlief gleich super, und ich wurde als Neuzugang Kapitän bei den A-Junioren. Vermutlich deshalb, weil ich komplett ohne Druck gekommen war.

Würdest du Bruno Labbadia als deinen Förderer bezeichnen?
Das kann man schwer sagen, denn letztlich gehören da immer ganz viele Personen dazu. Richtig ist zweifellos, dass er mir als jungem Spieler das Vertrauen geschenkt hat und mich bei den Profis in der 3. Liga zum Stammspieler gemacht hat. Genauso wichtig war für meine Entwicklung Eddy Sözer, sein heutiger Co-Trainer und mein damaliger A-Jugend-Trainer. Ich denke, er hat ein gutes Wort für mich eingelegt, er hat mir aber auch einmal gedroht.

Inwiefern?
Noch zu A-Jugendzeiten habe ich vier Wochen bei den Profis trainiert. In einem Spiel mit den A-Junioren lief es bei mir richtig gut. Ich habe als Sechser zwei Tore geschossen. Mitten in der Partie schreit Eddy Sözer auf einmal über den Platz: »Mergim! Du spielst nie wieder für den Bruno! Dafür werde ich sorgen!« Ich wusste gar nicht, was passiert ist. Ich hatte rein gar nichts getan. Ich bin also raus zu ihm und fragte, was denn los sei. Er meinte, die Art, wie ich rumlaufe, gehe ihm gegen den Strich. Da hatte ich echt Schiss, denn ich wollte unbedingt bei den Profis mittrainieren. Ich habe seine Ansage also wörtlich genommen und für den Rest der Partie meinen Laufstil komplett umgestellt. Nicht so gerade wie sonst, sondern eher gebeugt. Das war echt verrückt, aber ich hatte richtig

Bammel. Nach dem Spiel hat er mir dann erklärt, dass er mich auf den Boden holen wollte. Nur weil ich zwei Tore geschossen hatte, sollte ich nicht meinen, ich wäre der Größte.

Wie hast du Bruno Labbadia wahrgenommen?
Bruno war eine enorme Respektsperson. Sein Auftreten war so imposant, da hast du schon fast gar nicht mehr hingehört, was er gesagt hat. Die Messlatte lag bei ihm immer extrem hoch. Er war ein akribischer Arbeiter und nie zufrieden. Immer weiter, immer weiter. Im persönlichen Gespräch habe ich ihn aber auch sehr menschlich erlebt.

Gab es Mitspieler, die dich während deiner Zeit bei den Lilien geprägt haben?
Stefan Leitl. Er war bereits eine prägende Gestalt innerhalb der Mannschaft, als er noch nicht Kapitän war. Zudem natürlich fußballerisch ein richtig guter Spieler. Im Nachhinein ist es schade, dass er aus seiner Karriere nicht wesentlich mehr herausgeholt hat.

Wenn ich das richtig sehe, dann hast du bisher in deiner Karriere zwei Titel gewonnen.
Weiß ich nicht.

Hessenpokal.
(erfreut) Ehrlich?

2006 und 2007.
Gegen Baunatal.

Nein, 2006 gegen den FSV Frankfurt und 2007 gegen Klein-Karben.
Ja. Dann war Baunatal im Halbfinale.

Richtig. 2007 im Elfmeterschießen.

Also, ich kann mich an die Feier 2006 in Darmstadt erinnern. Im Stadion in der Abenddämmerung. Da kamen schon einige sensationelle Bilder im Mannschaftskreis zusammen. *(lacht)* An diese Feier kann ich mich erinnern, an die Finalspiele gerade nicht.

Was lief in der Saison 2006/07 schief? Mit großen Erwartungen gestartet, seid ihr am Ende abgestiegen!
Es lag am Trainerwechsel. Vor der Saison hatte Bruno Labbadia den Verein verlassen. So einen Trainer kann man nicht so ohne Weiteres ersetzen. Er war total motiviert. Für ihn war sein Engagement bei den Lilien eine Herzensangelegenheit. Wir Spieler hatten einen großen Respekt vor ihm. Dann kam Gino Lettieri, der nicht nur seinen Co-Trainer, sondern auch viele Spieler von seinem alten Klub mitbrachte. Von den Stammspielern der Vorsaison hat er viele verunsichert. Die Unzufriedenheit im Kader wuchs, die ersten wollten schon gehen.

Der Verein zog die Reißleine und holte noch in der Hinrunde Gerhard Kleppinger als Trainer.
Es war für ihn sehr undankbar, mit einem Team zusammenzuarbeiten, das ein anderer zusammengestellt hatte. Sechs, sieben Spieler kamen ja mit seinem Vorgänger. Da war kein Zusammenhalt. Innerhalb des Kaders gab es viele Baustellen. Da kannst du dann nicht nur als Kleppinger, sondern auch als Mourinho nicht mehr viel rausholen. Bei Kleppo überwog das Menschliche, er war so eine Art Vaterfigur, und das ist mir positiv im Gedächtnis geblieben.

Hättest du nach deinem Wechsel zu Bochum gedacht, dass du dich im Profifußball durchbeißen kannst und sogar Nationalspieler wirst?
Ich hatte in Bochum nicht die besten Voraussetzungen. Wir waren mit Ivo Iličević, Dennis Grote, Heinrich Schmidtgal und mir nur wenige ganz junge Spieler. Die Chancen, ins Team zu kommen, waren gering, weil wir *(betont)* viel zu jung waren. Jetzt, sieben,

acht Jahre später, ist es genau umgekehrt. Da bin ich mit meinen 29 Jahren fast schon zu alt. Heute sind die 18-, 19-Jährigen viel mehr im Fokus. Damals hat man sich den jungen Spielern nicht so sehr gewidmet. Fürth war für meine persönliche Entwicklung dann sehr gut, weil ich Verantwortung in der 2. Liga übernehmen musste. Der eine Schritt zurück und der dann folgende Bundesligaaufstieg mit Fürth hat mir recht gegeben, dass es die richtige Entscheidung war.

Korrigiere mich, wenn ich falsch liege. Kann es sein, dass du dich zu Lilien-Zeiten mit dem Ball am Fuß nicht so wohl gefühlt hast, sobald du in der gegnerischen Hälfte unterwegs warst?
Das ist eine Sache von Erfahrung und Nervenstärke. Wenn du 18, 19, 20 Jahre alt bist, ist es ganz schwer, irgendwelche großartigen Dinge zu machen. Du traust dir weniger zu. Aber in den letzten Jahren ist das Spiel nach vorne zu meinen Stärken geworden. Es macht mir viel mehr Spaß. Das reine Verteidigen, das ganze Kratzen und Beißen, das mag ich nicht so gern.

Wie denkst du heute über deine Zeit bei den Lilien?
Es war eine sehr gute Zeit. Ich habe sehr viele gute Menschen kennengelernt. Darmstadt war der erste Karriereschritt für mich, und der erste Schritt ist immer der bedeutendste. Der bleibt immer in Erinnerung, so wie die erste Freundin. So gesehen ist Darmstadt meine erste Freundin. Nach dem Abstieg in die 4. Liga, nach den ganzen finanziellen Problemen ist es großartig, dass der Verein gerade positive Schlagzeilen macht. Das freut mich. Durch den Erfolg der letzten Zeit ist der SVD deutschlandweit omnipräsent. Viele hatten gedacht: Ach was, den Klub gibt es noch?

Zu meiner Zeit war es ein ruhiger Verein, mit einer besseren Jugendarbeit als zum Beispiel Offenbach, was viele gar nicht so wahrgenommen haben. In Darmstadt wurde ein bisschen im Verborgenen, im Stillen gearbeitet, aber sehr, sehr gut.

105. GRUND

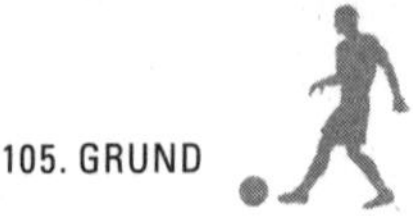

Weil aus dem SVD kein Schickimicki-Verein werden soll

Als Hans Kessler 2007 beim SV Darmstadt 98 zum Präsidenten gewählt wurde, war er ein in Fußballkreisen unbekannter Name. Bis heute genießt er unter den Fans des SVD einen großartigen Ruf. Ursprünglich mit dem Ziel angetreten, nur für ein Jahr das Ruder zu übernehmen, sollten es schlussendlich fünf Jahre werden. Und die hatten es in sich, wie er mir im Mai 2015 an einem verregneten Sonntag in einem kleinen Café erzählt:

Hans Kessler, welche Beziehung hatten Sie vor Ihrer Präsidentschaft zum SVD?
Ich stamme aus der Nähe von Köln, und der 1. FC Köln hat mich fußballerisch sozialisiert. Schon damals waren sich die Fanszenen des FC und des SVD nicht ganz unsympathisch. Als ich in den 1980ern von Berufs wegen nach Südhessen kam, habe ich mich deshalb emotional zu den Lilien hingezogen gefühlt. Das wurde noch verstärkt, als ich ausgerechnet in das Haus von Dieter Rudolf gezogen bin, der in der Bundesliga bei den 98ern das Tor hütete. Ich bin von Zeit zu Zeit ins Stadion gegangen, und als mein Sohn später in der Lilien-Jugend gespielt hat, wuchs die Identifikation natürlich noch mehr.

Wie kam es zu Ihrem Engagement bei den Lilien?
Im Sommer 2007 war das komplette Präsidium bis auf zwei Personen als Platzhalter zurückgetreten. Der Verein spielte in der Oberliga, und ihm ging es wirtschaftlich sehr schlecht. Er war ein klassischer Sanierungsfall. Da ich mich von Berufs wegen auf das Sanieren von Unternehmen spezialisiert hatte, rief mich ein Geschäftsfreund an, der Mehrheitsaktionär bei einem Sponsor der Lilien war. Er wollte mich überzeugen, im Verein aktiv mitzu-

wirken. Als er mich erreichte, war ich gerade beim Fliegenfischen und stand hüfthoch im Wasser. Nach meiner Rückkehr schalteten sich noch weitere Sponsorenvertreter und der damalige Oberbürgermeister Walter Hoffmann ein. Sie schilderten mir die Lage eingehender. Je mehr ich hörte, desto weniger wollte ich mich engagieren.

Wer hat Sie letztlich umgestimmt?
Walter Hoffmann. Wir saßen noch sehr spät in seinem Büro, und er sagte mir, dass es ihm darum gehe, ein Stück Sportgeschichte in Darmstadt zu erhalten. Ich ließ mich also überzeugen, das Präsidentenamt zu übernehmen. Sagte aber zugleich, dass ich kein ausgewiesener Fußballfachmann sei und nur für ein Jahr kandidieren würde. Ich wurde einstimmig gewählt, aber nicht weil ich der Superheld gewesen wäre, es gab schlicht keinen Gegenkandidaten. In ein fallendes Messer wollte offensichtlich keiner greifen.

Es kam noch schlimmer.
Genau. Ich war wenige Wochen später beruflich in den USA und erhielt während einer Sitzung einen Zettel. Auf ihm stand, ich solle dringend in Darmstadt anrufen. Ich erfuhr dann am Telefon, dass die Steuerfahndung bei den Lilien sei. Diese kam später zu dem Schluss, der Klub hätte in den vorangegangenen Jahren Steuern und Sozialversicherungsbeiträge nicht ordnungsgemäß abgeführt. Ein solches Steuerstrafverfahren war natürlich eine ganz andere Nummer – auch mit strafrechtlicher Relevanz. Zudem war die wirtschaftliche Situation noch katastrophaler als angenommen. Es gab letztlich nur eine Möglichkeit: ein Insolvenzverfahren zu beantragen. Auch wenn ich wenig Lust verspürte, das zu tun. Denn es bedeutete unter anderem, dass ich mich nicht mehr so einfach nach einem Jahr zurückziehen konnte. Hätte ich das als Vereinsvorsitzender getan, würde es den Klub in der Form vermutlich nicht mehr geben.

Wie sah Ihr Masterplan im Zuge des Insolvenzverfahrens aus?
Es gab keinen. Wir wurden stets von neuen Entwicklungen überrascht und haben deshalb immer situationsgerecht entschieden.

Wie sahen Sie ihre Rolle in dieser Phase? Sie haben stark nach außen gewirkt!
Sie brauchen in einer solch heiklen Situation eine Person, die sich an die Spitze der Entwicklung stellt, und das war ich. Sie müssen eine Idee entwickeln. Sie müssen die Leute hinter sich bringen und dabei das tun, was Sie versprechen. Nur so können die Menschen an Sie glauben und ihnen folgen. Der Verein hatte die Menschen in der Stadt zuvor nicht mehr erreicht. Durch das Insolvenzverfahren wurde das Problem des Vereins zum Problem der Menschen. Die Leute in Darmstadt haben den Verein zuvor vielleicht nicht geliebt, aber sie konnten sich nicht vorstellen, dass es ihn nicht mehr gibt. Das bewirkte einen großen emotionalen Schub.

Wie haben Sie die Darmstädter in dieser dunklen Phase erlebt?
Ich spürte, dass der Verein für viele Menschen außerordentlich wichtig ist, für viele sogar der Lebensinhalt. Es gab unglaublich viele Aktionen unterschiedlichster Gruppierungen, die bei Konzerten, Kneipennächten und unzähligen anderen Veranstaltungen viel Geld für uns gesammelt haben. Der Verein war im wahrsten Sinne wieder bei den Menschen angekommen. Das zeigte der Rekordspielversuch, zu dem im März 2009 über 11.000 Zuschauer zur Viertligapartie gegen Ulm kamen. Alles wichtige Puzzleteile im Kampf gegen die Insolvenz.

Wie hat sich die Wirtschaft engagiert?
Manche hielten sich zurück, was bei einem laufenden Insolvenzverfahren normal ist. Bei einigen Gesprächen mit potenziellen Sponsoren wurde ich aber auch behandelt, als würde ich eine marode Frittenbude vertreten. Eine Großhandelskette wollte mich nach

gescheiterten Gesprächen nicht mit ganz leeren Händen nach Hause gehen lassen und gab mir eine Palette mit Osterhasen mit. Da habe ich mich schon gefragt: »Kessler, was machst du hier eigentlich?« Wichtig war, dass unter anderen der Energieversorger entega und die Sparkasse an Bord blieben. Der wichtigste Meilenstein war der Einstieg der software AG als Sponsor. Dass eine international agierende Aktiengesellschaft an den SVD glaubte, hatte Signalwirkung und war ein Garant für die Rettung.

Wie haben andere Vereine reagiert?
Hessen Kassel hat trotz der Rivalität sofort 10.000 Euro auf das Fankonto eingezahlt, das von der Insolvenzmasse ausgenommen war. In Hoffenheim haben die Fans gesammelt. Der Vorstand des FSV Frankfurt hat eine private Spende getätigt und ein Fußballturnier arrangiert, bei dem sich auch der OFC solidarisch gezeigt hat. Aus der Region hat sich einzig die Eintracht gar nicht gemeldet. Von deren Seite hätte ich mir etwas Unterstützung gewünscht. Selbst wenn es nur ein Schulterklopfen und Zuspruch gewesen wären. Ich wünsche ihr, dass sie selbst nie in eine solche Situation kommt.

Gab es einen speziellen Moment, in dem Sie spürten, jetzt schaffen wir es?
Enorm wichtig war das Benefizspiel der Bayern im vollen Böllenfalltor. Das Spiel hatte *Focus*-Herausgeber Helmut Markwort arrangiert, der als gebürtiger Darmstädter im Aufsichtsrat der Bayern saß. Die Hälfte der Einnahmen ging damals als Spende an den SSV Ulm, der sich ebenfalls in wirtschaftlichen Schwierigkeiten befand.

Sie haben primär Zuversicht ausgestrahlt. Kurz bevor Sie den Insolvenzantrag zurückziehen konnten, kritisierten Sie im Mai 2009 öffentlich die Mannschaft. Was war passiert?
Wir befanden uns in der 4. Liga mitten im Abstiegskampf und die Spieler wollten anfangen über neue Verträge zu verhandeln.

Zudem kam das Thema Nichtabstiegsprämie auf. Da war ich total auf Krawall gebürstet. Wieso sollten wir einen Bonus dafür zahlen, dass die Spieler das Mindeste erreichen? Danach hatten sie es verstanden.

Ein Jahr später verpflichteten Sie den unbekannten Kosta Runjaic als Trainer. Wie kam es zu dieser wegweisenden Personalie?
Kosta war einer von drei Kandidaten, und er war konzeptionell am besten. Er hat den Verein und das Team gut analysiert. Zudem passte er in unser Profil. Wir wollten keinen Trainer, der schon 40 Klubs trainiert hatte. Die Spieler sind ja nicht blöd und wissen, wer ihnen da vorgesetzt worden wäre. Wir haben uns mit Kosta bewusst für einen Trainer aus der zweiten Reihe entschieden, der die Bühne SVD nutzen und sich beweisen wollte. Genauso wie später Dirk Schuster. Da ist schon ein roter Faden in unserer Personalpolitik zu erkennen.

Gab es Spiele, die Sie in Ihrer Amtszeit am meisten beeindruckt haben?
Oh ja. Der Last-minute-Sieg gegen Kassel, der den Grundstein zum späteren Aufstieg in die 3. Liga bedeutete. Und natürlich der 2:1-Sieg am vorletzten Spieltag der gleichen Saison in Worms. Nach dem Siegtor von Yannick Stark habe ich ein Freudentränchen vergossen.

Welche Spieler sind Ihnen besonders in Erinnerung geblieben?
Grundsätzlich kommen unsere Mannschaften ja über das Kollektiv. Aber drei oder vier Spieler fallen mir schon ein. Etwa Matías Cenci. Er war 2010 bereit, vor seiner Rückkehr nach Argentinien eine halbe Saison bei uns in der 4. Liga dranzuhängen. Das war von der Signalwirkung fast so wichtig wie das vorhin erwähnte Engagement der software AG. Sascha Amstätter wollte ich unbedingt zurückholen, weil er immer Tore gegen uns schoss. Nach seinem schweren Autounfall wollte kein Klub mehr Abdelaziz Ahanfouf.

Wir haben ihm gesagt: Du bekommst bei uns kein großes Geld, aber wir bieten dir eine Bühne. Und dann schießt er das Siegtor gegen Kassel. Besonders ans Herz gewachsen ist mir sportlich wie menschlich Hanno Behrens. Kosta und ich wollten ihn nach dem Drittligaaufstieg verpflichten, aber unser Budget war ausgeschöpft. Wir mussten ihm leider absagen. Ein Jahr später hat es dann doch geklappt.

Wie fühlen Sie sich als maßgeblicher Wegbereiter des wundersamen Höhenfluges des SVD?
So fühle ich mich gar nicht. Der erfreuliche Werdegang der Lilien ist die Summe vieler, vieler kleiner Dinge. Ich habe mich lediglich an die Spitze gestellt und versucht, die Menschen zusammenzubringen. Ich will mich da nicht glorifiziert sehen.

2011 moderierte ZDF-Mann Wolf-Dieter Poschmann den Neujahrsempfang des SVD. Sie sagten damals als Präsident eines Viertligisten, es sei ein Ziel, dass eines Tages ein Lilien-Spieler im Sportstudio auf die Torwand schieße. Wie hoch hätten Sie damals die Chancen eingeschätzt, dass dies 2015 wirklich eintreten könnte?
Wenn man so einen Spruch raushaut wie ich damals, überlegt man doch nicht wirklich, ob das auch eintreten könnte. Natürlich hatte das keiner auf der Rechnung, und ich schon gar nicht. Wenn ich was anderes behaupten würde, glaubt mir das ohnehin niemand. *(lacht)*

Was macht die Lilien für Sie so besonders?
Ganz ehrlich? Gar nichts! Die Lilien sind für unsere Fans, für Sie und mich natürlich etwas Besonderes. Das ist aber ein rein subjektives Empfinden. Wir sollten deshalb nicht so tun, als hätten wir den Fußball erfunden.

Was waren die schönsten Momente in Ihrer Präsidentschaft?
Da gibt es drei Dinge. Erstens: die Rücknahme des Insolvenzantrags

aus einem laufenden Verfahren. Das hatte vor uns noch kein anderer deutscher Verein geschafft. Der Klub war gerettet und hatte wieder eine Basis. Zweitens: dass die Leute, die vor mir verantwortlich waren, nicht öffentlich hingerichtet wurden. Auch sie wollten nur das Beste für den Verein. Wir haben das ganze Verfahren – glaube ich – sehr fair und ordentlich abgewickelt. Drittens: dass ich meine Nachfolge gut organisiert habe und Rüdiger Fritsch mit seinem Team unseren Weg konsequent weitergeht.

Was kennzeichnet diesen Weg?
Die Verantwortlichen bleiben mit beiden Beinen fest auf dem Boden. Keiner sägt am Stuhl des anderen. Daneben soll sich jeder Bürger, aus allen sozialen Schichten, in unserem familiären Verein wiederfinden. Deshalb ist es wichtig, dass wir alle dafür sorgen, dass der SVD kein Schickimicki-Verein wird.

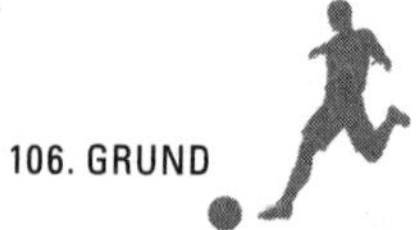

106. GRUND

Weil sich der »Block1898« der aktiven Fankultur verschrieben hat

Seit 2012 gibt es am Böllenfalltor den »Block1898«. Zunächst im F-Block beheimatet, zog er Ende 2016 in die Mitte der neu errichteten Südtribüne um. Hier stehen die Anhänger, denen der kreative und beständige Support ihres Teams besonders am Herzen liegt. Viele, aber längst nicht alle Fans sind der Ultràszene zuzuordnen. Tim ist ein Darmstadt-Ultrà der ersten Stunde und war 13 Jahre lang der Capo, der die Gesänge vom Zaun aus anstimmte. Ich spreche mit ihm Ende 2018 über die Entstehung der Ultràkultur in Darmstadt, warum der »Block1898« gleich den Dialog mit dem Verein und den Sicherheitskräften suchte und wie er die heutige Fanszene am Böllenfalltor sieht.

Tim, wie ist die Ultràkultur beim SV Darmstadt 98 entstanden?
Das war Anfang der 2000er-Jahre. Zuvor war der Ultràgedanke aus Italien über Deutschland geschwappt. Einige Kumpels und ich haben damals viel darüber gelesen. Als Schüler hat uns diese Kultur ungemein angesprochen. Peu à peu haben wir und andere am Bölle die ersten kleinen Gruppen gebildet.

Wie wurdet ihr von den anderen Fans aufgenommen?
Das war nicht so einfach. Die Ultràbewegung hatte nicht den besten Ruf, und dann kam da so ein 17-Jähriger mit einem Megafon. Irgendwann haben die Leute gemerkt, der macht anscheinend immer weiter, egal was du zu dem sagst, und haben es akzeptiert.

Wie hast du deine Rolle als Capo interpretiert?
Ich habe versucht, die Gesänge eher zu koordinieren, als immer nur vorzugeben. Es geht darum, zu spüren, in welche Richtung das Spiel läuft, und dann einen guten Mix aus spielorientiertem und spielunabhängigem Support hinzukriegen. Wenn nach einer Torchance die spontanen »Lilie, Lilie«-Sprechchöre abebben, sollte der vorherige Gesang mit doppelter Kraft nochmals aufleben. Die Leute am Böllenfalltor spüren ganz genau, wann sie gebraucht werden und wann sie mit einstimmen müssen.

Wie kam es eigentlich zur Gründung des »Block1898«?
Wir haben ihn 2012 in Absprache mit dem Verein gestartet, weil wir das Ultrà-Phänomen etwas anders angehen wollten. Zuvor gab es eine große Ultràgruppe, die gescheitert war, weil sich die Leute auseinanderentwickelt hatten. Wir haben danach alles auf den Prüfstand gestellt. Wie wollen wir im Block zusammenarbeiten? Welcher Strukturen bedarf es? Der »Block1898« soll ein Freiraum für Fans sein, die Bock auf eine aktive Fankultur haben, ohne Sicherheitskräfte. Es gibt keine »Block1898«-Fahne, es gibt keine »Block1898«-Klamotten, es gibt nur die Identifikation über die

Idee und die Gemeinschaft, den gegenseitigen Respekt sowie die Leidenschaft, 90 Minuten Gas zu geben.

Wie standen Verein und Polizei eurem Anliegen gegenüber?
Der Verein nahm die Idee direkt positiv auf. Die Polizei hat glücklicherweise schnell eingelenkt. Wir hatten im F-Block keine Polizei und keine Ordner im Block. Im Gegenzug zündeten wir keine Pyrotechnik. Mit dem Wechsel auf die Südtribüne wurden diese Vereinbarungen zwar aufgehoben, das Grundvertrauen und die Selbstregulierung sind aber geblieben. Wir können also meines Erachtens auch jetzt, am Jahresende 2018, weiterhin davon sprechen, dass das Miteinander von Verein, Sicherheitskräften und »Block1898« am Bölle funktioniert.

Wie erfolgt die Ticketvergabe?
Früher haben wir den Tageskartenverkauf selbst in einem umgebauten Bierwagen am Stadion organisiert. Heute ist die Südtribüne bereits über die Dauerkarten ziemlich voll, erst recht der von uns in Anspruch genommene Bereich im Zentrum der Tribüne. Wir bemühen uns aber immer, dass bei bestimmten Heimspielen auch wirklich alle stimmungswilligen 98er die Gelegenheit erhalten, an ein Ticket zu kommen.

Welche Veränderungen hat der Umzug vom F-Block auf die neu entstandene Südtribüne mit sich gebracht, was den Support anbetrifft?
Die Veränderungen sind vielfältig. Zum einen ist die Süd sehr flach und lang gezogen, was die Koordination des Supports nicht gerade einfacher macht. Zum anderen ist die Zusammensetzung dort nicht so, dass alle Zuschauer zu 100% an Stimmung interessiert sind. Wir arbeiten nun seit knapp zwei Jahren daran, den neuen Standort immer weiter zu bringen, probieren neue Sachen aus und versuchen alle Umstehenden mit ins Boot zu holen. Es ist allerdings noch ein weiter Weg, der da vor uns liegt.

Soweit ich das beobachten kann, ist der »Block1898« aber zuletzt immer größer geworden. Stimmt der Eindruck, und wie geht ihr damit um?
Die aktive Fanszene hat in den letzten Jahren tatsächlich einen großen Zulauf an jüngeren Fans verzeichnet. Diese richtig einzubinden, das ist aktuell eine unserer Hauptaufgaben. So bilden sich etwa verschiedene Jugendgruppen, in denen die Leute langsam an die Hauptgruppen heranwachsen können. Also aktuell an die »Ultrà de lis«, die »Usual Suspects« und die »Underdogs«. Daneben gibt es weiterhin einige kleinere, aber genauso wichtige Gruppen und Einzelpersonen im »Block1898«, sodass wir eine vielfältige Community darstellen. Der beständige Hinzugewinn junger Fans hat zuletzt im Übrigen dazu beigetragen, dass wir einen Generationswechsel in verschiedenen Aufgabenbereichen vollziehen konnten.

Zu den Aufgaben zählen sicher auch die Choreos. Hier habt ihr euch enorm weiterentwickelt.
Das stimmt, wir haben in den letzten Jahren einen gewaltigen Sprung gemacht. Gerade die Süd bietet uns neue Möglichkeiten, aber wir versuchen auch immer wieder andere Stadionbereiche einzubeziehen, wie zuletzt mehrfach die Gegengerade. Ein volles Stadion macht es halt einfacher als früher, seine Ideen umzusetzen. Allen voran die jüngere Generation brennt förmlich darauf, immer wieder neue Choreo-Ideen entstehen zu lassen.

Wie hat sich deines Erachtens die Stimmung am Böllenfalltor gewandelt, seit die Lilien in den bezahlten Fußball zurückgekehrt sind?
Es gab Zeiten, da war wenig los. Ich erinnere mich an meine ersten Spiele um die Jahrtausendwende, da war, abgesehen von einigen Highlight-Spielen, eher Totentanz am Bölle. Mit dem Erfolg der letzten Jahre wurde die Unterstützung vielschichtiger, sie hat sich enorm verbessert. Die Gegengerade macht voll mit, der A-Block auf der Haupttribüne stimmt ohnehin selber Sachen an. Heute herrscht

eine tolle Vielfalt, und es macht das Bölle aus, dass nicht nur wir Stimmung machen, sondern auch der A-Block und die Gegengerade.

Wie bewertest du die Fankultur am Bölle?
Die aktuelle Zusammensetzung in den verschiedenen Blöcken hat sich über die Jahre entwickelt, und sie ist im aktuellen Stadium perfekt, weil wir alle Facetten der Fankultur im Stadion haben: Ultràs, Punks, Rentner, Studenten, Casuals, Familien und den A-Block, der sich am ursprünglichen englischen Support orientiert. Niemand ist gezwungen, sich anzupassen. Das fehlt vielen anderen Szenen. Das ist hier nach wie vor ziemlich einzigartig, und ich hoffe sehr, dass es nach dem Umbau genauso bleiben wird.

Würdest du sagen, dass es trotz der Vielfalt unter den Fans auch einen gewissen Grundkonsens gibt?
Als in Regionalliga- und Oberligazeiten nicht so viele Leute im Stadion waren, hätte ich gesagt, dass es eine antirassistische Haltung gibt. Bei mittlerweile über 16.000 Zuschauern lässt sich das nicht mehr so pauschal sagen. Leute mit rechten Tendenzen gehen aber damit am Böllenfalltor nicht hausieren. Wir Ultràs, der A-Block und die Leute auf der Gegengerade haben ein empfindliches Ohr und greifen schnell regulierend ein. Unsere aktive Fanszene engagiert sich auch antirassistisch und versucht, die große Masse zu sensibilisieren.

Nochmals zurück zum »Block1898«: Ihr setzt euch immer wieder kritisch mit fanpolitischen Themen auseinander. Wie wichtig ist es für euch, Kritik im Fußball zu äußern, und was erhofft ihr euch davon?
Sehr, sehr wichtig. Denn der Fußball, wie wir ihn lieben, ist längst zu einem Konsumprodukt geworden. Wir wollen allerdings nicht blind konsumieren, sondern aktiv mitgestalten. Deshalb setzen wir

uns, wo es nur geht, für Faninteressen, Mitbestimmung, Transparenz und gegen Kommerzialisierung, Repression und Vereine wie in Leipzig ein. Wir können das Rad vielleicht nicht mehr zurückdrehen, aber es ist uns wichtig, immer wieder den Finger in die Wunde zu legen und nicht alles kommentarlos zu schlucken.

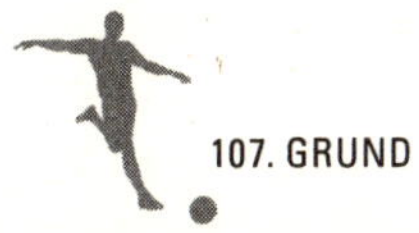

107. GRUND

Weil sich Elton einfach konzentrierte

Elton da Costa hat in der Historie der Lilien große Fußspuren hinterlassen. Genauer gesagt, die seines linken Fußes. Denn mit diesem schoss er den SVD im Mai 2014 in letzter Minute in die 2. Bundesliga. Logisch, dass meine Unterhaltung mit ihm, die ich ein Jahr später führe, mit diesem Tor beginnt.

Elton, lass uns am Anfang mal in einen Ausschnitt aus dem Internet reinhören.
(Das Lilien-Fanradio ist zu hören, die Sekunden vor Eltons Tor in Bielefeld. Er lächelt sofort.) Ah ja. *(Nach dem Tor rasten die Kommentatoren aus. Elton freut sich.)* Das ist unglaublich, ja. Das Spiel ist immer noch in meinem Kopf. Jede Bewegung. Alles. Das ist schon krass.

Du kannst dich also noch sehr gut an den Moment erinnern?
Sehr genau sogar. Wir waren zunächst in der Defensive. Hinten rechts. Ich bekam den Ball und habe ihn nach vorne gespielt. Es musste schnell gehen. Ich bin hinterhergegangen. Dann kam der Ball immer wieder zu mir, ich habe dauernd Doppelpass gespielt. Schön sogar, mit dem Kopf. *(lacht)*

Wie hast du den Schuss erlebt?

Nach meiner letzten Verlängerung auf Aytaç Sulu habe ich gefleht, der Ball solle zu mir kommen, denn ich stand zentral vor dem Tor. Als er tatsächlich kam, dachte ich nur: »Konzentrier dich.« Ich war komplett auf den Ball fokussiert. Er war nicht so einfach zu nehmen, weil er von oben kam. Aber ich habe sofort gespürt, dass ich den Ball perfekt getroffen habe. Besser ging es nicht. Ich wusste, da muss was passieren.

Was ging dir durch den Kopf, als der Ball im Tor einschlug?
Ich bin nicht so ausgeflippt, wie ich es hätte tun sollen. *(lacht)* Nicht so wie die anderen. Ich war perplex, sehr überrascht und zugleich überglücklich. Meine Rückkehr zu den Lilien war kurz präsent. Freunde hatten damals schon zu mir gesagt: »Du schießt den Verein in die 2. Bundesliga.«

Und dann kam noch der Pfostentreffer der Arminen in der 123. Minute.
(verdreht die Augen) Woah.

Was hast du da gedacht?
Da ist mir mein Herz in die Hose gerutscht. Ich hatte schon bei dem langen Ball gedacht: »Bitte nicht! Bitte nicht!« Ich konnte nur noch gebannt starren, wie der Ball an den Pfosten ging. Als wir den Ball weggeschlagen haben, wusste ich, jetzt haben wir das Ding. Obwohl, dann kam ja noch der Eckball. *(pustet durch)*

Du musstest bis zur 112. Minute auf deinen Einsatz warten. Wie hast du das Spiel auf der Bank erlebt?
Die Atmosphäre war gigantisch. Ich war auf der Bank schon auf 180. Ich habe versucht, mich so zu konzentrieren, dass ich etwas bewegen kann, wenn ich reinkomme. Ich habe das Spiel analysiert. Was könnte ich besser machen? Ich habe zu den Jungs auf der Bank gesagt: »Wenn ich reinkomme, dann schieße ich ein Tor.«

Du und der Verein, ihr konntet euch nicht mehr auf einen neuen Vertrag einigen. Ist das Bestandteil des Profigeschäfts?
(zögert) Ja. Es tut immer noch weh. Ein Jahr in der 2. Liga wäre schon noch gegangen. Nicht als Stammspieler, aber ich hätte der Mannschaft helfen können. Jetzt in der 1. Bundesliga wäre das natürlich anders. Das wäre mit 35 nicht mehr gegangen, so realistisch muss man sein.

Du warst schon von 2000 bis 2003 bei den Lilien. Welche Erinnerungen hast du an diese Zeit?
Es waren wunderschöne Jahre hier. Ich war in meiner zweiten Saison mit 21 Jahren Stammspieler. Habe als Sechser 14 Tore geschossen. Das war auch die Saison, in der wir im DFB-Pokal zunächst St. Pauli bei gefühlten 50 Grad besiegten. Dann mit Freiburg eines der damals spielerisch besten Teams der Bundesliga ausschalteten. Gegen Schalke war dann leider in der Verlängerung Endstation.

Du hast vor deinem Wechsel zu den Lilien bereits ein Jahr beim FSV Frankfurt gespielt. War es für dich als junger Spieler gut, hier mit Evandro José Schmidt und Alexandre de Freitas zwei weitere Brasilianer im Team zu haben?
Ja. Die anderen beiden kamen ein wenig später dazu. Das war wie Heimat für mich. Wir haben viel zusammen unternommen. Das war schön, denn die ersten anderthalb Jahre waren in Deutschland wegen der Sprache, der Kultur und dem Klima schwer für mich. Zu Evandro gibt es übrigens eine lustige Geschichte.

Erzähl.
Eines Tages hieß es in der Kabine: »Elton, du musst übersetzen. Hier ist ein neuer Spieler.« Ich ging in die Trainerkabine von Michael Feichtenbeiner, und da saßen zwei Herren mit Krawatten und Sakkos. Ich habe mich noch gewundert, wo der Spieler sein soll. Ich setze mich hin und spreche mit den beiden portugiesisch.

Evandro war groß, ein Schlaks, irgendwie anders. Er wirkte nicht wie ein Fußballer. Irgendwann frage ich ihn: »Du bist der Spieler? Das kann doch nicht wahr sein!« Wir haben sofort miteinander geflachst, obwohl wir uns nicht kannten. Typisch brasilianisch. Wir brauchten einen großen Stürmer, also hat er zu uns gepasst. Im ersten Testspiel hat er mehrmals getroffen. Er war eine interessante Person. Als er zu uns kam, hatte er als Buchhalter schon eine eigene Firma in Brasilien. Wenn ich mich nicht irre, war er sogar im Beachsoccer-Nationalteam.

Weißt du übrigens, dass dich der Stadionsprecher nach einem Tor einmal versehentlich »Elton da Castor« genannt hat?
Ich habe das gar nicht so genau mitbekommen. Aber meine Mitspieler haben sich danach in der Kabine darüber total lustig gemacht.

Dein zweites Engagement beim SVD verlief 2013 zunächst wenig zufriedenstellend.
Das stimmt. Wir wollten, der Trainer wollte, aber irgendwie war der Wurm drin. Irgendwann haben wir uns als Mannschaft nicht mehr gefunden, obwohl wir schon hätten zusammenpassen können. Es war wie verhext.

Runjaic ging dann nach Duisburg. Zunächst kam Jürgen Seeberger, zur Rückrunde Dirk Schuster.
Wir haben die Rückrunde gut gespielt. Defensiv hat es immer besser funktioniert. Wir wurden stärker, sonst hätten wir nicht bis zum letzten Spieltag mitgespielt. Dirk Schuster war ein großes Plus.

Dann kam das Abstiegs-Endspiel gegen die Stuttgarter Kickers. Du hast den Pfosten getroffen und den Ausgleich erzielt, der letztlich zu wenig war.
Ich war davor verletzt und kam von der Bank. Wie später in Bielefeld wollte ich unbedingt rein. Nach meinem Tor brach die Verletzung

wieder auf, aber ich bin nicht runter, weil wir sonst in Unterzahl gewesen wären. Der sportliche Abstieg war unglücklich.

Wenige Tage nach dem Saisonfinale habt ihr den Hessenpokal gegen Wehen mit 4:0 gewonnen.
Das war ein Zeichen, dass wir leben, dass unsere Rückrunde nicht umsonst war. Wir haben alles in dieses Spiel reingepackt. Und im Jahr danach hat es plötzlich geklappt. Wir hatten einen Lauf. Es lag nicht nur an Dirk Schuster, aber er hat einen Super-Job gemacht.

All das ermöglichten erst die Offenbacher Kickers, die keine Lizenz erhielten und bei denen du vor deiner Rückkehr noch Kapitän gewesen warst.
Schon gegen Ende der Saison gab es Gerüchte, dass es Offenbach erwischen könnte. Dass es so kam, hat mir ein wenig leidgetan, denn ich kannte viele Spieler und hatte dort Freunde. Aber ich spielte inzwischen für Darmstadt, lebe auch seit 2010 wieder hier und habe mich natürlich sehr für uns gefreut.

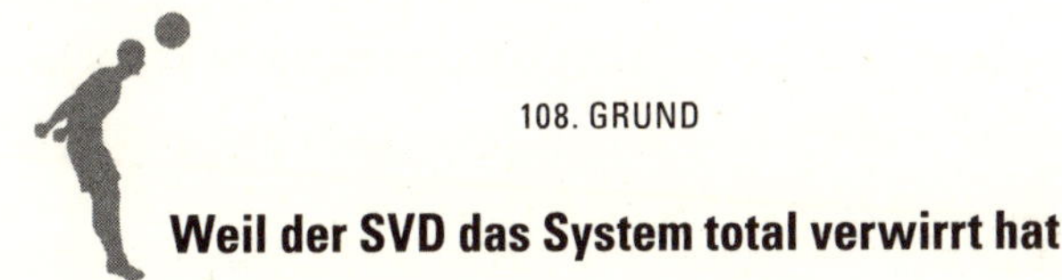

108. GRUND

Weil der SVD das System total verwirrt hat

Steffen Gerth ist Journalist und lebt in Darmstadt. Er verfolgte viele Jahre den Werdegang der Lilien und schrieb darüber unter anderem in der *Frankfurter Rundschau* und der *Frankfurter Allgemeinen Zeitung*. In einem Telefonat im Juni 2015 erklärte er mir, wie er und andere Medienvertreter den Aufstieg der Lilien sahen.

Steffen Gerth, wie tickt eigentlich der SV 98?
Die Lilien sind ein schrulliger Verein, eine kleine überschaubare Welt, ein in sich geschlossenes System. Der SVD verströmt ganz

viel Viertliga-Aroma, hat nun aber wundersamerweise den Aufstieg in die Bundesliga gepackt. Diese sportliche Entwicklung hat den Verein im wahrsten Sinne überrollt. Der Sport ist den Strukturen des Vereins weit enteilt, die immer noch nicht professionell sind. In Darmstadt herrscht immer noch ein wenig Vereinsmeierei vor. Viele ehrenamtliche Mitarbeiter prägen den Klub.

Offensichtlich scheinen die Lilien in den vergangenen Jahren aber einiges richtig gemacht zu haben.
Der SV 98 ist nach wie vor ein Trainerverein, und bei der Besetzung dieser Position hat er zuletzt vorzügliche Entscheidungen getroffen. Kosta Runjaic und Dirk Schuster sind Trainer, die ein sportliches Konzept mitbrachten, das dem Verein selbst fehlt. Deshalb steht und fällt die Entwicklung des Klubs mit den Trainern. Hier muss der Verein in meinen Augen nachlegen. Ich bin gespannt, wie es einmal ohne Schuster laufen wird.

Wer waren Ihres Erachtens die prägenden Figuren der vergangenen Jahre?
Allen voran Hans Kessler, der den Klub zwischen 2007 und 2012 führte. Kessler hat den Klub in der Außendarstellung komplett umgekrempelt. Er hat ihn enorm geprägt und wirtschaftlich auf solide Füße gestellt. Er hatte eine Vision, er wollte den Verein nach vorne bringen. Allerdings hätte es den Präsidenten Kessler ohne den damaligen Oberbürgermeister Walter Hoffmann nie gegeben. Hoffmann war es auch, der zusammen mit der damaligen Bundesjustizministerin Brigitte Zypries die Brücke zum Hauptsponsor software AG gebaut hat. Ohne den Rückenwind der Kommunalpolitik würden die Lilien heute vermutlich in der 5. Liga spielen.

Das Relegationsspiel in Bielefeld ist unvergessen. Welchen Stellenwert hat das Spiel für Sie persönlich als Reporter?
Das Rückspiel ist ein Sportmonument, über das man Diplomarbei-

ten schreiben könnte. Es bildet die ganze Bandbreite des Sports ab. Da war ein Team, das nichts mehr zu verlieren hatte und immer stärker wurde, während Bielefeld zunehmend panischer agierte. Zugleich ist das Spiel für mich ein Paradebeispiel für exzellentes Coaching. Das fing schon nach dem 1:3 im Hinspiel an. Auf der Pressekonferenz trat Dirk Schuster kleinlaut auf, auch gegenüber Bielefelds Coach Norbert Meier. Als die PK zu Ende war, sprach er im kleinen Kreis vollkommen anders: Da ist noch lange nichts entschieden. Das merkte man sofort beim Anpfiff des Rückspiels. Die Lilien haben gleich signalisiert: Da geht noch was. Die leuchtend orangefarbenen Trikots signalisierten zudem Aggressivität und Präsenz. Selbst Bekannte von mir, die keinen Bezug zu den Lilien hatten, sind bei dem Spiel am Fernseher hängen geblieben, weil das Spiel eine enorme Dramaturgie bot. Das Spiel bot die Essenz des Sports.

Wieso sind die Lilien seither der Liebling der Medien?
Weil bei einer Tellerwäscher-Geschichte immer wieder alle in Verzückung geraten. Der moderne Profifußball nervt. Da kommt ein André Schürrle mal eben für 30 Millionen nach Wolfsburg. Es gibt total verwöhnte Profis, die in einer entrückten Luxuswelt leben. Und jetzt kommt da so ein Verein daher, der das totale Gegenteil ist. In diese Story verliebt sich jeder. Es ist wie im DFB-Pokal. Da freuen sich alle, wenn ein Oberligist einen Bundesligisten ausschaltet. So einen Werdegang, vom Drittligaabsteiger in zwei Jahren in die Bundesliga, das hat es in der Form noch nicht gegeben. Alles was Darmstadt derzeit ausmacht, widerspricht der Norm im deutschen Profifußball. Der SVD hat das System total verwirrt. Mit einem Fußball aus den 80er-Jahren, mit Ballwegkloppen, mit einer Betonung auf Standards, mit minimaler Zweikampfführung. Damit kam kein Zweitligaklub klar. Das alles fasziniert die Medien.

Wie sprechen Ihre Journalistenkollegen mit Ihnen über Darmstadt?

Alle sind momentan verliebt in diesen Klub und schreiben gewissermaßen das Gleiche. Das ganze Auftreten des Klubs, das alte Stadion, die schlechten Trainingsmöglichkeiten, eine Mannschaft aus anderswo Gescheiterten. Das ist einfach eine schöne Story, und diese würde auch ich so über den FK Pirmasens schreiben, wenn dieser Klub eine solche zu bieten hätte.

Wie lange müssen wir warten, bis dem Verein der mediale Gegenwind ins Gesicht bläst? Bis sie nicht mehr leidenschaftlich siegen, sondern als spielerisch limitierte Truppe gelten?
Ich denke, Darmstadt wird sehr lange einen Bonus haben. Die Medien werden Verständnis für die Wettbewerbsnachteile haben und deshalb länger Geduld aufbringen. Ich sehe momentan nicht, dass es irgendwann in Häme umschlagen wird. Entscheidend wird sein, ob sich der Klub in einer Krisensituation weiter passabel präsentiert. Paderborns Trainer André Breitenreiter hatte etwa immer eine gute Figur abgegeben.

Wie sehen Sie den Verein im Vergleich zu den letztjährigen Underdogs, die in die Bundesliga einzogen? Fürth, Braunschweig, Paderborn?
Die Lilien sind der underdogigste Underdog, den es je gab. *(lacht)* Aber Vorsicht. Sie werden weiterhin sehr unangenehm sein. Dirk Schuster wird seine Spieler in 34 Pokalspiele schicken. Wenn er wieder ein Team auf die Beine stellt, das seinen Plan verinnerlicht und umsetzen kann, dann wird der SVD den anderen 17 Teams wehtun. Das System Schuster bringt alle ins Schwitzen. Ich glaube deshalb nicht, dass sie vorgeführt werden. Die Lilien zeichnet aus, dass sie als Mannschaft kaum Fehler machen. Sie haben in der gesamten Zweitligasaison kein Kontertor bekommen.

Was müssen die Lilien jetzt richtig machen, um das Geschenk Bundesliga nachhaltig zu nutzen?
Meines Erachtens müsste der Verein seine Strukturen schleunigst

professionalisieren. Dann sollte er ein Image aufbauen und schärfen, mit dem sich die Leute identifizieren können. So wie es St. Pauli und Union Berlin gemacht haben. Die Lilien müssen für etwas stehen. Fußball ist Leidenschaft und Faszination, das kommt bislang zu wenig in der Außendarstellung der Lilien rüber.

Gab es für Sie als Journalist Begebenheiten mit den 98ern, an die Sie immer wieder zurückdenken?
Kosta Runjaic war ein wenig von meinen Artikeln genervt. Er hat mir dann angeboten, ich solle ihm eine Mannschaftsaufstellung und Taktik für das nächste Spiel aufzeichnen. Ich weiß nicht, inwiefern er das alles so weitergegeben hat, aber das Spiel in Jena ging prompt verloren. *(lacht)*

Unvergessen bleibt mir ein Auswärtsspiel zu Hessenligazeiten in Flieden. Bruno Labbadia hatte gerade als junger Trainer bei den Lilien angefangen. Das Spiel war an einem Sonntag um 11 Uhr und endete 1:1. Es war der erste Punktverlust im zwölften Spiel und das Gegentor fiel nach einem unberechtigten Einwurf. Labbadia kam danach total angesäuert zur Pressekonferenz ins Vereinsheim. In Flieden waren sie alle extrem aufgeregt: Der große Bruno in ihrem Vereinsheim. Es war alles herausgeputzt, und dann kam auch noch die Frau des Vereinsvorsitzenden mit einer Riesenplatte voll dampfender Frikadellen herein und stellte sie direkt vor Labbadia auf den Tisch. Er war hinter einer Wolke aus Frikadellendampf nur noch schemenhaft zu erkennen, und mir hat es sogar die Brille beschlagen. Aber Labbadia hat einen Schreikrampf vermieden und alles mit höchster Selbstdisziplin ertragen. Auch die Fehlentscheidung hat er nur kurz thematisiert. Alles in allem ein Abbild der Professionalität in einem durch und durch provinziellen Umfeld.

109. GRUND 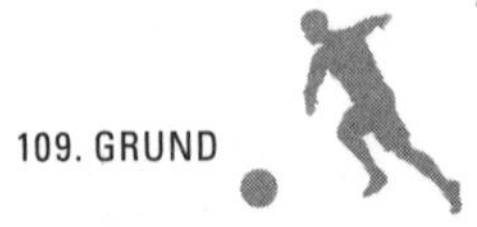

Weil nur die *11Freunde* uns auf dem Zettel hatten

Der Untertitel der Monatszeitschrift *11Freunde* lautet »Magazin für Fußballkultur«. Der Name ist Programm. Facettenreich und informativ berichtet die in Berlin ansässige Redaktion aus der großen Welt des Fußballs und behandelt dabei mit Vorliebe Themen, die rechts und links des Mainstreams aufzuspüren sind. Das aus einer Keimzelle von aktiven Arminia-Bielefeld-Fans hervorgegangene Heft hat sich einen festen Platz in der Medienlandschaft erworben. In der Saisonvorschau 2014/15 wagte Jens Kirschneck, seines Zeichens Chef vom Dienst, eine etwas – nun ja – gewagte Prognose, als es um die Aufstiegskandidaten in der 2. Bundesliga ging: »Und vielleicht kommt ja auch in diesem Jahr wieder irgendein Paderborn aus der Tiefe des Raumes. Unser Tipp wäre Darmstadt 98, die in der Relegation gegen Bielefeld gezeigt haben, dass der pure Wille Berge versetzen kann. Die Reinhold Messner des Fußballs.«

Jens, wie viel Promille hattest du intus, als du im Sommer 2014 Darmstadt 98 als Aufstiegskandidaten in der 2. Liga gehandelt hast?
Ganz ehrlich: Ich war stocknüchtern.

Wie fühlst du dich ein Jahr später als Prophet? Den Aufstieg hatte sonst keiner auf der Rechnung, geschweige denn formuliert?
Die Prognose war noch unter dem Eindruck des Stadionerlebnisses in der Relegation geschrieben, als ich auf der Bielefelder Alm miterleben musste, wie unsere Arminen sich von höchst couragierten Lilien nach einem 3:1-Auswärtssieg noch die Butter vom Brot nehmen ließen.

Wenn die Lilien im Sommer 2014 die »Reinhold Messner des Fußballs« waren, was sind sie denn dann nach dem Bundesligaaufstieg?

Vielleicht Neil Armstrong auf dem Weg zum Mond. Obwohl, der hatte eine Rakete, Darmstadt »nur« einen Schuster. Insofern gehen uns für die Lilien allmählich die Vergleiche aus.

Woran denkst du zuerst, wenn du dich heute, im Sommer 2015, an Darmstadt 98 erinnerst?
Dirk Schusters schelmisches Grinsen, als er im Interview erzählte, welch blödes Gesicht hochbezahlte auswärtige Profis machen, wenn sie die leicht schimmligen Duschen am Böllenfalltor sehen. Das rustikale Stadion wird auch in der 1. Liga ein wichtiger Faktor sein.

Wie empfindest du die Atmosphäre am Böllenfalltor?
Um die Wahrheit zu sagen, war ich erst einmal da. Ende 2011 bei einem schaurigen 1:2 gegen den VfR Aalen in der 3. Liga. Es war bitterkalt, wenngleich die Atmosphäre angenehm *old school* und die Wurst lecker war. Aber ich hätte im Leben nicht gedacht, dass hier ein paar Jahre später Bundesligafußball gespielt werden würde. Ein geradezu aberwitziger Gedanke!

Wenn es ein Verein wie die Lilien in die 1. Liga schafft, was haben die anderen Mannschaften dann alles falsch gemacht?
Sie haben Darmstadt nicht für voll genommen. Obwohl es gerade ein Verein wie RB Leipzig aufgrund der gemeinsamen Drittligaerfahrung hätte besser wissen müssen.

Bekanntermaßen stehen die 11Freunde *dem Geschäftsgebaren von RB Leipzig kritisch gegenüber. Was sagt ihr dazu, dass nicht RB sondern die Lilien den Durchmarsch schafften?*
Letztlich wird den Aufstieg des Brauseklubs keiner verhindern können, aber allein dafür, dass sie RB für ein Jahr in die Warteschleife geschickt haben, schließen wir Darmstadt jeden Abend in unser Gutenachtgebet ein.

Bruno Labbadia und Benjamin Lense sind zwei ehemalige Lilienspieler, die später mehrere Jahre bei Arminia Bielefeld gespielt haben. Welchen Spieler aus der Bundesliga-Aufstiegsmannschaft der 98er würdest du gerne einmal im Arminentrikot sehen und warum?
Aytaç Sulu. Was für eine Kante! Der Mann würde der manchmal etwas löchrigen Innenverteidigung der Arminen gut zu Gesicht stehen.

Wie bereitet sich Günter Hetzer, der Namensgeber eurer Satirekolumne, auf seinen ersten Besuch am Böllenfalltor vor, wo der Spielertrakt doch eher einer alten Schulturnhalle ähnelt und es keine VIP-Logen gibt?
Er trinkt es sich schön.

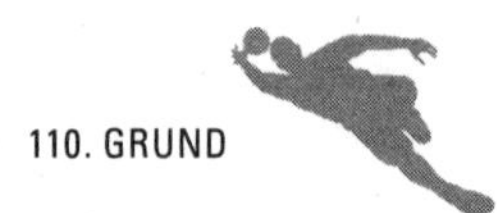

110. GRUND

Weil es Hanno hier Spaß machte, mehr als 100 Prozent zu geben

Hanno Behrens kam im Sommer 2012 als unbeschriebenes Blatt vom HSV II nach Darmstadt. Der laufstarke Staubsauger im Mittelfeld machte sich rasch unentbehrlich und erzielte obendrein wichtige Tore. Zu den Fans hatte er schnell einen guten Draht. Nach dem Bundesligaaufstieg verließ der Leistungsträger die Lilien nach Nürnberg. Ein Gespräch über drei extrem intensive Jahre.

Hanno, was war im Frühsommer 2012 ausschlaggebend für dein Engagement bei den 98ern?
Ich wollte unbedingt in der 3. Liga spielen, und beinahe hätte es schon ein Jahr früher geklappt. Ich absolvierte hier 2011 drei Tage lang ein Probetraining, und Darmstadt wollte mich unbedingt. Der Wechsel geriet aber zur Hängepartie und hat sich leider zer-

schlagen. Lilien-Coach Kosta Runjaic hat mich danach noch oft angerufen, und so hat es dann 2012 geklappt.

Spätestens seit dem 3. November 2012 hattest du bei vielen Fans einen Stein im Brett: Du hast den Siegtreffer gegen die Offenbacher Kickers erzielt.
Stimmt. Das 1:0 war ein besonderer Treffer, ein tolles Highlight. Ich hatte zwar davor schon das Gefühl, in Darmstadt angekommen zu sein, aber das Tor hat geholfen, sich noch stärker mit dem Verein zu identifizieren. Mir haben so viele Leute zu dem Tor gratuliert, da musste einem einfach klar werden, wie viel dieser Sieg den Fans bedeutet hat.

Die damalige Hinrunde verlief vollkommen enttäuschend. Ihr standet permanent hinten drin. Kosta Runjaic verließ den Verein früh nach Duisburg, unter Jürgen Seeberger lief es noch schlechter, und ihr habt auf dem letzten Platz überwintert.
Das war damals wirklich eine schwierige Situation. Fans und Verein sind mit einer ganz anderen Erwartungshaltung in die Saison gegangen, und der konnten wir nicht standhalten. Doch die Fans und wir sind sogar näher zusammengerückt. Vor dem Rückrundenstart kamen sie beispielsweise an einem Freitagabend ins Stadion und haben in ihrem Block für uns Stimmung gemacht, obwohl gar kein Spiel war. Das Signal war, wir kämpfen gemeinsam. Das war echt stark. Nach der Winterpause lief es sportlich besser.

Trotzdem hat es nicht gereicht. Wie hast du das 1:1 gegen die Stuttgarter Kickers in Erinnerung, das 2013 den vermeintlichen Abstieg bedeutete?
Ein Sieg, und wir wären drin geblieben. Ich war überzeugt, wir packen das. Dann gerieten wir blöd in Rückstand, machten in der zweiten Hälfte den Ausgleich und trafen am Ende noch zweimal das Alu. Der Abpfiff war merkwürdig. Er hatte etwas Endgültiges.

Ich war fassungslos. Da war das Gefühl, unverdient abgestiegen zu sein. Zudem war klar, was die 3. Liga für den Verein und die Fans bedeutete und was alles daran hing. Das war bisher mein absolutes Negativerlebnis als Fußballer. Ich wollte nie absteigen!

Wärst du bei einem Abstieg geblieben?
Wohl nein. Ich wollte weiter 3. Liga spielen und hatte auch Angebote. Als klar war, dass die 98er doch drinbleiben, habe ich relativ schnell entschieden, hier zu bleiben. Es hat mir schließlich in Darmstadt gefallen.

Dirk Schuster kam zum Jahreswechsel 2012/13. Damals habt ihr den letzten Platz der 3. Liga belegt. Anderthalb Jahre später seid ihr in die 2. Bundesliga aufgestiegen und wieder nur ein Jahr später in die Bundesliga. Wie kommen solche Quantensprünge in kurzer Zeit zustande?
Ich denke, die verkorkste Saison 2012/13 hat hier alle zusammengeschweißt. Die Fans und das Team. Die Spieler untereinander ebenso. Wir sind im Sommer 2013 gleich so gestartet, als ob jedes Spiel das letzte wäre. Die Einstellung hat gestimmt. Wir haben uns in der Saison gut entwickelt. Zunächst haben wir noch ein paar Punkte liegen lassen, aber dann bekamen wir so eine Selbstverständlichkeit, dass wir die Spiele einfach nicht mehr verloren. Am Ende war es ein Lauf von 17 ungeschlagenen Spielen.

In der Relegation gegen Bielefeld schien nach der 1:3-Niederlage im Heimspiel alles verloren.
Dabei hatten wir in den ersten 20 Minuten das Spiel im Griff. Plötzlich fiel das 0:1. Wenig später machte Bielefeld sogar das 0:2, und das nicht einmal aus dem Spiel heraus. Das hat uns ein wenig den Zahn gezogen.

Und dann kam das verrückte Rückspiel in Bielefeld.

Schon die Anfahrt war kurios. Wir sind mit dem Bus gar nicht richtig zum Stadion durchgekommen, weil wir zwischen den Fans feststeckten. Die Fans haben gegen den Bus geklopft, doch uns hat das gar nicht gestört. Wir kamen dadurch zwar etwas später als geplant, doch wir waren von Anfang an voll da. Schon beim Warmmachen.

Wie hast du das Spiel erlebt?
Ich war überzeugt, dass da noch was geht. Ab dem 1:0 hatte ich ein sehr gutes Gefühl. Ich würde sagen wir waren im *Flow*, in einem Tunnel. Der Anschlusstreffer hat uns gar nichts ausgemacht, da wir ja so oder so drei Tore schießen mussten. Als allerdings das 2:3 fiel, habe ich gedacht, das darf doch jetzt nicht wahr sein. Wir liefern hier so ein geiles Spiel ab, Bielefeld kratzt den Ball noch zweimal von der Linie und dann so was. Ich habe sofort auf die Uhr geschaut und gesehen, dass noch zehn Minuten zu spielen sind. Da dachte ich mir, was hat man in zehn Minuten nicht schon alles erlebt. Und das ist ja letztlich mit dem wahnsinnigen Finale auch eingetreten.

Einer der Aufstiegshelden war Zimbo, also Keeper Jan Zimmermann, der nach Heidenheim ging. Wie hast du davon erfahren, dass ein Tumor aus seinem Kopf entfernt werden musste?
Ich habe es von meinem Vater erfahren, und wenig später war es schon überall zu lesen. Ich wusste die Nachricht zuerst gar nicht so richtig einzuschätzen, zumal offiziell von einer Geschwulst die Rede war. Was bedeutete das denn nun? Ich habe ihm gleich geschrieben, und er hat sofort geantwortet. Letztlich war es Glück im Unglück, dass nach einem Zusammenprall in einer Partie die Diagnose zufällig gestellt werden konnte. In dem Moment hatte ich das Braunschweig-Spiel im Kopf.

Wieso?
Ich hatte ein paar Wochen vorher in Braunschweig in der ersten Halbzeit einen Schlag auf den Kopf gekriegt und mir dabei eine

leichte Gehirnerschütterung zugezogen. Ich spielte aber noch 20 Minuten weiter und ging fest davon aus, wir spielen in der 3. Liga, und es steht 0:0. Dabei lagen wir 0:1 zurück. Bei dem Gegentor stand ich sogar in der Nähe. Als ich Jerôme [Gondorf] gefragt habe, wieso es 1:0 steht, hat er gemerkt, dass da was nicht mit mir stimmt. Ich habe es offenbar noch unseren Trainer gefragt, und der hat mich sofort runtergenommen. Mit der Gedächtnislücke zogen mich die Jungs noch länger auf.

»Toni« Sailer sagte mir, du warst schon nach zehn Spielen zuversichtlich, dass ihr bis zum Schluss oben dran bleiben könnt. Was gab dir die Gewissheit?
Ich bin ein optimistischer Mensch. Nach zehn Spieltagen hatte ich das Gefühl, dass wir in der 2. Liga mithalten können. Kein Gegner war wirklich besser als wir. Ich war mir sogar sicher, dass wir uns steigern können und dass wieder ein Lauf möglich ist, wie schon in der 3. Liga.

Ich persönlich habe nach dem Spiel in Leipzig am 30. Spieltag gedacht, der Aufstieg ist weg. Du hast eine Viertelstunde vor Schluss das 1:0 gemacht, und Leipzig gewann mit der letzten Szene das Spiel durch ein Tor ihres Torwarts. Was war da los?
Es verlief alles nach Plan. Nach meinem Tor war ich zuversichtlich, dass wir gewinnen würden. Wir kassierten aber schnell den Ausgleich und dann noch das von dir erwähnte merkwürdige Torwarttor. Da waren wir zu hektisch. Nach dem Schlusspfiff war ich total enttäuscht und auch ein wenig wütend, weil wir wie im Vorjahr ein wichtiges Spiel in Leipzig verloren hatten. Aber am nächsten Tag haben wir wieder nach vorne geschaut, denn wir hatten nichts zu verlieren. Wir lagen als Aufsteiger immer noch gut im Rennen. Dieser Charakter zog sich durch das ganze Team und hat uns stark gemacht.

Du hast jetzt den Verein in Richtung Nürnberg verlassen. Wie haben es die Fans aufgenommen?

Wir hatten schon im April bekannt gegeben, dass es keine Vertragsverlängerung geben wird. Manche Fans reagierten mit Unverständnis, andere haben sich bei mir sofort für meine Leistung über die Jahre bedankt. Je näher das Saisonende kam, desto mehr überwog der Dank. Das hat mich gefreut.

Du hast drei Jahre in Darmstadt gelebt. Hier ist alles ein paar Nummern kleiner als in Hamburg oder Nürnberg. Was macht für dich den Klub so speziell?
Darmstadt war mir vorher zugegebenermaßen gar kein Begriff. Eigentlich so ein weißer Fleck für mich. Aber hier geht es um Fußball! Es herrscht eine unglaubliche Nähe zu den Fans. Das Verhältnis zu ihnen ist gut. Sie sind immer mit dabei. Nach St. Pauli sind so viele mitgefahren, 5.000 waren in Kaiserslautern. Da macht es echt Spaß, 100 Prozent oder sogar noch mehr zu geben. Im Verein herrscht zudem ein guter Geist, eine gute Einstellung. Präsident, Trainer, Team, das passt. Das, was ich hier in den letzten drei Jahren erlebt habe, das erleben andere Profis in ihrer gesamten Karriere nicht. Deshalb werde ich Darmstadt sicher am Ende meiner Karriere positiv in Erinnerung behalten.

Gab es für dich einen Lieblingsplatz am Bölle oder etwas, woran du gerne zurückdenkst?
Vor dem F-Block zu feiern. Ich weiß noch, wie ich 2012 nach meinem Tor gegen Offenbach instinktiv dorthin gerannt bin. Nach meinem letzten Tor gegen Kaiserslautern im vorletzten Heimspiel erneut. Die Fans haben uns immer überragend unterstützt, das wird mir im Kopf bleiben.

Und in den Katakomben? Gab es dort auch ein Plätzchen?
Die Kühltruhe. *(lacht)* Wir hatten ja nur zwei Liegen, und die waren heiß begehrt, wenn wir uns nach Trainingseinheiten oder dem Auslaufen noch ein wenig ausruhen sollten. Ich habe mir dann einfach

eine Gymnastikmatte geschnappt, sie auf die Kühltruhe gelegt und dort ein Nickerchen gemacht.

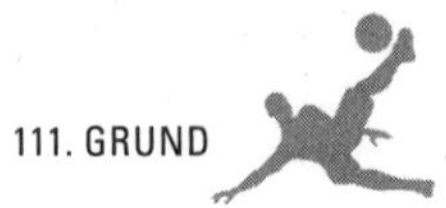

111. GRUND

Weil Toni hier sein Glück gefunden hat

Toni heißt eigentlich Marco, und er ist ein Stürmer, der so gut wie nie trifft. Dennoch war Marco »Toni« Sailer in Darmstadt der Publikumsliebling. Er lief für zwei, was seinen Sturmkollegen Dominik Stroh-Engel einmal dazu verleitete, ihn »Mara-Toni« zu nennen. Sein nimmermüder Einsatz und sein unkomplizierter Umgang mit den Fans machten ihn so populär. Ich traf mich mit ihm kurz nach dem Trainingsauftakt zur Bundesligasaison 2015/16.

Toni, weißt du, was für mich das typische Toni-Sailer-Tor ist?
Das typische? *(überlegt)*

Das 3:1 von Jerôme Gondorf im Relegationsspiel in Bielefeld!
Ach so. Ja.

Du hast vehement nachgesetzt und den Ball noch vor dem Gegenspieler zu Jerôme gespitzelt, der dann aus der Distanz traf.
Daran kann ich mich noch sehr gut erinnern.

Du hast danach lange auf dem Rasen gekniet und die Arme nach oben gereckt. Was ging dir durch den Kopf?
Ich habe zuerst zum Schiri geschaut, weil einige in solchen Situationen ein gestrecktes Bein sehen. Dann habe ich gehofft, dass das Ding reingeht, und als es reinging, habe ich mich schon ein wenig gefeiert. *(lacht)* Ich glaube, in der Situation wären nicht mehr alle an den Ball gegangen. Ich habe später oft gehört, dass diese Aktion

meinem Charakter entspräche, denn viele hätten den Ball verloren gegeben.

Wie präsent ist dir der Abend von Bielefeld nach über einem Jahr?
Total präsent. Mindestens so sehr wie der Erstligaaufstieg gegen St. Pauli vor ein paar Wochen. Der Aufstieg im Relegationsspiel war intensiver. Die Dramatik in Bielefeld war um Längen krasser als gegen St. Pauli. Das Spiel hatte alles. Zunächst das 3:1 zu egalisieren. Dann fiel in der Verlängerung das zweite Tor für Bielefeld, was aber nur bedeutete, dass ein mögliches Elfmeterschießen weg war. Wir wussten alle, ein weiteres Tor von uns wäre der direkte Aufstieg. Und so kam es ja auch.

Im Fanradio sind sie in den Schlussminuten fast gestorben.
Die zwei vom Fanradio? Ja, Wahnsinn! Ich habe mir das später bestimmt hundertmal angehört. Ich muss immer lachen, wenn der eine brüllt »Hun-dert-zwei-und-zwan-zig-ste Mi-nu-te« und der andere es gar nicht glauben kann. Aber danach hatten wir beim Pfostenschuss der Bielefelder Glück. Der Ball ging an den Innenpfosten und hinter Zimbo vorbei. Da kann der Ball auch gegen den Rücken und reingehen. Und dann blockt Aaron noch den Ball, als die Bielefelder nachsetzten.

Ihr hattet in der Szene den Bielefelder Torwart nicht im Griff, der den Pfostenkopfball vorbereitete.
Das ist immer kurios. Da kommt einer dazu, der nicht in der Zuordnung ist. Das verunsichert kurz. Jeder schreit rum: »Nimm den! Nimm den!« Dann stehst du nicht so eng bei deinem Mann, sondern immer zwischendrin, weil du zwei im Auge hast, und dann bist du nirgends richtig.

Welcher Aufstieg war für dich surrealer? Der Zweitliga- oder der Bundesligaaufstieg?

Der in die Bundesliga, weil uns eine ganz andere Welt erwarten wird. Schon in der 3. Liga sagten viele, wir spielen gegen den Abstieg. Dann sind wir in dem unfassbaren Krimi aufgestiegen. In der 2. Liga haben so gut wie alle sogenannten Experten gesagt, wir würden sang- und klanglos absteigen. Das Wissen der Vorsaison hat es uns einfacher gemacht, mit der Situation umzugehen. Zudem hatten wir das nötige Quäntchen Glück, weil andere schwächelten.

Wie hast du deinen einzigen Treffer in der abgelaufenen Zweitligasaison in Nürnberg erlebt?
Das Tor fand ich krass. Statistisch gesehen falle ich normalerweise nicht auf. Vielleicht in der Laufstatistik oder bei der Vorlage zur Torvorlage. Ich habe mir das Tor noch zigmal angeschaut. Es sah so aus, als ob die Ballmitnahme und der Torabschluss reine Routine wären. *(lacht)* Danach gratulierten mir viele, die mir das Tor von Herzen gönnten.

Dein Tor zum 1:1-Endstand schien die Fans fast mehr für dich zu freuen als der Punktgewinn. Wie empfindest du deine Popularität?
Auch bei meinen früheren Vereinen mochten mich die Fans aufgrund meiner Spielweise. Hier in Darmstadt spüre ich, dass die Fans den Verein leben, und ich lebe ihn mit. Für mich ist es wichtig, dass man sich als Spieler um die Fans bemüht und kümmert. Ich mache das gerne, und ich glaube, ich kann das ganz gut.

Was bedeutet es dir, gegen Mats Hummels und Jérôme Boateng spielen zu dürfen?
Es geht mir weniger um Einzelspieler, eher um die Klubs und vor allem um die Auswärtsspiele. Im DFB-Pokal habe ich schon gegen die Bayern, den VfB, Gladbach, Schalke und Wolfsburg gespielt, aber nie in deren Stadien. Schon in der 2. Liga habe ich mich auf

einige Stadien gefreut. Leider bin ich ausgerechnet in Kaiserslautern und auf St. Pauli nicht zum Einsatz gekommen. Es gab also auch ein paar traurige Momente im vergangenen Jahr.

Wenn du vor zwei Jahren nicht nach Darmstadt gekommen wärst, was wäre dir entgangen?
Alles! Alles, wovon ich immer geträumt habe. Vor meinem Wechsel hierher hatte ich in Heidenheim noch Vertrag, durfte aber nicht mehr mit dem Team trainieren. Ich habe einen Anruf von einem Klub aus der Oberliga Baden-Württemberg erhalten. Der Manager meinte, jetzt gehe es bei mir langsam dem Ende zu, ob ich nicht zu ihnen wechseln wolle. Ich wollte aber noch einmal in der 3. Liga durchstarten. Zum Glück kam der Anruf aus Darmstadt. Wenn ich überlege, wo ich vor zwei Jahren stand. *(schüttelt den Kopf)*

Die letzten beiden Jahre beinhalteten also das, was das Fußballerdasein ausmacht?
Ja. Ich habe mir einen Kindheitstraum erfüllt. Mehr als wir konnte man in den vergangenen Jahren gar nicht erreichen. Das macht einen stolz. Aber ich weiß auch, dass es Jahre gab, die nicht so liefen. Es geht sowohl in die eine, wie in die andere Richtung ganz schnell. Deshalb genieße ich den Moment.

Ab wann wusstest du, hier passiert was ganz Besonderes?
Da gab es keinen speziellen Moment. Nicht mal im letzten Jahr. Obwohl ich ein positiver Mensch bin, habe ich bis fünf Wochen vor unserem Bundesligaaufstieg gesagt, das schaffen wir nicht. Hanno Behrens meinte hingegen schon nach dem 10. Spieltag, wir könnten bis zum Ende oben dabeibleiben. Da habe ich ihn zur Seite genommen und gesagt: »Hanno, du bist jetzt ein paar Jahre dabei, aber lass dir von mir mal sagen, dass es so im Fußball nicht läuft. Nach zehn guten Spielen steigt keiner auf.«

Du hast bereits mit anderen Klubs hier gekickt. Wie war Dein Eindruck vom Stadion und den Fans?
Ich habe hier nie gerne gespielt. Das Stadion war damals in der 3. Liga schon sehr alt, und es war immer ein sehr komisches Gefühl, ans Böllenfalltor zu fahren, in der Kabine zu sitzen und auf den Platz zu kommen. Die Fans haben immer Gas gegeben. Die ganze Atmosphäre war für eine Auswärtsmannschaft unangenehm. Ich kann es also gut nachvollziehen, dass man hierherfährt und keinen Bock hat. Aber jetzt, wo ich hier bin, muss ich sagen, es gab in den zwölf Jahren meiner Karriere nichts Geileres.

Wie verlief dein Start in Darmstadt?
Ich hatte beim Probetraining direkt ein gutes Gefühl. Der Trainer hat sich extrem um mich bemüht. Das hatte mir die Jahre davor gefehlt. Ich merkte, die Mannschaft lebt. Das war das, was ich brauchte. Zudem sprach mir Michael Stegmayer gut zu, mit dem ich in Aalen zusammengespielt hatte. Es war für mich wichtig, dass ich dorthingehe, wo es menschlich passt.

Nehmen wir an, ein ehemaliger Mitspieler von dir hat ein Angebot von den Lilien und fragt dich, wie der Verein und das Team ticken. Was erzählst du ihm?
Es gibt viele positive Dinge hier. Allein schon die Ruhe im Verein. In den letzten beiden Jahren habe ich keinen Druck verspürt. Klar, es lief auch gut, aber selbst nach dem deutlichen 1:4 gegen Düsseldorf war hier kein Stress. Unser Teamgeist ist grandios. Charakterlich passt es gut, wir haben keinen Spinner. Die Trainer sind immer gut vorbereitet. Wir können uns zu 100 Prozent auf sie verlassen.

Du hast seit Kurzem ein Unterarm-Tattoo: »DU MUSST KÄMPFEN. Es ist noch nichts verloren.«
Wir haben vom krebskranken Johnny ein Armband geschenkt be-

kommen, auf dem dieses Motto stand. Als ich es zum ersten Mal gelesen habe, habe ich gedacht, das passt perfekt zu mir. Johnny mit seinem Schicksal kennenzulernen und ihn immer wiederzusehen, das prägt. Ich hoffe, wir geben ihm etwas zurück. Das Tattoo ist der Ausdruck dessen, dass hier etwas Besonderes passiert ist, das ich in meinem Leben nie mehr vergessen werde. Es ist wahrscheinlich das beste Tattoo, das ich mir machen konnte. Es macht Sinn.

Letzte Frage: Was verbindest du persönlich mit Darmstadt?
Ich bin hier, um Fußball zu spielen, und mein Leben dreht sich darum. Aber was mir hier sehr gefällt und was mich besonders berührt: Ich habe hier außerhalb des Fußballs viele Menschen kennengelernt, mit denen ich etwas unternehme. Das gab es bei meinen anderen Stationen in dieser Form nie. So habe ich die Stadt besser kennenlernen können. Es gibt in Darmstadt so viele schöne Flecken, an denen ich sehr gern bin. Es fühlt sich an wie zu Hause.

KAPITEL 10

DIE BONUSGRÜNDE

Was seitdem geschah

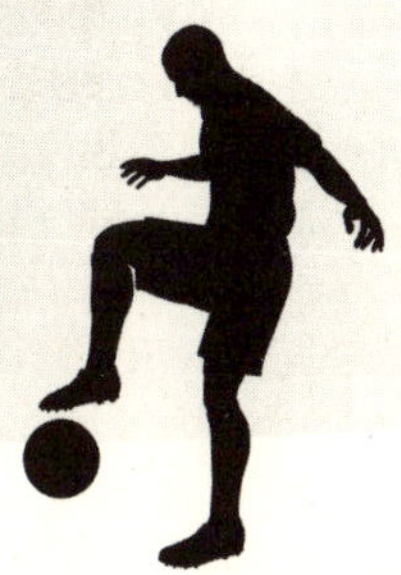

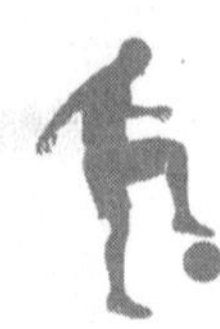

BONUSGRUND 1

Weil Sandro Wagners Karriere bei uns so richtig Fahrt aufnahm

Man liegt sicher nicht ganz falsch, wenn man behauptet, dass die Karriere von Sandro Wagner im Sommer 2015 an einem Tiefpunkt angelangt war. Seit er als 19-Jähriger am 11. August 2007 für die Bayern seine ersten Bundesligaminuten gesammelt hatte, drohte der U21-Europameister von 2009 mit fortschreitender Zeitdauer als »ewiges Talent« abgestempelt zu werden. Man muss ihm allerdings zugutehalten, dass er nach seinem Weggang aus München beim MSV Duisburg dabei war, in der 2. Bundesliga durchzustarten, ehe ihm im Herbst 2009 das Kreuzband riss.[718] Von da an spülte ihn der Profifußball von Werder zu Kaiserslautern und weiter zur Hertha nach Berlin. Große Spuren hinterließ er nirgendwo. Zwischen 2010 und 2015 sind für den Angreifer in fünf Spielzeiten 81 Erstliga- und 31-Zweitligaeinsätze verzeichnet. Von Anfang an durfte er lediglich in 34 Partien ran. Zwölf Tore und drei Assists hatten ihm nicht gerade einen Ruf als Verteidigerschreck eingetragen.[719]

Der Trainingsauftakt bei der Hertha im Sommer 2015 hielt dann für Wagner die ultimative Erniedrigung bereit. Coach Pal Dardai kritisierte offen »fußballerische Mängel« und ließ ihn während einer Trainingseinheit 45 Minuten lang alleine auf ein leeres Tor schießen.[720] Deutlicher konnte man ihm nicht vermitteln, dass der Hauptstadtklub keinen Wert mehr auf seine Dienste legte. Eine Ausgangssituation wie gemalt für Dirk Schuster. Der Lilien-Coach hatte sich in den vorangegangenen beiden Spielzeiten einen Ruf erworben, die Karrieren aussortierter Profis in Darmstadt wiederzubeleben. Eine Woche vor dem Saisonauftakt sicherte er sich Wagners Dienste, von dem er »total überzeugt« war und dessen Wechsel nach Darmstadt »für beide Seiten Sinn macht«. Der SVD und Wagner hätten ein großes Interesse daran, dass er zeige, »dass er die Klasse für die 1. Liga mitbringt«.[721]

Und wie er sie mitbringen sollte! Die ersten fünf Spieltage wurde der gebürtige Münchner noch über Kurzeinsätze an die Mannschaft herangeführt. Schon hier spürte man vom Fleck weg, dass da einer brannte und es sich sowie der Konkurrenz beweisen wollte. Er warf sich in die Zweikämpfe, feuerte aus allen halbwegs aussichtsreichen Lagen und forderte die Fans anschließend gestenreich dazu auf, weiter Alarm zu machen. Zwei Verwarnungen in nur 74 Minuten Einsatzzeit sprachen zudem für sein robustes Spiel. Sein erster Startelfeinsatz folgte am 22. September 2015 unter Flutlicht gegen Werder Bremen. Dabei präsentierte sich der Angreifer mit zwei Treffern als Matchwinner und Spieler des Spiels.[722]

Von da ab hatte die Nummer 14 ihren Stammplatz sicher. So richtig heiß lief Wagner nach der Winterpause. Beim 2:1 in Hannover sicherte er einen wichtigen Dreier erneut im Alleingang. Auch Tore gegen Bremen, Augsburg, Wolfsburg und Stuttgart verhalfen seinen Farben zu Punktgewinnen und ließen die Wahrscheinlichkeit des Klassenerhalts steigen. Die für ihn wohl emotionalsten Treffer erzielte er jedoch an seinen alten Wirkungsstätten in München und Berlin.[723] Bei den übermächtigen Bayern führte er sein Team gar als Kapitän aufs Feld, da sich in der Vorwoche nicht weniger als fünf Lilien-Spieler einer »Gelbsucht« hingaben. Dennoch schlug sich die Resttruppe beachtlich und führte durch ein Wagner-Tor zur Halbzeit gar mit 1:0.[724] Der große Showdown folgte dann im Berliner Olympiastadion. Am vorletzten Spieltag ging es zur Hertha, die Wagner zehn Monate vorher noch so gedemütigt hatte. In der 83. Minute schoss er den Siegtreffer, der letztlich den viel umjubelten Klassenerhalt bedeutete. Danach gingen allerdings die Gäule mit ihm durch. Erst jubelte er überaus provozierend vor den Hertha-Fans, und fünf Minuten später flog er auch noch vom Platz.[725]

Damit endete zugleich seine Zeit bei den Lilien. Eine Zeit, in der er in nur einer Saison auf nahezu so viele Einsatzminuten gekommen war wie in den fünf Spielzeiten zuvor und bei der am Ende 14 Saisontore und vier Assists standen. Eine nie erwartete Bilanz. Der Stürmer war an knapp der Hälfte aller Lilien-Tore beteiligt und damit in hohem Maße mitverantwortlich für den ersten Erstligaverbleib der Klubgeschichte. In der Saison 2015/16 trafen in der Bundesliga lediglich Robert Lewandowsi, Pierre-Emerick Aubameyang, Thomas Müller, Chicharito und Anthony Modeste häufiger als Sandro Wagner.[726] Laut *kicker*-Noten zählte er zu den fünf besten Stürmern der Eliteklasse.[727] Das Fachblatt ordnete ihn in seiner Rangliste sogar der internationalen Klasse zu.[728] Folglich kann es nicht überraschen, dass er sogar drei Stimmen bei der Wahl zum Fußballer des Jahres 2016 erhielt (wie Mesut Özil, Aytaç Sulu erhielt im Übrigen fünf)[729]. Sogar eine Nominierung für die EURO 2016 lag für einige Experten im Bereich des Möglichen.

Unter all diesen Umständen kann es nicht überraschen, dass die Lilien zu klein für ihn geworden waren. Er zog weiter nach Hoffenheim und weitere 18 Monate später zu den Bayern. In der Nationalmannschaft war er obendrein gelandet. Man kann also mit Fug und Recht behaupten, dass die Karriere von Sandro Wagner beim SVD mal so richtig Fahrt aufgenommen hatte. Der ebenso streitbare und polarisierende Charakter mutierte innerhalb einer Saison vom degradierten Angreifer, der aufs leere Tor schießen musste, zum hoch gehandelten Stürmer mit Nationalelf-Potenzial.

BONUSGRUND 2

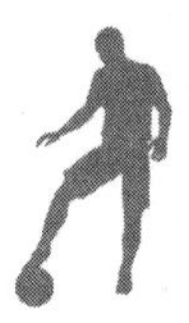

Weil man Hoffenheim, RB und die Eintracht vergebens vor dem SVD suchte

Vor der Saison 2015/16 galten zwei Dinge als ausgemacht: Die Bayern werden Meister, und der SV Darmstadt 98 steigt ab. Doch während die Bayern in der Endabrechnung die Erwartungen mit zehn

Punkten Vorsprung auf Dortmund und 28 Punkten Vorsprung auf die drittplatzierten Leverkusener vollauf erfüllten, drehten die 98er der Konkurrenz eine mächtig lange Nase.[730] Wie schon zuvor in der 3. Liga und in der 2. Bundesliga wuchs die Truppe von Dirk Schuster über sich hinaus. Das Team beherzigte durchweg die Maßgabe ihres Coaches, die darin bestand, nach jedem Spieltag nie weniger Punkte auf dem Konto zu haben, als Spieltage gespielt waren. So reichten am Ende 38 Punkte zu Rang 14, punktgleich mit dem Tabellenzwölften. Die beste Saisonplatzierung der Vereinsgeschichte war perfekt. Nur drei Jahre nach dem sportlichen Abstieg aus der 3. Liga.

Außer gegen die Bayern und gegen Mönchengladbach hatten es die 98er verstanden, gegen jeden Gegner zu punkten.[731] Sie verloren nur einmal mehr als die Gladbacher auf Rang 4. Auswärts holten die Lilien 26 Zähler. Mehr als 14 ihrer Kontrahenten.[732] Oft genug genügte auswärts eine 1:0-Führung, um den Platz zumindest ungeschlagen zu verlassen. Hinzu kam: Der befürchtete Einbruch in der Rückrunde blieb aus. Aytaç Sulu & Co. holten sogar noch zwei Zähler mehr als vor der Winterpause. In der Abstiegszone rangierten sie in der gesamten Spielzeit nie.

Auf diese Weise hatte der größte Underdog seit vielen Spielzeiten in der Endabrechnung vier Teams hinter sich gelassen. Und diese waren mehr als namhaft. Den Gang in die Zweitklassigkeit mussten Hannover 96 – bis dahin seit 14 Spielzeiten erstklassig [733] – und der VfB Stuttgart – immerhin seit 1977 ununterbrochener Bundesligist [734] – antreten. Nicht minder überraschend waren die Teams auf den Positionen 15 und 16. Die TSG Hoffenheim aus dem nicht allzu fernen Kraichgau und der große Nachbar Eintracht Frankfurt.[735]

Mit Hoffenheim hatte sich der SVD ein paar Jahre in der 3. Liga duelliert. Als sich die Wege 2007 trennten, musste man in Darmstadt angesichts der so unterschiedlichen finanziellen Möglichkeiten davon ausgehen, dass es von Dauer sein würde. Die TSG hatte 2008 die Bundesliga im Sturm genommen und zählte anschließend zu den ambitionierteren Erstligaklubs. Mit der Saison 2015/16 konnten die Nordbadener schon auf mehr Erstligaspielzeiten zurückblicken als Waldhof Mannheim, Rot-Weiss Essen und Kickers Offenbach.[736] Dennoch kam die mit 23 Millionen Euro verstärkte Truppe von Markus Gisdol (darunter Kevin Kuranyi, Fabian Schär und Eduardo Vargas) nicht so recht aus dem Quark.[737] Am 3. Spieltag ging es für den Favoriten nach Darmstadt. Die Gäste dominierten erwartungsgemäß die Partie, die Lilien wehrten sich bei saunaartigen Temperaturen mit allem, was in ihnen steckte. So verteidigten sich die 98er mit Glück und Geschick zur ersten Nullnummer der Saison, gleichbedeutend mit der dritten Punkteteilung. Exemplarisch war die Rettungstat von Abwehrrecke Luca Caldirola, der einen Schuss von Kevin Kuranyi fast schon im Spagat auf der Linie stoppte. Als die Lilien in der Rückrunde 2:0 in Hoffenheim gewannen, steckten nicht sie selbst, sondern die Gastgeber ganz tief im Schlamassel. Die 98er präsentierten sich abgezockter, während harmlose Kraichgauer noch Stunden hätten spielen können, ohne ein Tor zu erzielen. Hernach betrug der Vorsprung des dann elftplatzierten SVD auf die TSG satte zehn Punkte.[738] Nach dem Duell kam ein gewisser Julian Nagelsmann ans Ruder, der die hoch eingeschätzte Mannschaft noch von den Abstiegsrängen hieven sollte.[739]

Allen Lilien-Fans nur zu gut in Erinnerung ist die Partie bei der Eintracht, dem ersten Aufeinandertreffen der beiden hessischen Klubs seit 33 Jahren. In ihr behielten die 98er Anfang Dezember 2015 mit 1:0 die Oberhand. Wie so oft in dieser Spielzeit verwertete Kapitän Aytaç Sulu einen Standard per Kopf. Eine hilflose Eintracht fand im Anschluss keine Antwort, und die Reaktion von Teilen ihrer Anhänger sprach Bände. Statt ihr verunsichertes Team bis zum Abpfiff zu unterstützen, zündeten sie gegen Ende zahlreiche erbeutete Darmstädter Banner und Fanutensilien an.[740] Ein Vorfall, der dazu beitrug, dass das Rückspiel in Darmstadt zu einer lokalpolitischen Posse wurde. Zunächst waren die Eintrachtfans aufgrund der Vorfälle im Hinspiel vom DFB vom Stadionbesuch ausgeschlossen worden.[741] Hernach wollte Bürgermeister Rafael Reißer sämtlichen Anhängern der SGE gar den Zutritt zur Darmstädter Innenstadt verwehren, was wenige Stunden vor Anpfiff zwar kassiert wurde, aber dennoch ein Großaufgebot der Polizei notwendig machte und zu insgesamt 530 Festnahmen führte.[742] Dennoch sollte das Rückspiel für die inzwischen von Niko Kovac angeleitete Eintracht positiv verlaufen. Das 1:0 für den SVD hätte Sandro Wagner nach 20 Minuten veredeln können, wenn er seinen Elfer verwertet hätte. So blieb die Eintracht im Spiel und siegte letztlich mit 2:1.[743] Ein immens wichtiger Dreier, um sich wenigstens noch in die Relegation zu retten, die sie erfolgreich bestreiten konnte.

Am Ende stand jedoch: Die zähen und leidenschaftlicheren Lilien hatten ihren beiden höher eingeschätzten Kontrahenten das Nachsehen gegeben. Da der SVD in der Vorsaison bereits RB Leipzig das Eintrittsticket in die Bundesliga weggeschnappt hatte, sucht man in der Abschlusstabelle 2015/16 vor den Lilien vergebens nach der TSG Hoffenheim, der Eintracht und RB Leipzig. Eine wahrlich denkwürdige Tatsache, die sich nach menschlichem Ermessen nicht so schnell wiederholen dürfte. Es war eine Wohlfühlsaison, wie sie im Buche steht.

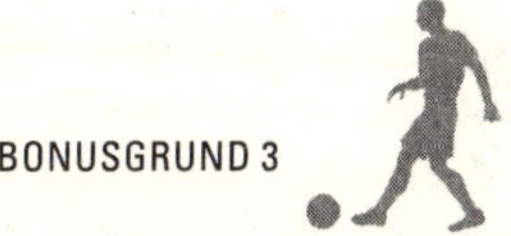

Weil wir gute Achterbahnfahrer sind

Die Zweitligasaison 2017/18 forderte den Spielern, Verantwortlichen und Fans des SVD allerhand ab. In der Endabrechnung stand für den Bundesligaabsteiger zwar Platz 10, wohinter man nun eine geruhsame Spielzeit vermuten könnte, doch sie glich vielmehr einer spektakulären Achterbahnfahrt. Die 98er legten innerhalb von 34 Spieltagen drei Serien hin, die ein Hin und Her zwischen Himmel und Hölle und wieder zurück bedeuteten. Was sich anfänglich sehr vielversprechend anließ, mündete in einer besorgniserregend langen Schussfahrt. Erst auf den letzten Drücker rissen die Lilien unter Rückkehrer Dirk Schuster das Steuer wieder herum.[744]

Doch der Reihe nach: Mit neuem Spielerpersonal und einer neuen Spielidee starteten Torsten Frings und seine Mannschaft in das Abenteuer 2. Bundesliga. Plötzlich liehen die Lilien nicht mehr nur Spieler aus und setzten auf erfahrene Kämpen, nein, sie verpflichteten Spieler, die noch keine 25 Jahre waren. Zusammen mit den Routiniers Hamit Altintop, Artur Sobiech und Peter Niemeyer sollte einiges gehen. Zudem wollten die Lilien Ballbesitzfußball wagen. Etwas, das Frings bereits in der Bundesliga-Rückrunde ausgetestet hatte, das aber eine Liga tiefer nun endgültig zum Prinzip erkoren wurde. Der Start verlief positiv. 13 Zähler aus sechs Partien ließen den Absteiger an der Tabellenspitze schnuppern. Ein Punkteschnitt, der nur einen Schluss zuließ: Hier spielt ein Aufstiegsaspirant.

Doch dann kam der triste, graue Herbst, der in einen deprimierenden Winter mündete. In den folgenden 17 Begegnungen gelang den 98ern nur ein Sieg. Sagenhaft magere neun Pünktchen ließen plötzlich einen ganz anderen Schluss zu: Hier spielt ein sicherer Absteiger. Beim Team von Torsten Frings ging nichts mehr. Zweimal schenkten sie Siege slapstickartig in der Nachspielzeit her. Jeder ausgebliebene Sieg minimierte das Vertrauen in die eigenen Automatismen. Jede Niederlage vergrößerte die Verunsicherung. Frings ließ nichts unversucht: Er nahm vor der Pause Auswechslungen vor, er stellte auf der Torhüterposition um. Nichts wollte fruchten. Und selbst die vermeintlichen Routiniers sahen nicht nur auf dem Spielerpass verdächtig alt aus. Der Trainernovize musste gehen, doch selbst unter Dirk Schuster wollten sich die Ergebnisse nicht sofort einstellen. Auf Platz 17 angekommen, musste man sich als Lilien-Fan plötzlich ernsthaft mit der 3. Liga beschäftigen.

Am 25. Februar 2018 startete dann wie aus dem Nichts und gerade noch rechtzeitig die dritte Serie. Aus ihr resultierten 21 Zähler aus elf Spielen, die dem SVD zumindest auf dem Papier das nächste

Prädikat verliehen: Hier spielt ein Spitzenteam. Dirk Schuster war es mit seiner defensiven Spielausrichtung gelungen, den Deckungsverbund zu stabilisieren. Mehr als ein Tor pro Partie kassierte der SVD im letzten Saisondrittel nie. Das reichte, um keine Niederlage mehr zu erleiden und sich an die Abstiegskonkurrenten heranzurobben. Der spätere Aufsteiger aus Düsseldorf wurde am heimischen Böllenfalltor leidenschaftlich niedergerungen. Und als gar nichts anderes mehr half als Siege, gewannen die 98er einfach mal so die letzten drei Partien.[745] In diesen war sicher einiges an Glück dabei, aber das Glück war eben mit den Tüchtigen. Waren unter Frings die Bälle noch im eigenen Kasten eingeschlagen, so klatschten sie jetzt gegen das Aluminium. Einer hatte sich während der schweren Rückrunde nicht kirre machen lassen: Dirk Schuster! Lilien-Stürmer Terrence Boyd, beileibe kein Frischling im Geschäft, beeindruckte das: »Er hat geschafft, dass wir nicht das große Ganze betrachten, sondern Spieltag für Spieltag. ›Am Ende wird abgerechnet, wir machen das schon‹, hat er gesagt. Das hat uns getragen.«[746]

In der Endausbeute dieser aberwitzigen Saison standen 43 Punkte und innerhalb der letzten beiden Spieltage ein Sprung von Rang 17 auf Position 10.[747] Ein Fakt, der verdeutlich, dass die Hälfte der Liga bis zum Schluss gegen den Abstieg kämpfte. Für die Verantwortlichen beim SVD hielt das Erreichen des 10. Platzes noch ein besonderes Bonbon bereit: das bessere Partizipieren an den TV-Einnahmen. Drei irre Serien hatten dazu beigetragen. Und drei Serien, die letztlich richtig aneinandergereiht wurden. Eintracht Braunschweig beispielsweise leistete sich eine böse Rückrunde, holte in den letzten sieben Spielen nur drei Punkte und stieg so ab, obwohl sie nur am allerletzten Spieltag erstmals überhaupt auf einem Abstiegsplatz rangierten.[748] Im Vergleich dazu hatten die Lilien die bedeutend bessere Achterbahnfahrt hingelegt.

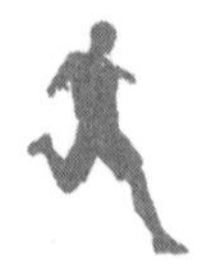

BONUSGRUND 4

Weil unsere Keeper eine Bank sind

Eine Mannschaft, die sich über Jahre hinweg stark darüber definiert hat, in der Defensive möglichst wenig anbrennen zu lassen, benötigt neben einem guten Abwehrverhalten auch einen starken Rückhalt zwischen den Pfosten. Und genau hier hatten die Lilien viele Spielzeiten lang überhaupt nichts zu meckern. Schon Jan »Zimbo« Zimmermann hob zu Viert- und Drittligazeiten das Niveau auf der Torhüterposition spürbar. Kein Wunder, dass sein Weggang nach dem Zweitligaaufstieg gemeinhin als ordentliche Hypothek gewertet wurde. Doch es gab eine Personalie, die in den darauffolgenden Jahren dafür bürgte, dass der SVD starke Keeper an Land zog, die zuvor ein wenig unter dem Radar geflogen waren und sie zu Säulen machte: Torwarttrainer Dimo Wache.

Es begann im Sommer 2014 mit dem unbekannten Christian Mathenia. Der 22-Jährige kam von der Zweitvertretung von Mainz 05 mit lediglich Viertligaerfahrung.[749] Mathenia etablierte sich aber vom Fleck weg im Tor und präsentierte sich als zuverlässiger Keeper. In 34 Spielen musste er nur 26-mal hinter sich greifen und blieb in jeder zweiten Partie ohne Gegentor.[750] So war es naheliegend, dass er sich auch nach dem Bundesligaaufstieg beweisen durfte und als unumstrittene Nummer 1 half, den Klassenerhalt sicherzustellen. Seine Leistungen als immer noch junger Keeper hatten Begehrlichkeiten geweckt, und so verließ er den SVD 2016 zum Hamburger SV.[751]

Die Lücke, die er hinterließ, schloss Dimo Wache mit Michael Esser. Der aus dem Ruhrgebiet stammende Torhüter hatte sich trotz seiner damals 28 Jahre im deutschen Profifußball noch keinen großen Namen gemacht. Beim VfL Bochum hatte er über Jahre hinweg primär im Regionalligateam Spielpraxis sammeln dürfen.[752] So wechselte er 2015 zu Sturm Graz nach Österreich und startete dort direkt durch. Nach nur einem halben Jahr stieg er zum Kapitän auf und wurde von den Fans mit Abstand zum besten Spieler der Saison gewählt.[753] Da schnappten die Lilien im Sommer 2016 doch gerne zu. Die Vorschusslorbeeren für den »Bruno« genannten Torwart waren berechtigt. Dass die Lilien in der Saison 2016/17 der Musik ein wenig hinterherliefen, war am allerwenigsten Michael Esser anzukreiden. Er hielt zwar lediglich dreimal seinen Kasten sauber, wurde aber verdientermaßen vom *kicker* sowohl nach der Hin- wie der Rückrunde in den »weiteren Kreis« gewertet.[754] Das bedeutete, er hatte sich in der oberen Hälfte der Bundesligakeeper festgesetzt. Besonders in Erinnerung bleiben wird seine überragende Leistung gegen Schalke, als er nahezu im Alleingang den 2:1-Erfolg ermöglichte. Der Lohn: der Spieler des Tages im *kicker*.[755]

Da Esser – wie zuvor Mathenia – zu einem Bundesligakontrahenten wechselte, musste wieder eine neue Nummer 1 her. Doch dieses Mal hatte Dimo Wache bereits vorgesorgt. Daniel Heuer Fernandes war zeitgleich mit Michael Esser aus Paderborn nach Darmstadt gekommen.[756] Sowohl bei den Ostwestfalen wie bei den Lilien als Vertreter von Esser hatte er angedeutet, was in ihm steckt. In der Zweitligasaison 2017/18 sollte »Ferro« dann überragen. Kein Spieler wurde vom *kicker* über die gesamte Spielzeit hinweg besser benotet als der Keeper der 98er.[757] Wer weiß, ob die Saison derart turbulent verlaufen wäre, wenn Heuer Fernandes nicht just dann verletzt ausgefallen wäre, als der SVD in eine böse Abwärtsspirale geriet? Doch in der Rückrunde trug er wieder mit atemberaubenden Paraden dazu bei, die Aufholjagd zum Klassenerhalt erfolgreich zu bestreiten.

Deshalb war die Freude rund ums Bölle groß, als »Ferro« dem Klub im Sommer 2018 treu blieb. Wie schon bei Mathenia und Esser hatte die Bundesliga angeklopft, doch der Deutsch-Portugiese schlug die Anfragen in den Wind. Warum, das verriet er in einem Interview mit der *Frankfurter Allgemeinen Zeitung*: »Ich habe mich für das Spielen entschieden.« Das lukrativere Gehalt war ihm da weniger wichtig. Zudem habe er sich in Darmstadt einen Stellenwert erarbeitet, und er fühle sich hier sehr wohl.[758] Wunderbar!

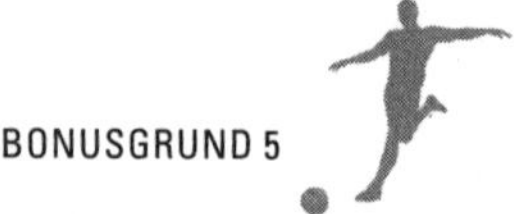

BONUSGRUND 5

Weil wir dem BVB ordentlich Paroli boten

Dass die Lilien mit ihrem Bundesligaaufstieg im Konzert der Großen mitmischen würden, elektrisierte Spieler wie Umfeld gleichermaßen. Vorbei die bitteren Zeiten, in denen man sich noch auf Augenhöhe mit den Zweitvertretungen von Wehen Wiesbaden, Unterhaching oder der Eintracht bewegen musste. Nun hieß es »Servus Bayern«, »Moin HSV« und »Hallo BVB«. Gerade das Stadion der Borussia mutierte nur wenige Wochen nach dem Auftakt der Saison 2015/16 zur Pilgerstätte für die Anhänger der 98er. Sage und schreibe 8.000 von ihnen reisten an einem Sonntag im September nach Westfalen.[759] Sie sollten ihr Kommen nicht bereuen. Wie nicht anders zu erwarten, rissen Hummels, Gündogan, Reus, Mkhitaryan, Aubameyang & Co. die Spielkontrolle an sich, wurden jedoch nach einer Viertelstunde ebenso mustergültig wie sehenswert ausgekontert. »Kocka« Rausch schickte Jerôme Gondorf auf links außen auf die Reise, von dort flankte er auf Marcel Heller, der per Direktabnahme verwandelte. Als die zweitplatzierten Borussen in Halbzeit 2 das Spiel drehten, es danach aber versäumten nachzulegen, sollte sich das rächen. In der Schlussminute schaltete Aytaç Sulu nach einem Freistoß am schnellsten und traf direkt vor den Lilien-Anhängern per Fuß humorlos zum 2:2-Endstand. Der Jubel kannte bei den mitgereisten Fans schier keine Grenzen. Die *BILD* schlagzeilte danach gewohnt schnappatmend von einem Schock für den BVB, während der *kicker* von einem Coup schrieb.[760] Sogar die altehrwürdige *BBC* fand lobende Worte und sah einen verdienten Punktgewinn: »Darmstadt, back in the Bundesliga after successive promotions, deservedly earned a point despite enjoying less than 30% of possession.«[761] Nach der Partie gegen den späteren Vizemeister grüßten die Lilien nach sieben Spieltagen von Position 9.[762]

Erschien dieser Punkt fast schon surreal, so setzten die 98er in der darauffolgenden Spielzeit am Böllenfalltor sogar noch einen drauf. Am 11. Februar 2017 kam der BVB in der zweiten Saison unter Thomas Tuchel mit seinen Stars ans Böllenfalltor. Bei den Lilien stand seit wenigen Wochen Torsten Frings an der Seitenlinie. Doch um den SVD stand es nicht allzu gut. Nach 19 Spieltagen hatten sie erst kümmerliche 9 Punkte gesammelt. Beim vorangegangenen Heimspiel waren die Blau-Weißen gegen Köln gar mit 1:6 unter die Räder gekommen.[763] Aber an jenem nasskalten Samstagnachmittag sollte gegen die Borussia ein Rädchen ins andere greifen. Die 98er legten vom Start weg den Vorwärtsgang ein und hatten nach sieben Minuten schon zwei Hochkaräter zu verzeichnen, darunter einen Pfostentreffer von Jan Rosenthal. Die Lilien blieben weiter am Drücker und Terrence Boyd traf zur verdienten Führung. Selbst der schmeichelhafte Ausgleich durch Raphael Guerreiro kurz vor der Pause brachte die Heimelf nicht aus dem Konzept. So besorgte Antonio Colak kurz nach seiner Hereinnahme die neuerliche Führung und hätte sie kurz darauf fast noch ausgebaut, wenn nicht die Latte im Weg gestanden hätte. Auch danach blieb das Team von Torsten Frings der Herr im eigenen Haus und brachte den Erfolg mit viel Leidenschaft und gelungenen Ballstafetten über die Zeit.[764]

Die Fans am Böllenfalltor waren aus dem Häuschen, und man wünschte sich vom Fleck weg, dass dieses Spiel auf DVD verewigt werden würde. Auch die Medien staunten über die unerwartete Leistungsexplosion der Lilien. Das *Darmstädter Echo* schrieb von einem »Paukenschlag«.[765] Die *Frankfurter Rundschau* von »ungewohnt und ungestört stürmischen ›Lilien‹«.[766] Nur um zu schlussfolgern: »Das Überraschendste an diesem Sieg gegen die luxuriösen BVB-Talente war ja, dass er am Ende gar nicht überraschend war. Sondern ausgesprochen verdient. (...) Mutig und munter kombinierte sich der SVD in die rote Zone vor dem Dortmunder Tor, sie spielten nach vorne, wenn es Sinn machte, und sie ließen es sein, wenn nicht. Timing und Rhythmus der Lilien-Offensive beeindruckten ebenso wie defensive Aufmerksamkeit.«[767] Der *kicker* sah ebenfalls einen überlegenen SVD. Er habe dabei nicht nur gerannt und gekämpft, sondern sogar clever Fußball gespielt. Dabei sei Dortmund noch glimpflich davongekommen, weil Darmstadt fahrlässig mit seinen Chancen umgegangen sei: »Der verdiente Sieg hätte durchaus höher ausfallen können, sogar müssen.«[768]

Alles überragender Mann war Bundesliga-Rückkehrer und Startelf-Debütant Hamit Altintop. Das Fachmagazin kürte den Mittelfeldspieler zum Spieler des gesamten Spieltags. »Er ordnete das Zentrum, baute das Spiel auf – und gewann alle wichtigen Zweikämpfe. Altintop stoppte nicht nur spektakulär mehr als eine Handvoll BVB-Konter, wofür er schon nach 14 Minuten ›Altintop, Altintop‹-Rufe erntete, er eroberte auch vor beiden Darmstädter Toren den Ball.«[769] Die *Frankfurter Rundschau* hob den Routinier ebenfalls auf das Podest und sah in ihm den Taktgeber des Erfolgs: »Es lag auch an der Ruhe und Übersicht des Türken, dass das Darmstädter Spiel so gut ausbalanciert daherkam.«[770] Die Lilien hatten ein Ausrufezeichen gesetzt. Torsten Frings schien mit seinem neuen Ansatz angekommen zu sein. Sein Team hatte in dieser Partie nicht nur das Spiel gegen den Ball kultiviert, sondern auch das Spiel mit ihm auf ein neues Level gehoben. So sehr, dass der *kicker* anschließend BVB-Keeper Roman Bürki nur fassungslos fragen konnte: »Darmstadt war allerdings auch spielerisch mindestens auf Augenhöhe mit dem BVB. Wie war das möglich?« Dessen Replik »Darmstadt spielt auch Bundesliga, die trainieren jeden Tag hart, sie können auch Fußball spielen« war aus dem Mund eines BVB-Profis schon ein besonderes Prädikat.[771] Schön, dass der SV Darmstadt 98 in der damals bis dato so enttäuschenden Saison derart überzeugend auftreten konnte. Die Mienen der Dortmunder Spieler nach der Partie sprachen für sich, während die Lilien-Fans mächtig stolz das Böllenfalltor verließen.

BONUSGRUND 6

Weil am Bölle das Schicksal anderer nicht aus dem Blick verloren wird

Seit 2012 engagiert sich der SV Darmstadt 98 unter dem Namen »Im Zeichen der Lilie« für regionale soziale Projekte. Für die Vereinsführung ist klar: »Soziales Engagement ist heute und in Zukunft ein fester Bestandteil unserer Vereinskultur.«[772] Die von den 98ern unterstützten Projekte verschreiben sich beispielsweise der Integration von Geflüchteten, der Suchtprävention und dem Eintreten gegen Diskriminierung und Gewalt.[773]

Auch die Lilien-Fans sind während der Heimspiele aufgerufen, den Verein bei seinem sozialen Engagement zu unterstützen. Wer die Partien am Böllenfalltor besucht, dem fallen vor und nach den Partien Helfer in schwarzen Westen auf. Sie bieten den Besuchern Lose zum Kauf an, deren Erlös in vollem Umfang einer gemeinnützigen Institution zugutekommt. Die Fans leisten damit nicht nur Spieltag für Spieltag einen guten Dienst, sie können auf diese Weise auch noch einen Gewinn ergattern. Von Gutscheinen für den Lilien-Fanshop beziehungsweise einen Kino- oder Restaurantbesuch bis hin zu Eintrittskarten für das nächste Lilien-Spiel oder von den Spielern signierten Trikots.[774] Der Verein stockt zusammen mit PEAK, einem Premiumsponsor der 98er, die Spendeneinnahmen rund um die Heimspiele großzügig auf, indem sie für die errungenen Punkte und die erzielten Tore eine Fixsumme dazugeben.[775]

Den Auftakt dieser Spendenaktion bildete das erste Heimspiel nach der Zweitligarückkehr des SVD im August 2014. Gegen den SV Sandhausen kam auf diese Weise die symbolische Summe von 1.898 Euro zusammen, die der Darmstädter Tafel übergeben werden konnte.[776] Waren in diesem Fall nur PEAK und die Lilien als Spender in Erscheinung getreten, so konnten ab dem zweiten Heimspiel gegen den VfR Aalen endlich auch die Fans ihren Obolus für eine gute Sache entrichten. Für 617 Euro fanden die erstmals angebotenen Lose ihre Abnehmer, sodass am Ende insgesamt 3.012 Euro für den Verein für krebs- und chronisch kranke Kinder auf dem Spendenscheck standen.[777]

In der Zwischenzeit gibt es für alle Lilien-Fans vor und nach der Partie noch weitere Möglichkeiten, zur Spendensumme beizutragen. So zweigt der Pizzabus im Stadion einen Teil seiner Einnahmen für die Spieltagsspende ab. Zusätzlich werden die Motivationsbändchen »DU MUSST KÄMPFEN« gegen eine selbst festzulegende Summe abgegeben, die in vollem Umfang in den Spendentopf fließt. Daneben zeigen sich immer wieder Gästeklubs von der Idee angetan und entrichten für die von ihrer Mannschaft erzielten Tore einen Spendenbeitrag. Selbst Gästefans öffneten für die Aktion bereits ihre Geldbeutel.[778]

Auf diese Weise kamen bis Ende 2018 alleine durch den Verkauf der Lose und die Spenden für die Motivationsarmbändchen rund 275.000 Euro zusammen. Aus dem Pizzaverkauf und durch das Zutun der Gästeklubs und -fans flossen weitere knapp 75.000 Euro in den Spendentopf. Die Lilien und PEAK gaben zusammen circa 350.000 Euro hinzu, sodass alles in allem etwas mehr als 700.000 Euro in weniger als viereinhalb Jahren eingesammelt werden konnten. Den Löwenanteil steuerten die Lilien-Fans durch den Kauf der Lose bei, was Spieltag für Spieltag in schöner Regelmäßigkeit 2.000 Euro und mehr einbringt.[779]

Der Verein hat das Ziel auserkoren, durch diese besondere Art des Social Sponsorings zusammen mit PEAK über eine Million

Euro einzutreiben. An jedem Spieltag profitiert ein anderer Empfänger von der Spendensumme. Ende 2018 waren es bereits über 100 verschiedene.[780] Im Zentrum stehen dabei immer gemeinnützige Organisationen wie Vereine, Hospize oder Stiftungen aus der Region, die sich in besonderem Maße für Kinder, Jugendliche, Kranke beziehungsweise Behinderte einsetzen. Die Spendenaktion bei den Heimspielen hat für die Empfänger zwei Vorteile. Sie profitieren zum einen von der Spendensumme, und zum anderen bringen sie sich ins Bewusstsein einer breiteren Öffentlichkeit.

Letztlich stärken die Lilien-Fans während der Heimspiele nicht nur ihrem Team am Böllenfalltor den Rücken, sie sorgen maßgeblich dafür, dass immer wieder eine hohe vierstellige Summe für einen guten Zweck eingesammelt wird. Ein Erfolgsmodell, an dem bis auf Weiteres festgehalten werden soll.

BONUSGRUND 7

Weil Jego bei uns immer problemlos die nächste Hürde meisterte

Jerôme Gondorf, genannt Jego, hatte maßgeblichen Anteil daran, dass der SV Darmstadt 98 von der 3. Liga in die Bundesliga durchstartete und sich dort zwei Spielzeiten lang halten konnte. Wenngleich andere Mitspieler in der öffentlichen Wahrnehmung mehr mit dem Aufschwung der Lilien in Verbindung gebracht wurden, so war der Mittelfeldspieler einer der unverzichtbaren Dauerbrenner der Überraschungsmannschaft. Der gebürtige Karlsruher rief mit seinem Engagement das ab, wofür die Darmstädter ins Stadion gehen. Da er dies zudem mit einer guten Technik und Schlitzohrigkeit paaren konnte, blieb er der Bundesliga auch nach dem Abstieg der Lilien erhalten. Im Interview lässt er seine vier Jahre am Böllenfalltor Revue passieren.

Jego, du bist 2013 zum SVD gekommen, just als er durch den Lizenzentzug für die Offenbacher Kickers in der 3. Liga geblieben war. Was hättest du gemacht, wenn die Lilien abgestiegen wären?
Dann wäre ich wahrscheinlich zu Preußen Münster gewechselt. Dorthin gab es schon rege Kontakte, bevor Dirk Schuster anrief und fragte, ob ich mir vorstellen könne, zu den Lilien zu wechseln. Ich sagte ihm, wenn die Lilien in der 3. Liga bleiben, dann könnten wir gerne reden. Als dann klar war, dass der OFC keine Lizenz erhält, haben wir uns zusammengesetzt, und ich habe den Lilien zugesagt.

Dann hat Dirk Schuster den Ausschlag für den SVD gegeben?
Ein Stück weit schon. Ich wusste, wie er arbeitet. Er wusste, wie ich als Spieler bin, was er von mir erwarten kann und was meine Eigenschaften sind. Wir hatten bei den Stuttgarter Kickers sehr erfolgreich zusammengearbeitet. Das war also ein gutes Argument, wenngleich nicht das einzige. Ich habe die Spiele von Darmstadt verfolgt und fand die Lilien nie unattraktiv. Dann kannte ich Spieler wie Aytaç Sulu, und zu guter Letzt konnte ich noch weiter in Karlsruhe wohnen bleiben.

Kann man sagen, dass dir das laufintensive, disziplinierte und körperbetonte Spielsystem von Dirk Schuster wie auf den Leib geschneidert war?
Nicht, wenn man mich früher gesehen hätte. Da war ich ein klassischer Zehner, der gute Bälle spielen konnte. Nach drei schönen Pässen war mein Arbeitstag dann aber auch beendet. *(lacht)* Erst als Dirk Schuster mich zu den Kickers holte, hat er mir im positiven Sinne verdeutlicht, welches Potenzial ich liegen lassen würde. Das hat er mir eingepflanzt, ich habe es angenommen, bin daran gewachsen und letztlich zu dem fußballerischen Charakter geworden, der ich heute noch bin. Sein System und die Art und Weise, Fußball zu spielen, waren gut für mich, und ohne ihn wäre ich heute kein Bundesligaspieler. Aber auch danach in Bremen, wo mehr Wert auf

das Fußballerische gelegt wird, habe ich gezeigt, dass ich sehr gut mithalten und meine Qualitäten einbringen kann.

Wie war dein Gefühl in deiner ersten Saisonvorbereitung in Darmstadt?
Als ich die anderen Neuzugänge mitbekommen habe und dann deren Qualität im Training sah, da hatte ich ein extrem positives Gefühl. Es gab ja viele Spieler, die als gescheitert galten, von denen aber einige unter dem Strich schon etwas erreicht hatten. Marcel Heller und Dominik Stroh-Engel hatten ihre Einsätze in der 1. und 2. Bundesliga. Ich fand, wir waren in der Breite für die 3. Liga qualitativ sehr, sehr stark. Wir hatten von den Typen her viele individuellen Charaktere, ein Stück weit mit vielen Ecken und Kanten. Dennoch hat jeder den anderen respektiert und akzeptiert. Das war unser größtes Plus. Die Chemie hat absolut gestimmt. Wir haben uns auf dem Platz zerrissen und im Training immer hoch intensiv gearbeitet, mit den entsprechenden Emotionen. Aber das gehört dazu. Das hat uns stark gemacht. Mit unserer Underdogrolle hatten wir zudem wenig Druck, niemand hat viel erwartet, und wir konnten frei aufspielen. Das kam uns entgegen.

Im August habt ihr gleich Mönchengladbach im Pokal ausgeschaltet. War dieser Erfolg bereits ein wichtiges Puzzleteil für den weiteren Verlauf der letztlich so erfolgreichen Saison?
Ich weiß nicht, ob man da schon sagen konnte, wo die Reise hingehen wird. Es war auf jeden Fall ein Spiel, in dem wir zeigen konnten, was in uns steckt. Welche Qualität in uns schlummert. Es muss in so einem Spiel aber auch immer viel zusammenkommen. Wir hatten einen kompletten Plan, wie wir agieren wollen. Den hatten wir immer. Egal gegen welchen Gegner. Das war sinnbildlich für den Trainer. Defensiv immer kompakt stehen und nach vorne schnelle Angriffe setzen. Das konnten wir gegen Gladbach direkt zeigen.

Am Ende der Saison stand der Relegationserfolg in Bielefeld. Was ist dir davon noch am meisten im Kopf?
Zuallererst das Hinspiel. Ich finde, wir haben es relativ bitter verloren. Mir wurde Bielefeld ein wenig zu stark gehyped. Ganz so, als ob sie das Spiel klar dominiert hätten und wir nahezu ohne Chance gewesen wären. Ich habe das nicht so empfunden. Wir haben relativ gut mitgespielt, hatten aber kein Spielglück. Und dann habe ich noch ein, zwei Jubelszenen von den Bielefeldern im Kopf, die mich damals extrem motiviert haben. Da habe ich gedacht: Woah, die fühlen sich schon viel zu sicher! Wir wussten, wir haben nichts mehr zu verlieren, aber Bielefeld, die hatten alles zu verlieren. Und so sind wir ins Spiel gegangen. Ich glaube, man hat von der ersten Minute an gesehen, dass wir voll auf Sieg gehen und noch an das Wunder glauben. Es gab richtig schöne Tore, Spektakel und Brisanz bis zum Ende. Der Sieg war letztlich ein ganz wichtiger Baustein für die weitere Geschichte.

Wohl wahr. Du musstest nach 112 Minuten für Elton da Costa vom Feld. Wie waren die verbleibenden Minuten für dich?
Brutal. Ich wollte ja gar nicht raus. *(lacht)* Im ersten Moment war ich ein bisschen traurig und enttäuscht, weil ich fühlte, dass ich noch viel Kraft habe und vielleicht selbst noch das entscheidende Tor machen oder vorbereiten könnte. Man ist da voller Emotionen und Tatendrang. Aber im Nachhinein bin ich Dirk Schuster und Sascha Franz sehr dankbar für den richtigen Wechsel. Es war klar, wenn da ein Ball runterfällt und Elton steht da, dann wird das mit seiner Schusstechnik auf jeden Fall eine gefährliche Situation. Danach bin ich komplett ausgerastet.

In der 2. Liga ging es genauso weiter. Wann war dir klar, wir spielen hier nicht gegen den Abstieg, sondern um den Aufstieg?
In mir kam es am Ende der Hinrunde auf. Wenn man es bis jetzt geschafft hat, oben dabei zu sein, dann kann man das auch bis zum

Ende der Saison. Dass es dann mit dem direkten Aufstieg klappt, das ist natürlich eine andere Geschichte. Damit rechnest du als Klub in deiner ersten Zweitligasaison seit Langem ja überhaupt nicht. Uns war von vorneherein klar, wir wollen um den Klassenerhalt spielen. Wir wollen aber in der höheren Spielklasse zeigen, was jeder von uns draufhat, dass jeder diese Liga spielen kann. Das war unser größter Ansporn. Es allen unseren Kritikern zu zeigen, die uns gar nicht so stark gesehen haben.

In der Bundesliga habt ihr dann mit dem Klassenerhalt das Tüpfelchen auf das i gemacht. Hatte sich an der Herangehensweise an diese Spielzeit etwas verändert?
Nein, überhaupt nicht. Für viele von uns ist ein Traum wahr geworden. Wir durften 1. Liga spielen! Wir hatten erneut die Chance zu zeigen, dass wir mithalten können. Jedes Wochenende war vom Gefühl her ein DFB-Pokalspiel. Solche Spiele hatten wir sonst nur ein- oder zweimal in der Saison, und nun spielst du Woche für Woche in super Stadien und vor großer Kulisse. Das treibt dich natürlich an, du wirst ehrgeiziger, du tust mehr, gehst über die Schmerzgrenze hinaus, um das große Ziel zu erreichen. Das war der Grund für den Klassenerhalt.

Ihr habt in der Spielzeit zig Führungen verspielt. Das kann man negativ sehen, bedeutete aber oft genug zumindest einen Punkt.
Ich weiß noch genau, wie ich damals ziemlich oft darauf angesprochen wurde, dass man versuchen sollte, gegen Darmstadt nicht in Rückstand zu geraten, weil es dann extrem schwer wird. Wir haben einfach wenige Chancen zugelassen. Das war unser Ziel, defensiv alles rauszuholen. Jeder ist für den anderen gerannt, hat versucht, Fehler des anderen auszumerzen. Deshalb war es super, dass wir so oft in Führung gegangen sind. Am Ende kann man natürlich sagen, hätten wir manche Spiele besser über die Runden gebracht, dann hätten wir die letzten Spiele entspannter angehen können.

Aber letztlich waren wir vor dem letzten Spieltag gerettet und hatten unser großes Ziel erreicht.

Welche Rolle spielten seinerzeit die Neuzugänge?
Natürlich war Sandro Wagner extrem wichtig, keine Frage. Aber ich fand auch unsere Abwehr extrem wichtig. Dass Spieler wie Györgyi Garics, Luca Caldirola und Slobodan Rajković kamen, die einfach gesagt haben, ich sehe das als Chance, mich hier zu beweisen und mich damit zu identifizieren. Anders wäre es in Darmstadt gar nicht gegangen mit unseren Gegebenheiten. Im Endeffekt musst du dich fragen, was ist dir wichtig? Mir war es als Kind nicht wichtig, ob der Platz top war, ob du auf ihm auch Golf hättest spielen können. Mir war wichtig, dass ich einen runden Ball hatte. Diese Einstellung brachte jeder von uns mit. Ein Whirlpool in der Kabine war uns definitiv nicht wichtig.

Als ihr in Berlin den Klassenerhalt klargemacht habt, da hast du den Ausgleich erzielt und das 2:1 überlegt vorbereitet. Eines deiner besten Spiele?
Klar, wenn du ein Tor und eine Vorlage machst, dann ist es immer ein gutes Spiel. Ich würde aber nicht sagen, dass ich da am besten gespielt habe. Es war eine schwierige Partie, und es gab definitiv andere Spiele, in denen ich mein fußballerisches Können mehr zeigen konnte. Mir hatte man es im Vorfeld vielleicht nicht zugetraut, mich in der Liga zu behaupten. Aber im Endeffekt habe ich überzeugt.

Das stimmt. Du bist mit jeder neuen Spielklasse mitgewachsen, während andere Mitspieler an ihre Grenzen stießen. Warum fiel es dir vergleichsweise leicht?
Ich bin auch an den Erfolgen des Teams und an den Mitspielern gewachsen. In der 2. Liga fand ich den Schritt gar nicht so extrem. In der Bundesliga fiel es mir anfänglich etwas schwerer. Da hatte ich gegen Hannover mal einen Stellungsfehler drin, auf Schalke musste

man ein schnelleres Raumdenken entwickeln und sich voll orientieren, um die nächste Situation vorauszuahnen. Mit dem Spiel in Leverkusen am 4. Spieltag war ich dann aber richtig angekommen. Das war für mich ganz wichtig. Ich habe meine Spielweise fortan gut einbringen können, und ich glaube, die war für den Gegner nicht immer schön.

Du bist als Leistungsträger nach dem Klassenerhalt bei den Lilien geblieben. Warum?
Ich habe beim SVD immer volles Vertrauen bekommen, selbst nach nicht so guten Partien. Ich durfte immer weiter an meinen Qualitäten und an meinem Potenzial arbeiten. Ich hatte hier bis dahin das Größtmögliche erreicht und die kompletten Highlights meiner Karriere erlebt. Das schuf natürlich eine Verbundenheit. Ich wollte die erste Erstligasaison bestätigen. Zudem war mir meine Rolle im Team bewusst, und ich hatte den Anspruch, Führungsspieler zu sein. Mit Dirk Schusters Weggang war klar, dass etwas Neues kommt, und ich hatte nicht das Gefühl, dass gerade etwas zerfällt.

Dennoch warst du unter Norbert Meier irgendwann außen vor. Was war da los?
Das weiß ich bis heute nicht. Mit mir wurde damals nicht wirklich kommuniziert. Dabei war Norbert Meier ein ganz starker Befürworter meiner Vertragsverlängerung. Er sprach viel mit mir, und ich hatte ein ganz gutes Gefühl. Gerade weil er sagte, er wolle Fußball spielen, noch mehr von hinten heraus das Spiel eröffnen. Da dachte ich, ich könne eine tragende Rolle in einem wohlbehaltenen Umfeld spielen. Es fing auch gut an, ich wurde zweiter Spielführer. Wir hatten aber leider letztlich zu wenig Erfolg.

Was waren für dich am Ende die ausschlaggebenden Abstiegsgründe?
Unter Meier wollten wir mehr Fußball spielen. Das Entscheidende

war: Wenn du es vorgibst, musst du dementsprechend trainieren. Wir wollten den Vorgang aber viel zu schnell angehen. Wir bekamen zu viel Input. So etwas klappt einfach nicht von heute auf morgen. Das hat uns nicht gutgetan, und so kam schnell Verunsicherung auf. Wir hätten zuerst die Automatismen im Defensivverbund und der Spieleröffnung einstudieren müssen.

Zudem waren die Voraussetzungen schwieriger geworden. Wir hatten einige nicht deutschsprachige Spieler hinzubekommen, die sich erst anpassen mussten. Sie kannten das Niveau in der Bundesliga noch nicht. Die Handlungsschnelligkeit und das Taktische sind anspruchsvoller. Mit Viktor Obinna hattest du zudem jemanden, der zwar bei Inter Mailand gespielt hatte, allerdings vor vielen Jahren. Toni Colak konnte als junger Stürmer gar nicht die Qualität mitbringen wie ein Sandro Wagner. Für das angedachte Spielsystem war die Kaderzusammenstellung nicht optimal.

Die Fans haben dir deinen Abgang am Saisonende nicht verübelt. Was ging dir durch den Kopf, als sie dich bei deinem letzten Spiel in Mönchengladbach mit tosendem Applaus verabschiedeten?
Eine extreme Dankbarkeit, das zeigte auch mein T-Shirt: »Danke für die vier Jahre«. Zugleich war es für mich sehr traurig, weil ich mich viel lieber in der Vorwoche vor den 17.000 am Bölle richtig verabschiedet hätte. Es war zwar schon klar, wohin meine Reise geht, es wurde aber noch nicht kommuniziert. Wie mich die Fans dann in Gladbach gefeiert haben, das war wirklich schön.

Du hast elf Tore für die Lilien erzielt. Welches liegt in deiner persönlichen Rangliste vorne?
Natürlich war das Tor in Berlin sehr wichtig, weil wir damit in der Vereinshistorie etwas Überragendes geschafft hatten. Auf der anderen Seite war natürlich der Treffer in Bielefeld extrem wichtig und er war ganz klar schöner. Am Ende waren die beiden enorm bedeutend.

Wenn man dich nach den Spielen im Kreis deiner Mitspieler beobachtet hat, dann ist aufgefallen, dass du die anderen gerne mal foppst. Gegen Nürnberg hast du versucht, vom Anstoß weg ein Tor zu schießen. Bist du ein Schlitzohr?
Das stimmt schon. Auf dem Platz zeichnet mich eine gewisse Schlitzohrigkeit aus. Etwa wenn es darum geht, Fouls rauszuholen oder den besagten Anstoß zu machen. Ich versuche zudem gerne Standards anders als erwartet zu schießen. Im Mannschaftskreis nehme ich gerne Mitspieler auf die Schippe, das kann man aber auch mit mir machen. Ich bin also für jeden Spaß zu haben. Das drückt auch mein Motto aus: Tu nicht so erwachsen.

Was hat dir Darmstadt rückbetrachtend gegeben? Fußballerisch und persönlich?
Es war für mich eine *(betont)* total wichtige Zeit. Ich habe die Chance und das Vertrauen bekommen, mich zu beweisen und zu steigern. Ich war unangefochtener Stammspieler und wurde letztlich Bundesligaspieler. Ich bin dem Verein unglaublich dankbar für die Zeit. Gleichzeitig wuchs ich menschlich an positiven wie negativen Dingen. Am Abstieg aus der 1. Liga und an der Verbannung auf die Tribüne unter Norbert Meier. Im Allgemeinen hatte ich aber eine sehr, sehr positive Zeit. Ich kann nur lobend über Darmstadt sprechen!

Wenn du an das Bölle denkst, woran denkst du besonders gerne?
An die Küche. Dort haben wir sonntags nach dem Auslaufen immer gefrühstückt. Das wurde von den zwei, drei Verlierern der Trainingswoche organisiert. Dort hast du Zeit miteinander verbracht, bist bei einem Bier zusammengesessen und hast emotionaler, aber auch privat miteinander gesprochen. Darmstadt zeichnet allgemein das Familiäre aus. Da gibt es mit Bubu den Zeugwart oder mit Finanzchefin Anne Baumann die versteckte Mama für alle. Sie verkörpern, wie der SVD aufgebaut ist und was ihn aus-

macht. Viele machen mehr, als es ihre Funktionen normalerweise vorgeben.

Und wenn du heute an die Lilien denkst, an was denkst du?
Vielleicht komme ich wieder.

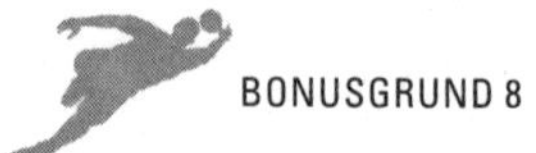

BONUSGRUND 8

Weil Patrick Lange bei uns schon zu Hessenpokalzeiten am Bölle war

Triathlet Patrick Lange gewann 2017 und 2018 den IRONMAN auf Hawaii. Bei seinem zweiten Sieg knackte er im letzten Jahr die magische Schallmauer von acht Stunden und zählt damit zu den Größten seines Sports. Der gebürtige Nordhesse zog vor rund zehn Jahren wegen der besseren Trainingsbedingungen nach Darmstadt, und um seinem Traum vom Sieg auf Hawaii ein Stück näher zu kommen. Durch sein Leben in Darmstadt hat er natürlich einen Bezug zu den Lilien.

Patrick, du bist aktuell der weltbeste Triathlet. Hast du früher eigentlich Fußball gespielt?
Ja, tatsächlich in meiner Kindheit. Das liegt auch irgendwie auf der Hand, denn als kleiner Junge kommst du fast automatisch mit Fußball in Kontakt. Gespielt habe ich im Mittelfeld, und ich kann mich noch gut erinnern, dass ich derjenige war, der immer am längsten laufen konnte.

Du lebst inzwischen in Darmstadt, und hier ist der SVD eine große Nummer. Wenn du an die Lilien denkst, was kommt dir als Erstes in den Sinn und warum?
Da kommt mir sofort das Lied »Die Sonne scheint!« in den Kopf. Ganz einfach, weil ich es schon zu oft mitgesungen habe. *(lacht)*

Würdest du dich als Lilien-Fan bezeichnen, oder ist es einfach der Verein, für den du aufgrund deines Wohnortes automatisch am meisten Interesse aufbringst?
Nein, ich bin kein Fan im klassischen Sinne. Ich mag Fußball, ich mag die Stimmung im Stadion, ich mag die Geschichte des Klubs und die Fans hier in Darmstadt, aber als Fan würde ich mich nicht bezeichnen. Dennoch checke ich – egal wo ich bin – jedes Wochenende die Ergebnisse der 98er im Internet.

Hat sich deine Begeisterung für die Lilien im Lauf der letzten Jahre intensiviert?
Na klar. Mein erster Sieg auf Hawaii stand ja sogar in enger Verbindung zu Johnny Heimes und damit auch zu den Lilien. Ich hatte es damals direkt nach dem Sieg gesagt, dass mir ein Zuschauer im Lilien-Trikot zugerufen hatte: »Johnny ist bei dir!« Ich wusste natürlich um Johnnys Geschichte und seinen riesigen Willen. Alleine dieser Anfeuerungsruf gab mir unfassbar viel Kraft. Denn in dem Moment ging es mir in dem Wettkampf überhaupt nicht gut. Der Ruf war so, als ob in mir ein Schalter umgelegt und mich jemand anschieben würde. Das war schon verrückt. Deshalb wird der Sieg für mich immer mit den Lilien und Johnny verbunden sein. Inzwischen bin ich Botschafter für Johnnys Initiative DU MUSST KÄMPFEN!

Du hast den Zuschauer später treffen können. Wie kam er dazu, dich mit Johnny zu motivieren?
Er hat selbst eine persönliche Krankheitsgeschichte, von der er mir erzählt hat. Seine Krankheit hat er nicht zuletzt mit Hilfe von Johnny überstanden. Dass er mir die Energie in dem Moment weitergereicht hat, war unbeschreiblich. Er ist nur nach Hawaii geflogen, um das Rennen anzuschauen.

Kannst du dich eigentlich noch an deinen ersten Stadionbesuch am Böllenfalltor erinnern?

Oh ja. Das war im Hessenpokal gegen Hessen Kassel. Das muss Anfang 2010 gewesen sein.

Wie war damals die Stimmung?
Es war ein hart umkämpftes Spiel gegen einen hier in Darmstadt ungeliebten Gegner. Die Ränge waren im Vergleich zu heute noch richtig leer und am Ende haben die Lilien glaube ich sogar verloren.

Inzwischen bist du häufiger im Stadion gewesen. Wie hat sich das ganze Drumherum verändert?
Es ist alles professioneller geworden, ohne allerdings den eigenen Darmstadt-Charme zu verlieren. Man fühlt den Einfluss von Johnny noch immer, den er auf SVD hat. Dieses über den Kampf ins Spiel. Und natürlich ist alles etwas größer geworden.

Was fasziniert dich bei einem Erst- oder Zweitligaspiel am Bölle?
Mich fasziniert der Spagat zwischen Profisport und Bodenständigkeit, der am Bölle gelebt wird. Und dass die Fans wirklich immer hinter ihrer Mannschaft stehen, selbst wenn es mal nicht so läuft.

Du hast es angesprochen, die Lilien kommen als Mannschaft über die Physis, die Leidenschaft und die Willenskraft. Spricht dich als Triathlet ein solches Team besonders an, weil dir im Wettkampf auch nichts geschenkt wird?
Absolut. Ohne den Kampf und die Bereitschaft, voll in den Kampf Mann gegen Mann zu gehen, gewinnst du im Triathlon ebenfalls keinen Blumentopf. Die Willenskraft ist das, was beim IRONMAN den großen Unterschied macht. Denn was mit deinem Körper nach sieben Stunden Wettkampfdauer geschieht, das kannst du nicht trainieren. Da passiert vieles im Kopf.

Der Triathlon spielt sich im Wasser und auf der Straße ab. Wie erlebst du dahingegen ein Fußballspiel, in dem sich alles auf ein Spielfeld

fokussiert und in dem die Zuschauer intuitiv auf Spielsituationen eingehen und so ein Spiel mitprägen?
Natürlich anders als bei uns, wo wir doch stundenlang mit uns selbst beschäftigt sind. Trotzdem machen auch bei uns die Zuschauer am Streckenrand den entscheidenden Unterschied aus! Ohne sie wäre man in unserem Wettkampf ebenfalls nicht in der Lage, über sich hinauszuwachsen. Das zeigt diese Szene mit dem Zuschauer im Lilien-Trikot, über den wir vorhin schon gesprochen haben.

Ein Fußballteam verfügt zwar über Leistungsträger, kommt aber letztlich über das Kollektiv. Du bist Einzelsportler. Schaust du manchmal ein wenig neidisch auf Teamsportler, die sich gegenseitig pushen oder auch mal in einem Spiel verstecken können?
Das Gefühl, als Mannschaft zu gewinnen, ist anders. Die Mannschaft trägt dich zugleich besser über schwere Zeiten. Trotzdem bin ich gern für mich selbst verantwortlich und pushe mich, indem ich mich nicht hinter jemandem verstecken kann. Am Ende des Tages bin immer ich verantwortlich. Dennoch habe auch ich ein Team um mich, ohne das es nicht gehen würde. Angefangen vom Trainer über den Manager, meine Freundin, den Physio und andere mehr.

Gibt es eine Position, mit der du dich beim Fußball besonders identifizieren kannst?
Mittelfeldspieler. Meine alte Position, bei der du viel über Kampf und Willen bewirken kannst. Und bei der du natürlich viel läufst. *(lacht)*

Hast oder hattest du bei den Lilien einen Lieblingsspieler?
Aytaç Sulu. Er ist der Leitwolf und der Spieler, der am meisten in der Mannschaft zu verantworten hat.

Lilien-Trainer Torsten Frings hatte dich im November 2017 eingeladen, vor der Mannschaft zu sprechen. Was hast du versucht zu vermitteln?

Damals waren die Jungs in einer Krise. Es ging darum, dass die Spieler über den Tellerrand schauen und sehen, dass es andere Sportler in anderen Sportarten gibt, die auch Hindernisse überwinden und dann sehr erfolgreich sind.

Wie hast du die Mannschaft damals wahrgenommen?
Es war ein bunter Mix. Mir war klar, dass es Spieler gibt, die ich nicht erreichen werde. Trotzdem waren alle freundlich und aufgeschlossen, und es war gut, dass Torsten meine Worte hier und da in »Fußballersprache« übersetzt hat. Insgesamt habe ich die Truppe als sehr wissbegierig und interessiert empfunden. Der Respekt vor der Leistung eines anderen Profisportlers war schon zu spüren.

Hat sich daraus eine intensivere Beziehung zu einzelnen Spielern oder dem Verein entwickelt, oder blieb es bei der einen Begegnung?
Es blieb eher bei einer Begegnung. Aber wann immer ich bei den Lilien vorbeischaue, ist meist mit einem herzlichen Empfang zu rechnen. Ich glaube, ich konnte bei dem einen oder anderen Spieler schon etwas bewirken.

Gab es seit deinem Hawaii-Sieg 2017 eigentlich noch weitere Zuschauer, die dich im SVD-Trikot angefeuert haben?
Nein, leider nicht. Aber das kann ja noch werden. *(lacht)*

BONUSGRUND 9

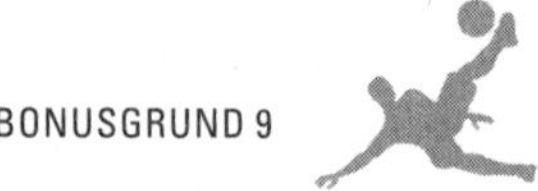

Weil die Fans den Klassenerhalt ermöglichten

Zwölf Punkte betrug am Ende der zweiten Bundesligasaison der Rückstand des SVD auf den Relegationsplatz. Ab dem 14. Spieltag klebten die Blau-Weißen förmlich auf dem letzten Tabellenplatz fest.[781] Und trotzdem konnte die Stimmung rund um den Klub zum

Saisonende kaum besser sein. »We're shit and we know we are«, hätten die Fans auf der Insel vielleicht selbstironisch angestimmt. In Darmstadt sangen sie viel lieber »Schipplock's on fire« für den notorisch erfolglosen Nachfolger von Sandro Wagner in der Abteilung Torgefahr.

Was anderswo womöglich als unangebrachte Folklore aufgefasst worden wäre, war in Darmstadt schlicht und ergreifend eine Anerkennung der Realitäten. Wo im Vergleich zur Konkurrenz verschwindend wenig Geld in der Kasse war, da war die Qualität des Kaders nach dem Verlust einiger Leistungsträger eben entsprechend. Wettbewerbsfähig war man im absurden Millionenspiel Bundesliga (laut spox.com verdiente im Januar 2017 ein Kicker bei den 98ern im Schnitt 380.000 Euro, bei den Bayern angeblich 5,28 Millionen[782]) nur, wenn alles passt … und vielleicht noch ein wenig mehr als alles, wie in der Vorsaison unter Dirk Schuster.

Auch wenn der Abstieg die Lilien-Fans also alles andere als überraschend ereilte, so richtig geil findet es natürlich kein Anhänger, wenn sein Klub zwischen Oktober und April 17 von 20 Partien verliert und dabei lediglich sieben Punkte anhäuft. Aber die Fans maulten nicht, sie füllten 14-täglich das Böllenfalltor und reisten ihrem Klub alle zwei Wochen tapfer hinterher. Das Glücksgefühl des Höhenflugs der Vorjahre hielt an. Man hatte zwei Jahre am ganz großen Fleischtopf naschen dürfen und als quasi ungebetener Gast die Premiumklasse mit einer nostalgischen Note versehen. Zudem machte sich Vorfreude auf die 2. Bundesliga breit, die man auf den Rängen schon eher als die Kragenweite für die Lilien erachtete.

Dass in der 2. Bundesliga die Bäume jedoch nicht in den Himmel wachsen, mussten die Anhänger der 98er bald lernen. Anfänglich gut dabei, rutschte ihr Team in eine veritable Krise. Aber selbst als die Lilien sich im Verlauf der Rückrunde auf einem Abstiegsplatz wiederfanden, kam kein Unmut auf. Vereinzelt sicher, aber nie geballt. Die aktive Fanszene übte ganz im Gegenteil den Schulterschluss mit dem verunsicherten Team. Sichtbarster Beleg war das große Banner »We fight together – Boys in blue«, das Spieltag für Spieltag am Zaun präsentiert wurde. Nach jeder Begegnung wurde es noch auf dem Platz an die Mannschaft zurückgegeben, bei der es unter der Woche am Böllenfalltor verblieb.[783]

Auch am 25. Februar 2018 hing es vor dem Fanblock, als der 1. FC Heidenheim ans Bölle kam. Der SVD blickte auf vier Niederlagen in 17 Tagen zurück und drohte sogar noch von Schlusslicht Kaiserslautern überholt zu werden. Die Situation war heikel. Und es sollte noch dicker kommen. Mit Romain Brégerie fiel an jenem Sonntagnachmittag eine Stammkraft in der Innenverteidigung aus. Es waren gerade einmal sieben Minuten gespielt, da ging der Kontrahent in Führung. Weitere zehn Minuten später flog mit Immanuel Höhn der Vertreter von Brégerie vom Platz. Daniel Heuer Fernandes hielt sein Team mit einer Glanzparade im Spiel, und so blieb es zur Pause beim 0:1. Die Mannschaft steuerte geradewegs auf die fünfte Pleite nacheinander zu. Doch in der 2. Halbzeit übernahm die Gegengerade die Initiative. Sie feuerte ihr Team lautstark und bedingungslos an und hauchte ihr so neues Leben ein. Joevin Jones erzielte das 1:1, und eine leidenschaftlich kämpfende Truppe überstand auch die Schlussminuten mit zwei Alutreffern der Heidenheimer.[784] Der Klub wusste ganz genau, wem er diesen Zähler zu verdanken hatte: den Fans! Dirk Schuster verwies nach der Begegnung auf die Stimmung im Stadion: »Die Fans haben die Mannschaft gnadenlos unterstützt und gepusht.« Das Präsidium widmete ihnen nach der Partie folgende Zeilen auf der Vereinshomepage: »Ihr habt der Mannschaft den Rücken gestärkt, sie unterstützt und beflügelt – in einer Situation, in der Außenstehende kaum noch einen Pfifferling auf uns gegeben hätten. Ihr habt das Ruder herumgerissen, Ihr habt durch Euren bedingungslosen Support diesen wichtigen Punktgewinn möglich gemacht. Das war ein echter Lilien-Moment, der Funke sprang von den Rängen auf das Feld über.«[785]

Dieser eine Punkt bedeutete letztlich die Wende zum Besseren. Die 98er sollten keine der verbleibenden Begegnungen verlieren und sammelten dabei satte 20 Punkte. Von den Rängen war das Team während des lang anhaltenden Negativlaufs nie mit Pfiffen in die Kabinen begleitet worden. Sie hatten in den entscheidenden Momenten das richtige Gespür bewiesen und einen Impuls von den Rängen gegeben. Wohl dem, der solche Fans hat. An so manch anderem Standort hätten sich Team und Anhänger auseinanderdividieren lassen. Nicht so in Darmstadt. Das Präsidium zeigte sich nach dem erfolgreichen Klassenerhalt erneut erkenntlich: »Bevor wir in Ruhe diese abgelaufene Spielzeit kritisch und auch selbstkritisch aufarbeiten werden und die Planungen für 2018/19 konkretisieren, ist es uns ein wichtiges Anliegen, uns bei Euch zu bedanken: Denn in den vergangenen Monaten habt Ihr Fans gezeigt, was Darmstadt 98 ausmacht. Eurer Unterstützung ist es zu verdanken, dass das Bölle bei Heimspielen zu einer Festung wurde und Auswärtspartien sich in atmosphärische Heimspiele verwandelten. Ihr habt gegen Heidenheim die Initialzündung für die tabellarische Aufholjagd gegeben. Habt die Jungs nach verpassten Siegen wieder aufgebaut. Habt im Flutlichtspiel gegen Düsseldorf für eine Atmosphäre gesorgt, die bei uns immer noch Gänsehaut verursacht. Und habt am letzten Spieltag eine Choreo entworfen, wie sie das Bölle noch nie gesehen hat. Wir sind stolz darauf, solche leidenschaftlichen und treuen Fans zu haben. Und sind uns auch bewusst, dass diese bedingungslose Unterstützung nicht selbstverständlich ist.«[786] Was bleibt einem da noch zu sagen? »We fight together – Boys in blue«!

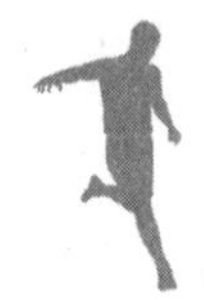

BONUSGRUND 10

Weil unser Stadion eine Saison lang nach einem Fan benannt wurde

Die Geschichte von Jonathan »Johnny« Heimes, der dem Krebs zwölf lange Jahre die Stirn geboten hatte, ist deutschlandweit bekannt und hat in diesem Buch bereits in Kapitel 57 ihren Niederschlag gefunden. Seine Motto »Du musst kämpfen – es ist noch nichts verloren« sollte die Lilien beflügeln und ihren Relegationserfolg in Bielefeld sowie den Bundesligaaufstieg begleiten. Als Johnny im März 2016 im Alter von nur 26 Jahren starb, war die Anteilnahme riesig. In Deutschland, in Darmstadt und erst recht bei den Lilien, zu denen er eine enge Bindung aufgebaut hatte. Ein Dreivierteljahr vor seinem Tod hatte er noch inmitten der Spieler bei der Aufstiegsfeier auf einer großen Bühne im Rollstuhl gesessen und mit ihnen gefeiert.

Seinem Kondolenzbuch war ein Bild beigestellt worden, auf dem ein gelöster Johnny zu sehen ist, der im Rollstuhl sitzend beide Arme nach oben reckt und ein T-Shirt trägt, auf dem »Dodo, Aytaç, Toni & Hanno« steht: Vier Protagonisten des Zweit- und Erstligaaufstiegs der 98er. Die Mannschaft reagierte betroffen auf die Nachricht seines Todes. Sie ging geschlossen zur Trauerfeier, auf der Lilien-Coach Dirk Schuster persönliche Worte fand: »Johnny war und ist ein großer Bestandteil unserer Familie, des Vereins und unserer täglichen Arbeit. Wir sind dankbar und stolz, seine Hilfe erhalten zu haben.«[787] Zuvor waren die Lilien in der Bundesliga auf den FC Augsburg getroffen. Das Spiel stand ganz im Zeichen von Johnnys Tod. Die Augsburger Fans im Gästeblock gedachten während der Schweigeminute mit einem großen Transparent »Ruhe in Frieden Johnny!«, während die Lilien-Fans in einer großen Choreografie an seinen Einfluss erinnerten: »Du fehlst, doch Deine Werte bleiben. Wir kämpfen weiter.«[788]

Wie sehr seine Werte erinnert werden würden, das zeigte sich sechs Monate nach der Begegnung. Vor dem ersten Heimspiel der Spielzeit 2016/17 gegen Eintracht Frankfurt gaben die Lilien zusammen mit dem Namenssponsor des Stadions, der Stadt Darmstadt als damaligem Eigentümer und Johnnys Intiative DU MUSST KÄMPFEN bekannt, dass die Heimstätte der 98er für eine Saison »Jonathan-Heimes-Stadion am Böllenfalltor« heißen würde. Das Echo war bis über die Grenzen Deutschlands hinaus gewaltig. Rund 300 Beiträge und Artikel in TV, Radio, Online- und Printmedien befassten sich mit der Umbenennung.[789] Etwa 850 Millionen Menschen soll die Nachricht über diese Kanäle erreicht haben.[790] Eine Reichweite, die Namenssponsor Merck ganz sicher unter normalen Umständen nie erreicht hätte. Doch die Umbenennung hatte eine persönliche Komponente. Johnnys Vater Martin war Mitarbeiter des Darmstädter Chemie- und Pharmakonzerns und brachte die auf ein Jahr befristete Umbenennung ins Spiel, um der Stiftung seines Sohnes zu nachhaltiger Bekanntheit zu verhelfen. Ein Gedanke, den nicht nur die Verantwortlichen von Merck, sondern auch die der Lilien ausdrücklich guthießen. Lilien-Präsident Rüdiger Fritsch sagte: »Es geht ja in erster Linie – das ist ganz wichtig zu betonen – aus unserer Sicht, aus Vereinssicht darum, das Lebenswerk von Johnny, nämlich die Hilfe für krebskranke Kinder, aufrechtzuerhalten. Auch nach seinem Tod. Und hoffentlich auch die Stiftung mit vielen, vielen Spenden zu versorgen. Damit vielen, vielen Kindern denen es viel, viel schlechter geht als uns, geholfen werden kann.«[791] Für 98er-Kapitän Aytaç Sulu lag die Umbenennung fast schon auf der Hand: »Jeder Darmstädter, der sich mit uns identifiziert, identifiziert sich auch mit Jonathan.«[792]

Flankiert wurde die Umbenennung unter anderem durch eine entsprechend lackierte Straßenbahn, ein 30 Meter langes Graffito am Stadion, große Flaggen vor dem Stadion und ein Sondertrikot, das die Mannschaft zum Todestag im Heimspiel gegen Mainz trug.[793] Martin Heimes konnte zwar nicht beziffern, wie viel Spenden durch die Umbenennung des Stadions tatsächlich generiert werden konnten, er sprach aber im Sommer 2017 davon, dass das Spendenaufkommen nochmals deutlich zugenommen habe und die unentgeltliche Ausgabe des Armbändchens »DU MUSST KÄMPFEN« viel häufiger gegen eine Spende getätigt wurde. Alles in allem zeigte er sich sehr dankbar und zufrieden: »Ich fand es überragend, dass das Böllenfalltor ein Jahr lang Jonathan-Heimes-Stadion hieß. Es ist auch gut, dass der Zeitraum auf ein Jahr begrenzt ist, so bleibt das Jonathan-Heimes-Stadion immer ein Erstliga-Stadion, das hätte Johnny gefallen.«[794]

Die Aktion wurde auch und gerade in Fankreisen überaus positiv aufgenommen. Nicht nur bei den Darmstädter Fans. Denn dass ein Stadion nach einem Anhänger benannt wird, das ist nun wirklich alles andere als alltäglich und dürfte auf Erstliganiveau bislang eine Ausnahme darstellen. Und als ob Johnny seine Lilien nachträglich nochmals positiv beeinflusst hätte, so gewannen sie das erste Heimspiel im nach ihm benannten Stadion gegen Eintracht Frankfurt mit 1:0. Das Spiel, in dem die 98er mit dem Schriftzug seiner Stiftung auf der Brust antraten, verlief ebenfalls erfolgreich. Mainz 05 wurde mit einem 2:1 nach Hause geschickt.

Selbst im Jahr 2019 ist der Name Jonathan Heimes am Böllenfalltor noch sehr präsent. Nicht nur tragen viele SVD-Fans nach wie vor seine Bändchen am Arm, die aktive Fanszene steht inzwischen auf der Jonathan-Heimes- Tribüne. Wie hatte diese bei ihrer Choreo nach Johnnys Tod geschrieben? »Du fehlst, doch Deine Werte bleiben. Wir kämpfen weiter«. Genauso ist es.

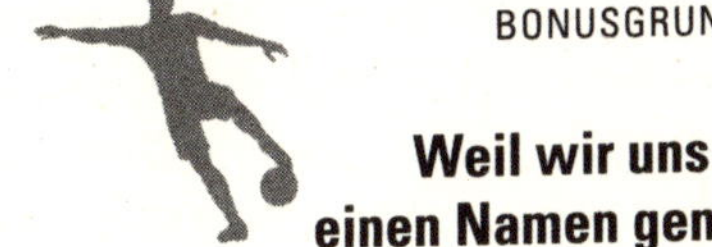

BONUSGRUND 11

Weil wir uns wieder einen Namen gemacht haben

Machen wir uns nichts vor. Im Frühjahr 2011, waren die Lilien ein regionales Phänomen. Wie hätte es auch anders sein sollen? Der Sportverein war schließlich in den beiden vorangegangenen Jahrzehnten bestenfalls in der Südstaffel der 3. Liga zu Hause, mehrere Jahre gar nur in der Viertklassigkeit. Deutschlandweite Aufmerksamkeit ließ sich so nicht herstellen. Zwischen Kiel und München sowie von Aachen bis Cottbus war mehreren Generationen von Fußballfans der Name Darmstadt 98 kein großer Begriff mehr. Erst mit dem Aufstieg in die eingleisige 3. Liga im Sommer 2011 spielten die Lilien nach 18 Jahren wieder auf nationaler Ebene. Doch das gute Gefühl wäre sogleich wieder verpufft, wenn die sportlich abgestiegenen 98er nicht durch glückliche Umstände in der Liga geblieben wären. Andernfalls hätten sie sich – Meisterschaft beziehungsweise Vizemeisterschaft in der Regionalliga vorausgesetzt – durch schwierige Aufstiegsrunden quälen müssen. Für viele Klubs eine Reise ohne Wiederkehr.

Ganz im Gegensatz dazu schwangen sich die Lilien auf, ihr ganz eigenes Märchen zu schreiben, und reihten lieber Spielzeiten in der 1. und 2. Bundesliga aneinander. Die Lilien waren wieder zurück und bastelten ganz formidabel an ihrem speziellen Image des traditionsbehafteten Vereins, der mit viel Leidenschaft und wenig Mitteln sämtlichen Unwägbarkeiten trotzt. Viele Fans anderer Vereine verbanden wieder etwas mit den Namen »Darmstadt 98« oder »Lilien«. Und auch die, die mit Fußball nicht so viel anzufangen wussten, konnten den SVD in der Zwischenzeit zuordnen. Waren die 98er im Jahr ihres Erstligaaufstiegs 2015 schon über 46 Millionen Bundesbürgern ein Begriff, so kannten sie 2017 sogar über 55 Millionen.[795] Im gleichen Jahr gaben 2,3 Millionen Befragte über

14 Jahren an, sie interessierten sich »ganz besonders« für den SV Darmstadt 98.[796] Eine Zahl die viele Jahre utopisch erschien.

Sicher, eingefleischte Fußballfans, die in den 1970er- und 80er-Jahren den Fußball für sich entdeckten, verbanden noch etwas mit dem Klub aus Darmstadt. Etwa Oliver Schmidt, der als einer der bekannteren Blogger unter *Breitnigge.de* seine Bayern begleitete: »Nun, ich bin alt genug, dass ich mich noch erinnern kann, Darmstadt 98 in der Bundesliga spielen gesehen zu haben. (…) Von daher werde ich aufmerksam, wenn ich derlei altvertraute Namen höre. (…) Die Aufmerksamkeit stieg dann wieder spürbar mit der Relegation gegen Bielefeld und dem damit verbundenen Aufstieg in die 2. Bundesliga. Wie viel dramatischer hätte das Comeback eines Klubs für die Beobachter des Bundesliga-Fußballs sein können?«[797]

Als sich der SVD 1993 für 21 Jahre aus der 2. Bundesliga verabschiedeten, lag er in der Ewigen Tabelle an Position 3. Zu den anderen Spitzenteams zählten damals Dauerbrenner wie Fortuna Köln, die Stuttgarter Kickers, der VfL Osnabrück, Alemannia Aachen, die SG Wattenscheid 09 und Union Solingen.[798] Sie alle sind zum Jahresbeginn 2019 bestenfalls drittklassig und schon lange nicht mehr in der 2. Liga aufgekreuzt, geschweige denn im Oberhaus.

Im Vergleich dazu haben es die Lilien geschafft, sich wieder ins Bewusstsein der Fans zu rufen. Denn wie sagte Mergim Mavraj im Interview für dieses Buch richtigerweise? »Viele dachten: Ach was, den Klub gibt es noch?« Ja, genau, den gibt es noch. Natürlich kann ein Abstieg in die 3. Liga künftig wieder eine Art Dornröschenschlaf herbeiführen. Doch dass die 98er in der Saison 2018/19 schon im fünften Jahr in Folge zumindest zweitklassig unterwegs sein würden, das hätte beim Zweitligaaufstieg 2014 wohl kaum jemand für möglich gehalten. Die Lilien haben vielen Fans anderer Vereine ein Gefühl vom ursprünglichen Fußball vermittelt. Das fing beim Stadionbesuch im alten Böllenfalltor an und hörte beim rustikalen Underdog-Fußball auf. Journalist Stefan Uersfeld sagte Anfang 2017: »Darmstadt war ein kurzes Hallo des alten Fußballs.

Den gibt es nicht mehr. (…) Das ist sehr schade.«[799] Auch Reporter Jens Otto fand wenig später positive Worte über die 98er: »Der Klub hat frischen Wind und damit auch einen angenehm nostalgisch-morschen Geruch in die erste Liga gebracht.«[800] Christopher Ramm vom Bayern-Blog *miasanrot* konnte den Lilien zu Erstligazeiten sogar so etwas wie Identifikationspotenzial abgewinnen: »Ich liebe Darmstadt, weil es ein Klub ist, der vieles anders und dabei zugleich vieles richtig gemacht hat. Die Entwicklung unter Dirk Schuster war grandios.«[801]

Doch auch die Art und Weise, wie sich die Lilien aus der 1. Bundesliga verabschiedeten, nötigte einigen Beobachtern Respekt ab. So gab ein Hörer des prämierten Fußball-Podcasts *Rasenfunk* nach dem Erstligaabstieg zu Protokoll: »Der SV Darmstadt hat in den zwei Jahren die Bundesliga etwas bunter gemacht. Ja, sie haben bestimmt nicht den schönsten Fußball gespielt, aber sie haben gekämpft und nie aufgegeben. Da gab es schon einige deutlich unspektakulärere Teilzeiterstligisten. (…) Der überragende Klassenerhalt in der ersten Saison, die sowohl traurige als auch schöne Geschichte mit Jonathan Heimes, das Stadion und dass man am Ende wirklich bis zum Schluss nie aufgegeben hat und sehr lange (rein rechnerisch) nicht abgestiegen ist und trotzdem danach auch weiter alle ärgern wollte, lassen mich ein »Danke für die zwei Saisons« sagen.«[802] Auch *11Freunde* priesen in der Abstiegssaison die Atmosphäre im und rund um den Klub: »Dem Klub, der Mannschaft und ihren Fans, die auch im Misserfolg hinter ihrem Verein vereint waren, [gebührt] nicht nur bloß ein großes Kompliment, sondern ein fettes Dankeschön. Weil sie, wenn auch nur für den Moment, beweisen, dass nicht immer nur die zur Verfügung stehenden Mittel über den Erfolg bestimmen. Und vor allem, weil sie beweisen, dass allein der Begriff des Erfolgs ein relativer ist.«[803]

Die Lilien haben sich also wieder nachhaltig ins Gespräch gebracht. Sie haben sich einen Ruf erarbeitet, der auf ihrem Stadion fußt, auf ihrer Spielweise, auf ihrer Mentalität und auf emotionale

Geschichten drum herum, wie die von Jonathan Heimes oder den medial enorm begleiteten Abschied von der Gegengerade. Man weiß also in Deutschland wieder, wer gemeint ist, wenn das Böllenfalltor erwähnt wird oder wenn im Fußballkontext von den »Lilien« gesprochen wird. Das ist gerade in Zeiten des durchkommerzialisierten und omnipräsenten Fußballs für einen beinahe abgehängten Traditionsverein enorm wichtig. Schön, dass es so etwas noch gibt. Und umso schöner, dass es sich dabei um den SV Darmstadt 98 handelt.

QUELLEN

1 Knöß, Wolfgang / Wenck, Heinz: Die Geschichte des SV Darmstadt 98. 100 Jahre. Darmstadt 1998, S. 17/19.
2 Ebd. S. 9.
3 Ebd. S. 22-35.
4 Ebd. S. 212.
5 Ebd. S. 216/17.
6 www.sv98.de/verein/abteilungen.htm (27.06.2015)
7 www.sv98.de/news/allgemeines/details/datum/2015/02/18/sv-98-gruendet-headis-abteilung.htm (27.06.2015)
8 www.sv98.de/news/allgemeines/details/datum/2015/06/11/mitglieder-boom-beim-sv-98-5000er-marke-geknackt.htm (27.06.2015)
9 Knöß, Wolfgang / Wenck, Heinz: SV Darmstadt 98. Erfurt 2006. S. 9.
10 Ebd. S. 9.
11 Knöß, Wolfgang / Wenck, Heinz: Die Geschichte des SV Darmstadt 98. S. 226.
12 www.sport-komplett.de/sport-komplett/sportarten/l/leichtathletik/hst/91.html (27.06.2015)
13 Knöß, Wolfgang / Wenck, Heing: SV Darmstadt 98. Erfurt 2006. S. 10.
14 Ebd.
15 www.rekorde-im-sport.de/Leichtathletik/maenner_10000m.html (27.06.2015)
16 100 Jahre SVD, S. 211/12.
17 Ebd. S. 226.
18 www.bundesligainfo.de/Archiv/TTM/Meister_Feld.php (27.06.2015)
19 100 Jahre SVD, S. 227.
20 Vgl. Excel-Tabelle »Die deutschen Mannschaftsmeister seit der Saison 1932/33« unter: www.tischtennis.de/topsport/statistik/bundesliga_dttl/herren/ (27.06.2015)
21 100 Jahre SVD, S. 220.
22 www.echo-online.de/sport/tischtennis/Tischtennis-Damen-des-SV-98-wieder-in-Zweiter-Bundesliga;art2515,2145043 (27.06.2015)
23 Knöß, Wolfgang / Wenck, Heinz: Die Geschichte des SV Darmstadt 98. S. 19.
24 www.sv98.de/news/praesidium/details/datum////das-neue-bild-von-reinaldo-coddou-h.htm (28.06.2015)
25 www.faz.net/aktuell/sport/fussball/bundesliga/darmstadt-98-lilien-wollen-antrag-auf-insolvenz-stellen-1515048.html (Zugriff am 28.06.2015)
26 Engels, Peter: Darmstadt, Ortsname, in: Stadtlexikon Darmstadt. Stuttgart 2006, S. 138.
27 www.darmstadt.de/standort/stadtportraet/geschichte/ (28.06.2015)
28 Ebd.
29 www.frk-stadtmuseum-darmstadt.de/stadtgruendung.htm (28.06.2015)
30 Engels, Peter: Darmstadt, Ortsname, in: Stadtlexikon Darmstadt, S. 138.
31 www.frk-stadtmuseum-darmstadt.de/stadtgruendung.htm (28.06.2015)
32 www.darmstadt.de/en/standort/stadtportraet/darmstadt-in-der-welt/index.htm (20.01.2015)
33 www.duden.de/rechtschreibung/Tradition (28.06.2015)
34 www.achtzehn99.de/historie/ (28.06.2015)
35 www.sueddeutsche.de/sport/zweitligist-darmstadt-wo-die-gescheiterten-siegen-1.2231117-2 (21.02.2015)
36 Knöß, Wolfgang / Wenck, Heinz: SV Darmstadt 98, S. 66.
37 Knöß, Wolfgang / Wenck, Heinz: Die Geschichte des SV Darmstadt 98, S. 228.
38 Ebd. S. 207.
39 www.sv98.de/verein.htm (28.06.2015)
40 www.kicker.de/news/fussball/2bundesliga/spieltag/2-bundesliga/ewigebundesligatabelle.html (28.06.2015)
41 https://kickschuh.wordpress.com/2014/12/06/mit-torlosem-remis-in-den-1-000er-klub/ (28.06.2015)
42 Richter, Karl J.: Weiss knackte Kickers-Beton, in: kicker 66/1974 vom 12. August 1974, S. 14.
43 Reuther, Gerhard: Holzer riß den 1. FCS mit, in: kicker 64/1974 vom 05. August 1974, S. 13.
44 Panzer, Ralf. SV Darmstadt 98. Die Blüten der Lilien. Kassel 2011. S. 126.
45 Die restlichen Spiele in der Statistik, in: kicker 46/1993 vom 07. Juni 1993, S. 57.
46 www.sv98.de/teams/1_mannschaft/spielplan/spielbericht.htm?cfc_league_fe%5BmatchId%5D=33015&cHash=8317c314d3 (17.01.2015)
47 http://fck.de/de/1-fc-kaiserslautern/aktuell/news/news/detail/News/fck-geschichte-mit-fritz-walter.html (28.06.2015)
48 www.aktives-abseits.de/gewinnspieleinlosung-die-besten-maskottchen-im-deutschen-fusball/ (28.06.2015)
49 www.derwesten.de/sport/fussball/rwo/hund-im-glueck-rwo-maskottchen-underdog-darf-namen-behalten-id8205135.html (28.06.2015)
50 www.aktives-abseits.de/gewinnspieleinlosung-die-besten-maskottchen-im-deutschen-fusball/ (28.06.2015)
51 www.radiobremen.de/sport/fussball/werder/werdermaskott-

chen100.html (28.06.2015)

52 www.drombuschs.de/folge29.htm (08.01.2015)

53 Richter, Karl J.: Nur Eichenauer traf, in: kicker 78/1990 vom 24. September 1990, S. 44.

54 www.transfermarkt.de/spielbericht/index/spiel-bericht/980666 (28.06.2015)

55 Panzer, Ralf: SV Darmstadt 98. Die Blüten der Lilien. Kassel 2011, S. 222.

56 Ebd.

57 www.p-stadtkultur.de/alber-to-colucci-ich-seh-die-welt-anders-als-ihr/ (28.06.2015)

58 Panzer, Ralf: SV Darmstadt 98, S. 220-221.

59 www.sportschau.de/sen-dung/tdm/suche/suche154.html (28.06.2015)

60 Panzer, Ralf: SV Darmstadt 98, S. 175.

61 Panzer, Ralf: SV Darmstadt 98, S. 277.

62 www.sportschau.de/sendung/tdm/besteteams/index.html (28.06.2015)

63 www.bild.de/sport/fussball/moritz-stoppelkamp/erzielt-tor-des-monats-38243102.bild.html (28.06.2014)

64 www.faz.net/aktuell/sport/fussball/bundes-liga/bundesliga-alles-wichti-ge-zur-einfuehrung-des-frei-stosssprays-13212846.html (28.06.2015)

65 www.dfb.de/news/detail/freistossspray-premiere-in-bo-chum-108190/ (28.06.2015)

66 www.kicker.de/news/fussball/bundesliga/startseite/613648/artikel_hartmann-schreibt-ge-schichte.html (28.06.2015)

67 www.dfb.de/news/detail/freistossspray-premiere-in-bo-chum-108190/ (28.06.2015)

68 www.youtube.com/watch?v=BmiuG-qiKQQ&in-dex=12&list=PLpD78T sC7QtClsEGa4Fplm0EU-89aIhB5B (nach 5 Se-kunden, 28.06.2015)

69 www.youtube.com/watch?v=NOr2GS7h7jM (nach 55 Sekunden, 28.06.2015)

70 www.planet-interview.de/interviews/andrea-petko-vic/35392/ (28.06.2015)

71 www.11freunde.de/interview/andrea-petkovic-im-in-terview (28.06.2015)

72 www.derwesten.de/sport/petkovic-bejubelt-aerzt-liches-okay-id6501855.html (28.06.2015)

73 www.youtube.com/watch?v=IK-ZkVMy8JGI (nach 05:34 Minuten, 28.06.2015)

74 https://twitter.com/andreapetko-vic/status/468467313008971776 (28.06.2015)

75 https://twitter.com/andreapetko-vic/status/468482847859572736 (28.06.2015)

76 https://twitter.com/CASPERxOFFICIAL/status/468482821322186752 (28.06.2015)

77 https://twitter.com/CASPERxOFFICIAL/status/468496709916848128 (28.06.2015)

78 https://twitter.com/andreapetko-vic/status/468496735627931648 (28.06.2015)

79 www.hr-online.de/website/rubriken/sport/index.jsp?ru-brik=6068&key=standard_do-cument_51811345 (30.04.2015)

80 https://twitter.com/andreapetko vic/status/468761054940762112 (28.06.2015)

81 https://twitter.com/andreapetko-vic/status/602495003080970240 (28.06.2015)

82 www.sv98.de/verein/stadion.htm (28.06.2015)

83 Das Städtische Stadion am Böllenfalltor, in: Coddou H., Reinaldo: Bölle – Das Buch. Mannheim 2014.

84 Ebd.

85 www.sv98.de/verein/stadion.htm (28.06.2015)

86 Das Städtische Stadion am Böllenfalltor, in: Coddou H., Reinaldo: Bölle – Das Buch, Spielmacher – Schöne Fußballbücher, 2014..

87 Knöß, Wolfgang / Wenck, Heinz: Die Geschichte des SV Darmstadt 98, S. 228.

88 www.sv98.de/verein/stadion.htm (28.06.2015)

89 www.echo-online.de/region/darmstadt/Boellenfalltor-Na-echste-Saison-17-000-Plaet-ze-im-Stadion;art1231,6320035 (28.06.2015)

90 www.echo-online.de/sport/svdarmstadt98/Ab-sofort-Merck-Stadion-am-Boellenfalltor;art1168,5276781 (28.06.2015)

91 Ebd.

92 www.kicker.de/news/fussball/bundesliga/spieltag/1-bundes-liga/zuschauer-geschichte.html (28.06.2015)

93 www.kicker.de/news/fussball/2bundesliga/spiel-tag/2-bundesliga/zuschauer-ge-schichte.html (28.06.2015)

94 www.swr.de/landesschau-ak-tuell/bw/suedbaden/stadion-neubau-in-freiburg-mehr-heit-stimmt-mit-ja/-/id=1552/nid=1552/did=14985940/5aeft8/ (28.06.2015)

95 www.echo-online.de/region/darmstadt/Stadionfrage-ge-klaert-Arena-kommt-ans-Bo-ellenfalltor;art1231,4123056 (28.06.2015)

96 www.zeit.de/sport/2014-08/fs-fussball-bundesliga-sv-darm-stadt-boelle (28.06.2015)

97 Das städtische Stadion am Böllenfalltor, in: Coddou H., Reinaldo: Bölle.

98 www.sv98.de/verein/stadion.htm (28.06.2015)

99 Coddou H., Reinaldo: Bölle. Das Buch. Berlin 2014.

100 http://bölle.de/unterstu-etzt-unsere-petition-steh-platzstadion/ (28.06.2015)

101 www.uffbasse-darmstadt.de/

wp-content/uploads/2015/02/Uffbasse-Erg%C3%A4nzungs-antrag-Businessplan-Stadion-Feb2015.jpg (28.06.2015)
102 http://darmstaedter-tagblatt.de/sport-artikel/10000-stehplaetze-fuer-die-heimfans-des-sv-darmstadt-98-1598.html (28.06.2015)
103 https://de-de.facebook.com/boellebuch/posts/729626503735262 (28.06.2015)
104 https://de-de.facebook.com/boellebuch/posts/730830120281567 (28.06.2015)
105 https://de-de.facebook.com/boellebuch/posts/736155856415660 (28.06.2015)
106 www.facebook.com/boellebuch/photos/ a.728536073844305.1073741828.727696203928292/734834779881101/?type=1&theater (28.06.2015)
107 https://de-de.facebook.com/boellebuch/posts/737502599614319 (28.06.2015)
108 https://de-de.facebook.com/boellebuch/posts/740495559315023 (28.06.2015)
109 Coddou H., Reinaldo: Bölle – Das Buch.
110 https://de-de.facebook.com/boellebuch/posts/745163292181583 (28.06.2015)
111 www.facebook.com/boellebuch/photos/a.728536073844305.1073741828.727696203928292/763460500351862/?type=1&theater (28.06.2015)
112 www.allgemeine-zeitung.de/vermischtes/vermischtes/reinaldo-coddou-h-setzt-dem-stadion-des-sv-darmstadt-98-ein-fotografisches-denkmal_14272735.htm (28.06.2015)
113 www.dugena.de/wDeutsch/diemarke/index.php?navid=3 (28.06.2015)
114 Knöß, Wolfgang / Wenck, Heinz: Die Geschichte des SV Darmstadt 98.
115 www.p-stadtkultur.de/rischdisch-unwischdisch-folge-67/ (28.06.2015)
116 www.hr-online.de/website/rubriken/sport/index.jsp?rubrik=66655&key=standard_document_52991913 (28.06.2015)
117 www.youtube.com/watch?v=k6PS9-39Ols (05.04.2015)
118 www.sv98.de/verein/stadion.htm (29.06.2015)
119 Das Städtische Stadion am Böllenfalltor, in: Coddou H., Reinaldo: Bölle – Das Buch.
120 Coddou H., Reinaldo: Bölle – Das Buch.
121 www.youtube.com/watch?v=ccGmhxomnsI (nach 0:07 Minuten, 29.06.2015)
122 www.t-online.de/sport/fussball/bundesliga/id_74147916/sv-darmstadt-98-bundesliga-freu-dich-aufs-boellenfalltor.html (29.06.2015)
123 www.darmstadt.de/fileadmin/Dokumente/PDF/bildung-wissenschaft/forschung/Weimarer_Republik_und_NS-Zeit.pdf (29.06.2015)
124 Das Städtische Stadion am Böllenfalltor, in: Coddou, Reinaldo H.: Bölle – Das Buch.
125 Ebd.
126 Knöß, Wolfgang; Wenck, Heinz: SV Darmstadt 98, S. 66.
127 https://kickschuh.wordpress.com/2014/12/27/die-wm-war-vier-wochen-ausnahmezustand/ (29.06.2015)
128 www.horizont.net/marketing/nachrichten/-Neue-Wege-der-Bezahlung-bei-den-Lilien-21721 (29.06.2015)
129 Knöß, Wolfgang / Wenck, Heinz: Die Geschichte des SV Darmstadt 98, S. 72/73.
130 Ebd. S. 62.
131 Knöß, Wolfgang / Wenck, Heinz: SV Darmstadt 98, S. 33.
132 Panzer, Ralf: SV Darmstadt 98, S. 115-117.
133 www.oberligen1945-63.de/Sued/html/5051spieltag1.html (29.06.2015)
134 Ebd. (Spieltagsauswertung, 29.06.2015)
135 Ebd. (29.06.2015)
136 Panzer, Ralf: SV Darmstadt 98. Die Blüten der Lilien. S. 116.
137 www.der-betze-brennt.de/artikel/1874-hallofgame-kaiserslautern-wird-erstmals-deutscher-meister.php (29.06.2015)
138 http://de.wikipedia.org/wiki/Helmut_Rasch (31.05.2015)
139 Panzer, Ralf: Die Blüten der Lilien, S. 83.
140 Ebd. S. 85.
141 Ebd. S. 87.
142 Ebd. S. 88.
143 kjr: Stadionweihe am Böllenfalltor, in: Darmstädter Echo vom 28. Juni 1952, S. 6.
144 g: Admira entführt ersten Sieg vom neuen Stadion, in: Darmstädter Echo vom 30. Juni 1952, S. 3.
145 Panzer, Ralf: Die Blüten der Lilien, S. 88.
146 Knöß, Wolfgang / Wenck, Heinz: 100 Jahre SVD, S. 238.
147 Panzer, Ralf: Die Blüten der Lilien, S. 84.
148 Knöß, Wolfgang / Wenck, Heinz: Die Geschichte des SV Darmstadt 98, S. 235.
149 www.kicker.de/aufstiegsrunde-bundesliga-fb-1/1964/7/3192/spieltag.html (29.06.2015)
150 Panzer, Ralf: SV Darmstadt 98, S. 12/13.
151 kicker, 32/1964 vom 10. August 1964, S. 9.
152 Isarius, S.: Bayern-Sturm schoß 10 Tore, in: kicker 32/1964 vom 10. August 1964, S. 10.
153 Panzer, Ralf: SV Darmstadt 98, S. 13.

154 kicker, 33/1964 vom 17. August 1964, S. 10.
155 kicker, 1/1965 vom 04. Januar 1965, S. 14.
156 s. Kreuztabelle, unter www.fussballdaten.de/regionalliga/sued/1965/38/ (29.06.2015)
157 Eitel, Helmut: Helmut Schön sah zu, in: kicker 02/1965 vom 11. Januar 1965, S. 14.
158 s. Kreuztabelle, unter www.fussballdaten.de/regionalliga/sued/1965/38/ (29.06.2015)
159 www.fussballdaten.de/regionalliga/sued/1965/38/ (29.06.2015)
160 Knöß, Wolfgang / Wenck, Heinz: Die Geschichte des SV Darmstadt 98, S. 101.
161 Knöß, Wolfgang / Wenck, Heinz: Die Geschichte des SV Darmstadt 98, S. 118.
162 http://de.wikipedia.org/wiki/Fu%C3%9Fball-Regionalliga_1971/72#Aufstiegsrunde (29.06.2015)
163 www.youtube.com/watch?v=a3oMjaNneSU (nach 02:41 Minuten, 29.06.2015)
164 http://de.wikipedia.org/wiki/Rot-Weiss_Essen (09.04.2015)
165 Ueberjahn, Dieter: Sehr schwer für Rot-Weiß Essen!, in: kicker 43/1973 vom 24. Mai 1973, S. 23.
166 www.dfb.de/erlebniswelt/statistik-center?spiel-edb_path=%2Fmatches%2F643766 (29.06.2015)
167 www.dfb.de/erlebniswelt/statistik-center?spiel-edb_path=%2Fmatches%2F643772 (09.04.2015)
168 Von Spiel zu Spiel, in: kicker 47/1973 vom 07. Juni 1973, S. 2.
169 Richter, K.J.: Bei Völklingen ist die Luft raus, in: kicker 48/1973 vom 12. Juni 1973, S.51.
170 Bitter, Jürgen: Schiedsrichter blieb aus, in: kicker 49/1973 vom 14. Juni 1973, S. 23.
171 100 Jahre SVD. S. 119.
172 Richter, K.J.: Essener kontern klug!, in: kicker 50/1973 vom 18. Juni 1973, S. 43.
173 Knöß, Wolfgang / Wenck, Heinz: Die Geschichte des SV Darmstadt 98, S. 119.
174 Biermann, Christoph: Irgendwie durchkommen, in: 11Freunde Spezial Zweite Liga, S. 23.
175 Reuther, Gerhard: Holzer riß den 1. FCS mit, in: 64/1974 vom 05. August 1974, S. 13.
176 Dieses war der erste Streich!, in: kicker 64/1974 vom 05. August 1974, S. 11.
177 www.svalsenborn.de/about.php?page=5 (29.06.2015)
178 Panzer, Ralf: SV Darmstadt 98. Die Blüten der Lilien. Kassel 2011. S. 165/166.
179 www.magazin-forum.de/news/fussball/40-jahre-zweite-liga-erfolgsstory-mit-122-vereinen (29.06.2015)
180 http://boelle.org/index.php/die-serien/highlights-der-vereinsgeschichte/item/serie2?category_id=11 (s. Bild, 29.06.2015)
181 Knöß, Wolfgang / Wenck, Heinz: Die Geschichte des SV Darmstadt 98, S. 131
182 Knöß, Wolfgang / Wenck, Heinz: SV Darmstadt 98, S. 60.
183 www.kicker.de/news/fussball/2bundesliga/spieltag/2-bundesliga/1977-78/38/1361/spieltag.html (29.06.2015)
184 www.kicker.de/news/fussball/bundesliga/spieltag/1-bundesliga/1977-78/0/0/spieltag.html (29.06.2015)
185 www.11freunde.de/interview/lothar-buchmann-ueber-darmstadt-98 (29.06.2015)
186 Strerath, Klaus: Viel Lob, viel Ehr', keine Punkte, in: Darmstädter Echo vom 21. August 1978, S. 17.
187 http://partner.kicker.de/news/fussball/bundesliga/spieltag/1-bundesliga/1978-79/2/15578/spielschema_1-fc-koeln-16_sv-darmstadt-98-98.html (29.06.2015)
188 Richter, K.J.: Schumacher glänzte am laufenden Band, in: kicker 16/1979 vom 19. Februar 1979, S. 36.
189 Richter, Karl J.: Stationen, Namen und Zahlen, in: Darmstädter Echo vom 11.06.1979, S. 18.
190 Kuhlhoff, Benjamin: www.11freunde.de/interview/lothar-buchmann-ueber-darmstadt-98 (29.06.2015)
191 Knöß, Wolfgang / Wenck, Heinz: Die Geschichte des SV Darmstadt 98, S. 131.
192 www.youtube.com/watch?v=b-LbuNhEq-DA&list=PL1ajxDaDUz-CrnEhHWkEd3mr6K_SQw9f4A (nach 11:26 Minuten, 29.06.2015)
193 www.kicker.de/news/fussball/bundesliga/spieltag/1-bundesliga/1978-79/0/0/spieltag.html (29.06.2015)
194 www.youtube.com/watch?v=b-LbuNhEq-DA&list=PL1ajxDaDUz-CrnEhHWkEd3mr6K_SQw9f4A (nach 15:53 Minuten, 29.06.2015)
195 Knöß, Wolfgang / Wenck, Heinz: Die Geschichte des SV Darmstadt 98, S. 142.
196 www.youtube.com/watch?v=b-LbuNhEq-DA&list=PL1ajxDaDUz-CrnEhHWkEd3mr6K_SQw9f4A (nach 39:45 Minuten, 29.06.2015)
197 Knöß, Wolfgang / Wenck, Heinz: Die Geschichte des SV Darmstadt 98, S. 145.
198 Rat. Banik Ostrau – ein harter Brocken für SV Darmstadt 98, in: Darmstädter Echo vom 14. Juli 1979, S.43.
199 St. SV Darmstadt 98 holt einen Punkt in der CSSR, in: Darmstädter Echo vom 16. Juli 1979, S.21.

200 Seubert, Hans Peter: Die harte Vorbereitung steckt in den Knochen, in: Darmstädter Echo vom 30. Juli 1979, S.17.

201 http://de.wikipedia.org/wiki/Intertoto-Cup_1979 (29.06.2015)

202 www.kicker.de/news/fussball/bundesliga/spieltag/1-bundesliga/1978-79/0/0/spieltag.html (29.06.2015)

203 Strerath, Klaus: Der Anfang ist gemacht, in: Darmstädter Echo vom 09. Juli 1979, S.21.

204 www.transfermarkt.at/osters-vaxjo-if/erfolge/verein/1236 (29.06.2015)

205 www.transfermarkt.de/fc-banik-ostrau/erfolge/verein/377 (29.06.2015)

206 www.transfermarkt.at/bundesliga/tabelle/wettbewerb/A1/saison_id/1979 (29.06.2015)

207 Strerath, Klaus: Der Anfang ist gemacht, in: Darmstädter Echo vom 09. Juli 1979, S.21.

208 E. Drittes Unentschieden dank Dieter Rudolf, in: Darmstädter Echo vom 23. Juli 1979, S. 17.

209 Hps. Eine Generalprobe mit Unstimmigkeiten, in: Darmstädter Echo vom 09. August 1979. S. 27.

210 Berger, Jörg: Meine zwei Halbzeiten. Ein Leben in Ost und West. Hamburg 2010, S. 190.

211 St. SV Darmstadt 98 holt einen Punkt in der CSSR, in: Darmstädter Echo vom 16. Juli 1979, S. 21.

212 Berger, Jörg: Meine zwei Halbzeiten, S. 190.

213 Ebd. S. 189/190.

214 Kjr: SV 98: Mit Offensivfußball zum Sieg, in: Darmstädter Echo vom 26. August 1981, S. 30.

215 Kjr: Olks Gedankenspiele – klug?, in: Darmstädter Echo vom 24. Oktober 1981, S. 40.

216 Kal: Spiel mit Namen, Kampf ums Prestige, in: Darmstädter Echo vom 07. November 1981, S. 40.

217 Kjr: Abstiegskampf – Punkte zählen, in: Darmstädter Echo vom 28. November 1981, S.41.

218 Kjr: Respekt auf beiden Seiten, in: Darmstädter Echo vom 19. Dezember 1981, S. 42.

219 Franzke, Rainer: Der Test fiel aus, in: kicker 05/1982 vom 14. Januar 1982, S. 11.

220 Strerath, Klaus: Maßarbeit – alles strahlt, in: Darmstädter Echo vom 18. Januar 1982, S. 21.

221 Strerath, Klaus: 1:3 – Eine bittere Pille, in: Darmstädter Echo vom 19. Februar 1982, S. 25.

222 Hps: Das Flutlicht leuchtet eine neue Ära ein, in: Darmstädter Echo vom 8. Januar 1982, S. 22.

223 www.transfermarkt.de/2-bundesliga/gesamtspielplan/wettbewerb/L2/saison_id/1989 (29.06.2015)

224 Panzer, Ralf: SV Darmstadt 98, S. 209.

225 www.kicker.de/news/fussball/2bundesliga/spieltag/2-bundesliga/1989-90/29/0/spieltag.html (29.06.2015)

226 www.bundesliga.de/de/liga2/news/2012/zehn-fakten-zum-zweitliga-start_0000239246.php (29.06.2015)

227 Panzer, Ralf: SV Darmstadt 98, S. 210.

228 www.11freunde.de/artikel/zehn-trainer-mit-kurzer-amtszeit (31.01.2015)

229 Panzer, Ralf: SV Darmstadt 98. S. 210.

230 www.transfermarkt.de/2-bundesliga/gesamtspielplan/wettbewerb/L2/saison_id/1989 (31.01.2015)

231 www.kicker.de/news/fussball/2bundesliga/vereine/2-bundesliga/1992-93/sv-darmstadt-98-98/vereinstermine.html (29.06.2015)

232 Knöß, Wolfgang / Wenck, Heinz: SV Darmstadt 98, S. 82.

233 www.kicker.de/news/fussball/2bundesliga/vereine/2-bundesliga/1992-93/sv-darmstadt-98-98/vereinstermine.html (29.06.2015)

234 http://de.wikipedia.org/wiki/Aleksander_Mandziara (29.06.2015)

235 Knöß, Wolfgang / Wenck, Heinz: SV Darmstadt 98, S. 82.

236 www.kicker.de/news/fussball/2bundesliga/spieltag/2-bundesliga/1992-93/25/0/spieltag.html (29.06.2015)

237 Knöß, Wolfgang / Wenck, Heinz: Die Geschichte des SV Darmstadt 98, S. 182.

238 www.kicker.de/news/fussball/2bundesliga/vereine/2-bundesliga/1992-93/sv-darmstadt-98-98/vereinstermine.html (29.06.2015)

239 www.kicker.de/news/fussball/intligen/intwettbewerbe/championship/2006-07/46/0/spieltag.html (29.06.2015)

240 Knöß, Wolfgang: Sajaia schoß FCA zum Sieg, in: kicker 70/1997 vom 25. August 1997, S. 54.

241 Hornung, Erik: Siroky droht Rausschmiß, in: kicker 71/1997 vom 28. August 1997, S. 29.

242 Ur: Lothar Buchmann: Alle Kräfte bündeln, in: Darmstädter Echo vom 14. November 1997, S. 31.

243 SV Darmstadt 98, in: kicker 95/1997 vom 20. November 1997, S. 28.

244 Kal: Amaechi Titus Ottiji – oder das Lustprinzip, Fußball nur für den Präsidenten spielen zu wollen, in: Darmstädter Echo vom 24. November 1997, S. 27.

245 Strerath, Klaus: Der eine Punkt bringt den SV 98 nicht weiter, in: Darmstädter Echo vom 17. November 1997, S. 22.

246 www.rsssf.com/intldetails/1998ic.html (29.06.2015)

247 Knöß, Wolfgang / Wenck, Heinz: Die Geschichte des SV Darmstadt 98, S. 206.

248 Kal: Amaechi Titus Ottiji – oder das Lustprinzip, Fußball nur für den Präsidenten spielen zu wollen, in: Darmstädter Echo vom 24. November 1997, S. 27.

249 Panzer, Ralf: SV Darmstadt 98, S. 74.

250 www.fc45.de/Mehrere-Interpreten/Liliensampler-22-Sahnefilets-in-Blau-Weiss.html (29.06.2015)

251 www.genios.de/presse-archiv/artikel/RMO/19990319/darmstadt-hegt-und-pflegt-seinen-ni/F19990319OT-TI18-100.html (29.06.2015)

252 B.A.L.L., SV Darmstadt 98 Fan-Magazin, Nr. 6, Sommer 99, S. 89.

253 www.transfermarkt.de/amaechi-ottiji/profil/spieler/2372 (29.06.2015)

254 www.p-stadtkultur.de/rischdisch-unwischdisch-folge-69/ (29.06.2015)

255 Panzer, Ralf: SV Darmstadt 98, S. 68.

256 B.A.L.L.. SV Darmstadt 98 Fan-Magazin. Nr. 6, Sommer 1999. S. 8.

257 B.A.L.L.. SV Darmstadt 98 Fan-Magazin. Nr. 6, Sommer 1999. S. 18.

258 B.A.L.L.. SV Darmstadt 98 Fan-Magazin. Nr. 6, Sommer 1999. S. 15

259 B.A.L.L.. SV Darmstadt 98 Fan-Magazin. Nr. 6, Sommer 1999. S. 89.

260 www.spiegel.de/sport/fussball/regionalliga-darmstaedter-fans-zahlen-nur-so-viel-sie-wollen-a-41469.html (29.06.2015)

261 www.transfermarkt.de/sv-darmstadt-98/spielplan/verein/105/plus/?saison_id=1999 (29.06.2015)

262 http://boelle.org/index.php/blog/sv98-historisch/item/serie-highlights-der-vereinsgeschichte-16 (29.06.2015)

263 www.horizont.net/marketing/nachrichten/-Neue-Wege-der-Bezahlung-bei-den-Lilien-21721 (29.06.2015)

264 www.transfermarkt.de/sv-darmstadt-98/spielplan/verein/105/plus/?saison_id=1999 (29.06.2015)

265 bot: SV 98 vor Abstieg, in: Darmstädter Echo vom 2. Mai 1999.

266 bot: SV 98 vergibt viele Chancen, in: Darmstädter Echo vom 09.05.1999.

267 www.transfermarkt.de/yilmaz-ortulu/leistungsdatendetails/spieler/2370/wettbewerb/L2 (29.06.2015)

268 www.transfermarkt.de/audenzio-musci/leistungsdatendetails/spieler/5037 (29.06.2015)

269 www.kicker.de/news/fussball/amateure/oberliga-hessen/2003-04/sv-darmstadt-98-98/vereinstermine.html (29.06.2015)

270 Mosberger, Uli: Gräber patzt entscheidend, in: kicker 26/2004 vom 22. März 2004, S. 75.

271 www.dasbesteaus-nordhessen.de/news.php?id=541 (29.06.2015)

272 www.kicker.de/news/fussball/amateure/oberliga-hessen/2003-04/25/0/spieltag.html (29.06.2015)

273 www.kicker.de/news/fussball/amateure/oberliga-hessen/2003-04/34/0/spieltag.html (29.06.2015)

274 www.faz.net/aktuell/sport/fussball/bundesliga/darmstadt-98-lilien-wollen-antrag-auf-insolvenz-stellen-1515048.html (29.06.2015)

275 www.sv98.de/news/allgemeines/details/datum/2008/03/06/liebe-mitglieder-und-fans-des-sv-darmstadt-98.htm (29.06.2015)

276 www.sv98.de/news/allgemeines/details/datum/2009/06/04/die-lilien-sind-wieder-da-1.htm (29.06.2015)

277 www.sv98.de/fileadmin/t3sports/berichtsbilder2008/Vorhang_auf_Interview_Kessler_.pdf (29.06.2015)

278 www.sv98.de/news/allgemeines/details/datum/2008/08/09/ein-blick-hinter-die-kulissen-einer-bemerkenswerten-rettungsaktion.htm (29.06.2015)

279 www.sv98.de/fileadmin/t3sports/berichtsbilder2008/Vorhang_auf_Interview_Kessler_.pdf (29.06.2015)

280 www.sv98.de/news/allgemeines/details/datum/2008/05/19/lachen-fuer-die-lilien.htm (29.06.2015)

281 www.sv98.de/news/allgemeines/details/datum/2008/08/09/ein-blick-hinter-die-kulissen-einer-bemerkenswerten-rettungsaktion.htm (29.06.2015)

282 www.sv98.de/fileadmin/t3sports/berichtsbilder2009/06Juni/20090625_DANKE-Anzeige.pdf (29.06.2015)

283 www.sv98.de/news/allgemeines/details/datum/fans///sv-darmstadt-98-startet-die-kampagne-im-zeichen-der-lilie-te-connectivity-erster-co-partner-ec.htm (29.06.2015)

284 www.sv98.de/fileadmin/t3sports/berichtsbilder2011/04_April/20110419_UH_Darmstadt_BM15.pdf (29.06.2015)

285 www.bild.de/sport/fussball/hilft-ex-club-5050178.bild.html (29.06.2015)

286 www.sv98.de/news/allgemeines/details/datum/2008/08/09/ein-blick-hinter-die-kulissen-einer-bemerkenswerten-rettungsaktion.htm (29.06.2015)

287 http://stadioncheck.de/2009/03/10/arme-lilien-statt-rekord-von-spatzen-

vernascht/ (29.06.2015)
288 www.sv98.de/rekordspiel.htm (29.06.2015)
289 Ebd. (29.06.2015)
290 www.fr-online.de/region/sv-darmstadt-98-deprimierte-lilien,1473444,3118290.html (29.06.2015)
291 www.youtube.com/watch?v=WlGA78Z-5P3I (29.06.2015)
292 www.kicker.de/news/fussball/3liga/spieltag/3-liga/2012-13/16/1443901/spielanalyse_sv-darmstadt-98-98_kickers-offenbach-120.html (29.06.2015)
293 www.kicker.de/news/fussball/3liga/spieltag/3-liga/2012-13/35/1444091/spielanalyse_kickers-offenbach-120_sv-darmstadt-98-98.html (29.06.2015)
294 www.spiegel.de/sport/fussball/dritte-liga-lizenzentzug-fuer-offenbach-ist-endgueltig-a-904370.html (29.06.2015)
295 www.echo-online.de/sport/fussball/regionalliga/Schoene-Erinnerungen-grosse-Plaene;art2401,1865655 (07.03.2015)
296 www.sv98.de/news/allgemeines/details/datum/2011/05/20/wichtige-informationen-zum-auswaerts-spiel-des-sv-98-bei-wormatia-worms.htm (07.03.2015)
297 www.sv98.de/index.php? id=116&cfc_league_fe% 5BmatchId%5D=23764&cHash=6d0989248c (07.03.2015)
298 www.sv98.de/news/1_mannschaft/details/datum/2011/05/19/vorbericht-worms.htm (07.03.2015)
299 www.echo-online.de/ sport/fussball/regionalliga/Schoene-Erinnerungen-grosse-Plaene;art2401,1865655 (07.03.2015)
300 www.transfermarkt.de/spielbericht/index/spielbericht/1051632 (29.06.2015)
301 www.youtube.com/watch?v=9vdq9zMamH8 (07.03.2015)
302 www.transfermarkt.de/spielbericht/index/spielbericht/1051632 (07.03.2015)
303 www.youtube.com/watch?v=9vdq9zMamH8 (ab 07:32 Minuten, 29.06.2015)
304 Ebd. (ab 08:48 Minuten, 07.03.2015)
305 www.youtube.com/watch?v=ePdlSzN1bf4 (ab 01:02 Minuten, 07.03.2015)
306 www.fr-online.de/lilien-sv-darmstadt-98/darmstadt-98-stolz-in-der-nische,10813562,16667682.html (29.06.2015)
307 www.fr-online.de/lilien-sv-darmstadt-98/kosta-runjaic-rendez-vous-mit-der-vergangenheit,10813562,29102764.html (29.06.2015)
308 Reng, Ronald: Träume und Fakten, in: 11Freunde, Ausgabe 119 (Oktober 2011), S. 26.
309 www.fr-online.de/lilien-sv-darmstadt-98/kosta-runjaic-rendez-vous-mit-der-vergangenheit,10813562,29102764.html (29.06.2015)
310 www.faz.net/aktuell/rhein-main/darmstadt-98-schuster-spricht-ueber-die-relegation-12942060-p2.html (29.06.2015)
311 Ebd. (29.06.2015)
312 www.faz.net/aktuell/sport/fussball/bundesliga/darmstadt-98-sehnsuchtsort-fuer-fussball-nostalgiker-13177775.html (29.06.2015)
313 www.kicker.de/news/fussball/2bundesliga/startseite/617584/artikel_schuster_mentalitaet-schlaegt-qualitaet.html (29.06.2015)
314 www.sv98.de/news/1_mannschaft/details/datum/2014/06/04/trainingsauftakt-des-sv-98-am-12-juni-beim-sv-traisa.htm (29.06.2015)
315 www.bild.de/sport/fussball/2-bundesliga/umzug-in-den-buergerpark-39329370.bild.html (29.06.2015)
316 www.kicker.de/news/fussball/3liga/startseite/587872/artikel_schuster_wir-wollen-in-qualitaet-investieren.html (11.01.2015)
317 Kirschneck, Jens: »Wir sind nicht das Tasmania der Neuzeit«, in: 11Freunde # 158 (Januar 2015), S. 40.
318 Ebd. S. 41.
319 Domke, Britta: Ein Herz für Bankdrücker, in: Harvard Business Manager, Januar 2015. S. 13.
320 Ebd.
321 www.sv98.de/news/praesidium/details/datum/2014/10/29/60-zocker-beim-i-fufa-fifa15-turnier.htm (29.06.2015)
322 Knöß, Wolfgang / Wenck, Heinz: Die Geschichte des SV Darmstadt 98, S. 228.
323 Knöß, Wolfgang / Wenck, Heinz: SV Darmstadt 98, S. 82.
324 www.hr-online.de/website/rubriken/sport/index.jsp?rubrik=66655&key=standard_document_53154501 (29.06.2015)
325 Ebd.
326 www.t-online.de/sport/fussball/2-bundesliga/id_73790470/sv-darmstadt-98-fussball-und-red-bull-hat-nichts-positives-.html (04.05.2015)
327 Ebd.
328 Ebd.
329 www.sv98.de/news/1_mannschaft/details/datum/2014/06/03/sv-darmstadt-98-verpflichtet-christian-wetklo.htm (29.06.2015)
330 www.sv98.de/news/1_mannschaft/

details/datum/2014/07/30/sv-98-und-christian-wetklo-vereinbaren-vertragsaufloesung.htm (29.06.2015)

331 www.ruhrnachrichten.de/sport/schalke/aktuelles/Torhueter-im-Interview-Christian-Wetklo-Ein-unfassbarer-Moment;art15837,2478566 (29.06.2015)

332 www.fr-online.de/lilien-sv-darmstadt-98/darmstadt-98-wetklo-soll-lilien-wieder-verlassen,10813562,27986620.html (29.06.2015)

333 www.transfermarkt.de/christian-wetklo/leistungsdatenverein/spieler/1363 (29.06.2015)

334 www.fr-online.de/mainz-05/mainz-05-ploetzlich-raus-aus-dem-kasten,1473452,26193546.html (29.06.2015)

335 www.youtube.com/watch?v=BpsDxw_p7Ko (nach 00:50 Minuten, 29.06.2015)

336 www.hr-online.de/website/rubriken/sport/index.jsp?rubrik=66655&key=standard_document_52550821 (29.06.2015)

337 Domke, Britta: Ein Herz für Bankdrücker, in: Harvard Business Manager, Januar 2015. S. 13.

338 https://kickschuh.wordpress.com/2014/04/17/das-duell-um-platz-2-leipzig-vs-darmstadt/ (29.06.2015)

339 www.faz.net/aktuell/sport/fussball/bundesliga/darmstadt-98-sehnsuchtsort-fuer-fussball-nostalgiker-13177775.html (29.06.2015)

340 https://kickschuh.wordpress.com/2014/12/21/2014-ein-jahr-im-zeichen-der-lilie/ (29.06.2015)

341 www.transfermarkt.de/1-bundesliga/jahrestabelle/wettbewerb/L1/saison_id/2014 (29.06.2015)

342 www.transfermarkt.de/2-bundesliga/jahrestabelle/wettbewerb/L2/saison_id/2014 (29.06.2015)

343 www.bbc.com/sport/0/football/31923517 (30.06.2015)

344 www.youtube.com/watch?v=NQRAiL6BXDQ (nach 0:05 Sekunden, 30.06.2015)

345 www.transfermarkt.de/spielbericht/index/spielbericht/2438031 (30.06.2015)

346 www.transfermarkt.de/spielbericht/index/spielbericht/2384339 (30.06.2015)

347 www.bbc.com/sport/0/football/27751942 (30.06.2015)

348 www.f95.de/aktuell/news/u23/detail/16185-danke-leon-balogun/97270754720ef06240a9aca6aacfd02e/ (30.06.2015)

349 www.kicker.de/news/fussball/3liga/vereine/614291/artikel_balogun_das-ist-wie-eine-riesenfamilie.html (30.06.2015)

350 www.sv98.de/news/1_mannschaft/details/datum/2015/03/17/lilien-aussenverteidiger-leon-balogun-fuer-nigerias-nationalmannschaft-nominiert.htm (30.06.2015)

351 Ebd. (30.06.2015)

352 www.kicker.de/news/fussball/bundesliga/startseite/629287/artikel_mainz-05-angelt-sich-balogun.html (30.06.2015)

353 www.dumusstkaempfen.de/du-musst-k%C3%A4mpfen-i-johnnys-geschichte.html (30.06.2015)

354 http://imzeichenderlilie.de/index.php/archiv/67-jonathan-heimes-zu-gast-beim-sv-98-spendensammlung-fuer-die-kinderkrebshilfe-war-ein-voller-erfolg (30.06.2015)

355 www.sv98.de/news/allgemeines/details/datum/2014/06/13/lilienbaendchen-hilfe-fuer-krebskranke-kinder-frankfurt-ev-1.htm (30.06.2015)

356 http://video.sport1.de/video/g__0_z47h3kwb#/0,0_z47h3kwb (nach 01:20 Minuten, 30.06.2015)

357 http://video.sport1.de/video/g__0_z47h3kwb#/0,0_z47h3kwb (nach 03:56 Minuten, 30.06.2015)

358 http://video.sport1.de/video/g__0_z47h3kwb#/0,0_z47h3kwb (nach 00:54 Minuten, 30.06.2015)

359 www.bild.de/sport/fussball/sv-darmstadt-98/die-erfolgs-geheimnisse-40229790.bild.html (30.06.2015)

360 www.bild.de/sport/fussball/sv-darmstadt-98/das-kaempferherz-hinter-dem-sv-darmstadt-41113916.bild.html (30.06.2015)

362 www.zeit.de/news/2015-05/25/fussball-durchmarsch-aus-3-liga-in-die-bundesliga-darmstadt-der-siebte-klub-25101810 (30.06.2015)

363 www.zdfsport.de/fussball-2.-liga-darmstadt-schafft-aufstieg-und-muss-sich-fuer-die-bundesliga-verstaerken-38597914.html (30.06.2015)

364 www.transfermarkt.de/sv-darmstadt-98/startseite/verein/105#subnavi (30.06.2015)

365 https://kickschuh.wordpress.com/2014/05/09/und-so-zogen-sie-in-die-bundesliga-ein/ (30.06.2015)

366 www.bundesliga.de/de/clubs/sv-darmstadt-98/statistik/# (Schaltfläche »Saison«, 30.06.2015)

367 www.bundesliga.de/de/liga2/news/2014/10-dinge-ueber-den-sv-darmstadt-98.php (30.06.2015)

368 www.bundesliga.de/de/liga2/matches/2014/spieltag-26/153576/fortuna-duesseldorf-vs-sv-darmstadt-98/Spielbericht/ (30.06.2015)

369 www.fr-online.de/sport/psychologie--die-ritua-

le-kann-man-sich-fest-
halten-,1472784,30754418.
html (30.06.2015)

370 Knöß, Wolfgang / Wenck, Heinz: Die Geschichte des SV Darmstadt 98, S. 69.

371 O.V.: SV Darmstadt 98 nahm die erste Hürde, in: Darmstädter Echo vom 8. Mai 1950, S. 4.

372 O.V.: SV Darmstadt 98 an der Tabellenspitze, in: Darmstädter Echo vom 15. Mai 1950, S. 4.

373 O.V.: Diesmal Böckingen im Hochschulstadion: in: Darmstädter Echo vom 3. Juni 1950, S. 9.

374 O.V.: SV 98 ohne Verlustpunkt an der Wendemarke, in: Darmstädter Echo vom 22. Mai 1950, S. 4.

375 O.V.: SV Darmstadt eröffnet Rückrunde mit Sieg, in: Darmstädter Echo vom 5. Juni 1950, S. 4.

376 O.V.: SV Darmstadt 98 in Pforzheim gestrauchelt, in: Darmstädter Echo vom 12. Juni 1950, S. 6.

377 Knöß, Wolfgang / Wenck, Heinz: Die Geschichte des SV Darmstadt 98, S. 69.

378 www.oberligen1945-63.de/Sued/html/5051spieltag11.html (30.06.2015)

379 www.eintracht-archiv.de/1950/1950-10-29st.html (30.06.2015)

380 www.sv98.de/news/allgemeines/details/datum////sv-98-trauert-um-ex-spieler-willi-abt.htm?txttnews[backPid]=163&tx_ttnews[pointer]=5&cHash=4e6c677abb (30.06.2015)

381 www.lilienarchiv.de/Statistik/statistik.html (30.06.2015)

382 Kjr: Die neuen Verträge am Böllenfalltor, in: Darmstädter Echo vom 19. Juni 1957, S. 7.

383 K.r.: Schwerer Gang zum Freiburger FC, in: Darmstädter Echo vom 16. November 1957, S. 25.

384 www.p-stadtkultur.de/walter-bechtold/ (30.06.2015)

385 www.lilienarchiv.de/Statistik/statistik.html (30.06.2015)

386 11Freunde Spezial. Zweite Liga. Oktober 2014, S. 33.

387 http://de.wikipedia.org/wiki/Walter_Bechtold (30.06.2015)

388 www.eintracht-archiv.de/bechtold.html (30.06.2015)

389 http://de.wikipedia.org/wiki/Walter_Bechtold (30.06.2015)

390 Knöß, Wolfgang / Wenck, Heinz: Die Geschichte des SV Darmstadt 98, S. 142.

391 Uwe Hahn Schützenkönig – Walter Bechtoldt am beständigsten, in Darmstädter Echo vom 11.06.1979, S. 18.

392 www.kicker.de/news/fussball/bundesliga/spieltag/1-bundesliga/1978-79/topspieler-der-saison-mittelfeld.html (30.06.2015)

393 Rat: »Die Vereinsführung des SV 98 hat Geduld bewiesen«, in Darmstädter Echo vom 11.06.1979, S. 19

394 www.transfermarkt.de/vfb-stuttgart/platzierungen/verein/79 (30.06.2015)

395 Uwe Hahn Schützenkönig – Walter Bechtoldt am beständigsten, in Darmstädter Echo vom 11.06.1979, S. 18.

396 Knöß, Wolfgang / Wenck, Heinz: SV Darmstadt 98, S. 67.

397 Klaus Strerath: Planspiele des SV 98 gehen nicht auf, in: Darmstädter Echo vom 28.05.1984, S. 18.

398 Knöß, Wolfgang / Wenck, Heinz: Die Geschichte des SV Darmstadt 98, S. 112/113.

399 www.lilienarchiv.de/Statistik/statistik.html (30.06.2015)

400 http://50jahre.bundesliga.de/de/clubs/darmstadt-98/ (30.06.2015)

401 Ohne Verfasser: Uwe Hahn Schützenkönig – Walter Bechtoldt am beständigsten, in: Darmstädter Echo vom 11.06.1979, S. 18.

402 www.kicker.de/news/fussball/bundesliga/spieltag/1-bundesliga/1981-82/sv-darmstadt-98-98/topspieler-saison-verein.html (30.06.2015)

403 Spieler in der Einzelkritik, in: Darmstädter Echo vom 21. Dezember 1981, S. 21.

404 Die Spieler in der Einzelkritik, in: Darmstädter Echo vom 10. Mai 1982, S. 21.

405 www.11freunde.de/interview/197879-gerhard-kleppinger-ueber-die-feierabendfussballer-aus-darmstadt (30.06.2015)

406 www.fussballdaten.de/spieler/westenbergeredwin/1983/#x2__Liga (30.06.2015)

407 www.fussballdaten.de/zweiteliga/1983/23/kassel-darmstadt/ (30.06.2015)

408 http://boelle.org/index.php/die-serien/highlights-der-vereinsgeschichte/item/vereinsgeschichte-6?category_id=11 (30.06.2015)

409 Ohne Verfasser: Spieler in der Einzelkritik, in: Darmstädter Echo vom 28.05.1984, S. 16(?).

410 www.transfermarkt.de/rainer-kunkel/leistungsdatendetails/spieler/95444/wettbewerb/L2S (30.06.2015)

411 http://marburg.sportbuzzer.de/magazin/was-macht-eigentlich-reiner-kuenkel/1764 (30.06.2015)

412 www.derwesten.de/sport/lokalsport/siegen-wittgenstein/weltpokalsieger-spielt-golf-in-sassenhausen-id9045189.html (30.06.2015)

413 www.mittelhessen.de/sport/sportserien/lange-nichts-gehoert-von_artikel,-Der-Gerd-Mueller-Beine-macht-_arid,8074.html (30.06.2015)

414 http://marburg.sportbuzzer.de/magazin/was-macht-eigentlich-rei-

ner-kuenkel/1764 (30.06.2015)
415 www.bundesligalegenden.de/peter-cestonaro.html (30.06.2015)
416 www.sv98.de/news/1_mannschaft/details/datum/2013/09/06/hessenpokal-interview-mit-peter-cestonaro-trainer-tsv-steinbach-und-ehemaliger-torjaeger-der-lili.htm (30.06.2015)
417 Strerath, Klaus: Alles im Lot: Punkte, Tore und Zuschauer, in: Darmstädter Echo vom 29. Mai 1978, S. 24.
418 Richter, Karl J.: Stationen, Namen und Zahlen, in: Darmstädter Echo vom 11. Juni 1979, S. 18.
419 o.V.: Uwe Hahn Schützenkönig – Walter Bechtold am beständigsten, in: Darmstädter Echo vom 11. Juni 1979, S. 18.
420 www.kicker.de/news/fussball/bundesliga/spieltag/1-bundesliga/1981-82/1/14660/spielschema_arminia-bielefeld-10_sv-darmstadt-98-98.html (30.06.2015)
421 www.kicker.de/news/fussball/bundesliga/vereine/1-bundesliga/1981-82/sv-darmstadt-98-98/10429/spieler_peter-cestonaro.html (30.06.2015)
422 Ebd. (30.06.2015)
423 www.sv98.de/news/1_mannschaft/details/datum/2013/09/06/hessenpokal-interview-mit-peter-cestonaro-trainer-tsv-steinbach-und-ehemaliger-torjaeger-der-lili.htm (30.06.2015)
424 www.youtube.com/watch?v=oh6KAnzPyMU (30.06.2015)
425 www.kicker.de/news/fussball/bundesliga/spieltag/1-bundesliga/1981-82/0/torjaeger-der-saison.html (30.06.2015)
426 Ebd (30.06.2015)
427 www.sv98.de/news/1_mannschaft/details/datum/2013/09/06/hessenpokal-interview-mit-peter-cestonaro-trainer-tsv-steinbach-und-ehemaliger-torjaeger-der-lili.htm (30.06.2015)
428 www.dfb.de/bundesliga/statistik/rekordtorjaeger/?spieledb_path=%2Fcompetitions%2F12%2Frecord_scorers%3Fpage%3D14%26t3_remote%3Dtrue%26t3_uri%3D%252Fbundesliga%252Fstatistik%252Frekordtorjaeger%252F (30.06.2015)
429 Knöß, Wolfgang, Wenck, Heinz: Die Geschichte des SV Darmstadt 98, S. 159
430 www.dfb.de/2-bundesliga/statistik/rekordtorjaeger/?no_cache=1 (30.06.2015)
431 www.sv98.de/news/1_mannschaft/details/datum/2013/09/06/hessenpokal-interview-mit-peter-cestonaro-trainer-tsv-steinbach-und-ehemaliger-torjaeger-der-lili.htm (30.06.2015)
432 www.fupa.net/spielberichte/tsv-steinbach-sv-darmstadt-98-1036560.html (30.06.2015)
433 www.transfermarkt.de/gerhard-kleppinger/leistungsdatendetails/spieler/95048/saison/1975/wettbewerb/L2S/verein/105 (30.06.2015)
434 www.transfermarkt.de/spielbericht/index/spielbericht/1085687 (30.06.2015)
435 www.11freunde.de/interview/197879-gerhard-kleppinger-ueber-die-feierabendfussballer-aus-darmstadt (30.06.2015)
436 Kjr: In Bochum teuer verkaufen, in: Darmstädter Echo von Pfingsten 1979, S. 44.
437 Kalweit, Hans-Jürgen: Darmstadt 98 beweist Format, in Darmstädter Echo vom 5. Juni 1979, S. 21.
438 o.V.: Uwe Hahn Schützenkönig – Walter Bechtold am beständigsten, in: Darmstädter Echo vom 11. Juni 1979, S. 18.
439 www.kicker.de/news/fussball/bundesliga/vereine/1-bundesliga/1978-79/sv-darmstadt-98-98/11481/spieler_gerhard-kleppinger.html (30.06.2015)
440 www.anstoss-magazin.de/was-macht (30.06.2015)
441 www.sportschau.de/u21/fussball-deutschland-olympia-seoul-bronze-100.html (30.06.2015)
442 www.svs1916.de/aktuell/nachrichten/news/detail/news/detail/News/drei-fragen-an-wir-erwarten-einen-heissentanz.html (30.06.2015)
443 www.kicker.de/news/fussball/bundesliga/vereine/1992-93/11481/vereinsspieler_gerhard-kleppinger.html (30.06.2015)
444 http://de.svdarmstadt98.wikia.com/wiki/18.04.08_-_SV_Darmstadt_98_-_3:0_-_FC_Bayern_Alzenau (30.06.2015)
445 www.transfermarkt.de/1-bundesliga/topauslaender/wettbewerb/L1 (30.06.2015)
446 Trabold, Reiner (Kürzel): Heute mit Tscha-Tscha-Tscha. In: Darmstädter Echo an Silvester 1978, S. 40.
447 Ebd.
448 Trabold, Reiner: Zum Abschluss ein neuer Anfang?. In: Darmstädter Echo am 2. Januar 1979, S. 21.
449 O.V.: Zuschauer-Boom dank Bum. In: Darmstädter Echo am 2. Januar 1979, S. 21.
450 Ohne Verfasser: Darmstadts Spiel im Pressespiegel. In: Darmstädter Echo am 3. Januar 1979, S. 27.
451 Trabold, Reiner: Tscha fliegt nach Südkorea zurück. In: Darmstädter Echo am 4. Januar 1979, S. 28.
452 Ohne Verfasser: Warten auf Tscha Kun Bum … .

In: Darmstädter Echo am 19. Januar 1979, S. 25.
453 Ohne Verfasser: »HSV« und DFB schalten sich ein. In: Darmstädter Echo am 27. Januar 1979, S. 61.
454 Ohne Verfasser: Perfekt: Tscha zur Eintracht. In: Darmstädter Echo am 17. Juli 1979, S. 20.
455 Strerath, Klaus: Tscha wieder in Darmstadt. In: Darmstädter Echo am 10. Juli 1979, S. 22.
456 www.transfermarkt.de/jorg-berger/leistungsdatenLigenNational/trainer/16 (30.06.2015)
457 Berger, Jörg: Meine zwei Halbzeiten. Ein Leben zwischen Ost und West. Hamburg 2010. S. 183-185.
458 Ebd. S. 191.
459 Ebd. S. 188
460 www.kicker.de/news/fussball/2bundesliga/vereine/2-bundesliga/1979-80/sv-darmstadt-98-98/vereinstermine.html (30.06.2015)
461 www.kicker.de/news/fussball/2bundesliga/spieltag/2-bundesliga/1979-80/21/1365/spieltag.html (30.06.2015)
462 Berger, Jörg: Meine zwei Halbzeiten, S. 192.
463 www.transfermarkt.de/jorg-berger/leistungsdatenDetail/trainer/16/gegner_id/105 (30.06.2015)
464 www.transfermarkt.de/spielbericht/index/spielbericht/984517 (30.06.2015)
465 www.lilienarchiv.de/Statistik/statistik.html (30.06.2015)
466 Rat: Die Spieler in der Einzelkritik, in: Darmstädter Echo vom 17. August 1981, S. 21.
467 Apd: Oliver Posniak: Behutsam aus der Defensive spielen, in: Darmstädter Echo vom 18. Dezember 1981, S. 30.
468 Rat: Die Spieler in der Einzelkritik, in: Darmstädter Echo vom 10. Mai 1982, S. 21.
469 Richter, K.J.: Allen Respekt vor Darmstadt!, in: kicker 38/1982 vom 10. Mai 1982, S. 45.
470 www.mittelhessen.de/sport/sportserien/lange-nichts-gehoert-von_artikel,-436-Mal-gespielt-und-nie-geflogen-_arid,5605.html (30.06.2015)
471 Strerath, Klaus: SV 98: Freuen ja, feiern noch nicht, in: Darmstädter Echo vom 3. Juni 1988, S. 33.
472 Bachmann, Volker: SV 98 – Waldhof geht in die Verlängerung, in: Darmstädter Echo vom 6. Juni 1988, S. 17.
473 www.mittelhessen.de/sport/sportserien/lange-nichts-gehoert-von_artikel,-436-Mal-gespielt-und-nie-geflogen-_arid,5605.html (30.06.2015)
474 11Freunde Spezial. Zweite Liga. Oktober 2014, S. 33.
475 Panzer, Ralf: SV Darmstadt 98, S. 203.
476 http://de.wikipedia.org/wiki/Tschechoslowakische_Fu%C3%9Fballnationalmannschaft (30.06.2015)
477 http://de.uefa.com/uefaeuro/finals/history/memories/newsid=1788818.html (30.06.2015)
478 www.rapidarchiv.at/interviews/interview_panenka_antonin.html (30.06.2015)
479 Ohne Verfasser: Ludek Macela: Der Aufstieg ist noch immer möglich, in: Darmstädter Echo vom 10.12.1982, S. 29.
480 Knöß, Wolfgang / Wenck, Heinz: Die Geschichte des SV Darmstadt 98, S. 159/160.
481 Kjr: Zdenek Nehoda spielt für Darmstadt 98, in: Darmstädter Echo vom 03.12.1982, S. 32.
482 Seubert, Hans-Peter: Der Sonnenschein, ist er ein gutes Omen?, in: Darmstädter Echo vom 15.12.1982, S. 22.
483 Ohne Verfasser: Ludek Macela: Der Aufstieg ist noch immer möglich, in: Darmstädter Echo vom 10.12.1982, S. 29.
484 Knöß, Wolfgang / Wenck, Heinz: Die Geschichte des SV Darmstadt 98, S. 160.
485 Seubert, Hans-Peter: Eine Kuh bringt eine Frohnatur zum Verzweifeln, in: Darmstädter Echo vom 13.12.1982, S. 21.
486 Kjr: Zdenek Nehoda spielt für Darmstadt 98, in: Darmstädter Echo vom 03.12.1982, S. 32.
487 Seubert, Hans-Peter: Der Sonnenschein, ist er ein gutes Omen?, in: Darmstädter Echo vom 15.12.1982, S. 22.
488 Seubert, Hans-Peter: Zdenek Nehoda: »Wir wollen uns gegenseitig weiterbringen«, in: Darmstädter Echo vom 10.01.1983, S. 13.
489 Ebd.
490 www.transfermarkt.de/zdenek-nehoda/leistungsdatendetails/spieler/130072/wettbewerb/L2/verein/105 (30.06.2015)
491 Ebd.
492 Franzke, Rainer: Glühwein blieb übrig, in: kicker 06/1984, 16. Januar 1984, S. 42.
493 Knöß, Wolfgang / Wenck, Heinz: Die Geschichte des SV Darmstadt 98, S. 235.
494 www.11freunde.de/interview/uwe-kuhl-ueber-lilien-legende-wilhelm-huxhorn (30.06.2015)
495 http://mobil.lkz.de/mobile-home_artikel,-Torwart-Tschauner-Vom-Rippenbrecher-zum-Fussball-Gott-_arid,127591.html (30.06.2015)
496 www.11freunde.de/interview/uwe-kuhl-ueber-lilien-legende-wilhelm-huxhorn (30.06.2015)
497 www.dfb.de/news/detail/stoppelkamp-und-wer-noch-rekordtore-im-deutschen-profifussball-106319/ (30.06.2015)
498 www.11freunde.de/interview/uwe-kuhl-ueber-lilien-legende-wilhelm-huxhorn (30.06.2015)

499 Ebd.

500 www.rsv-germania.de/index.php?option=com_content&view=article&id=498%3Ader-grsteg-wackelt--sensation-nach-heroischem-kampf--der-held-hei-halt--ak-bleibt-trainer&Itemid=107 (30.06.2015)

501 www.11freunde.de/interview/bruno-labbadia-im-interview (30.06.2015)

502 Franzke, Rainer: Glühwein blieb übrig, in: kicker 06/1984, 16. Januar 1984, S. 42.

503 www.kicker.de/news/fussball/2bundesliga/spieltag/2-bundesliga/1984-85/3/716708/spielschema_stuttgarter-kickers-26_sv-darmstadt-98-98.html (30.06.2015)

504 Richter, Karl J.: Joker Labbadia zielte richtig, in: kicker 71/1984 vom 30. August 1984, S. 16.

505 Franzke, Rainer: Amateur Huxhorn stand mit Bierruhe im Tor, in: kicker 72/1984 vom 03. September 1984 , S. 53

506 Knöß, Wolfgang/Wenck, Heinz: Die Geschichte des SV Darmstadt 98. Darmstadt 1998, S. 164.

507 Franzke, Rainer: Klug ließ Labbadia lange Zeit zappeln, in: kicker 12/1985 vom 04. Februar 1985, S. 50

508 www.11freunde.de/interview/bruno-labbadia-im-interview (30.06.2015)

509 Richter, K.J.: Labbadias Tor war die Rettung, in: kicker 42/1985 vom 20. Mai 1985, S. 46.

510 Franzke, Rainer: Klug bastelt noch, in: kicker 89/1985 vom 31. Oktober 1985, S. 16.

511 Wohl dem, der Torschützen besitzt, in: kicker 42/1986 vom 20. Mai 1986, S. 54/55.

512 Kicker 58/1986 vom 14. Juli 1986, S. 15.

513 Kicker 54/1987 vom 29. Juni 1987, S. 34.

514 Nur elf Profis waren in allen Spielen dabei, in: kicker 52/1987 vom 22. Juni 1987, S. 46.

515 Zwick, Wolfgang: Labbadia läßt Darmstadt jubeln, in: kicker 95/1986 vom 20. November 1986, S. 4.

516 R.F.: Lob für Klepper, in: kicker 22/1987 vom 09. März 1987, S. 48.

517 R.F.: Labbadia umworben, in: kicker 25/1987 vom 19. März 1987. S. 6.

518 R.F.: Trainer Luttrop beurlaubt, in: kicker 43/1987 vom 21. Mai 1987, S. 18.

519 Marseille: Alles klar mit Klaus Allofs, in: kicker 40/1987 vom 11. Mai 1987, S. 39.

520 Die schwarze Liste, in: kicker 41/1987 vom 14. Mai 1987, S. 16/17.

521 www.11freunde.de/interview/bruno-labbadia-im-interview (30.06.2015)

522 www.kicker.de/news/fussball/2bundesliga/vereine/85/vereinsspieler_bruno-labbadia.html (30.06.2015)

523 Labbadia krönt sein Karriere-Ende, in: kicker 44/2003 vom 26. Mai 2003, S. 53.

524 www.11freunde.de/interview/bruno-labbadia-im-interview (30.06.2015)

525 www.spiegel.de/sport/fussball/labbadia-interview-ich-bin-ein-blutiger-anfaenger-a-267996.html (14.05.2015)

526 Ebd.

527 Neumann, Stephan: Anicic sorgt für drei Punkte, in: kicker 64/2003 vom 04. August 2003, S. 69.

528 http://2003593.homepagemodules.de/t334436f12135-SV-Darmstadt-News.html (30.06.2015)

529 Panzer, Ralf: SV Darmstadt 98, S. 21.

530 www.spiegel.de/sport/fussball/darmstadt-trainer-labbadia-volksheld-auf-dem-sprung-a-402719.html (30.06.2015)

531 www.faz.net/aktuell/rhein-main/sport/sv-darmstadt-98-labbadia-macht-die-lilien-zur-herzenssache-1233380.html (30.06.2015)

532 www.spiegel.de/sport/fussball/darmstadt-trainer-labbadia-volksheld-auf-dem-sprung-a-402719.html (14.05.2015)

533 Franzke, Rainer: Kracher aus China, in: kicker 62/1987 vom 27. Juli 1987, S. 39.

534 Gerke, Uli: Lächelnd für Schlagzeilen sorgen, in: kicker 60/1987 vom 20. Juli 1987, S. 8.

535 Ebd.

536 Franzke, Rainer: Kracher aus China, in: kicker 62/1987 vom 27. Juli 1987, S. 39.

537 Richter, Karl J.: »Lilien« blühen auf, in: kicker 66/1987 vom 10. August 1987, S. 45.

538 Namen und Zahlen, in: Darmstädter Echo vom 6. Juni 1988, S. 18.

539 Strerath, Klaus: Einzelkritik, in: Darmstädter Echo vom 3. Juni 1988, S. 33.

540 Ramge, Ulrich: Torschütze Kuhl – nach einer Verletzung nie so glücklich, in: Darmstädter Echo vom 6. Juni 1988, S. 17.

541 Wannenmacher, Jens-Jörg: Wie geht's weiter beim SV Darmstadt98, in: Darmstädter Echo vom 11. Juni 1988, S. 39.

542 Roth, Thomas: Zusage für Li Hui ist eingetroffen, in: kicker 101/1988 vom 15. Dezember1988, S. 20.

543 Wannenmacher, Jens-Jörg: Zuversicht endet im Chaos, in: Darmstädter Echo vom 22. Juni 1988, S. 25.

544 Ebert, Michael: Chinese Gu vor Comeback, in: kicker 23/1990 vom 15. März 1990, S. 21.

545 Männer für alle Fälle,

in: kicker 16/1992 vo 24. Februar 1992, S. 40/41.

546 Knöß, Wolfgang/Wenck, Heinz: 100 Jahre – Die Geschichte des SV Darmstadt 98. Darmstadt 1998. S. 236.

547 www.welt.de/sport/article129338775/Beckenbauer-sagte-Gebt-Sparwasser-das-23-Gold.html (30.06.2015)

548 Ramge, Ulrich: Vorbereitung: Suche nach Erkenntnissen, Mittel zum Zweck, in: Darmstädter Echo vom 24. Juni 1990, S. 14.

549 www.deutschlandradiokultur.de/der-mann-der-den-weltmeister-schlug.1001.de.html?dram:article_id=156068 (30.06.2015)

550 Knöß, Wolfgang / Wenck, Heinz: Die Geschichte des SV Darmstadt 98, S. 173-177.

551 www.transfermarkt.de/jurgen-sparwasser/leistungsdatenDetail/trainer/12753/verein_id/105/datum_zu/1990-07-01/datum_ab/1991-11-05 (30.06.2015)

552 www.youtube.com/watch?v=iajEcpdIv7Q (30.06.2015)

553 Knöß, Wolfgang / Wenck, Heinz: Die Geschichte des SV Darmstadt 98, S. 178-179.

554 www.transfermarkt.de/jurgen-sparwasser/leistungsdatenDetail/trainer/12753/verein_id/105/datum_zu/1990-07-01/datum_ab/1991-11-05 (30.06.2015)

555 www.deutschlandradiokultur.de/der-mann-der-den-weltmeister-schlug.1001.de.html?dram:article_id=156068 (30.06.2015)

556 www.youtube.com/watch?v=7lFOaOUTWAA (nach 09:20 Minuten, 30.06.2015)

557 www.kicker.de/news/fussball/bundesliga/spieltag/1-bundesliga/1996-97/31/10275/spielanalyse_bayern-muenchen-14_sc-freiburg-7.html (30.06.2015)

558 www.welt.de/print/welt_kompakt/print_sport/article112435611/Klinsmanns-beruehmtester-Tritt.html (30.06.2015)

559 www.transfermarkt.de/carsten-lakies/detaillierteleistungsdaten/spieler/2220 (30.06.2015)

560 www.hna.de/sport/regionalsport/sport-kassel-sti248130/auch-dolmetscher-gescheitert-4391029.html (30.06.2015)

561 Knöß, Wolfgang/Wenck, Heinz: SV Darmstadt 98, S. 99.

562 Ebd., S. 96.

563 Panzer, Ralf: SV Darmstadt 98. Die Blüten der Lilien, S. 318.

564 Coddou H., Reinaldo: Bölle. Das Buch.

565 www.razyboard.com/system/morethread-presseberichte-lilienfans-1328009-4792071-490.html (30.06.2015)

566 http://de.uefa.com/uefachampionsleague/season=1998/matches/round=1210/match=55605/index.html (30.06.2015)

567 www.transfermarkt.de/zivojin-juskic/leistungsdatendetails/spieler/2129 (30.06.2015)

568 www.kleeblatt-chronik.de/v3/verein/spieler_detail.php?team=1&id=279&name=Zivojin+Juskic&n=1 (30.06.2015)

569 www.transfermarkt.de/zivojin-juskic/leistungsdatendetails/spieler/2129/verein/105 (30.06.2015)

570 www.youtube.com/watch?v=3avaY_L1nb0 (nach 05:25 Minuten, 30.06.2015)

571 www.p-stadtkultur.de/unter-pappeln-folge-2/ (30.06.2015)

572 www.fr-online.de/region/geduld-zu-ende-juskic-nimmt-den-hut,1473444,3006822.html (30.06.2015)

573 Panzer, Ralf: SV Darmstadt 98, S. 272-274.

574 www.fr-online.de/fsv-frankfurt/matias-esteban-cenci-der-knipser-von-bornheim,1473448,3061312.html (30.06.2015)

575 Panzer, Ralf: SV Darmstadt 98, S. 279.

576 www.fr-online.de/region/che-ist-wieder-zu-hause,1473444,4620008.html (30.06.2015)

577 www.sv98.de/news/allgemeines/details/datum/2010/09/07/cenci-trikot-mit-der-nummer-98-ab-sofort-bestellbar.htm (30.06.2015)

578 www.faz.net/aktuell/finanzen/2.3017/zur-person-musiker-oder-maler-11066569.html (30.06.2015)

579 www.transfermarkt.de/matias-cenci/leistungsdatendetails/spieler/1370/saison/2010/wettbewerb/RL2/verein/105 (30.06.2015)

580 www.transfermarkt.de/spielbericht/index/spielbericht/1051495 (30.06.2015)

581 www.echo-online.de/sport/svdarmstadt98/Auch-Cenci-ist-am-Samstag-am-Boellenfalltor;art1168,1870117 (12.03.2015)

582 www.echo-online.de/sport/svdarmstadt98/Ein-bewegender-Moment;art1168,1453859 (10.03.2015)

583 Panzer, Ralf: SV Darmstadt 98, S. 281.

584 www.faz.net/aktuell/finanzen/2.3017/zur-person-musiker-oder-maler-11066569.html (30.06.2015)

585 https://kickschuh.wordpress.com/2014/01/29/wir-sind-eine-mannschaft-von-absteigern/ (30.06.2015)

586 www.youtube.com/watch?v=8i5-zE-Ycrm8&list=PLpD78TsC7QtClsEGa4Fplm0EU89aIhB5B&index=5 (nach 05:40 Minuten, 30.06.2015)

587 www.p-stadtkultur.de/lilien-poesiealbum-folge-5-Aytaç-sulu/ (30.06.2015)

588 www.transfermarkt.de/aytac-sulu/leistungsdaten-details/spieler/11765/plus//verein/105 (30.06.2015)

589 www.fr-online.de/lilien-sv-darmstadt-98/darmstadt-98---fc-ingolstadt-darmstadt-freut-sich-auf-das-spitzenspiel,10813562,29382860.html (30.06.2015)

590 www.sv98.de/news/1_mannschaft/details/datum/2013/06/19/sv-98-verpflichtet-neues-sturmduo.htm (30.06.2015)

591 www.sv98.de/news/1_mannschaft/details/datum/2013/06/22/jerome-assauer-kehrt-aus-persoenlichen-gruenden-nach-koblenz-zurueck.htm (30.06.2015)

592 www.kicker.de/news/fussball/3liga/vereine/3-liga/2013-14/sv-darmstadt-98-98/36288/spieler_dominik-stroh-engel.html (30.06.2015)

593 www.youtube.com/watch?v=YeRyaPxhV_g (nach 12:02 Minuten, 30.06.2015)

594 Kirschneck, Jens: »Wir sind nicht das Tasmania der Neuzeit«, in: 11Freunde #158 (Januar 2015), S. 38.

595 www.kicker.de/news/fussball/3liga/vereine/3-liga/2013-14/sv-darmstadt-98-98/36288/spieler_dominik-stroh-engel.html (30.06.2015)

596 www.hr-online.de/website/rubriken/sport/index.jsp?rubrik=66655&key=standard_document_51079791 (14.02.2015)

597 www.fr-online.de/lilien-sv-darmstadt-98/darmstadt---heidenheim-auch-ein-elfer-hilft-nicht,10813562,30474162.html (13.05.2015)

598 www.hr-online.de/website/rubriken/sport/index.jsp?rubrik=66655&key=standard_document_55113637 (13.05.2015)

599 www.fr-online.de/lilien-sv-darmstadt-98/sv-darmstadt-98-zimmermann-verlaesst-darmstadt,10813562,26730046.html (14.05.2015)

600 www.echo-online.de/sport/svdarmstadt98/Noch-ein-Aufstieg-waere-fuer-Zimbodie-Kroenung;art1168,5029368 (13.05.2015)

601 www.fr-online.de/lilien-sv-darmstadt-98/darmstadt-98-aus-dem-schatten-ins-licht,10813562,29202206.html (13.05.2015)

602 www.youtube.com/watch?v=sxrz51QoEXc (nach 03:18 Minuten, 30.06.2015)

603 http://de.wikipedia.org/wiki/Deutsche_Fu%C3%9Fballmeisterschaft_der_B-Junioren_2006/07 (30.06.2015)

604 www.transfermarkt.de/roberto-soriano/nationalmannschaft/spieler/63186 (15.03.2015)

605 www.transfermarkt.de/roberto-soriano/leistungsdatendetails/spieler/63186 (15.03.2015)

606 rat: SV 98 Meister – Volksfest am Böllenfalltor, in: Darmstädter Echo vom 14. Mai 1973, S. 1.

607 Netuschil, Peter J. … und fiel dem Udo ganz einfach um den Hals, in: Darmstädter Echo vom 14. Mai 1973, S. 17.

608 Strerath, Klaus: 7:0 – Gala-Schau gegen Club, in: Darmstädter Echo vom 14. Mai 1973, S. 17.

609 www.youtube.com/watch?v=a3oMjaNneSU (30.06.2015)

610 rat: SV 98 Meister – Volksfest am Böllenfalltor, in: Darmstädter Echo vom 14. Mai 1973, S. 1.

611 o.V.: »Ein Tor schieß ich noch«, in: Darmstädter Echo vom 14. Mai 1973, S. 17.

612 www.kicker.de/news/fussball/bundesliga/vereine/1-bundesliga/1981-82/1-fc-koeln-16/vereinstermine.html (30.06.2015)

613 www.kicker.de/news/fussball/bundesliga/vereine/1-bundesliga/1981-82/sv-darmstadt-98-98/vereinstermine.html (30.06.2015)

614 Elf des Jahres, in: kicker 48/1982 vom 14. Juni 1982, S. 78.

615 Seubert, Hans Peter: Fußball ist kein Spaziergang, in: Darmstädter Echo vom 02. November 1981, S. 21.

616 Metzen, Helmut A.: Wirklich nur ein Ausrutscher, in: kicker 88/1981 vom 02. November 1981, S. 60.

617 Wolff, Willi: Torwart Rudolf überragte alle, in: kicker 88/1981 vom 02. November 1981, S. 57.

618 Elf des Tages, in: kicker 88/1981 vom 02. November 1981, S. 58.

619 www.spox.com/de/dein-fussballclub/0804/Artikel/dfc-fortuna-koeln-anekdoten.html (31.03.2015)

620 www.spiegel.de/spiegel/print/d-13517171.html (31.03.2015)

621 www.tagesspiegel.de/sport/willmanns-kolumne-sc-fortuna-du-schoenheit-der-suedstadt/9705264.html (31.03.2015)

622 Schaar, Thorsten: Sie nannten ihn Schäng, in: 11Freunde Spezial. Zweite Liga. Oktober 2014. S. 53.

623 www.bundesliga.de/de/liga2/news/2014/anekdoten-aus-40-jahren-2-bundesliga.php (31.03.2015)

624 www.kicker.de/news/fussball/2bundesliga/spieltag/2-bundesliga/1982-83/38/0/spieltag.html (31.03.2015)

625 www.fussballdaten.de/dfb/1983/achtelfinale/dortmund-darmstadt/ (30.06.2015)

626 Panzer, Ralf: SV Darmstadt 98, S. 306.

627 Wolf, Michael: Felix Magath fordert höchste Konzentration, in: kicker 21/1987

vom 05. März 1987, S. 12.

628 Franzke, Rainer: Krautzun studiert den HSV auf Video, in: kicker 21/1987 vom 05. März 1987, S. 12.

629 Richter, Karl J.: Bitteres Ende für die Lilien, in: kicker 22/1987 vom 09. März 1987, S. 48.

630 W.t.: Glück für Plessers: Nur Gelb!, in: kicker 22/1987 vom 09. März 1987, S. 48.

631 Richter, Karl J.: Bitteres Ende für die Lilien, in: kicker 22/1987 vom 09. März 1987, S. 48.

632 Franzke, Rainer: Lob für Klepper, in: kicker: 22/1987 vom 09. März 1987, S. 48.

633 Strerath, Klaus: SV 98: Freuen ja, feiern noch nicht, in: Darmstädter Echo vom 3. Juni 1988, S. 33.

634 100 Jahre SVD, S.169.

635 Ebd., S. 170.

636 Panzer, Ralf: SV Darmstadt 98. Die Blüten der Lilien. S. 205.

637 Strerath, Klaus: SV 98: Freuen ja, feiern noch nicht, in: Darmstädter Echo vom 3. Juni 1988, S. 33.

638 Panzer, Ralf: SV Darmstadt 98. Die Blüten der Lilien. S. 202.

639 Bachmann, Volker: SV 98 – Waldhof geht in die Verlängerung, in Darmstädter Echo vom 6. Juni 1988, S. 17.

640 100 Jahre SVD, S. 328/329.

641 http://de.wikipedia.org/wiki/Relegation_zur_deutschen_Fu%C3%9Fball-Bundesliga (30.06.2015)

642 www.youtube.com/watch?v=lXGefbpaBDM (30.06.2015)

643 Wannemacher, Jens-Jörg: Ein Fehlschuß, der Millionen kostet, in: Darmstädter Echo vom 11. Juni 1988, S. 39.

644 Ramge, Ulrich: SV 98 macht die »Mühle auf« – der Abstieg ist nahe, in: Darmstädter Echo vom 18. Mai 1998, S. 25.

645 Ebd.

646 Knöß, Wolfgang: Buchmann wurde beurlaubt, in: Kicker-Sportmagazin vom 18.Mai 1998, S. 62.

647 Ramge, Ulrich: SV 98 macht die »Mühle auf« – der Abstieg ist nahe, in: Darmstädter Echo vom 18. Mai 1998, S. 25.

648 Knöß, Wolfgang: Buchmann wurde beurlaubt, in: Kicker-Sportmagazin vom 18.Mai 1998, S. 62.

649 http://de.wikipedia.org/wiki/SC_Weismain (30.06.2015)

650 Wannenmacher, Jens-Jörg: Blitzstart: 3:0 nach zwölf Minuten, in: Darmstädter Echo vom 22. Oktober 2005, S. 35.

651 Ebd.

652 Wannenmacher, Jens-Jörg: »Nur nicht überheblich werden«, in: Darmstädter Echo vom 24. Oktober 2005, S. 25.

653 Elf des Tages / Mann des Tages, in: kicker 86/2005 vom 24. Oktober 2005, S. 73.

654 Wannenmacher, Jens-Jörg: Bruno Labbadia verlässt den SV 98, in: Darmstädter Echo vom 9. November 2005, S. 25.

655 Ebd.

656 Wannenmacher, Jens-Jörg: Chaos am Böllenfalltor, in: Darmstädter Echo vom 12. November2005, S. 37.

657 O.V.: »Man hat einen Sündenbock gesucht für die gesamte Situation, in: Darmstädter Echo vom 11. Januar 2006, S. 24.

658 www.sv98.de/news/1_mannschaft/details/datum/2006/06/03/entscheidung-in-letzter-minute.htm (30.06.2015)

659 www.kicker.de/news/fussball/2bundesliga/relegation-abstieg/2-bundesliga-relegation-fb-1/2013-14/1/1965449/spielanalyse_sv-darmstadt-98-98_arminia-bielefeld-10.html (30.06.2015)

660 Kirschneck, Jens: »Wir sind nicht das Tasmania der Neuzeit«, in: 11Freunde #158 (Januar 2015), S. 38.

661 Ebd.

662 ›Das Wunder von Bielefeld‹ – Die Lilien-DVD zum Aufstiegswunder.

663 www.kicker.de/news/fussball/2bundesliga/relegation-abstieg/2-bundesliga-relegation-fb-1/2013-14/1/1965450/0/default/0/default/spieldaten_arminia-bielefeld-10_sv-darmstadt-98-98.html (30.06.2015)

664 www.youtube.com/watch?v=LGmHQ3CvAlU (nach 00:32 Minuten, 30.06.2015)

665 www.youtube.com/watch?v=LGmHQ3CvAlU (nach 01:46 Minuten, 30.06.2015)

666 www.youtube.com/watch?v=LGmHQ3CvAlU (nach 02:33 Minuten, 30.06.2015)

667 www.trendinalia.com/twitter-trending-topics/germany/germany-140520.html (30.06.2015)

668 https://twitter.com/search?q=%23dscsvd&src=typd&vertical=default&f=tweets (30.06.2015)

669 www.t-online.de/sport/id_69511690/arminia-bielefeld-und-darmstadt-98-liefern-spiel-fuer-die-ewigkeit.html (30.06.2015)

670 SV Darmstadt 98. 100 Jahre. S. 151.

671 KS: Der Pate: Günter Strack und das Flutlicht, in: Darmstädter Echo vom 08. Januar 1982, S. 5.

672 Ohne Verfasser: 73 268,02 Mark, in: Darmstädter Echo vom 18. Februar 1982, S. 29.

673 KS: Sozialminister zahlt 150.000 Mark Flutlicht-Zuschuß, in: Darmstädter Echo vom 20. Februar 1982, S. 5.

674 KS: Flutlicht-Spenden absetzbar, in: Darmstädter Echo

vom 09. Januar 1982, S. 5.

675 KS: Der Pate: Günter Strack und das Flutlicht, in: Darmstädter Echo vom 08. Januar 1982, S. 5

676 Ohne Verfasser: 73 268,02 Mark, in: Darmstädter Echo vom 18. Februar 1982, S. 29.

677 KS: Sozialminister zahlt 150.000 Mark Flutlicht-Zuschuß, in: Darmstädter Echo vom 20. Februar 1982, S. 5.

678 www.youtube.com/watch?v=FOFkXactpjo (nach 00:39 Minuten, 30.06.2015)

679 Bock, Andreas: Häuserkampf, in 11Freunde: # 96 (November 2009), S. 64-67.

680 www.transfermarkt.de/sv-darmstadt-98_sg-sonnenhof-grossaspach/index/spielbericht/1051495 (30.06.2015)

681 https://de-de.facebook.com/events/148508181855808/ (05.03.2015)

682 Ebd. (05.03.2015)

683 www.sv98.de/news/allgemeines/details/datum/2010/11/16/lilienfans-verwandelten-memmingen-zum-europapokal-spielort-praesidium-sagt-danke.htm (05.01.2015)

684 www.sv98.de/fileadmin/t3sports/berichtsbilder 2010/11_November/20101116_PM_Memmingen.pdf (05.01.2015)

685 www.sv98.de/news/allgemeines/details/datum/2010/11/16/lilienfans-verwandelten-memmingen-zum-europapokal-spielort-praesidium-sagt-danke.htm (05.01.2015)

686 www.all-in.de/nachrichten/allgaeusport/allgaeu-dribbler/FC-Memmingen-SV-Darmstadt-98-1-1-1-0;art2830,904539 (05.01.2015)

687 www.11freunde.de/interview/wieso-ein-darmstaedter-zum-auswaerts-spiel-wandert (05.01.2015)

688 www.sv98.de/news/fans/details/datum/2011/07/25/zu-fuss-nach-aalen-mission-complete.htm (05.01.2015)

689 www.youtube.com/user/Aalen2011 (05.01.2011)

690 www.11freunde.de/interview/wieso-ein-darmstaedter-zum-auswaerts-spiel-wandert (07.02.2015)

691 www.hr-online.de/website/rubriken/sport/index.jsp?rubrik=66655&key=standard_document_50973243 (05.01.2015)

692 www.echo-online.de/sport/svdarmstadt98/SV-98-Charterflug-nach-Rostock-ausgebucht;art1168,4791677 (05.01.2015)

693 www.sv98.de/news/1_mannschaft/details/datum/2014/04/16/vorbericht-rb-leipzig.htm (05.01.2015)

694 www.wiesbadener-kurier.de/sport/top-clubs/sv-wehen-wiesbaden/sv-wehen-wiesbaden-darmstadt-98-reist-mit-5000-fans-zum-hessenderby-an_14101622.htm (30.06.2015)

695 www.p-stadtkultur.de/lilien-poesiealbum-folge-5-aytac-sulu/ (24.01.2015)

696 www.rheinmaintv-video.de/video/iLyROoafJN8A.html (nach 01:26 Minuten, 12.01.2015)

697 www.rheinmaintv-video.de/video/iLyROoafJN8A.html (nach 02:30 Minuten, 12.01.2015)

698 www.faz.net/aktuell/rhein-main/sport/bundesliga-aufsteiger-stadion-des-sv-darmstadt-98-12955380.html (12.01.2015)

699 www.youtube.com/watch?v=S0Lve4s-D5mE (12.01.2015)

700 www.publikative.org/2014/02/18/fuer-mehr-anarchie-und-esel-in-den-stadien/ (12.01.2015)

701 www.sv98.de/news/allgemeines/details/datum/2009/07/30/kutten-kalli-ein-leben-fuer-die-lilien-vereinspraesident-hans-kessler-dankt-kalli-und-den-in.htm (12.01.2015)

702 www.fr-online.de/darmstadt/darmstadt-auf-blauen-raedern-nach-berlin,1472858,28487882.html (12.01.2015)

703 www.bundesliga.de/de/liga2/news/2014/lilienfans-radeln-von-darmstadt-nach-berlin-fanzone.php (12.01.2015)

704 www.dfb.de/news/detail/4000-euro-geldstrafe-fuer-den-sv-darmstadt-98-109754/ (07.01.2015)

705 www.faz.net/aktuell/sport/fussball/bundesliga/rb-leipzig-wehe-wenn-der-bulle-kommt-13089948.html (07.01.2015)

706 www.nein-zu-rb.de/?page_id=47 (07.01.2015)

707 www.sv98.de/news/fans/details/datum/2014/11/05/lilien-fans-ueberreichen-sv-98-4000-euro-wegen-dfb-strafegeld-fliesst-komplett-in-fanarbeit-zurue.htm (07.01.2015)

708 www.block1898.de/ (07.01.2015)

709 B.A.L.L. SV Darmstadt 98 Fan-Magazin. Nr. 6 Sommer 99. S. 24.

710 Ebd.

711 Ebd.

712 www.liga3-online.de/darmstadt-98-gewinnt-wahl-zur-choreo-des-monats-marz/#prettyPhoto (02.03.2015)

713 www.youtube.com/watch?v=n6v86Jyy4Qc (03.03.2015)

714 www.youtube.com/watch?v=LflocQ3_Gcw (03.03.2015)

715 www.youtube.com/watch?v=RL1BQJa5ssA (03.03.2015)

716 http://groundhopping.de/d98dsc14.htm (03.03.2015)

717 www.sv98.de/news/fans/details/datum/2014/10/28/beeindruckende-choreo-der-lilienfans-vor-fcn-fspiel.htm (03.03.2015)

718 www.kicker.de/news/fussball/2bundesliga/startseite/515196/artikel_Wagner_Kreuzbandriss.html (25.12.2018)
719 www.transfermarkt.de/sandro-wagner/detaillierteleistungsdaten/spieler/39743 (30.12.2018)
720 Carsten Schröter: »Wandstürmer« Wagner muss erst fit werden, in: kicker 66/2015 vom 10. August 2015, S. 45.
721 Ebd.
722 www.kicker.de/news/fussball/bundesliga/spieltag/1-bundesliga/2015-16/6/2854986/spielanalyse_sv-darmstadt-98-98_werder-bremen-4.html (26.12.2018)
723 www.kicker.de/news/fussball/bundesliga/vereine/1-bundesliga/2015-16/sv-darmstadt-98-98/40133/spieler_sandro-wagner.html (26.12.2018)
724 www.kicker.de/news/fussball/bundesliga/spieltag/1-bundesliga/2015-16/22/2855122/spielanalyse_bayern-muenchen-14_sv-darmstadt-98-98.html (30.12.2018)
725 www.kicker.de/news/fussball/bundesliga/spieltag/1-bundesliga/2015-16/33/2855472/spielanalyse_hertha-bsc-29_sv-darmstadt-98-98.html (30.12.2018)
726 www.kicker.de/news/fussball/bundesliga/spieltag/1-bundesliga/2015-16/0/torjaeger-der-saison.html (26.12.2018)
727 www.kicker.de/news/fussball/bundesliga/spieltag/1-bundesliga/2015-16/topspieler-der-saison-sturm.html (26.12.2018)
728 Kicker Rangliste des deutschen Fußballs: Sturm, in: kicker 59/2016 vom 21. Juli 2016, S. 20.
729 www.kicker.de/news/fussball/bundesliga/startseite/657962/artikel_fussballer-des-jahres-2016_das-ergebnis.html (26.12.2018)
730 www.kicker.de/news/fussball/bundesliga/spieltag/1-bundesliga/2015-16/0/0/spieltag.html (26.12.2018)
731 Kreuztabelle unter www.kicker.de/news/fussball/bundesliga/spieltag/1-bundesliga/2015-16/0/0/spieltag.html (26.12.2018)
732 www.kicker.de/news/fussball/bundesliga/spieltag/1-bundesliga/2015-16/0/0/spieltag.html (30.12.2018)
733 www.bundesliga.com/de/bundesliga/news/der-grosse-saison-rueckblick-von-hannover-96-bl1516.jsp (26.12.2018)
734 www.eurosport.de/fussball/flop-der-saison-vfb-stuttgart_sto5572019/story.shtml (26.12.2018)
735 www.kicker.de/news/fussball/bundesliga/spieltag/1-bundesliga/2015-16/0/0/spieltag.html (26.12.2018)
736 www.kickschuh.blog/2015/08/26/spieltag-3-svd-vs-tsg-1899-hoffenheim/ (26.12.2018)
737 www.n-tv.de/sport/fussball/Welcher-Spieler-wechselt-wohin-article15835616.html (26.12.2018)
738 www.kicker.de/news/fussball/bundesliga/spieltag/1-bundesliga/2015-16/20/0/spieltag.html (30.12.2018)
739 www.spiegel.de/sport/fussball/huub-stevens-hoffenheims-trainer-tritt-leise-ab-a-1076740.html (26.12.2018)
740 www.kicker.de/news/fussball/bundesliga/startseite/640720/artikel_nach-derbypleite_gespenstische-szenen-in-frankfurt.html (26.12.2018)
741 www.dfb.de/news/detail/zuschauerausschluesse-geldstrafe-auflage-fuer-eintracht-frankfurt-138468/ (26.12.2018)
742 www.welt.de/regionales/hessen/article154974843/Darmstaedter-Buergermeister-will-Fussball-Randale-aufarbeiten.html (26.12.2018)
743 www.kicker.de/news/fussball/bundesliga/spieltag/1-bundesliga/2015-16/32/2855464/spielanalyse_sv-darmstadt-98-98_eintracht-frankfurt-32.html (26.12.2018)
744 www.kickschuh.blog/2018/05/18/eine-saison-wie-ein-blauer-brief-die-lilien-2017-18/ (27.12.2018)
745 www.kicker.de/news/fussball/2bundesliga/vereine/2-bundesliga/2017-18/sv-darmstadt-98-98/vereinstermine.html (30.12.2018)
746 www.fr.de/sport/rhein-main/darmstadt98/terrence-boyd-auf-neuen-pfaden-a-1630449 (27.12.2018)
747 www.kickschuh.blog/2018/05/18/eine-saison-wie-ein-blauer-brief-die-lilien-2017-18/ (27.12.2018)
748 www.transfermarkt.de/eintracht-braunschweig/spielplan/verein/23/saison_id/2017 (27.12.2018)
749 www.fr.de/sport/rhein-main/darmstadt98/sv-darmstadt-98-karriere-im-zeitraffer-a-566593 (27.12.2018)
750 www.kicker.de/news/fussball/bundesliga/vereine/2014-15/68473/vereinsspieler_mathenia-christian.html (27.12.2018)
751 www.sueddeutsche.de/news/sport/fussball-torwart-mathenia-verlaesst-darmstadt-98---auch-wagner-weg-dpa.urn-newsml-dpa-com-20090101-160514-99-947003 (27.12.2018)
752 www.transfermarkt.de/michael-esser/leistungsdatenverein/spieler/61989 (27.12.2018)
753 www.kickschuh.blog/2016/06/22/insider-im-

gespraech-ueber-michael-esser/ (27.12.2018)
754 Kicker Rangliste des deutschen Fußballs: Torhüter, in kicker 47/2017 vom 08. Juni 2017, S. 4
755 www.kicker.de/news/fussball/bundesliga/spieltag/1-bundesliga/2016-17/29/spieler-des-tages.html (27.12.2018)
756 www.spox.com/de/sport/fussball/bundesliga/1606/News/darmstadt-98-verpflichtung-daniel-heuer-fernandes-sc-paderborn.html (27.12.2018)
757 www.kicker.de/news/fussball/2bundesliga/spieltag/2-bundesliga/2017-18/topspieler-der-saison.html (27.12.2018)
758 www.faz.net/aktuell/rhein-main/darmstadts-daniel-heuer-fernandes-im-interview-15885844.html (27.12.2018)
759 www.twitter.com/bvb/status/634298652601790464 (29.12.2018)
760 www.kicker.de/news/fussball/bundesliga/spieltag/1-bundesliga/2015-16/7/2854987/spielanalyse_borussia-dortmund-17_sv-darmstadt-98-98.html (29.12.2018)
761 www.bbc.com/sport/football/34351171 (29.12.2018)
762 www.kicker.de/news/fussball/bundesliga/spieltag/1-bundesliga/2015-16/7/0/spieltag.html (30.12.2018)
763 www.kicker.de/news/fussball/bundesliga/vereine/1-bundesliga/2016-17/sv-darmstadt-98-98/vereinstermine.html (30.12.2018)
764 www.kicker.de/news/fussball/bundesliga/spieltag/1-bundesliga/2016-17/20/3317431/spielanalyse_sv-darmstadt-98-98_borussia-dortmund-17.html (30.12.2018)
765 www.echo-online.de/sport/fussball/darmstadt98/sv-darmstadt-98-lilien-besiegen-borussia-dortmund-mit-21_17675716 (29.12.2017)
766 www.fr.de/sport/fussball-bundesliga/fussball-nachrichten/1--fussball-bundesliga/bvb-in-darmstadt-gnadenlos-durchgefallen-a-1248593 (29.12.2017)
767 www.fr.de/sport/rhein-main/darmstadt98/darmstadt-98-mit-mut-und-autoritaet-a-695732 (29.12.2017)
768 Georg Holzner / Jan Reinold: Darmstadt kauft BVB den Schneid ab, in: kicker 14/2017 vom 13. Februar 2017, S. 36.
769 Georg Holzner: Spieler des Tages – Hamit Altintop, in: kicker 14/2017 vom 13. Februar 2017, S. 25.
770 www.fr.de/sport/rhein-main/darmstadt98/darmstadt-98-mit-mut-und-autoritaet-a-695732 (29.12.2018)
771 Jan Reinold: Bürki: »Da hat einiges nicht gestimmt«, in kicker 14/2017 vom 13. Februar 2017, S. 37.
772 www.imzeichenderlilie.de/index.php/im-zeichen-der-lilie/vorwort (29.12.2018)
773 www.imzeichenderlilie.de/index.php/im-zeichen-der-lilie/vorwort (29.12.2018)
774 www.social.peak98.de/peak98/gewinne (29.12.2018)
775 www.social.peak98.de/peak98/konzept (29.12.2018)
776 www.social.peak98.de/peak98/spendenuebersicht (29.12.2018)
777 Ebd.
778 Ebd.
779 Ebd.
780 www.sv98.de/home/lilien/aktuelles/details/news/weit-mehr-als-50000-euro-fuer-den-guten-zweck/?tx_news_pi1%5Bcontroller%5D=News&tx_news_pi1%5Baction%5D=detail&cHash=f5d3e57d554aa57a-a14b53b61ddc7f82 (29.12.2018)
781 www.kickschuh.blog/2017/06/13/hin-weg-die-bundesliga-jahre-der-lilien/ (30.12.2018)
782 www.spox.com/de/sport/fussball/1706/Artikel/bundesliga-2-liga-3-liga-gehalt-durchschnitt-top-verdiener.html (30.12.2018)
783 www.faszination-fankurve.de/index.php?head=Lilieninvasion-Schals-amp-von-Spielern-ueberreichte-Fahne&folder=sites&site=news_detail&news_id=18131 (30.12.2018)
784 www.kicker.de/news/fussball/2bundesliga/spieltag/2-bundesliga/2017-18/24/3828092/spielanalyse_sv-darmstadt-98-98_1-fc-heidenheim-11306.html (30.12.2018)
785 www.sv98.de/home/lilien/aktuelles/details/news/we-fight-together-boys-in-blue/?tx_news_pi1%5Bcontroller%5D=News&tx_news_pi1%5Baction%5D=detail&cHash=1e9ab754890076f7a5f-3b09d2e2e00e9 (30.12.2018)
786 www.sv98.de/home/lilien/aktuelles/details/news/das-praesidium-sagt-danke/?tx_news_pi1%5Bcontroller%5D=News&tx_news_pi1%5Baction%5D=detail&cHash=9f9c1fdc058f29621 2aac5602719e125 (30.12.2018)
787 www.faz.net/aktuell/sport/fussball/bundesliga/trauerfeier-in-darmstadt-fuer-verstorbenen-jonathan-heimes-14128694.html (30.12.2018)
788 www.welt.de/sport/fussball/bundesliga/sv-darmstadt-98/gallery153225276/Darm-

stadt-und-Augsburg-gedenken-Johnny-Heimes.html (30.12.2018)

789 www.regional-engagiert.de/de/gute-beispiele/jonathan-heimes-stadion-am-boellenfalltor/ (30.12.2018)

790 www.echo-online.de/sport/fussball/darmstadt98/sudtribune-im-darmstadter-stadion-wird-zur-jonathan-heimes-tribune_18019011 (30.12.2018)

791 www.youtube.com/watch?v=tlpBuHaRRIs ab 01:01 Minuten(30.12.2018)

792 www.echo-online.de/lokales/darmstadt/das-merck-stadion-wird-in-jonathan-heimes-stadion-umbenannt_17265458 (30.12.2018)

793 www.regional-engagiert.de/de/gute-beispiele/jonathan-heimes-stadion-am-boellenfalltor/ (30.12.2018)

794 www.echo-online.de/sport/fussball/darmstadt98/sudtribune-im-darmstadter-stadion-wird-zur-jonathan-heimes-tribune_18019011 (30.12.2018)

795 www.de.statista.com/statistik/daten/studie/448314/umfrage/umfrage-in-deutschland-zur-bekanntheit-des-fussballvereins-sv-darmstadt-98/ (30.12.2018)

796 www.de.statista.com/statistik/daten/studie/448319/umfrage/umfrage-in-deutschland-zum-interesse-am-fussballverein-sv-darmstadt-98/ (30.12.2018)

797 www.kickschuh.blog/2016/02/17/fcbd98-wie-viel-dramatischer-koennte-das-comeback-eines-klubs-sein/ (30.12.2018)

798 www.fussballdaten.de/2liga/1993/ewige-tabelle/ (30.12.2018)

799 www.kickschuh.blog/2017/02/09/spieltag-20-d98bvb-darmstadt-war-ein-kurzes-hallo-des-alten-fussballs/ (30.12.2018)

800 www.kickschuh.blog/2017/03/02/spieltag-23-svwd98-aufgeben-is-nicht-aermel-hoch-und-durch/ (30.12.2018)

801 www.kickschuh.blog/2017/05/04/spieltag-32-fcbd98-viele-teams-spielen-taktischen-einheitsbrei/ (30.12.2018)

802 www.mitmachen.rasenfunk.de/t/rasenfunk-royal-die-saison-von-darmstadt-98/812/4 (30.12.2018)

803 www.11freunde.de/artikel/warum-darmstadt-ein-sieger-der-saison-ist/page/1 (30.12.2018)

FUSSBALL IST UNSERE LIEBE

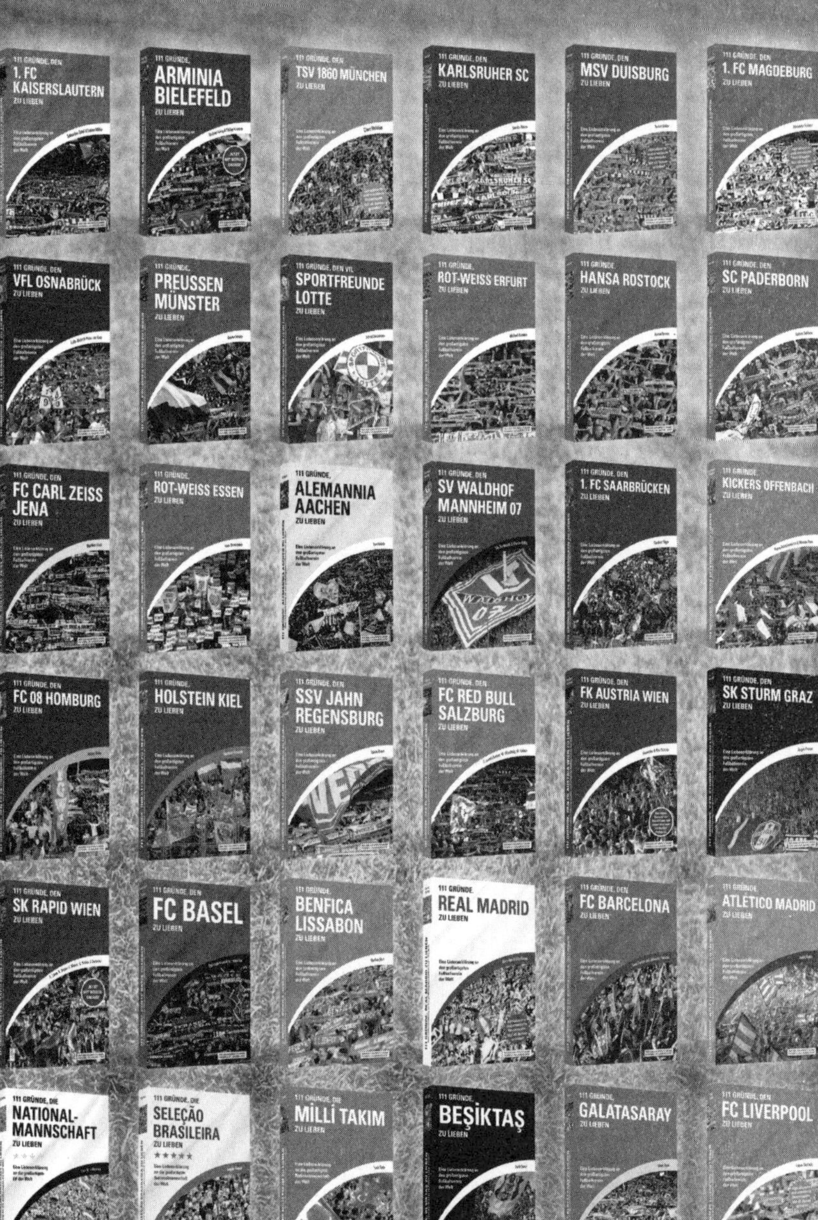

www.zwoelftermann.de

111 GRÜNDE, BASKETBALL ZU LIEBEN

DAS RUNDE MUSS INS RUNDE – EINE LIEBESERKLÄRUNG AN DEN SPORT DER LANGEN KERLE UND LADYS, DER SLAM DUNKS UND REBOUNDS

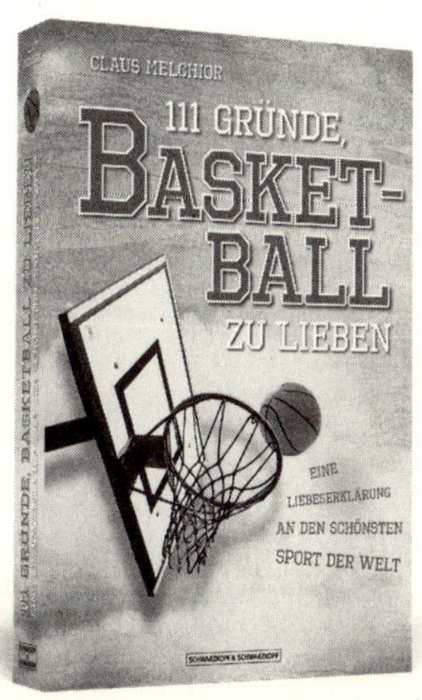

111 GRÜNDE, BASKETBALL ZU LIEBEN
EINE LIEBESERKLÄRUNG AN DEN SCHÖNSTEN SPORT DER WELT
Von Claus Melchior
392 Seiten, Taschenbuch
ISBN 978-3-86265-407-9 | Preis 9,95 €

111 GRÜNDE, BASKETBALL ZU LIEBEN bietet einen Streifzug durch die Geschichte und die Gegenwart des Basketballs in all seinen Facetten: von seiner Erfindung bis zu aktuellen Meisterschaften, von der NBA bis zum Rollstuhlbasketball, von Magic Johnson, Michael Jordan und LeBron James bis zu alten und jungen Stars des deutschen Basketballs, von den Meistermannschaften der NBA bis zu bedeutenden deutschen Teams.

Autor Claus Melchior ruft große Turniere ebenso in Erinnerung wie wichtige Spiele. Die Spanne reicht vom spannenden und kontroversen Finale der Olympischen Spiele 1972 über den deutschen Sieg bei der Europameisterschaft 1993 bis zu Dirk Nowitzkis Weg zum NBA-Meistertitel. Auch der Frauenbasketball hat seinen Platz. Aufgelockert wird das Ganze durch Anekdoten aus der weiten Welt des Basketballs.

WWW.SCHWARZKOPF-SCHWARZKOPF.DE

DER AUTOR

MATTHIAS KNEIFL, Jahrgang 1976, kam zum Studium nach Darmstadt. Den ersten Besuch am Böllenfalltor verfolgte er eher amüsiert als euphorisiert. Wer treibt sein Team schon mit dem Schlachtruf »Lilie, Lilie« nach vorne? Doch die Faszination wuchs. Seit Langem prangt jene Lilie auf dem Auto des Redakteurs, Bloggers (Kickschuh.Blog) und Podcasters (Hoch & weit), der im Bölle auf der Gegengeraden steht.

Matthias Kneifl

111 GRÜNDE, DEN SV DARMSTADT 98 ZU LIEBEN

Eine Liebeserklärung an den großartigsten Fußballverein der Welt

Aktualisierte und erweiterte Neuausgabe mit elf Bonusgründen

ISBN 978-3-86265-762-9

ZWÖLFTER MANN – Das Programm für Fußballfans von Schwarzkopf & Schwarzkopf | Die Reihe ZWÖLFTER MANN wird von Martin Brinkmann und Oliver Schwarzkopf herausgegeben | Aktualisierte und erweiterte Neuausgabe |

VERLAG

Schwarzkopf & Schwarzkopf Verlag GmbH

Kastanienallee 32, 10435 Berlin

Telefon: 030 – 44 33 63 00

Fax: 030 – 44 33 63 044

INTERNET | E-MAIL

www.zwoelftermann.de

www.schwarzkopf-schwarzkopf.de

www.facebook.com/schwarzkopfverlag

info@schwarzkopf-schwarzkopf.de